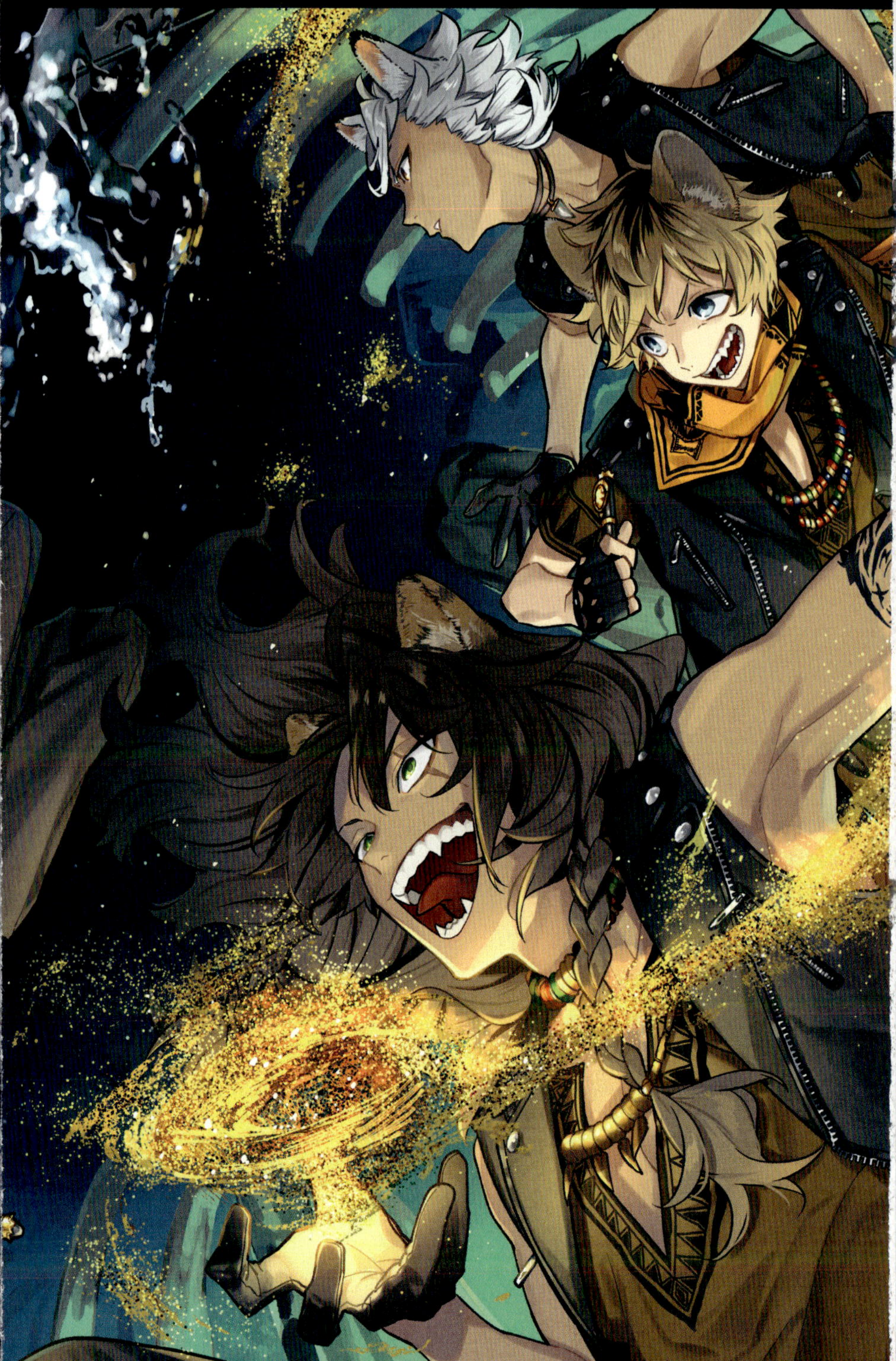

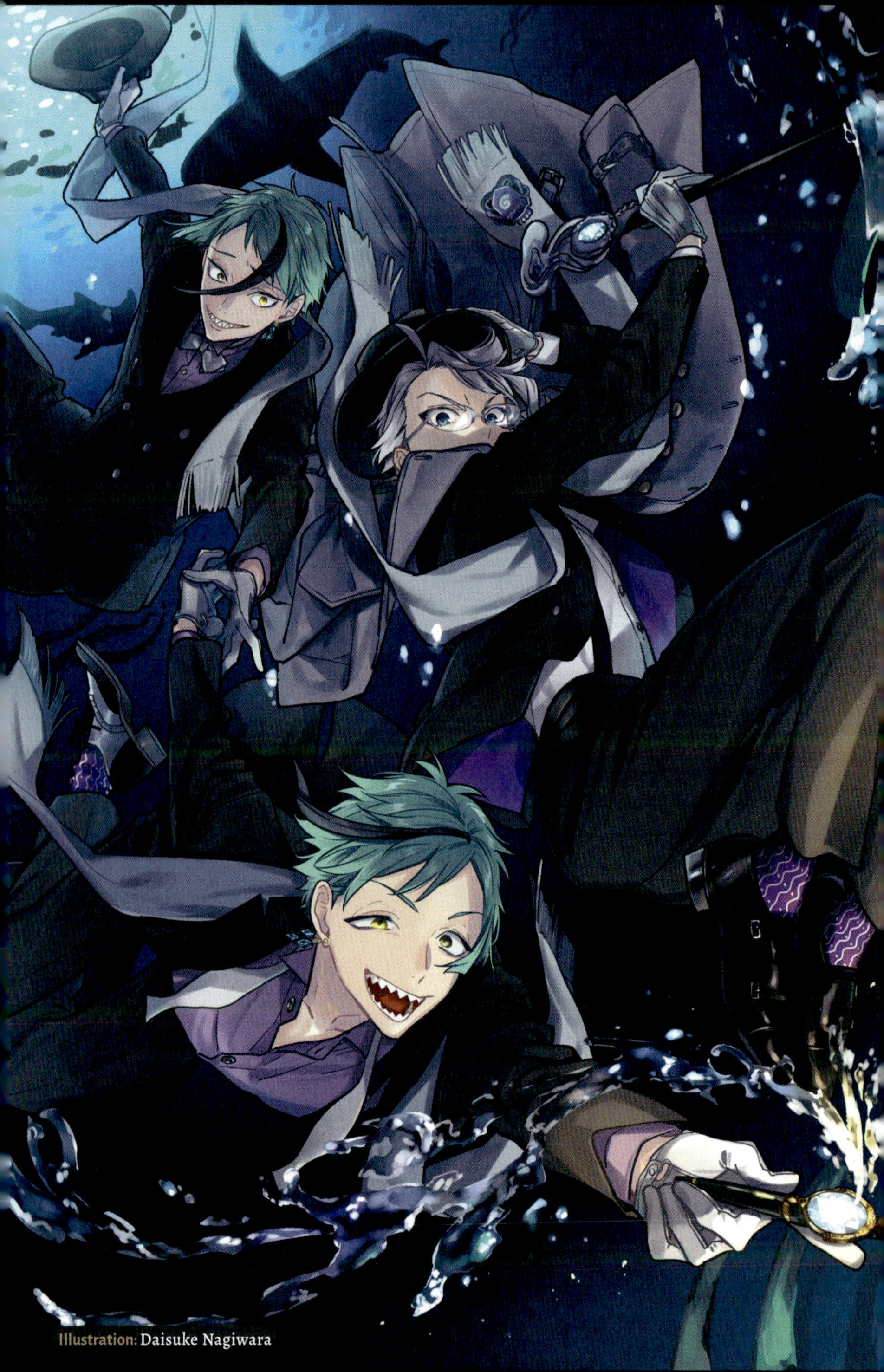

Illustration: Daisuke Nagiwara

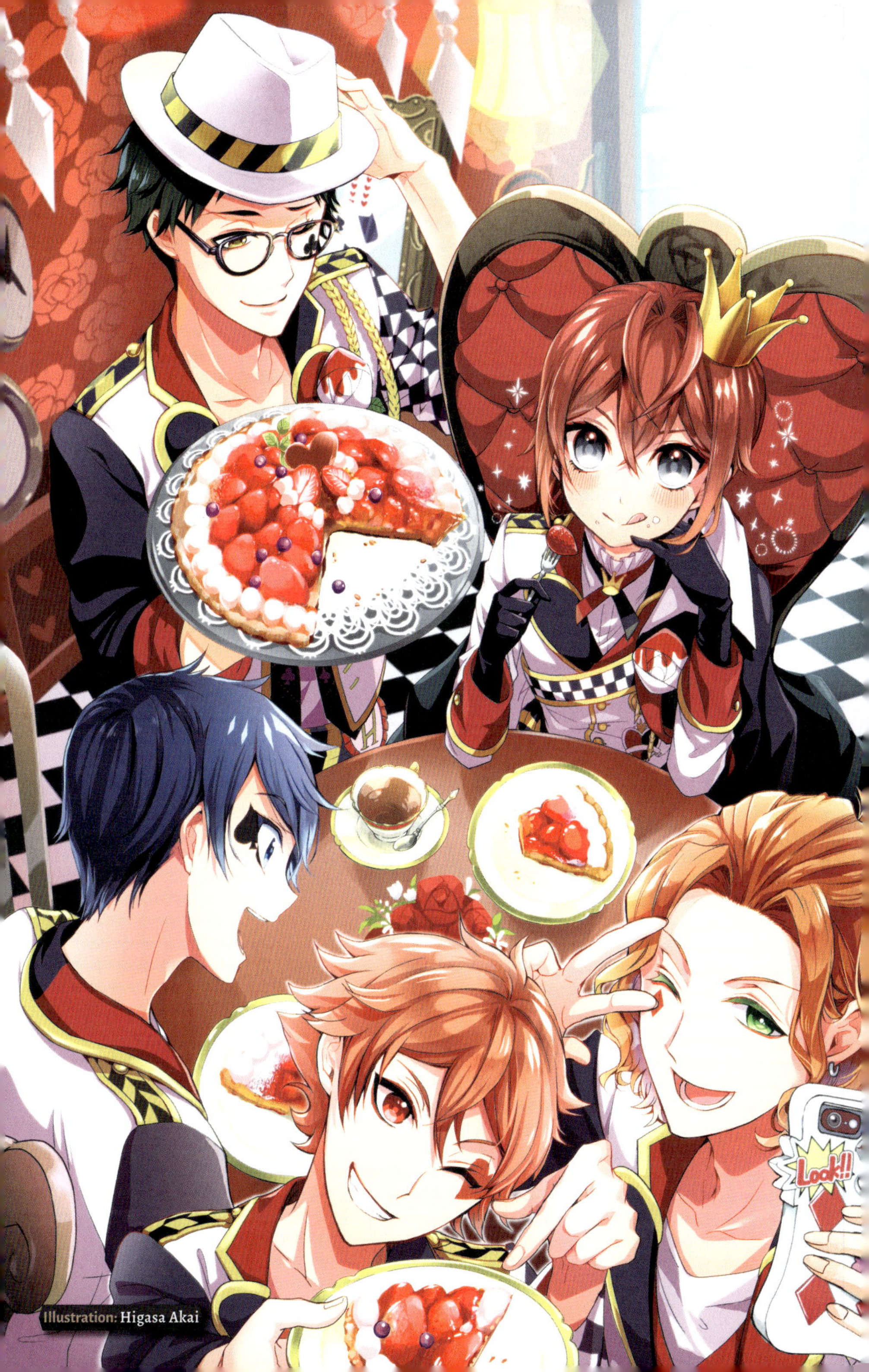

Illustration: Higasa Akai

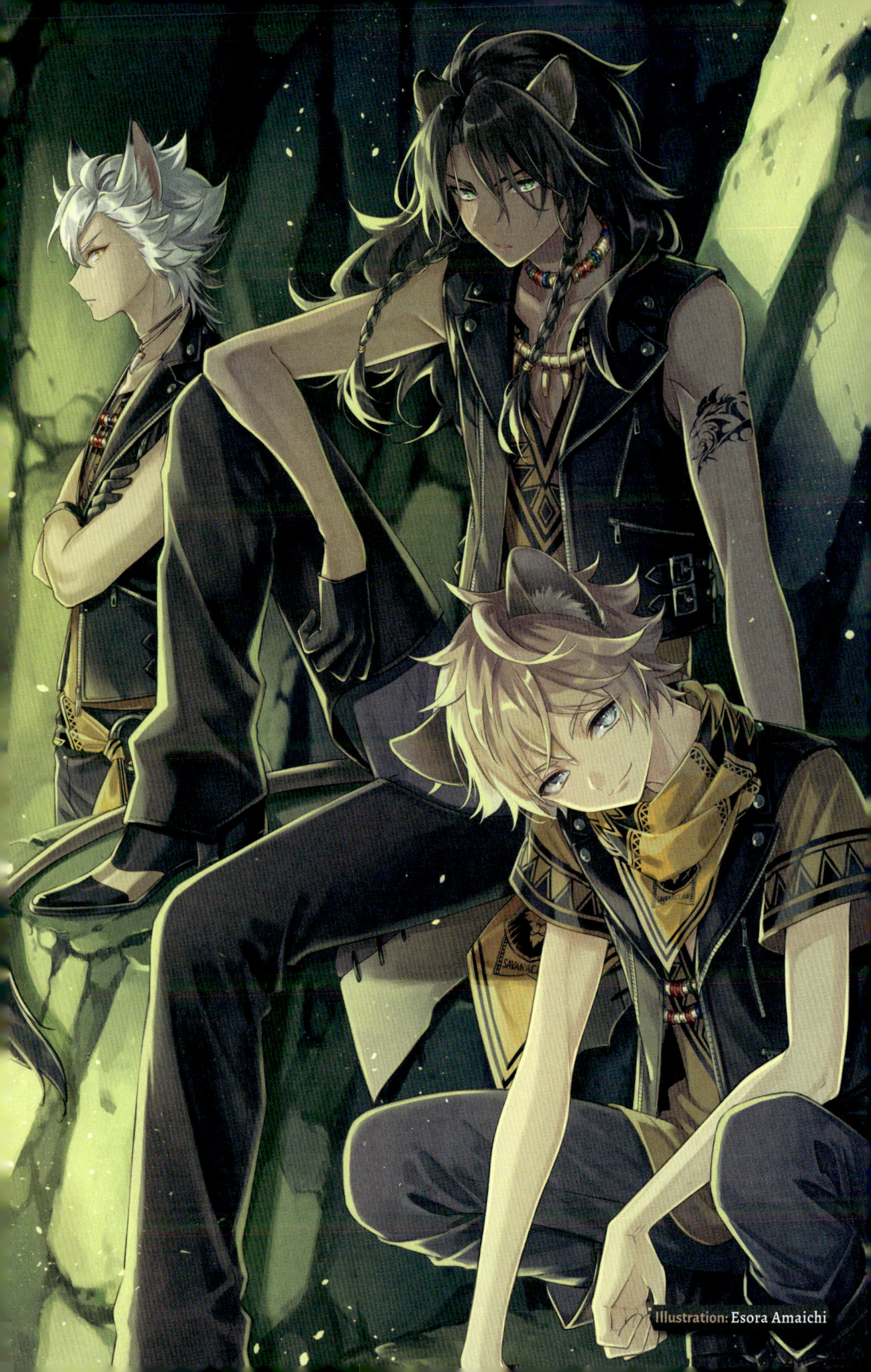

Illustration: Esora Amaichi

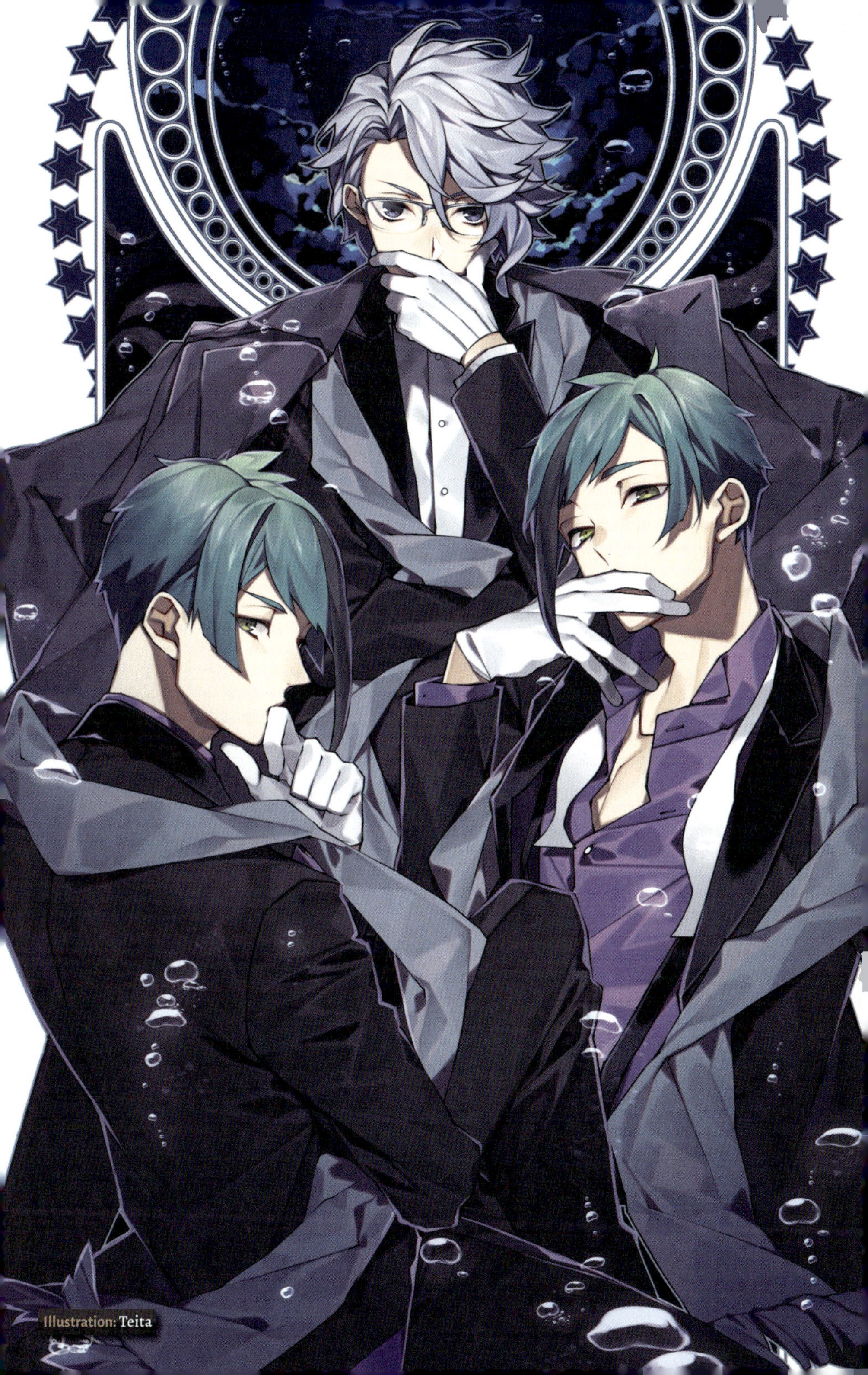

Illustration: Teita

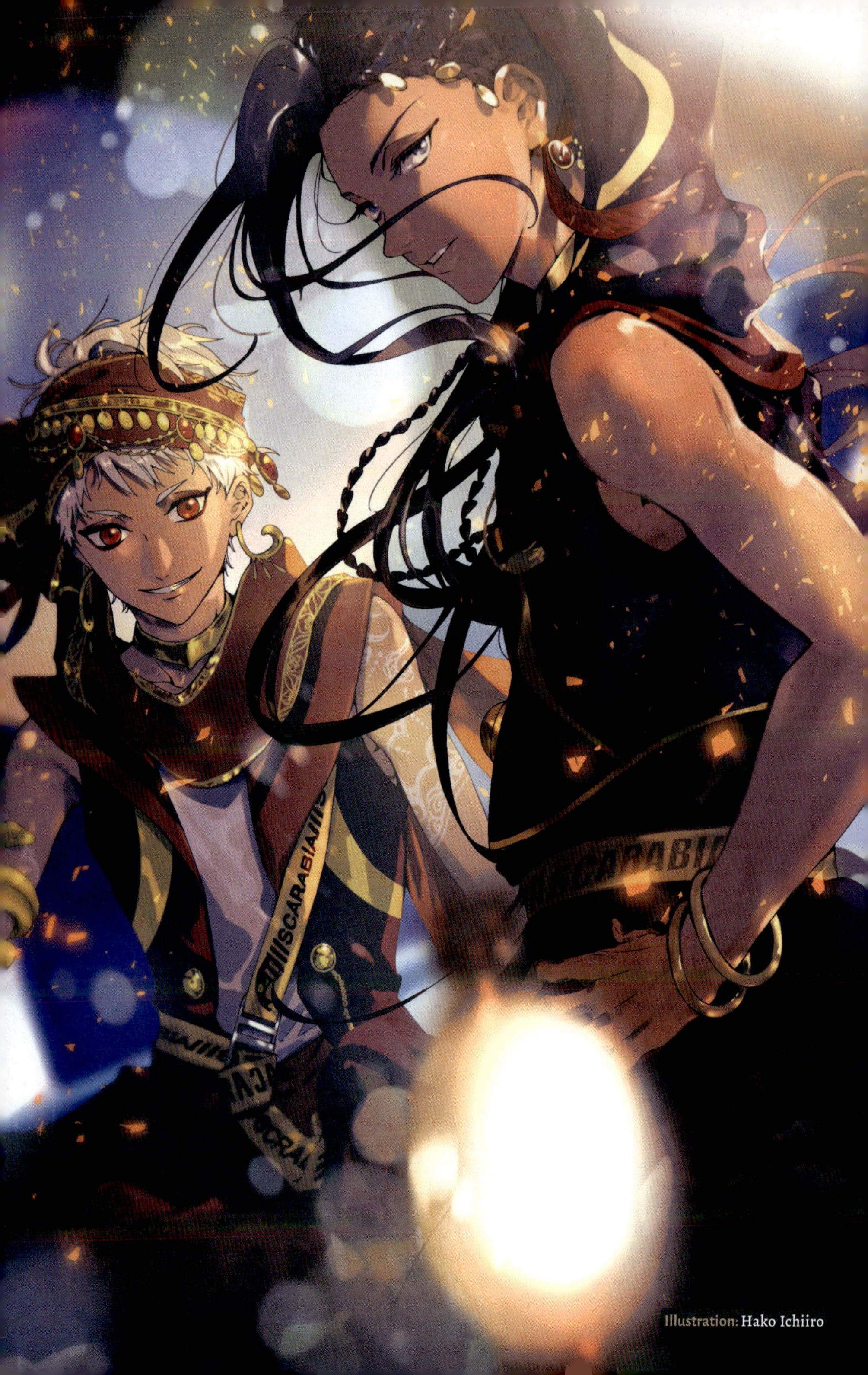

Illustration: Hako Ichiiro

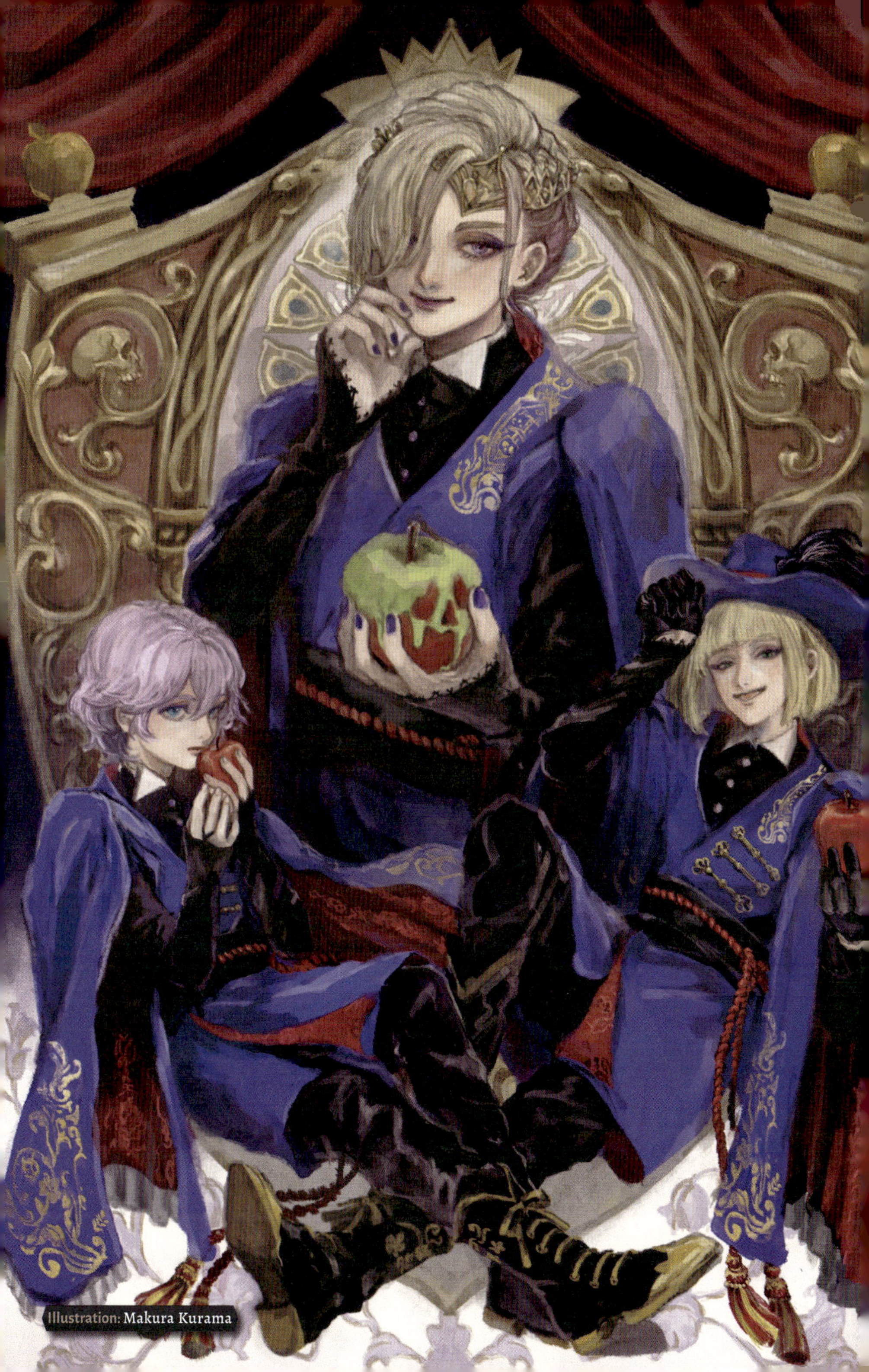

Illustration: Makura Kurama

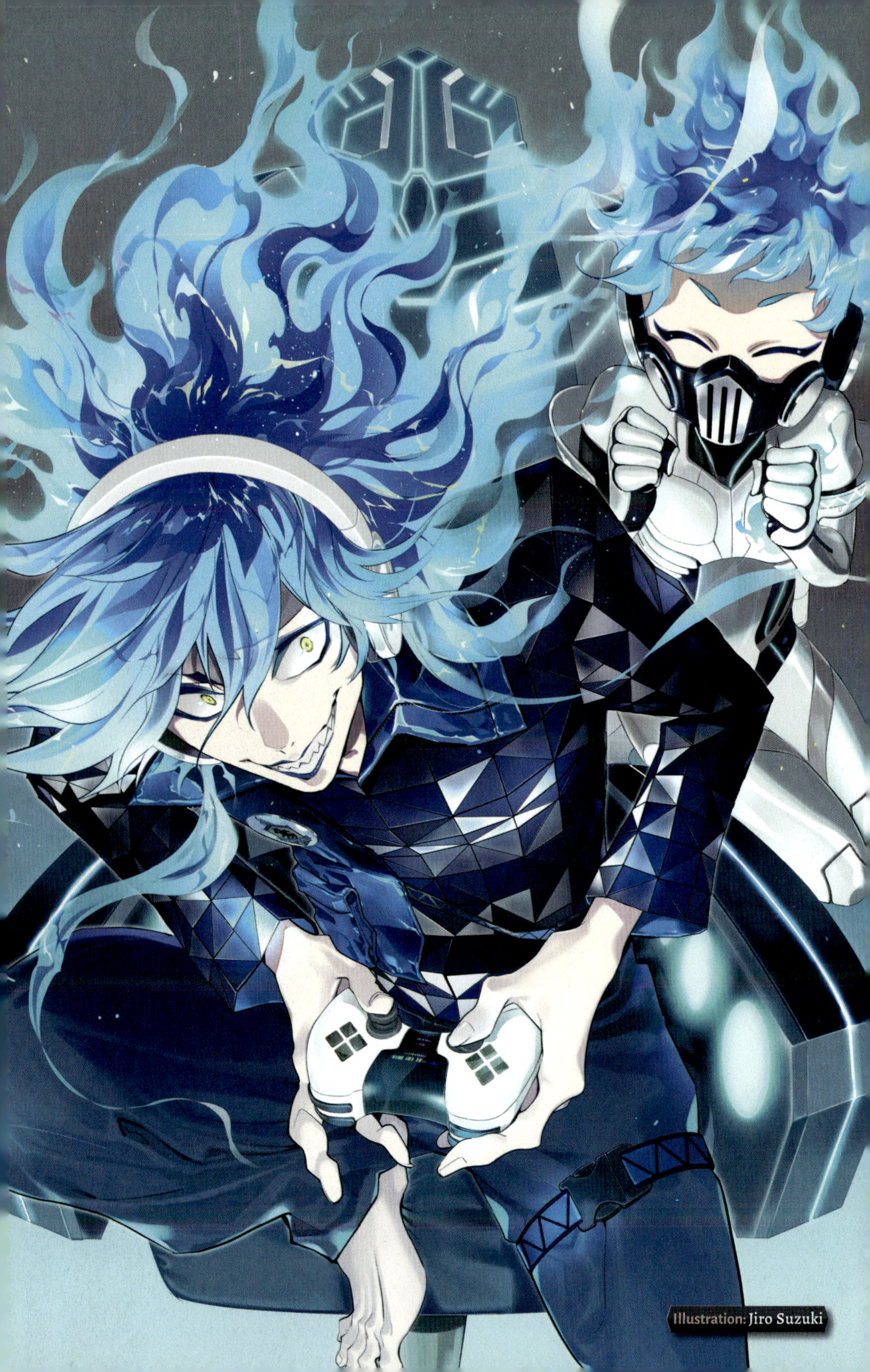
Illustration: Jiro Suzuki

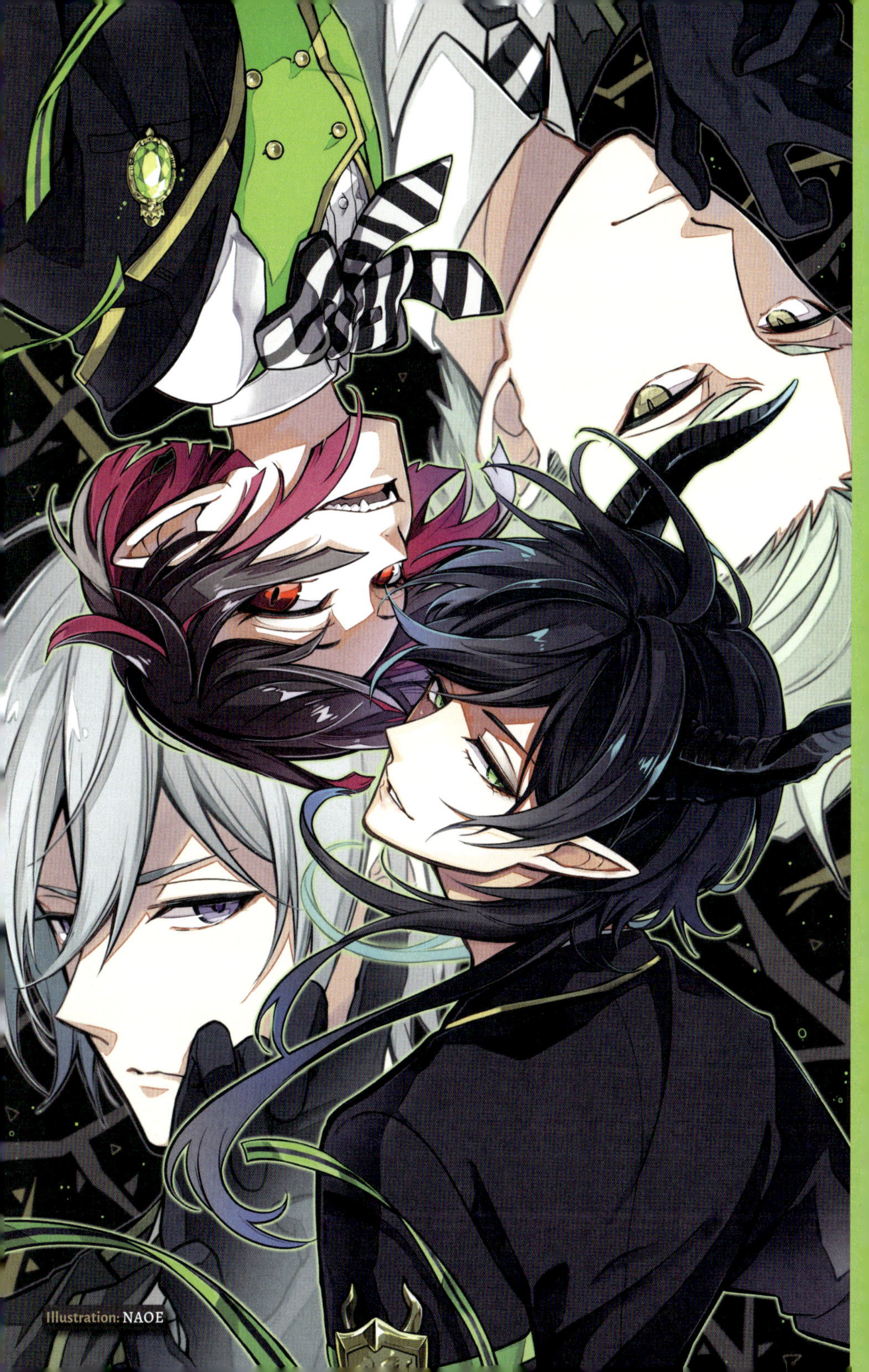
Illustration: NAOE

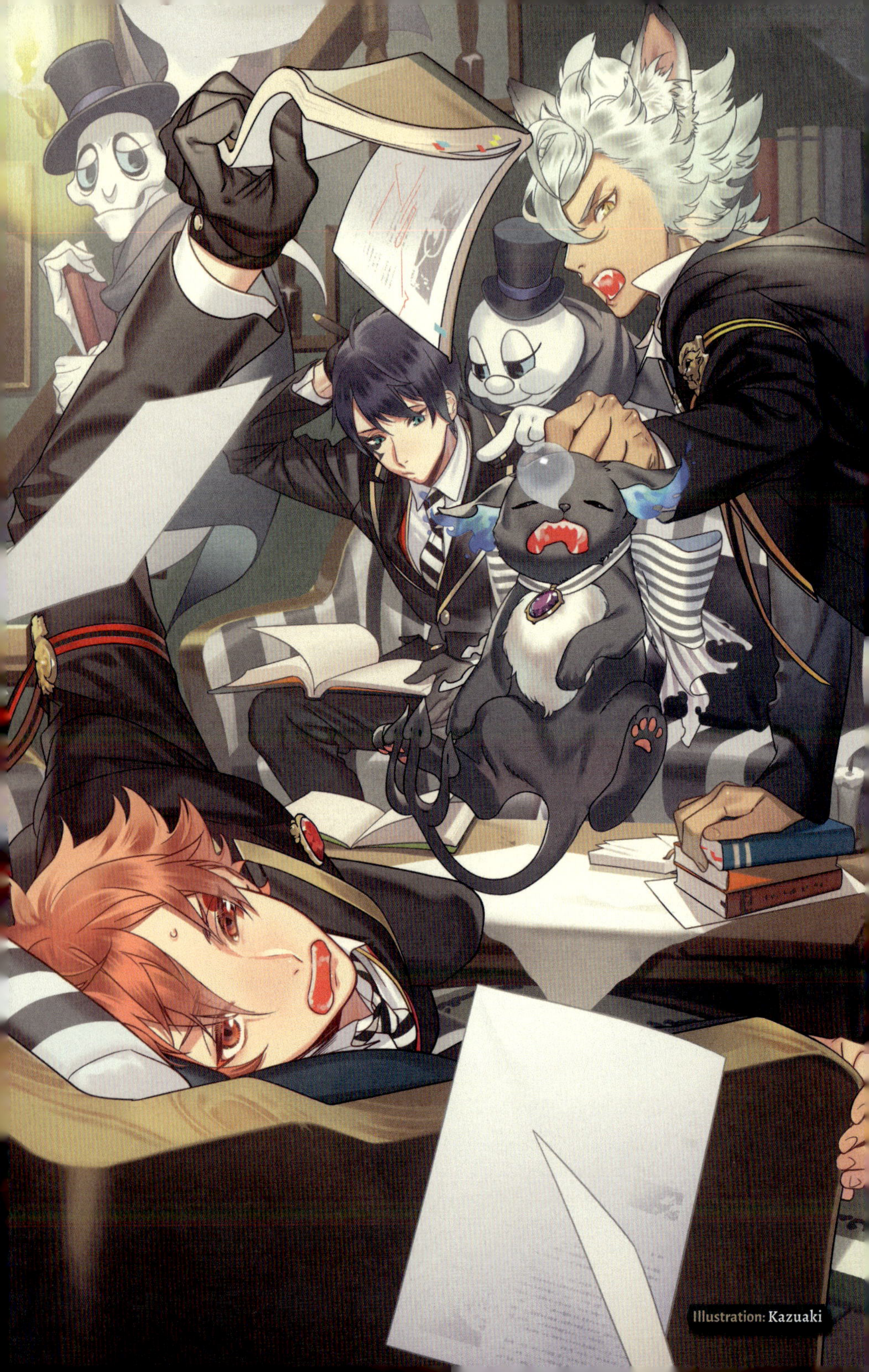
Illustration: Kazuaki

Disney

Twisted Wonderland

Die Anthologie

INHALT

COVER ILLUSTRATION

PINUP ILLUSTRATION

ILLUSTRATION

MANGA

Bei den Geschichten in diesem Band handelt es sich um die individuelle Interpretation des Smartphone-Games »Disney Twisted Wonderland« durch den jeweiligen Autor.

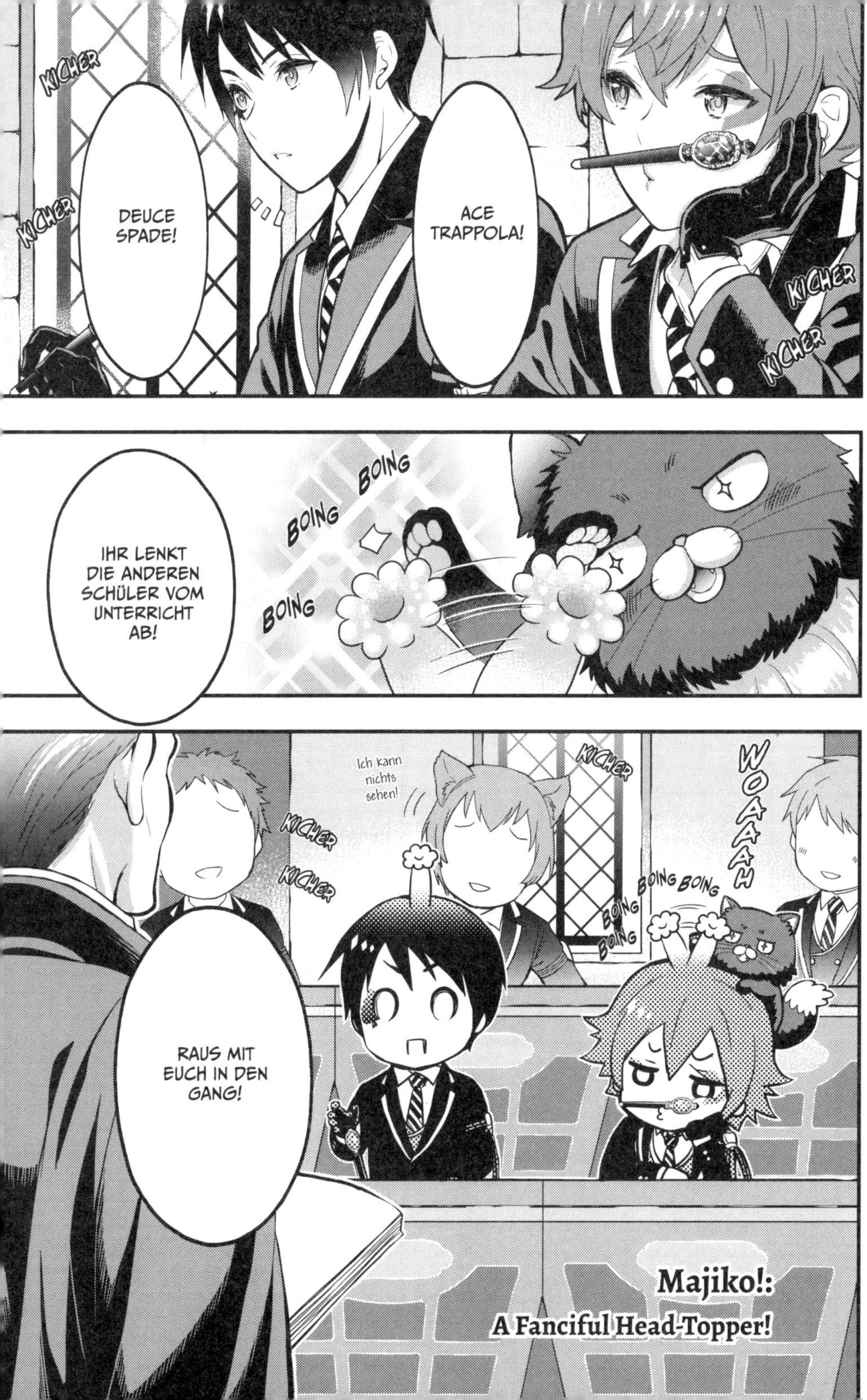
ACE TRAPPOLA!
DEUCE SPADE!
KICHER
KICHER
KICHER
KICHER
BOING
BOING
BOING
IHR LENKT DIE ANDEREN SCHÜLER VOM UNTERRICHT AB!
WOAAAAH
KICHER
Ich kann nichts sehen!
KICHER
KICHER
BOING BOING
BOING
BOING
BOING
RAUS MIT EUCH IN DEN GANG!
Majiko!:
A Fanciful Head-Topper!

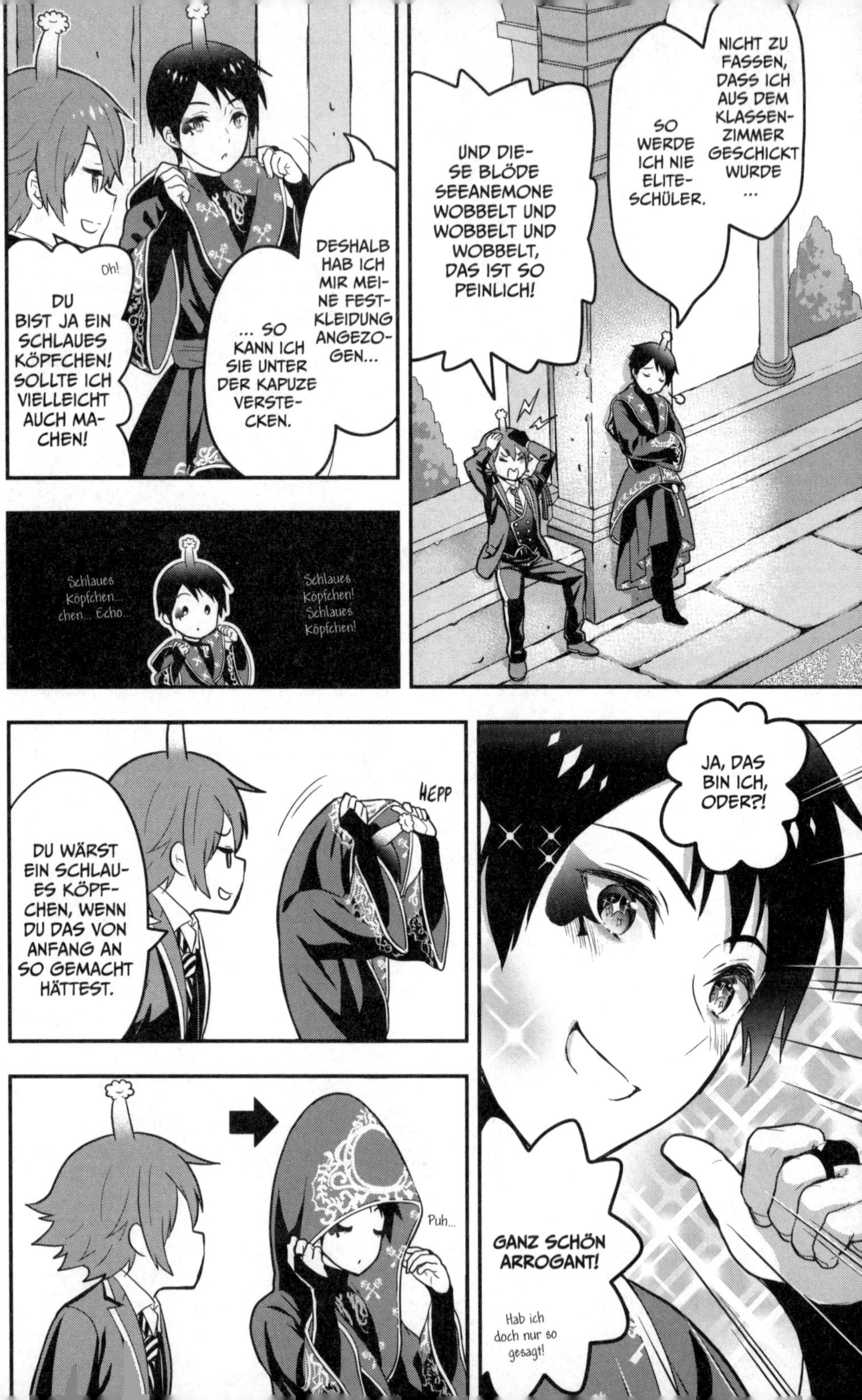

NICHT ZU FASSEN, DASS ICH AUS DEM KLASSENZIMMER GESCHICKT WURDE ...
SO WERDE ICH NIE ELITESCHÜLER.
UND DIESE BLÖDE SEEANEMONE WOBBELT UND WOBBELT UND WOBBELT, DAS IST SO PEINLICH!
DESHALB HAB ICH MIR MEINE FESTKLEIDUNG ANGEZOGEN...
... SO KANN ICH SIE UNTER DER KAPUZE VERSTECKEN.
Oh!
DU BIST JA EIN SCHLAUES KÖPFCHEN! SOLLTE ICH VIELLEICHT AUCH MACHEN!
Schlaues Köpfchen! Schlaues Köpfchen!
Schlaues Köpfchen... chen... Echo...
JA, DAS BIN ICH, ODER?!
GANZ SCHÖN ARROGANT!
Hab ich doch nur so gesagt!
HEPP
DU WÄRST EIN SCHLAUES KÖPFCHEN, WENN DU DAS VON ANFANG AN SO GEMACHT HÄTTEST.
Puh...

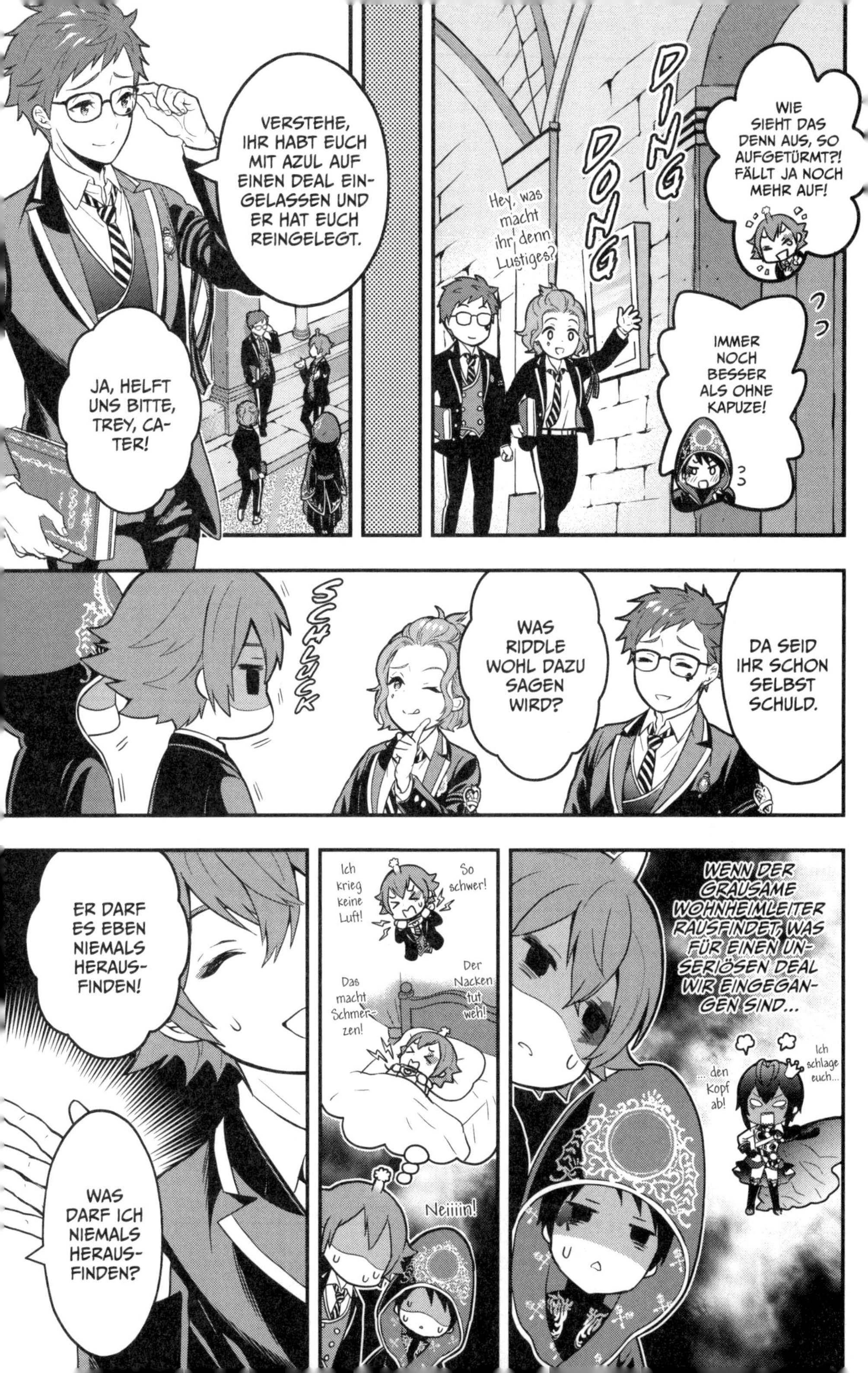

WIE SIEHT DAS DENN AUS, SO AUFGETÜRMT?! FÄLLT JA NOCH MEHR AUF!
IMMER NOCH BESSER ALS OHNE KAPUZE!
DING DONG
Hey, was macht ihr denn Lustiges?
VERSTEHE, IHR HABT EUCH MIT AZUL AUF EINEN DEAL EINGELASSEN UND ER HAT EUCH REINGELEGT.
JA, HELFT UNS BITTE, TREY, CATER!
DA SEID IHR SCHON SELBST SCHULD.
WAS RIDDLE WOHL DAZU SAGEN WIRD?
SCHLUCK
WENN DER GRAUSAME WOHNHEIMLEITER RAUSFINDET, WAS FÜR EINEN UNSERIÖSEN DEAL WIR EINGEGANGEN SIND...
Ich schlage euch...
... den Kopf ab!
So schwer!
Ich krieg keine Luft!
Der Nacken tut weh!
Das macht Schmerzen!
Neiiiin!
ER DARF ES EBEN NIEMALS HERAUSFINDEN!
WAS DARF ICH NIEMALS HERAUSFINDEN?

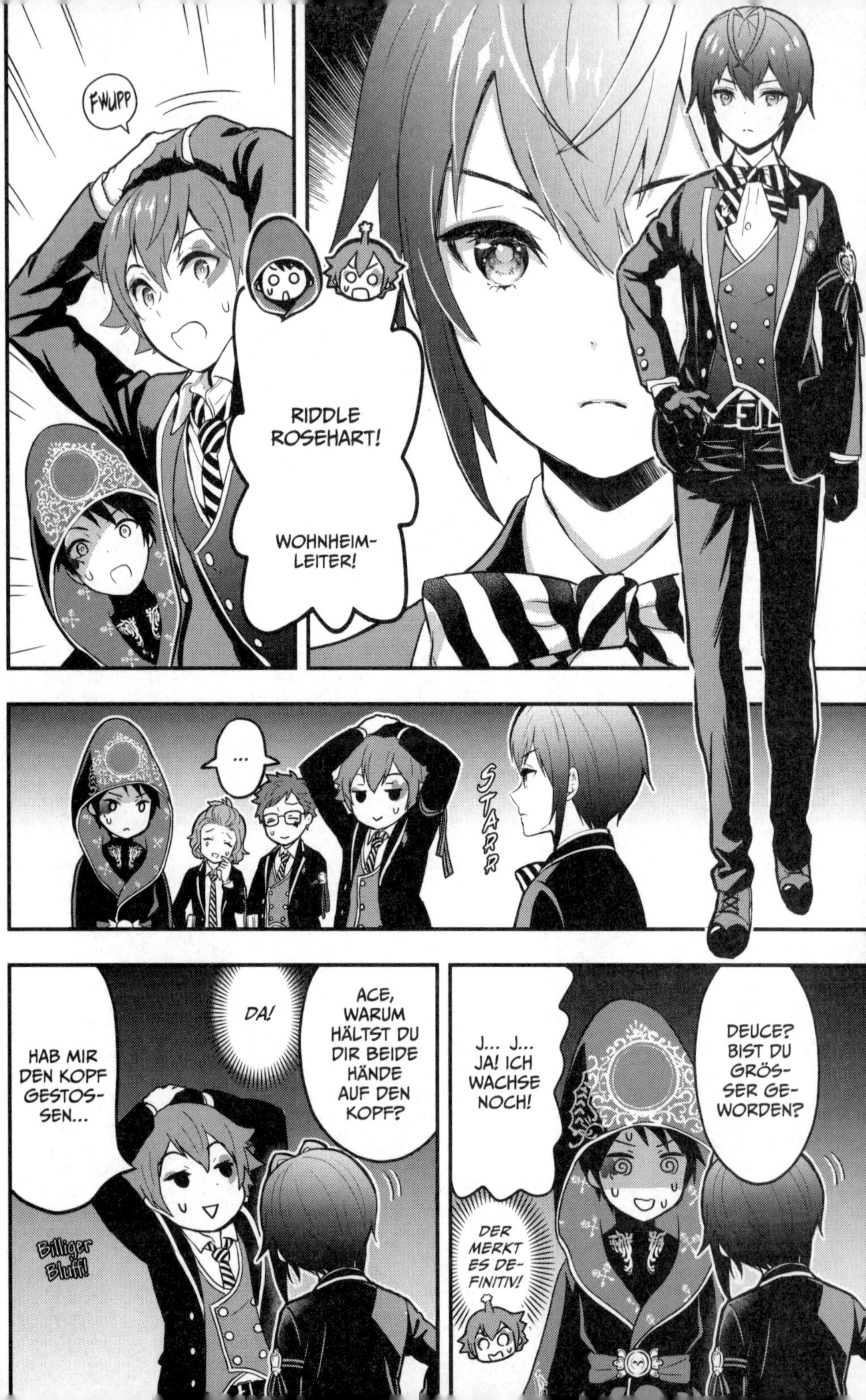
RIDDLE ROSEHART!
WOHNHEIM-LEITER!
FWUPP
STARR
...
DEUCE? BIST DU GRÖS-SER GE-WORDEN?
J... J... JA! ICH WACHSE NOCH!
DER MERKT ES DE-FINITIV!
ACE, WARUM HÄLTST DU DIR BEIDE HÄNDE AUF DEN KOPF?
DA!
HAB MIR DEN KOPF GESTOS-SEN...
Billiger Bluff!

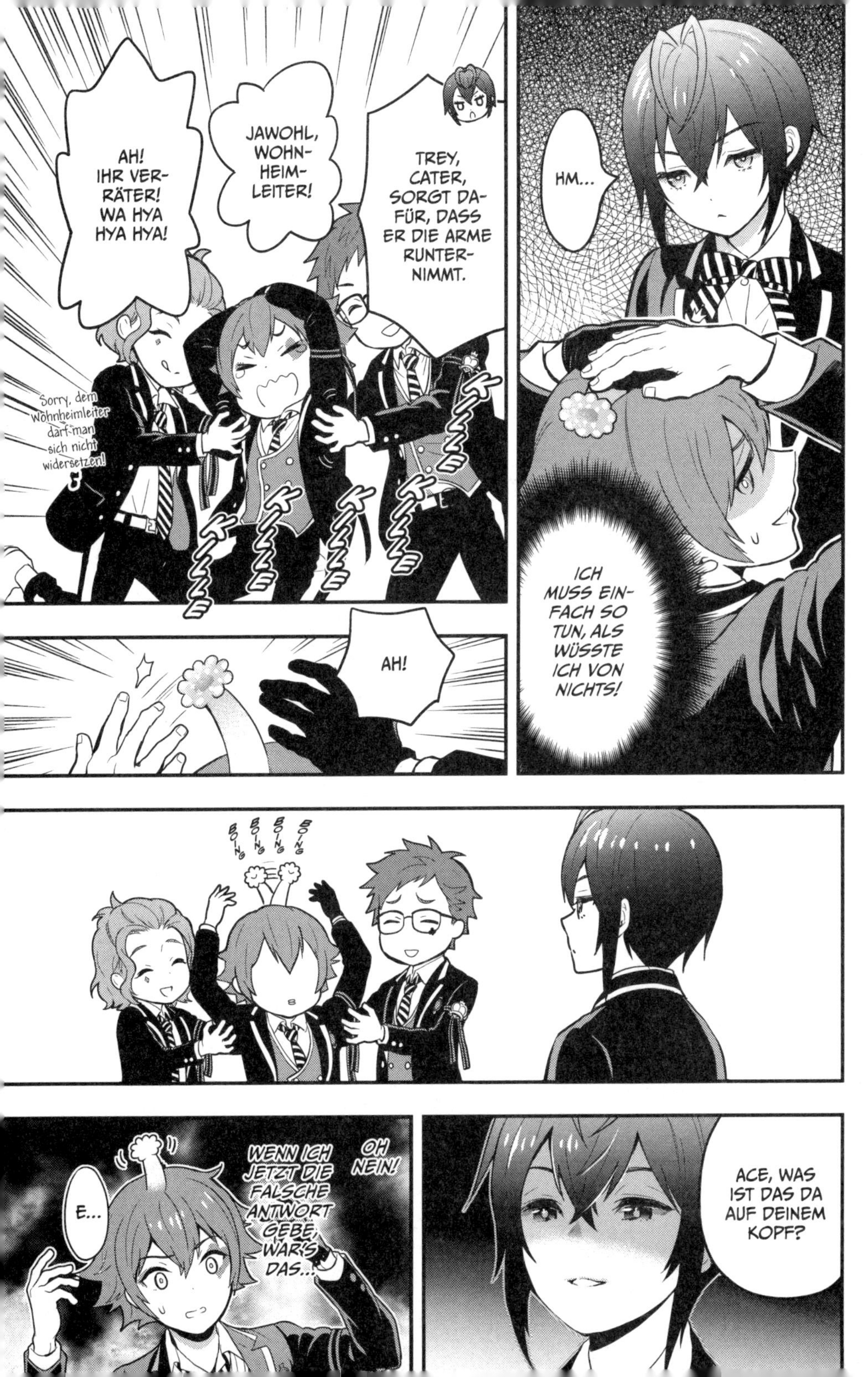
HM...
TREY, CATER, SORGT DAFÜR, DASS ER DIE ARME RUNTERNIMMT.
JAWOHL, WOHNHEIMLEITER!
AH! IHR VERRÄTER! WA HYA HYA HYA!
Sorry, dem Wohnheimleiter darf man sich nicht widersetzen!
ICH MUSS EINFACH SO TUN, ALS WÜSSTE ICH VON NICHTS!
AH!
BOING BOING BOING BOING
ACE, WAS IST DAS DA AUF DEINEM KOPF?
OH NEIN!
WENN ICH JETZT DIE FALSCHE ANTWORT GEBE, WAR'S DAS...
E...

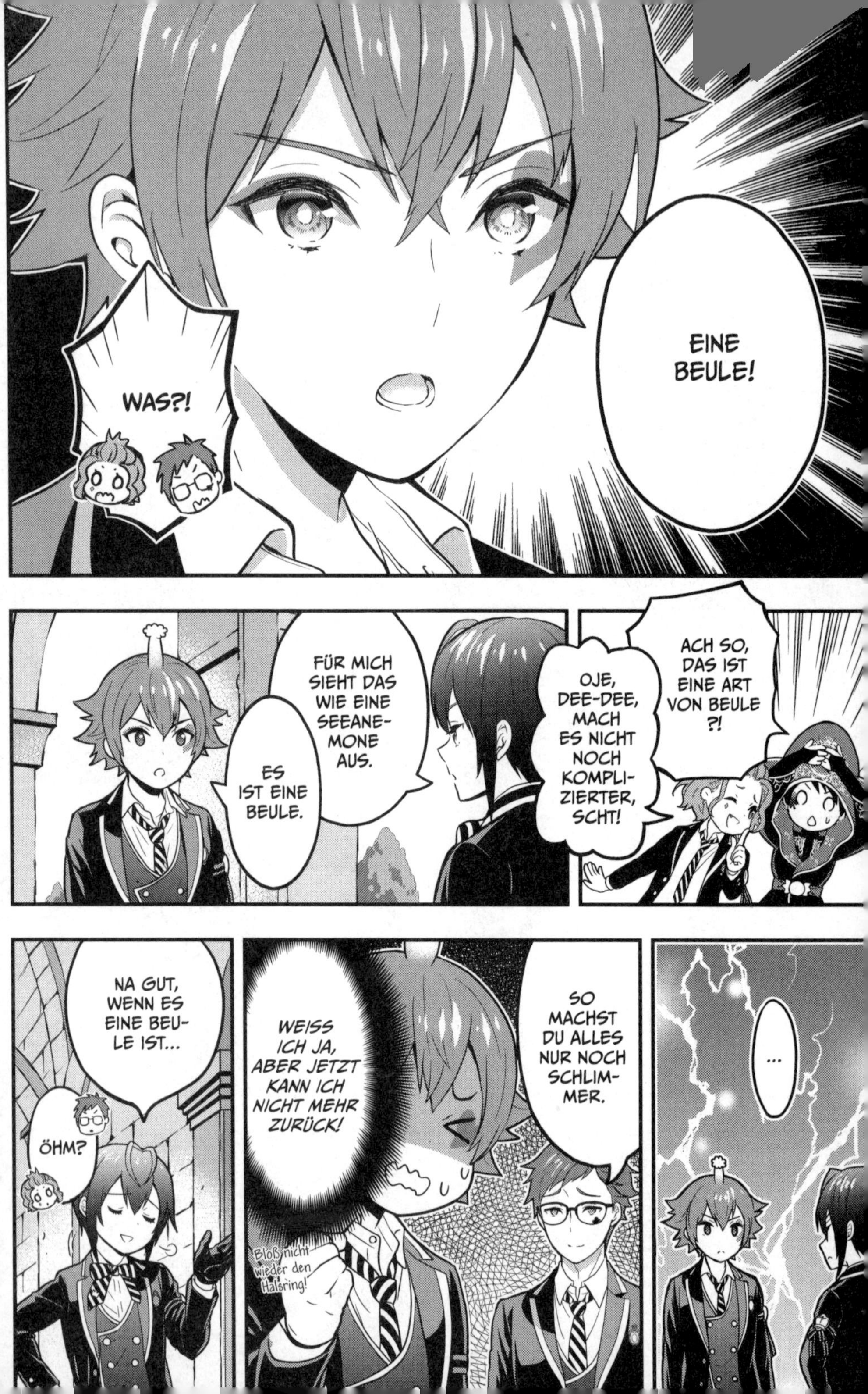
EINE BEULE!
WAS?!
ACH SO, DAS IST EINE ART VON BEULE ?!
OJE, DEE-DEE, MACH ES NICHT NOCH KOMPLIZIERTER, SCHT!
FÜR MICH SIEHT DAS WIE EINE SEEANEMONE AUS.
ES IST EINE BEULE.
...
SO MACHST DU ALLES NUR NOCH SCHLIMMER.
WEISS ICH JA, ABER JETZT KANN ICH NICHT MEHR ZURÜCK!
Bloß nicht wieder den Halsring!
NA GUT, WENN ES EINE BEULE IST...
ÖHM?

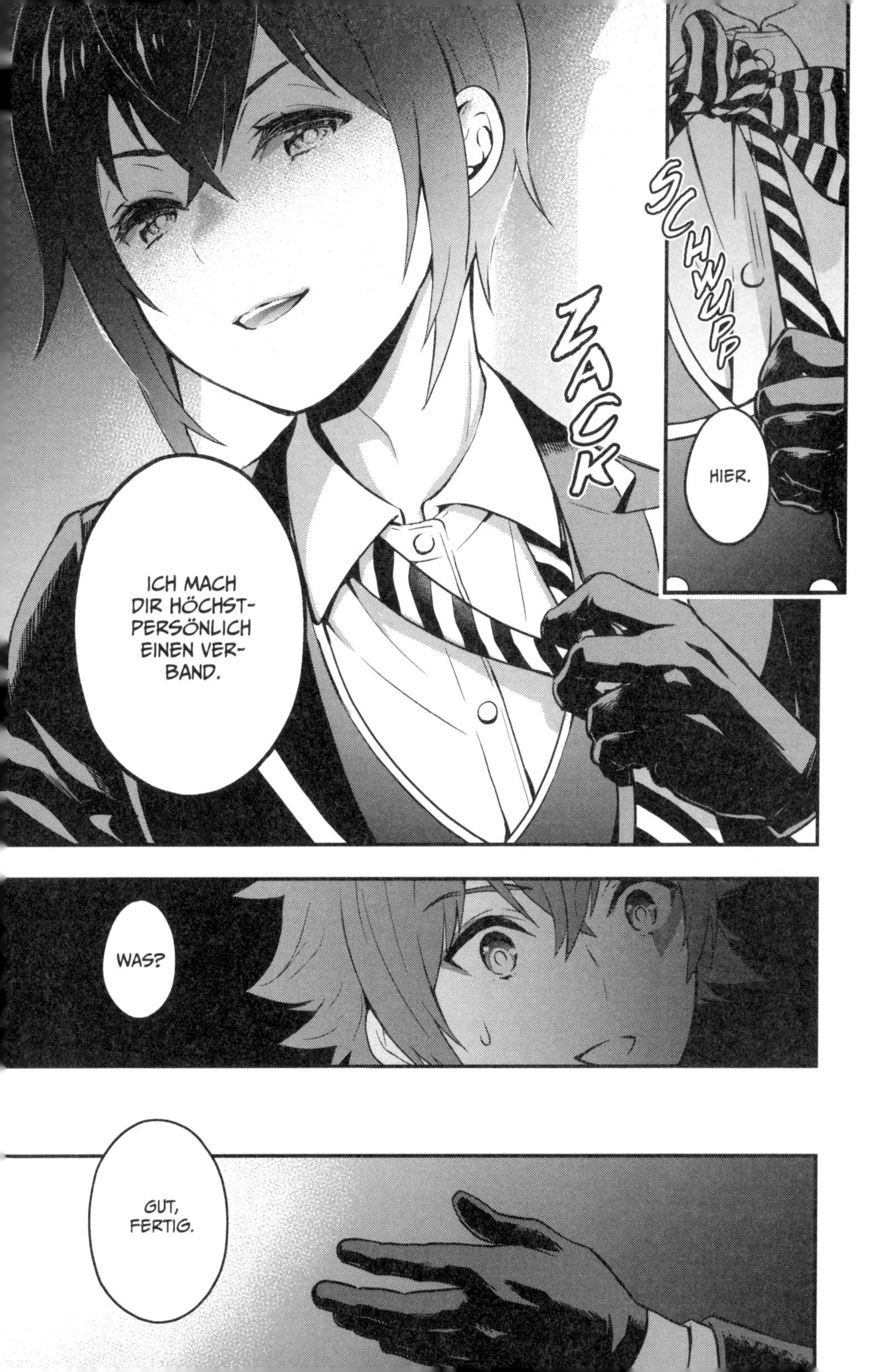

SCHWUPP
HIER.
ZACK
ICH MACH DIR HÖCHST-PERSÖNLICH EINEN VER-BAND.
WAS?
GUT, FERTIG.

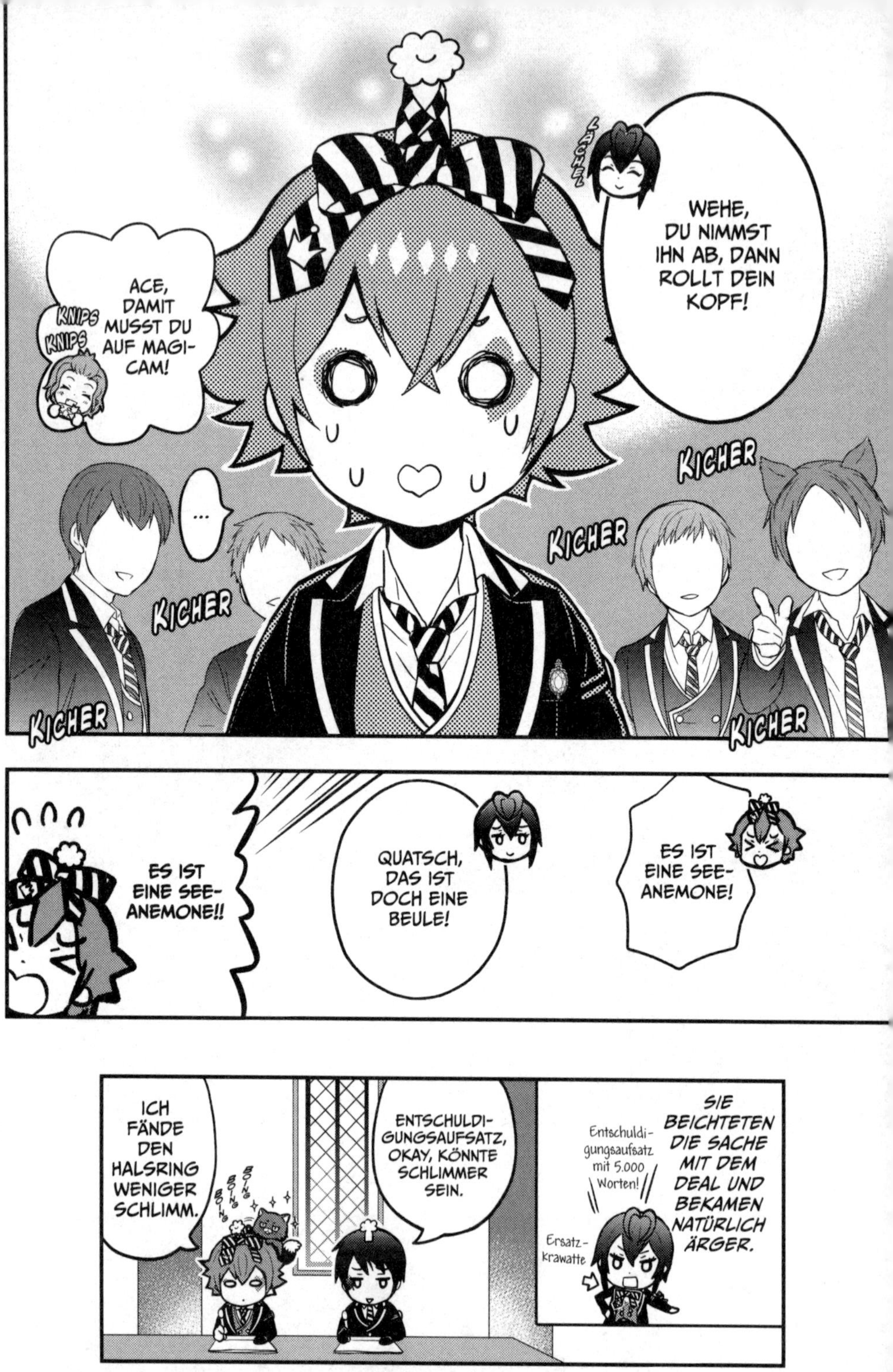
LÄCHEL
WEHE, DU NIMMST IHN AB, DANN ROLLT DEIN KOPF!
ACE, DAMIT MUSST DU AUF MAGI-CAM!
KNIPS KNIPS
KICHER
KICHER
...
KICHER
KICHER
KICHER
ES IST EINE SEE-ANEMONE!
QUATSCH, DAS IST DOCH EINE BEULE!
ES IST EINE SEE-ANEMONE!!
SIE BEICHTETEN DIE SACHE MIT DEM DEAL UND BEKAMEN NATÜRLICH ÄRGER.
Entschuldigungsaufsatz mit 5.000 Worten!
Ersatzkrawatte
ENTSCHULDIGUNGSAUFSATZ, OKAY, KÖNNTE SCHLIMMER SEIN.
ICH FÄNDE DEN HALSRING WENIGER SCHLIMM.
BOING BOING BOING

Ende

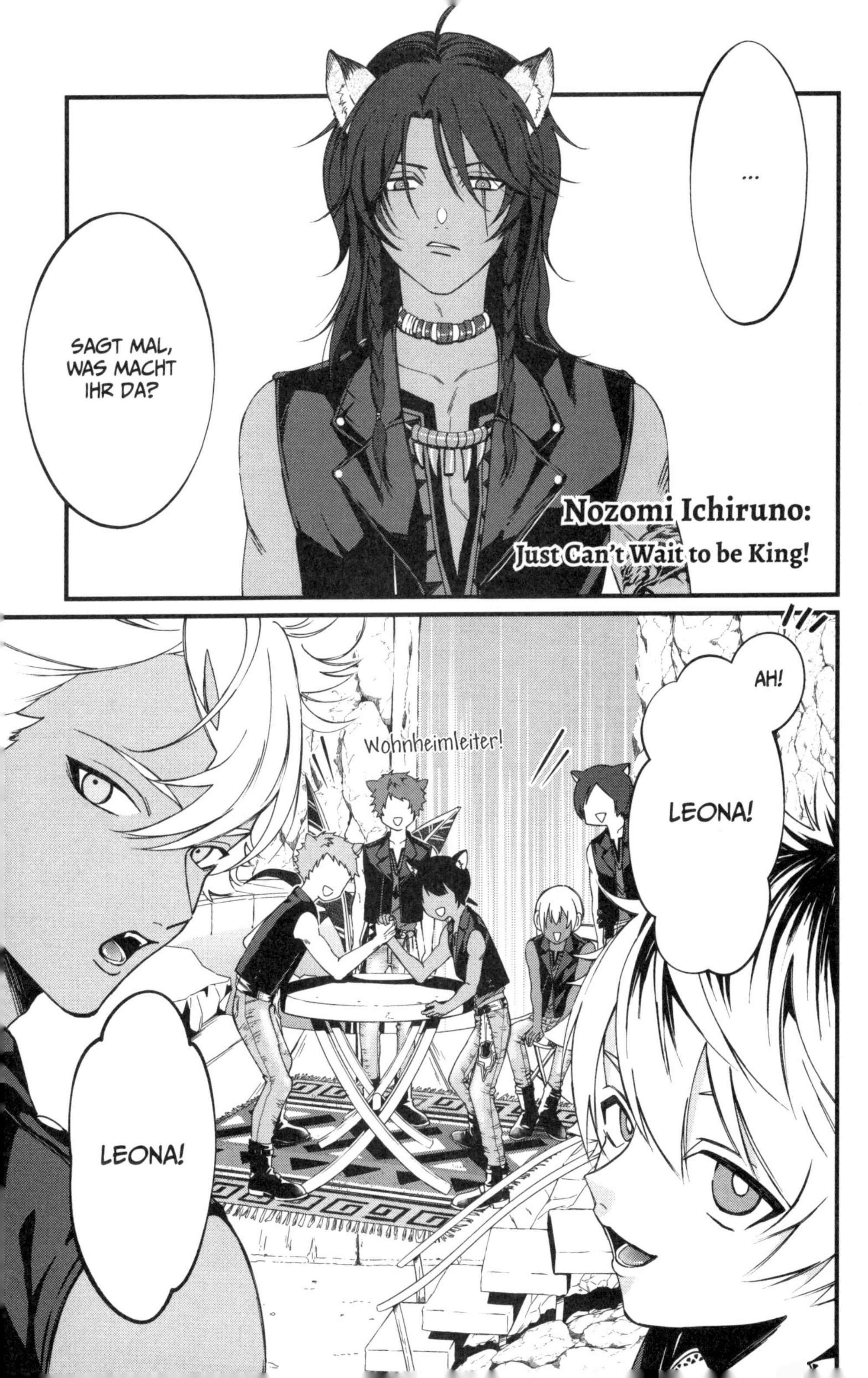
...
SAGT MAL, WAS MACHT IHR DA?
Nozomi Ichiruno:
Just Can't Wait to be King!
AH!
LEONA!
Wohnheimleiter!
LEONA!

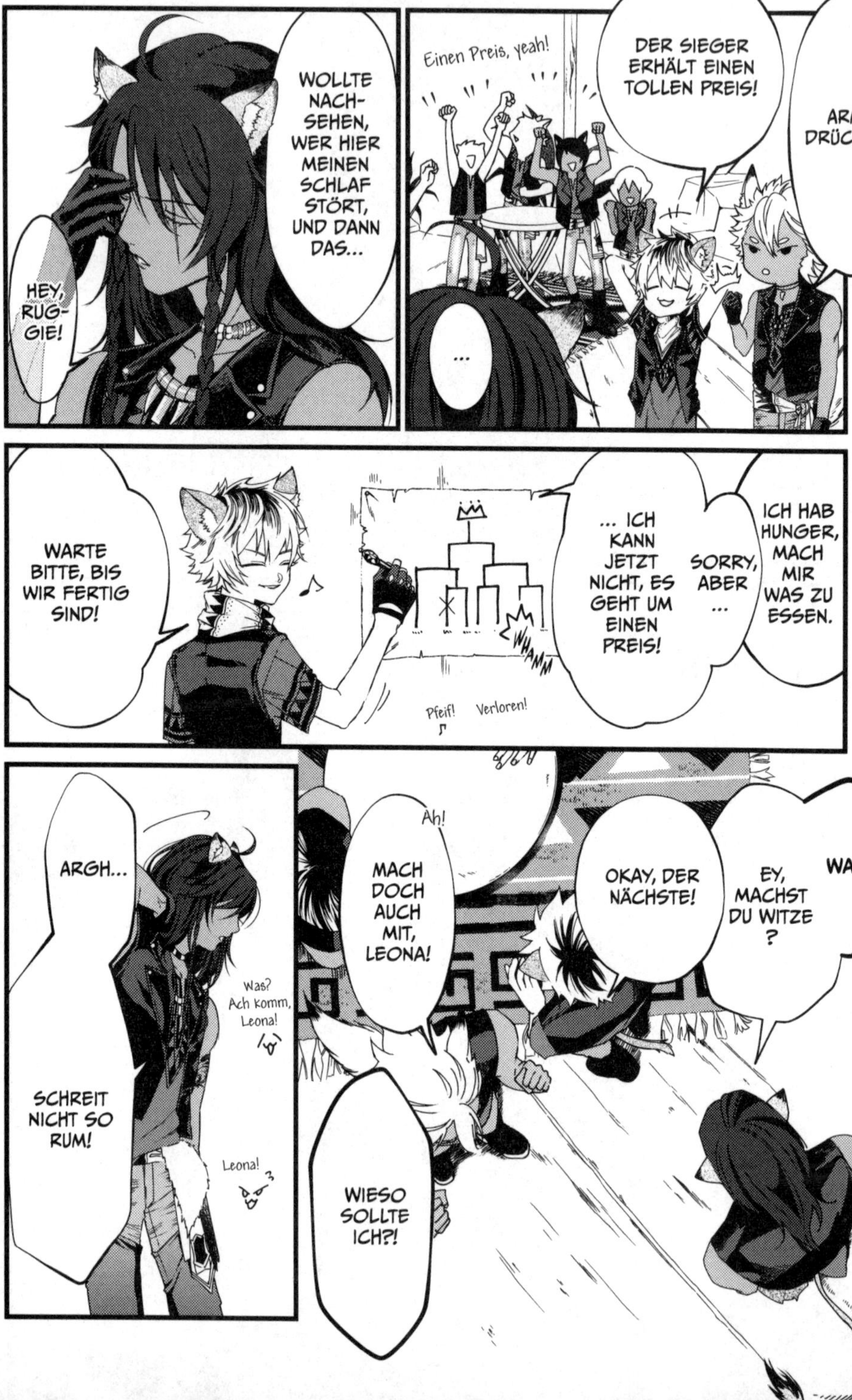
ARM-DRÜCKEN!
DER SIEGER ERHÄLT EINEN TOLLEN PREIS!
Einen Preis, yeah!
...
WOLLTE NACH-SEHEN, WER HIER MEINEN SCHLAF STÖRT, UND DANN DAS...
HEY, RUG-GIE!
ICH HAB HUNGER, MACH MIR WAS ZU ESSEN.
SORRY, ABER ...
... ICH KANN JETZT NICHT, ES GEHT UM EINEN PREIS!
WHAMM
Verloren!
Pfeif!
WARTE BITTE, BIS WIR FERTIG SIND!
WAS?
EY, MACHST DU WITZE ?
OKAY, DER NÄCHSTE!
Ah!
MACH DOCH AUCH MIT, LEONA!
WIESO SOLLTE ICH?!
ARGH...
Was? Ach komm, Leona!
SCHREIT NICHT SO RUM!
Leona!

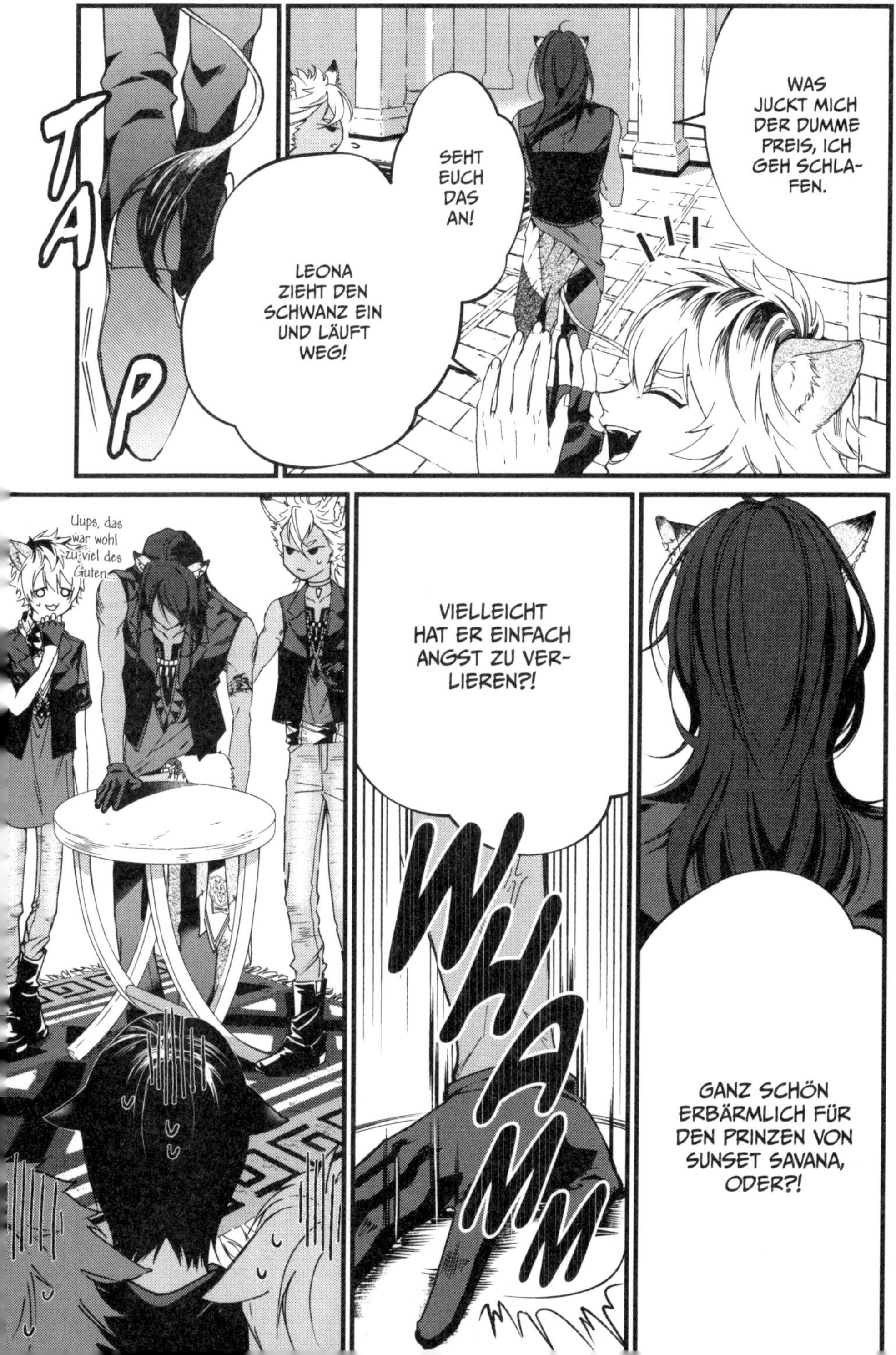
WAS JUCKT MICH DER DUMME PREIS, ICH GEH SCHLAFEN.
SEHT EUCH DAS AN!
LEONA ZIEHT DEN SCHWANZ EIN UND LÄUFT WEG!
TAP
GANZ SCHÖN ERBÄRMLICH FÜR DEN PRINZEN VON SUNSET SAVANA, ODER?!
VIELLEICHT HAT ER EINFACH ANGST ZU VERLIEREN?!
WHAMM
Uups, das war wohl zu viel des Guten...

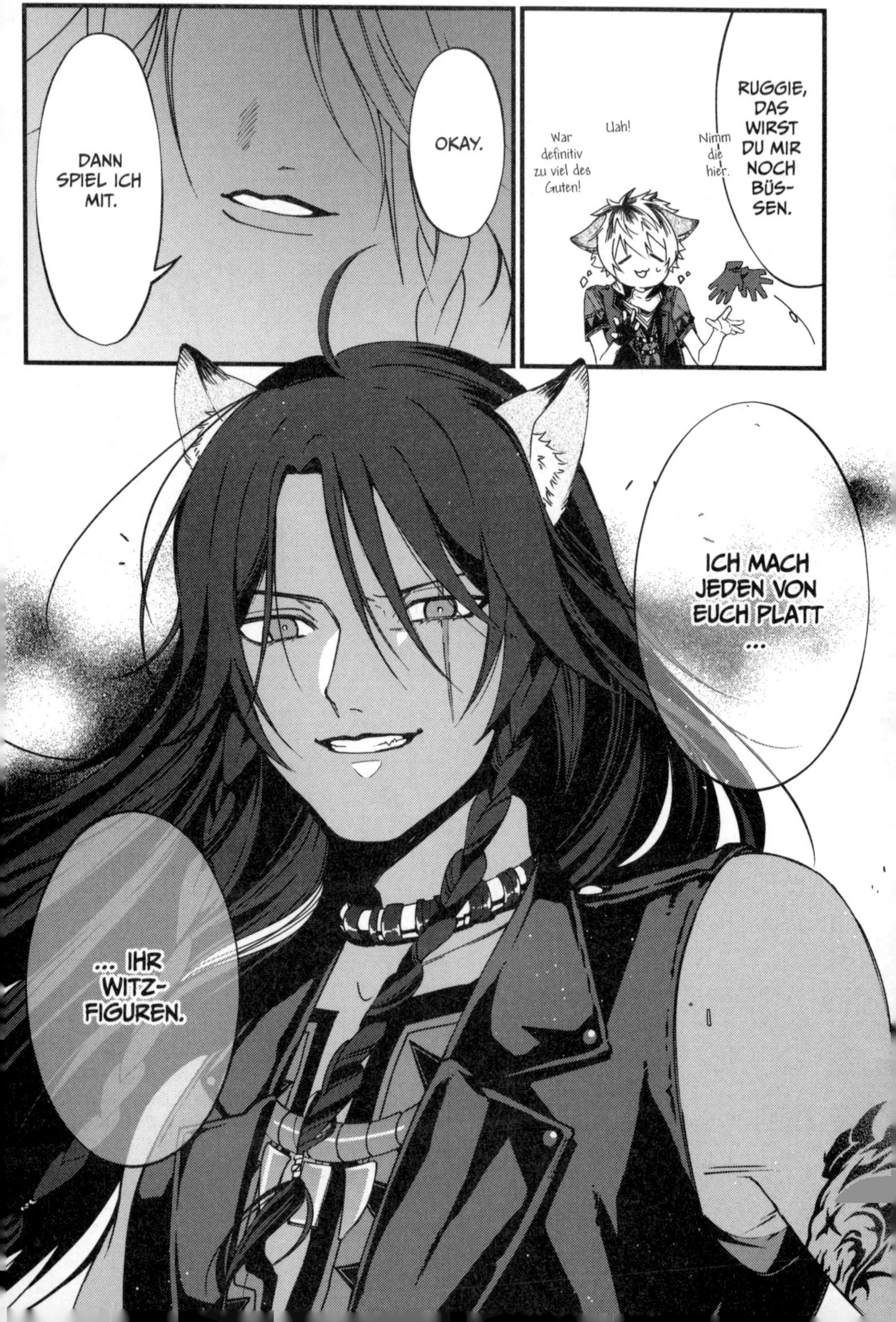
RUGGIE, DAS WIRST DU MIR NOCH BÜS-SEN.
Nimm die hier.
Uah!
War definitiv zu viel des Guten!
OKAY.
DANN SPIEL ICH MIT.
ICH MACH JEDEN VON EUCH PLATT ...
... IHR WITZ-FIGUREN.

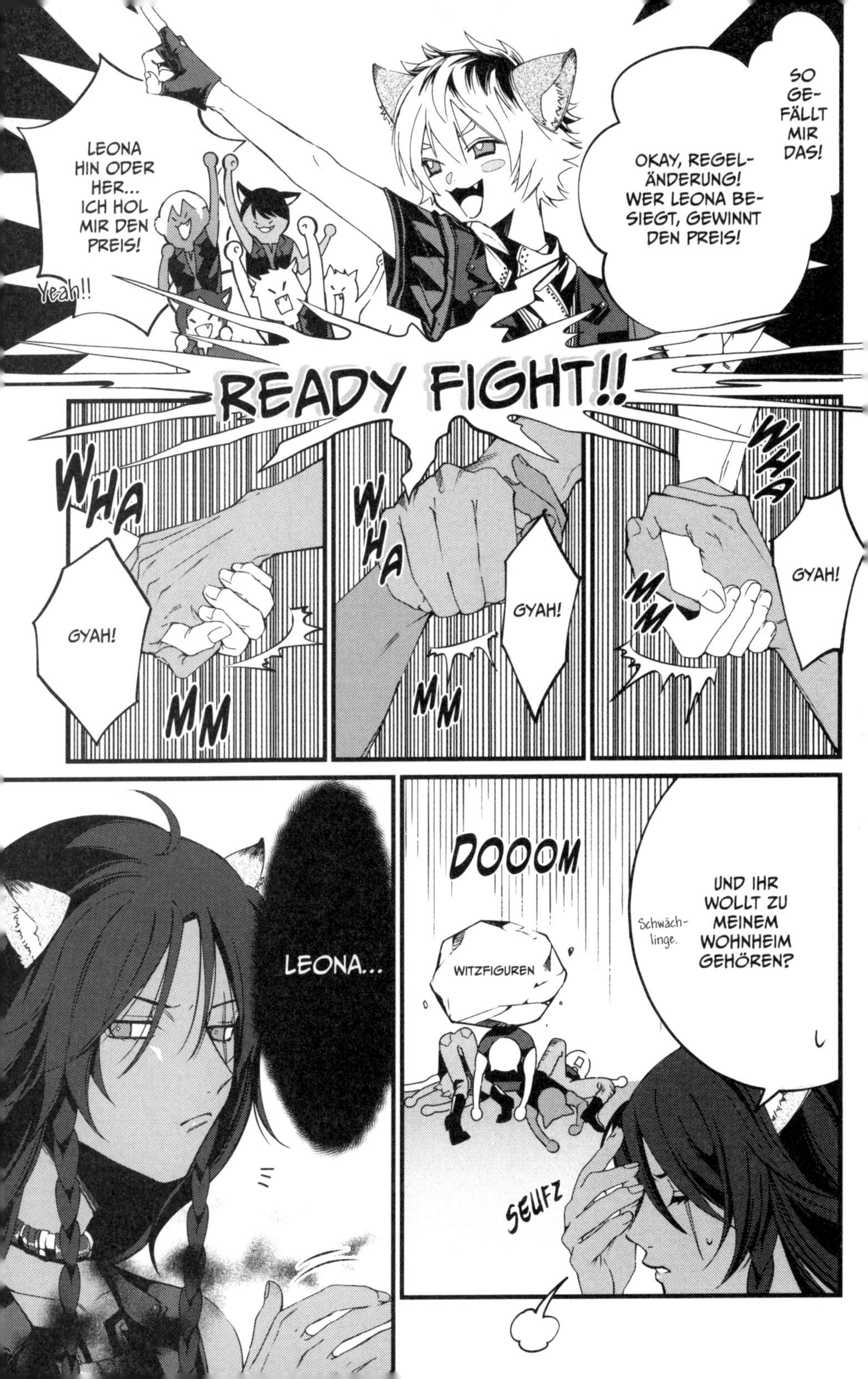
SO GEFÄLLT MIR DAS!
OKAY, REGELÄNDERUNG! WER LEONA BESIEGT, GEWINNT DEN PREIS!
LEONA HIN ODER HER... ICH HOL MIR DEN PREIS!
Yeah!!
READY FIGHT!!
WHAMM
GYAH!
WHAMM
GYAH!
WHAMM
GYAH!
UND IHR WOLLT ZU MEINEM WOHNHEIM GEHÖREN?
Schwächlinge.
DOOOM
WITZFIGUREN
SEUFZ
LEONA...

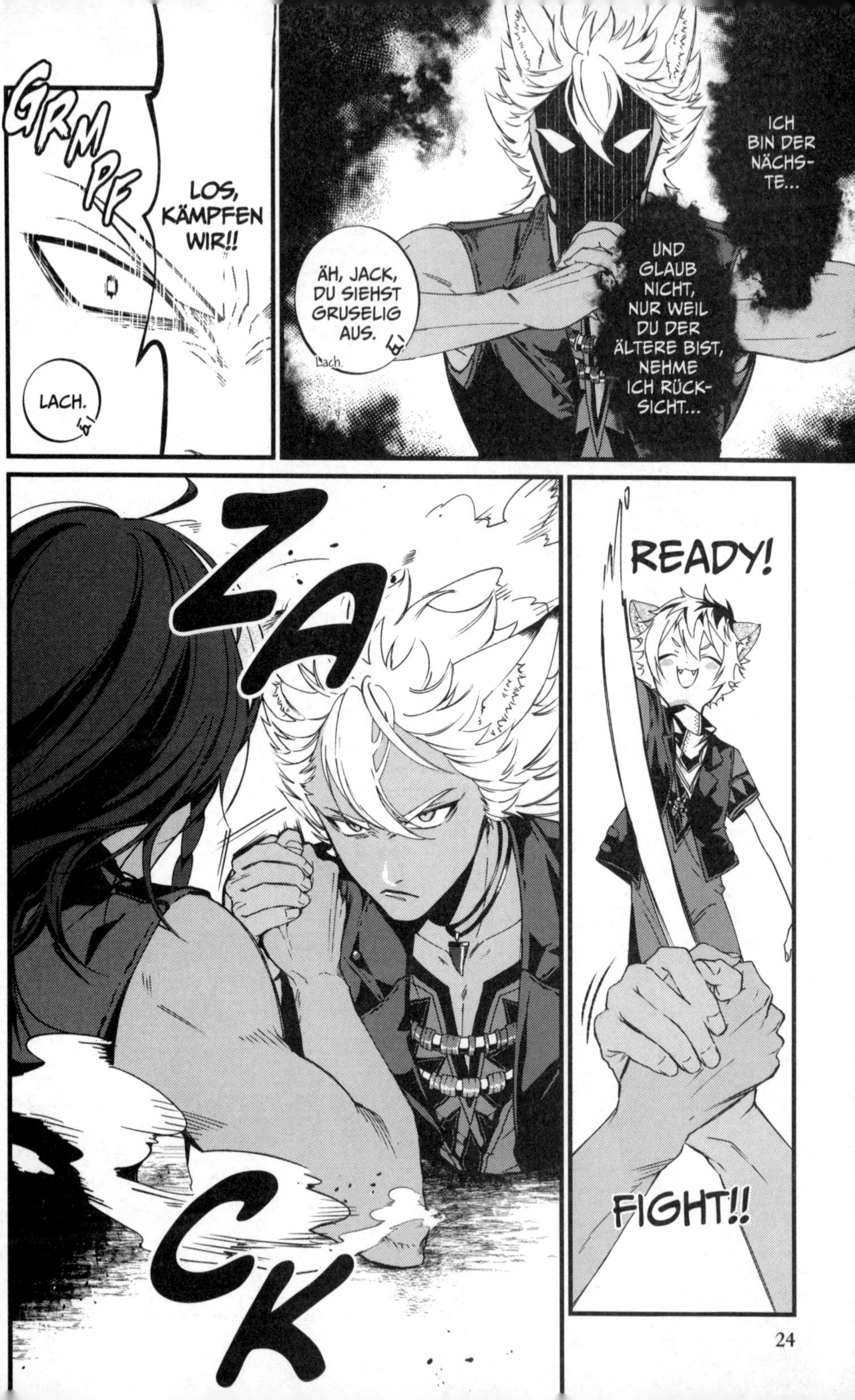

ICH BIN DER NÄCHSTE...
UND GLAUB NICHT, NUR WEIL DU DER ÄLTERE BIST, NEHME ICH RÜCKSICHT...
ÄH, JACK, DU SIEHST GRUSELIG AUS.
LACH.
GRMPF
LOS, KÄMPFEN WIR!!
LACH.
READY!
FIGHT!!
ZACK

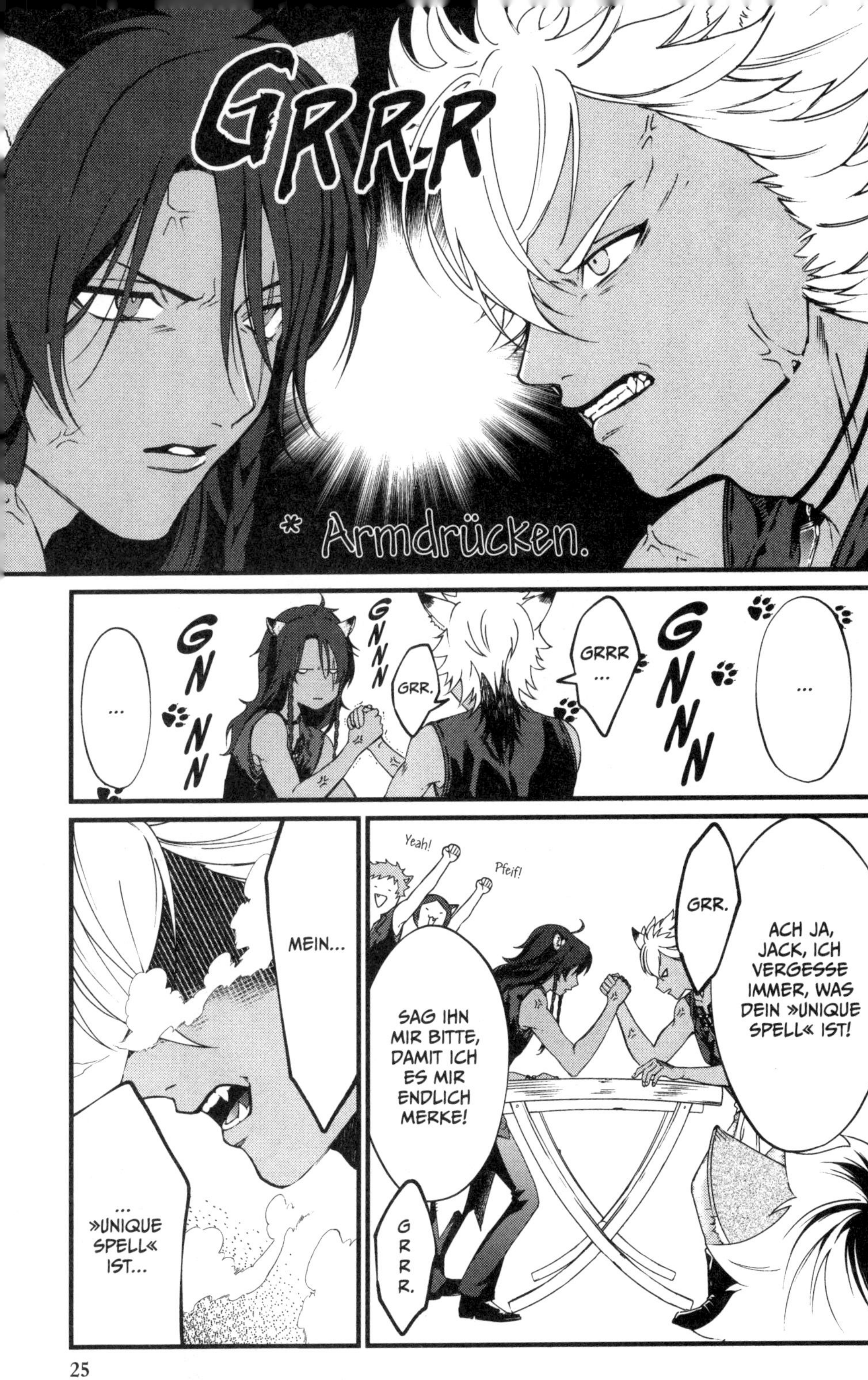
GRRR
* Armdrücken.
...
GNNN
GRRR ...
GRR.
GNNN
...
ACH JA, JACK, ICH VERGESSE IMMER, WAS DEIN »UNIQUE SPELL« IST!
GRR.
Pfeif!
Yeah!
SAG IHN MIR BITTE, DAMIT ICH ES MIR ENDLICH MERKE!
GRRR.
MEIN...
... »UNIQUE SPELL« IST...

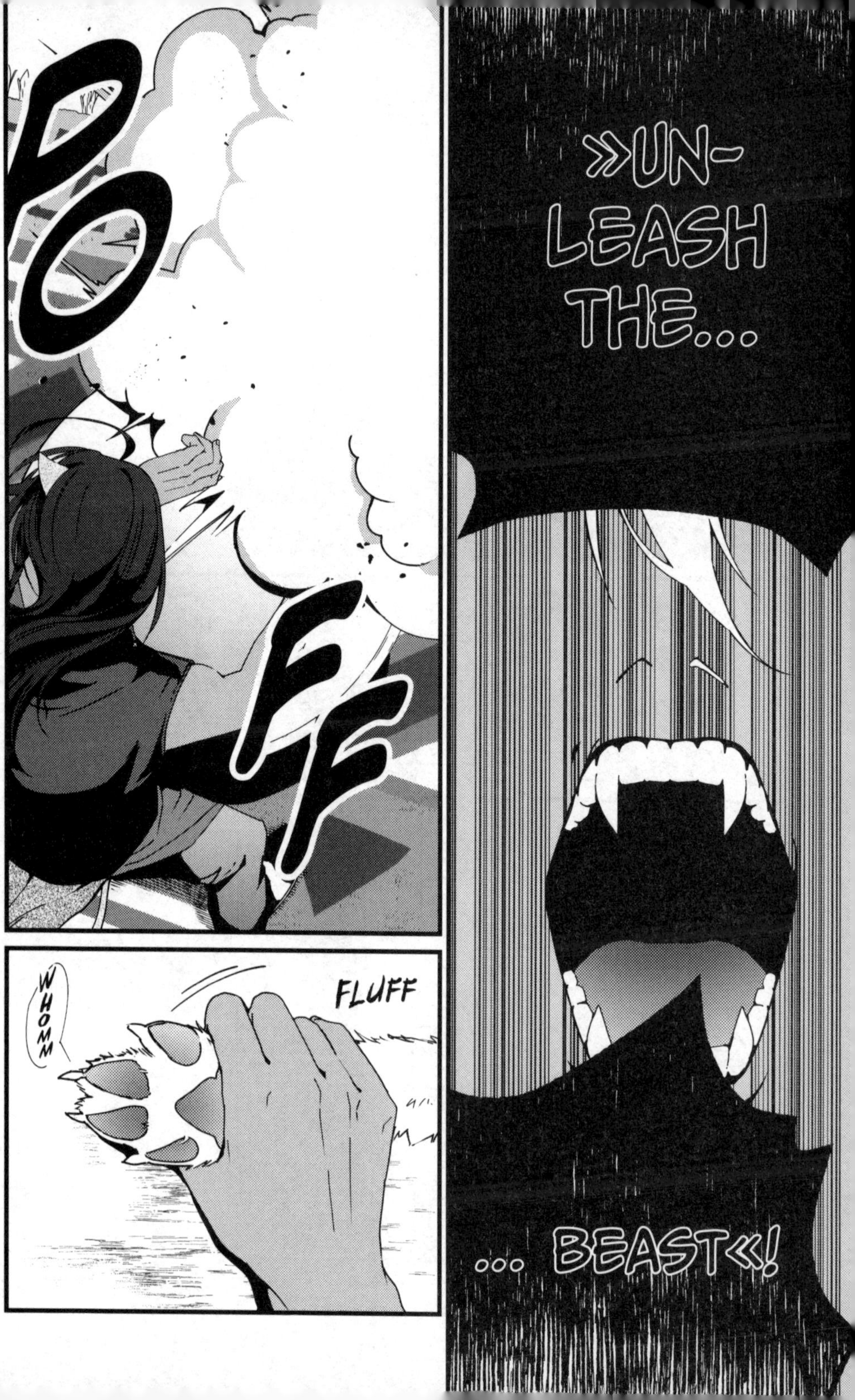
»UN-LEASH THE...
... BEAST«!
POFF
WHOMM
FLUFF

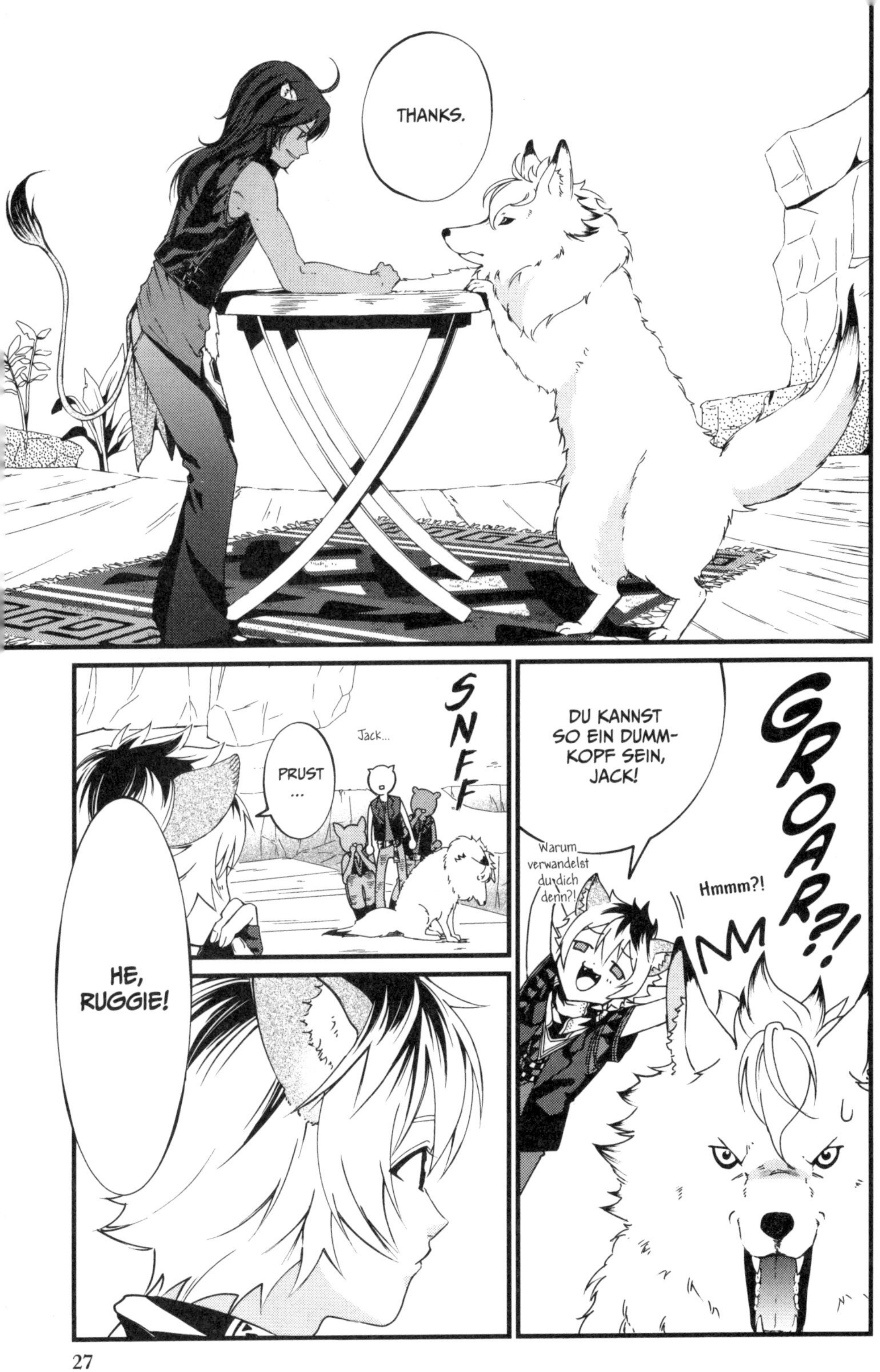
THANKS.
SNFF
Jack...
PRUST ...
HE, RUGGIE!
GROAR?!
Hmmm?!
DU KANNST SO EIN DUMM-KOPF SEIN, JACK!
Warum verwandelst du dich denn?!

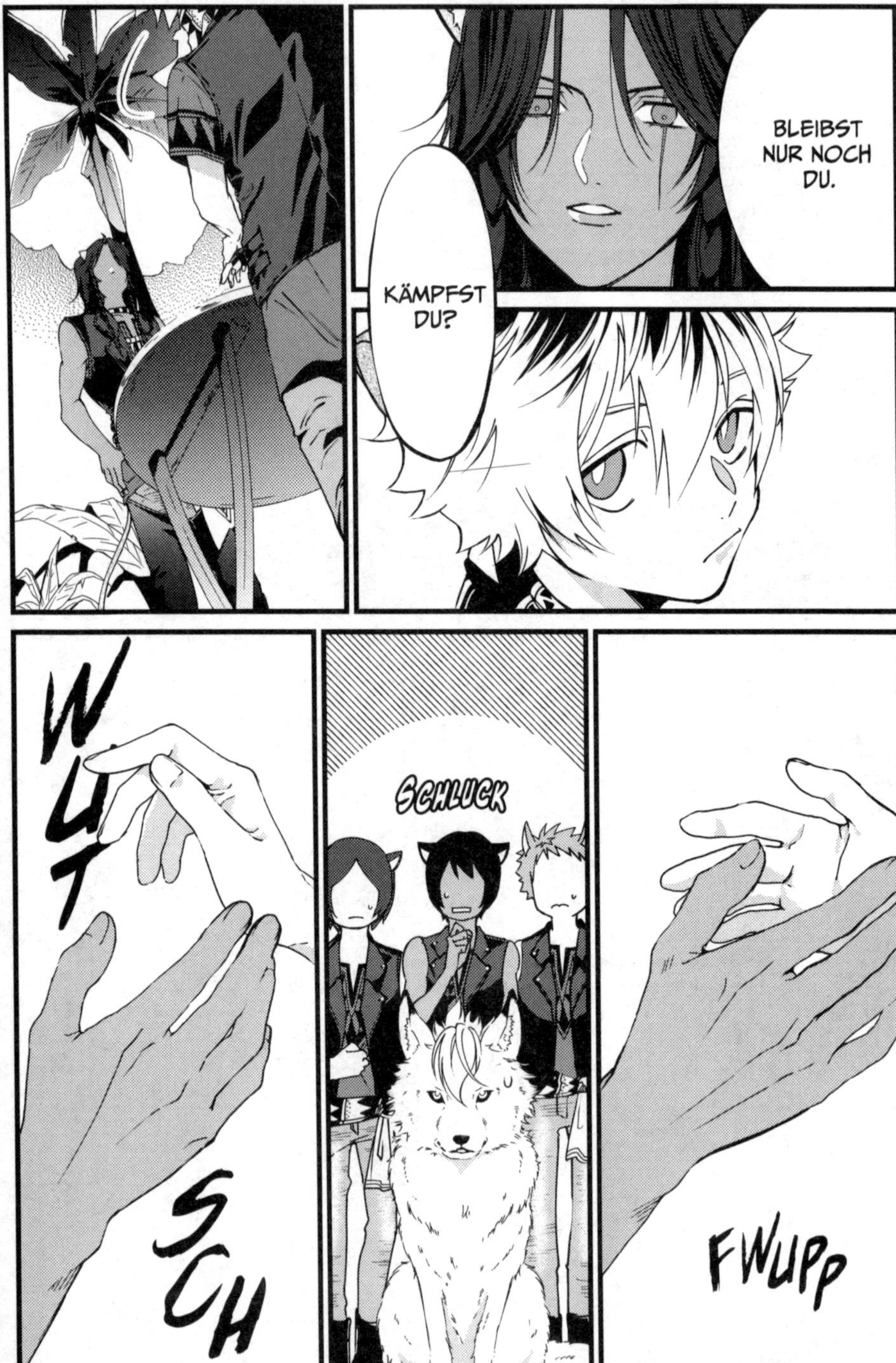
BLEIBST NUR NOCH DU.
KÄMPFST DU?
FWUPP
SCHLUCK
WUTSCH

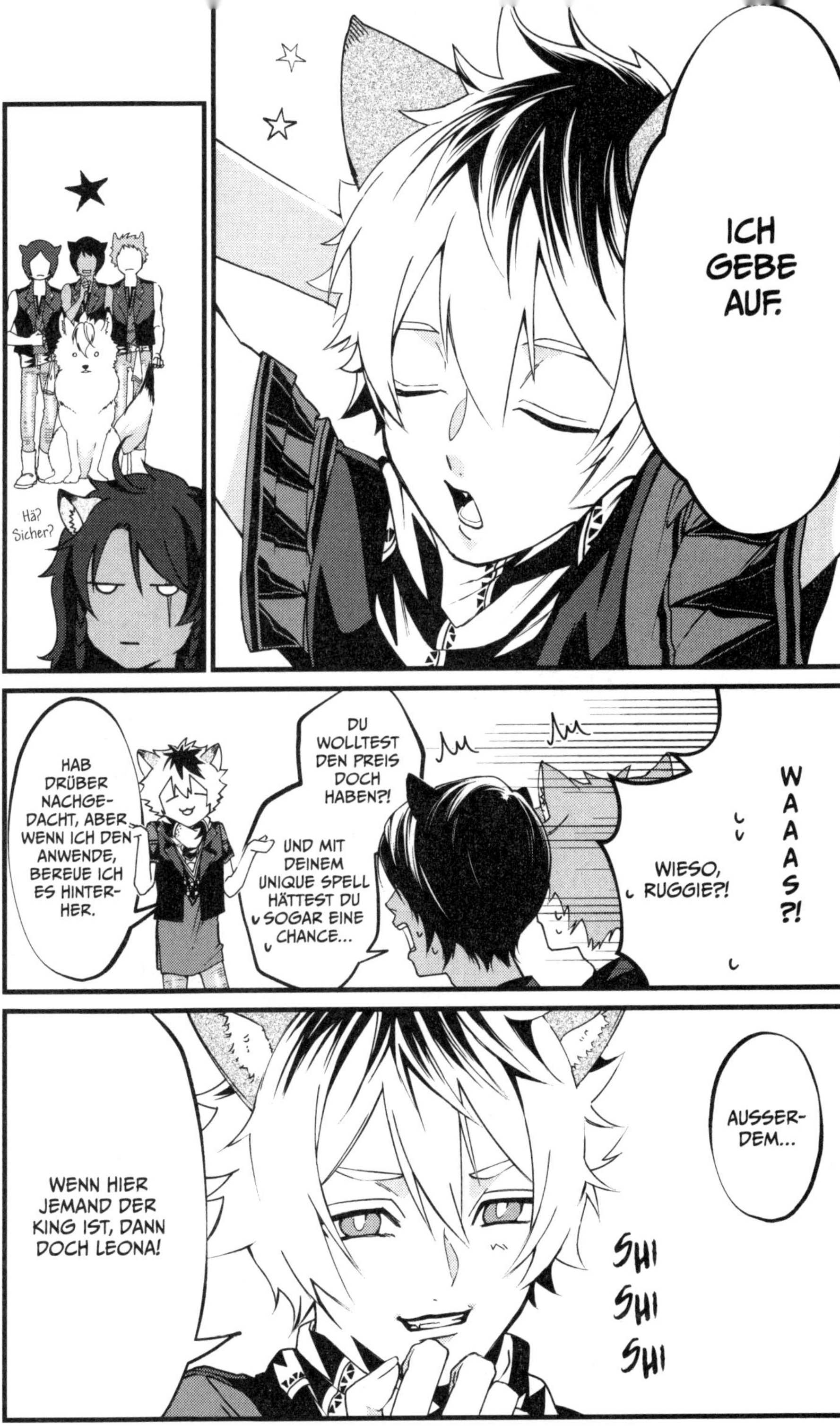
ICH GEBE AUF.
Hä? Sicher?
WAAAS?!
WIESO, RUGGIE?!
DU WOLLTEST DEN PREIS DOCH HABEN?!
UND MIT DEINEM UNIQUE SPELL HÄTTEST DU SOGAR EINE CHANCE…
HAB DRÜBER NACHGEDACHT, ABER WENN ICH DEN ANWENDE, BEREUE ICH ES HINTERHER.
AUSSERDEM…
SHI SHI SHI
WENN HIER JEMAND DER KING IST, DANN DOCH LEONA!

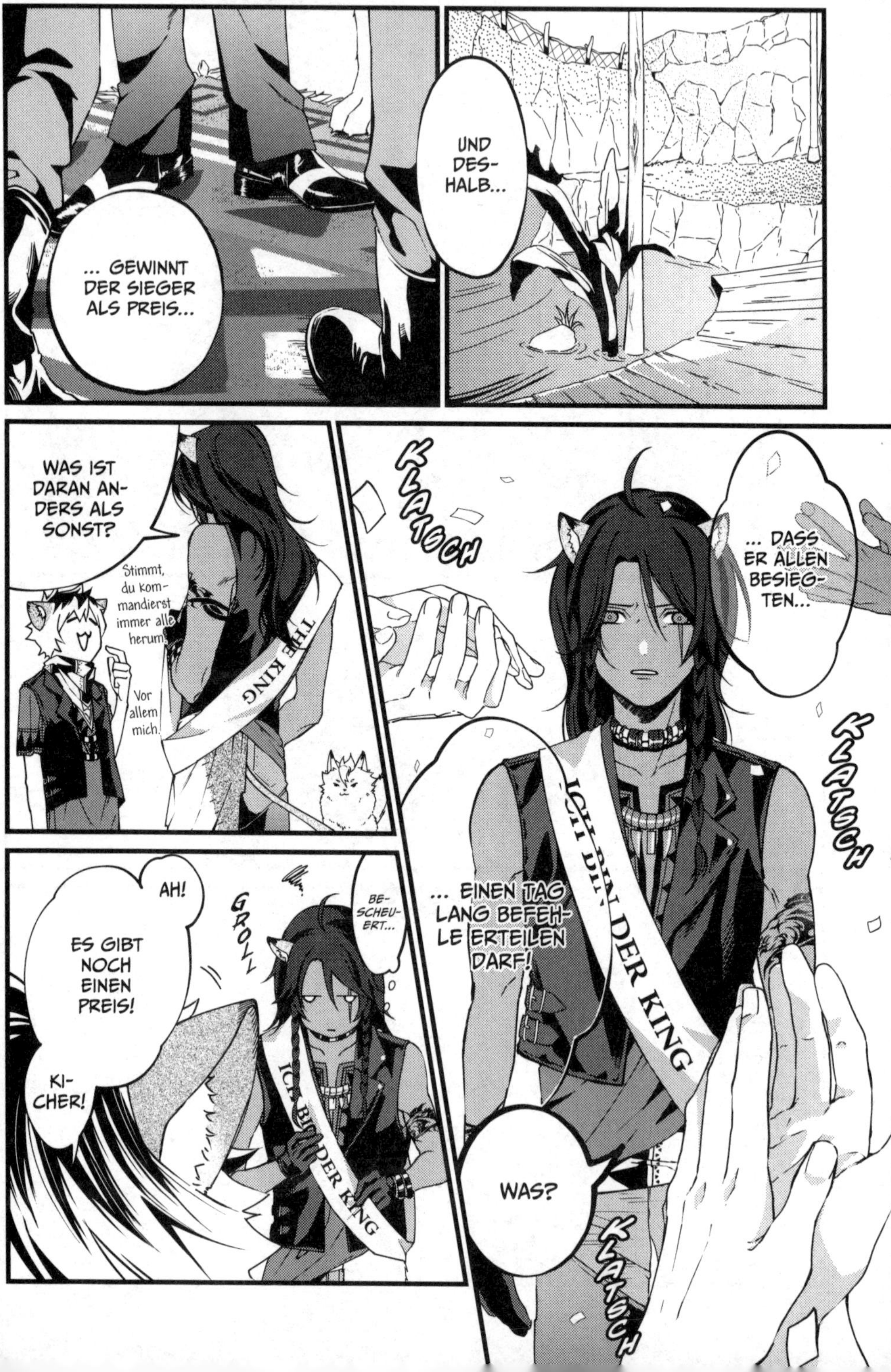
UND DES-HALB...
... GEWINNT DER SIEGER ALS PREIS...
KLATSCH
... DASS ER ALLEN BESIEG-TEN...
KLATSCH
ICH BIN DER KING
... EINEN TAG LANG BEFEH-LE ERTEILEN DARF!
WAS?
KLATSCH
WAS IST DARAN AN-DERS ALS SONST?
THE KING
Stimmt, du kom-mandierst immer alle herum!
Vor allem mich.
BE-SCHEU-ERT...
GROLL
AH!
ES GIBT NOCH EINEN PREIS!
KI-CHER!
ICH BIN DER KING

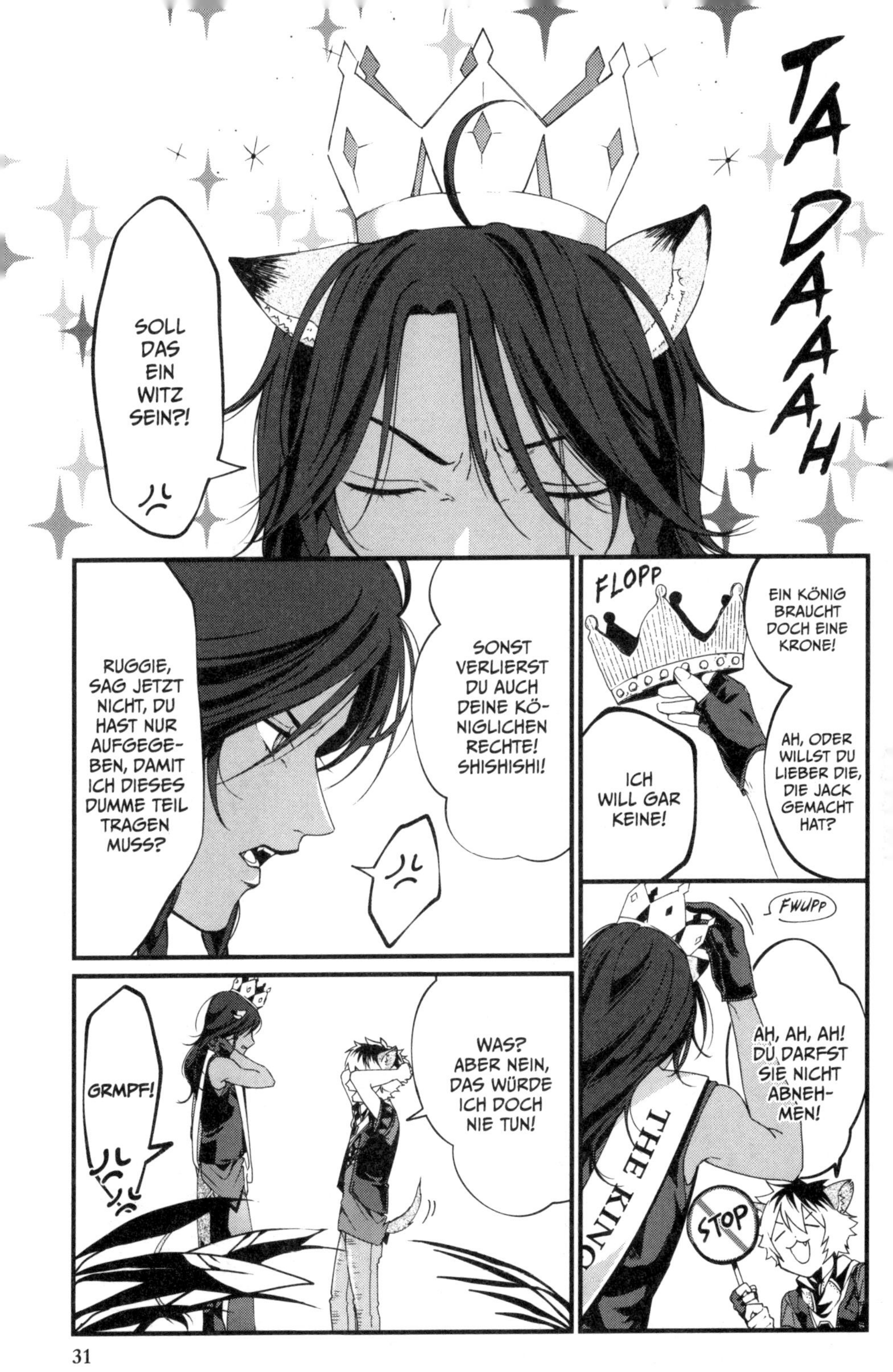
TADAAAAH
SOLL DAS EIN WITZ SEIN?!
FLOPP
EIN KÖNIG BRAUCHT DOCH EINE KRONE!
AH, ODER WILLST DU LIEBER DIE, DIE JACK GEMACHT HAT?
ICH WILL GAR KEINE!
SONST VERLIERST DU AUCH DEINE KÖ-NIGLICHEN RECHTE! SHISHISHI!
RUGGIE, SAG JETZT NICHT, DU HAST NUR AUFGEGE-BEN, DAMIT ICH DIESES DUMME TEIL TRAGEN MUSS?
FWUPP
AH, AH, AH! DU DARFST SIE NICHT ABNEH-MEN!
THE KING
STOP
WAS? ABER NEIN, DAS WÜRDE ICH DOCH NIE TUN!
GRMPF!

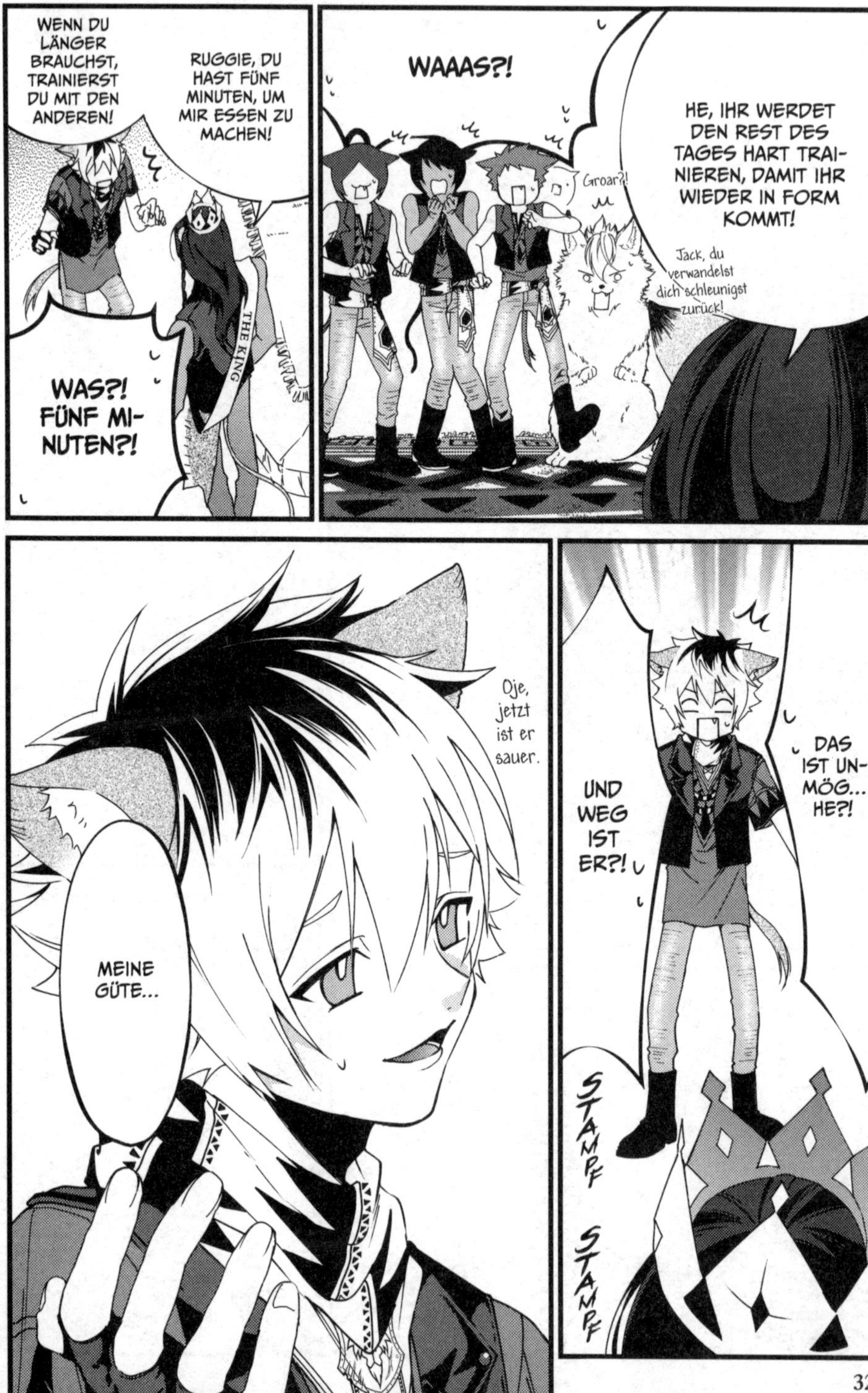
HE, IHR WERDET DEN REST DES TAGES HART TRAINIEREN, DAMIT IHR WIEDER IN FORM KOMMT!
Jack, du verwandelst dich schleunigst zurück!
Groar?!
WAAAS?!
RUGGIE, DU HAST FÜNF MINUTEN, UM MIR ESSEN ZU MACHEN!
WENN DU LÄNGER BRAUCHST, TRAINIERST DU MIT DEN ANDEREN!
WAS?! FÜNF MINUTEN?!
THE KING
DAS IST UNMÖG... HE?!
UND WEG IST ER?!
STAMPF
STAMPF
MEINE GÜTE...
Oje, jetzt ist er sauer.

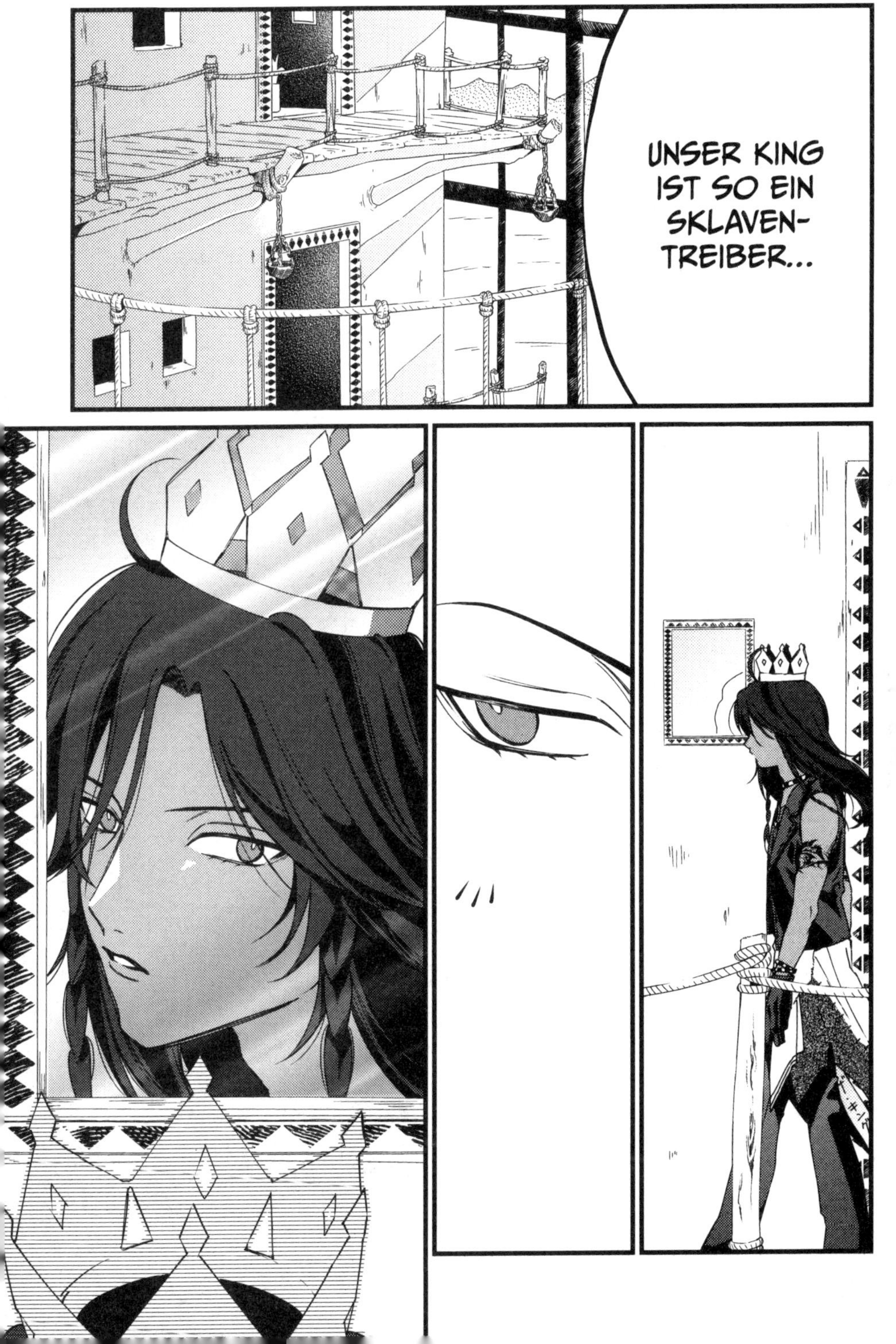
UNSER KING IST SO EIN SKLAVEN-TREIBER...

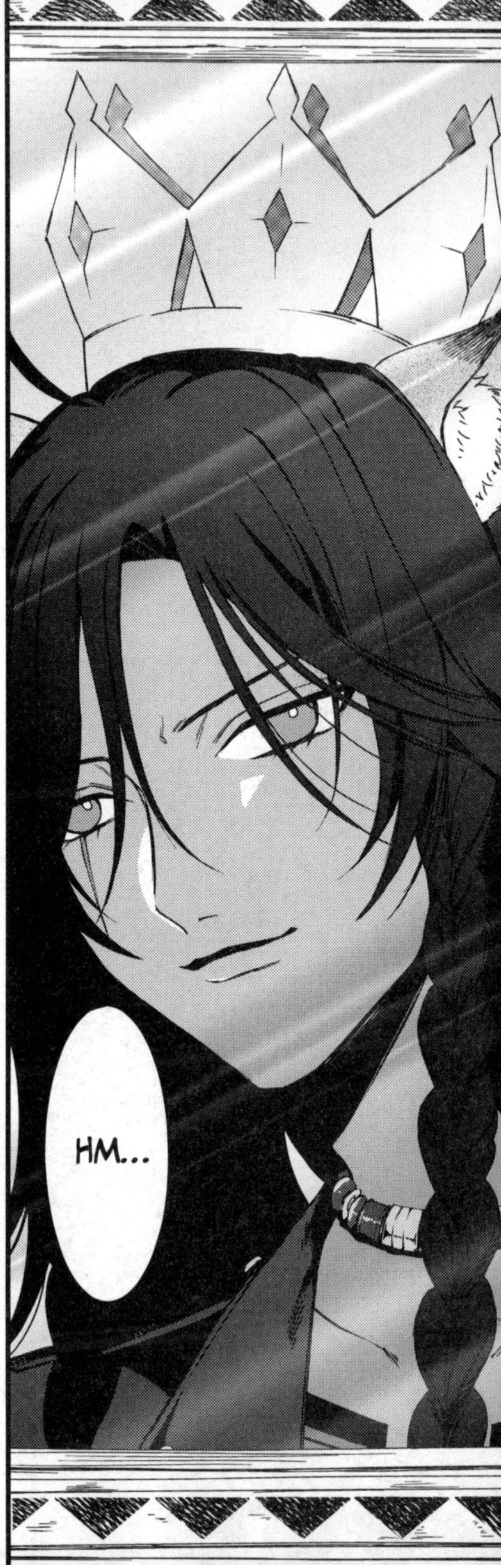
HM...

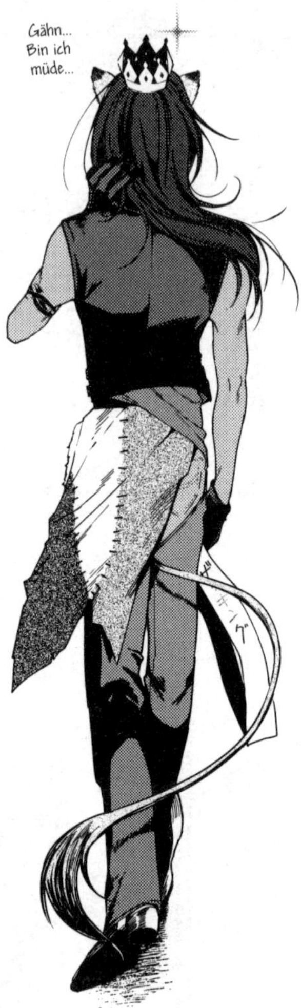
Gähn... Bin ich müde...

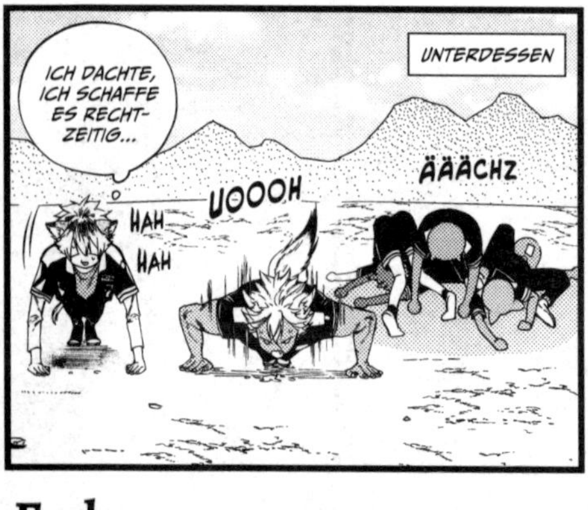
UNTERDESSEN
ICH DACHTE, ICH SCHAFFE ES RECHT-ZEITIG...
ÄÄÄCHZ
UOOOH
HAH HAH

Ende

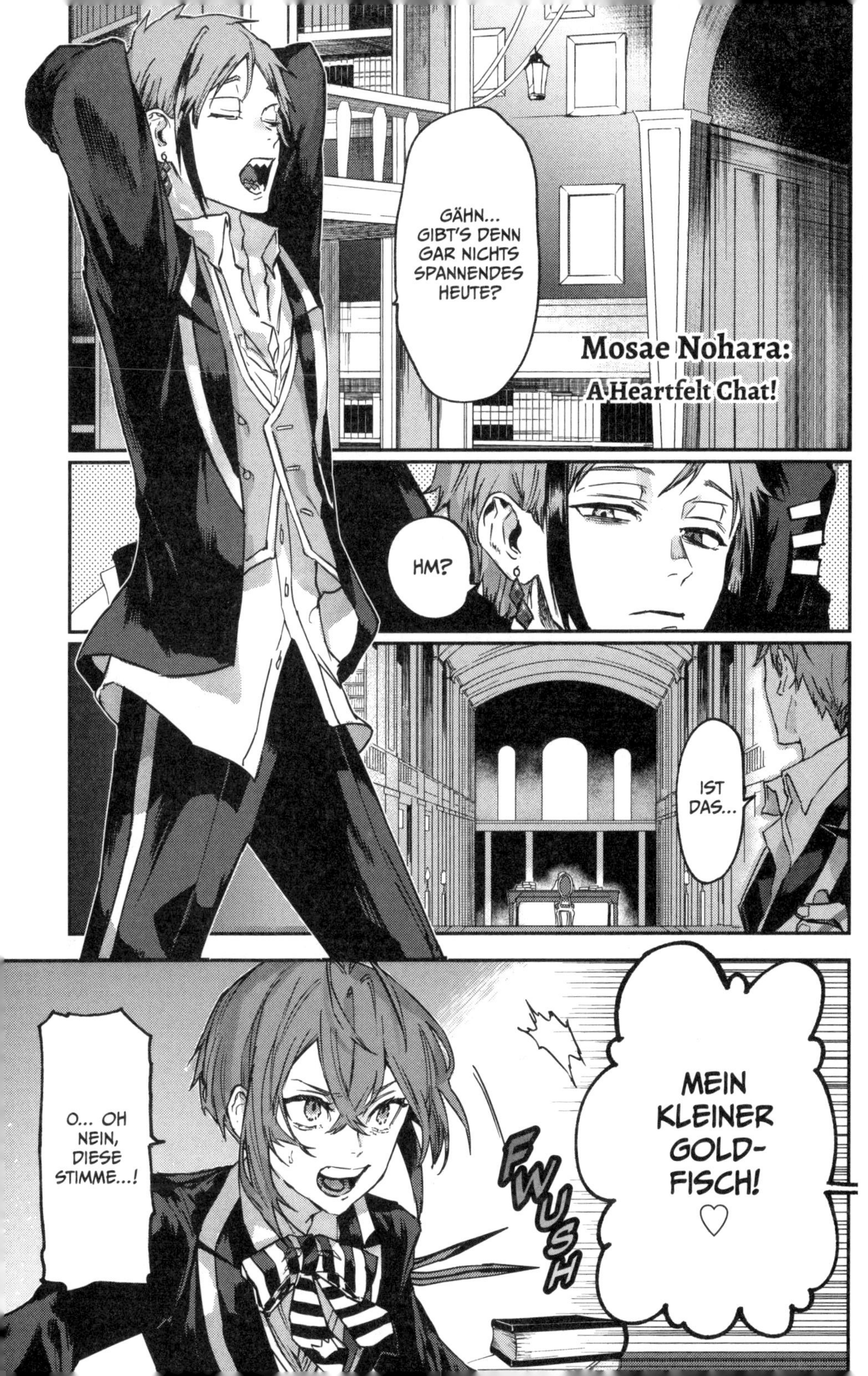
GÄHN... GIBT'S DENN GAR NICHTS SPANNENDES HEUTE?
Mosae Nohara:
A Heartfelt Chat!
HM?
IST DAS...
MEIN KLEINER GOLD-FISCH! ♡
FWUSH
O... OH NEIN, DIESE STIMME...!

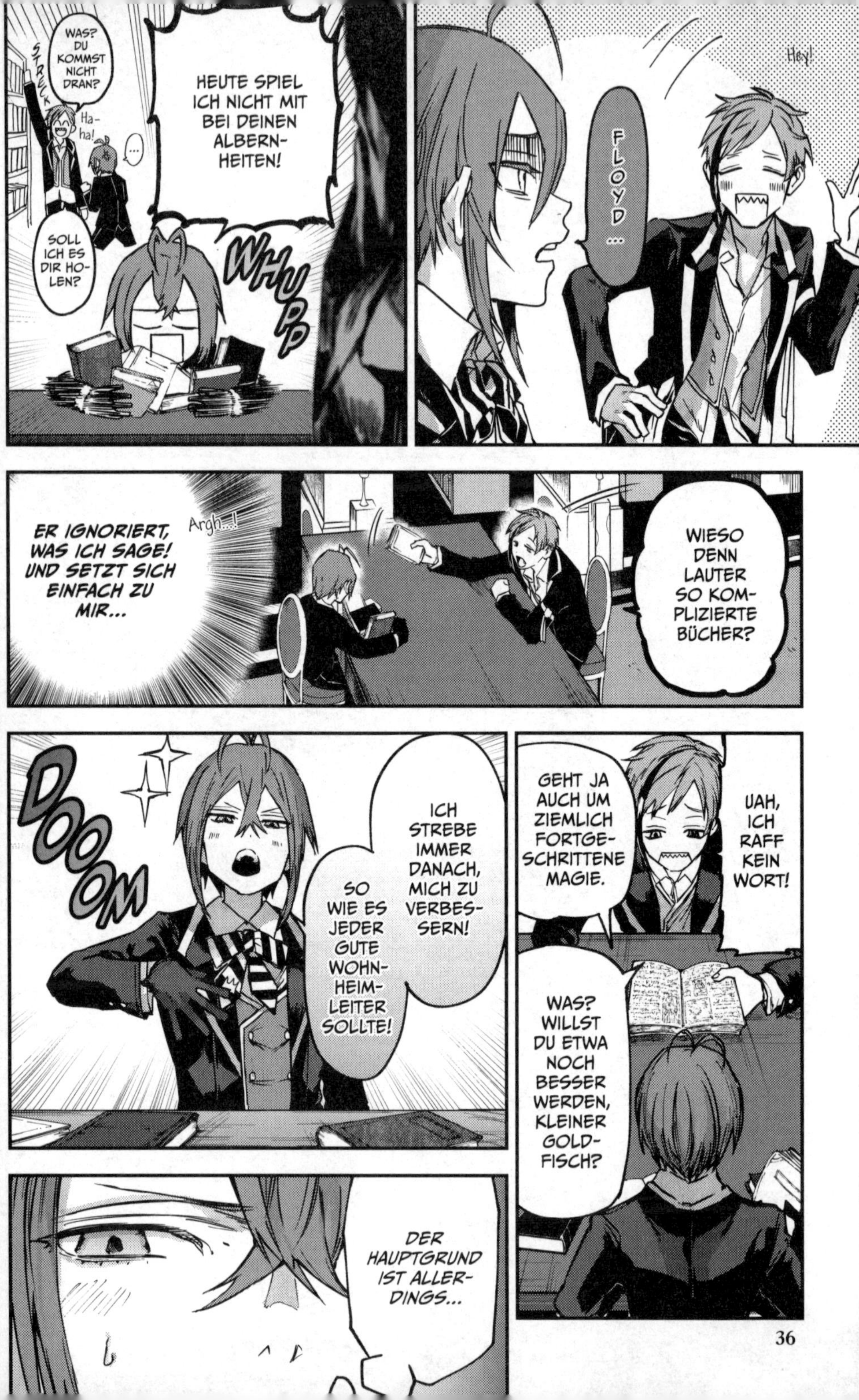

Hey!
FLOYD ...
HEUTE SPIEL ICH NICHT MIT BEI DEINEN ALBERNHEITEN!
WAS? DU KOMMST NICHT DRAN?
STRECK
Ha-ha!
...
SOLL ICH ES DIR HOLEN?
WHUPP
WIESO DENN LAUTER SO KOMPLIZIERTE BÜCHER?
ER IGNORIERT, WAS ICH SAGE! UND SETZT SICH EINFACH ZU MIR...
Argh...!
UAH, ICH RAFF KEIN WORT!
GEHT JA AUCH UM ZIEMLICH FORTGESCHRITTENE MAGIE.
WAS? WILLST DU ETWA NOCH BESSER WERDEN, KLEINER GOLDFISCH?
ICH STREBE IMMER DANACH, MICH ZU VERBESSERN!
SO WIE ES JEDER GUTE WOHNHEIMLEITER SOLLTE!
DOOOM
DER HAUPTGRUND IST ALLERDINGS...

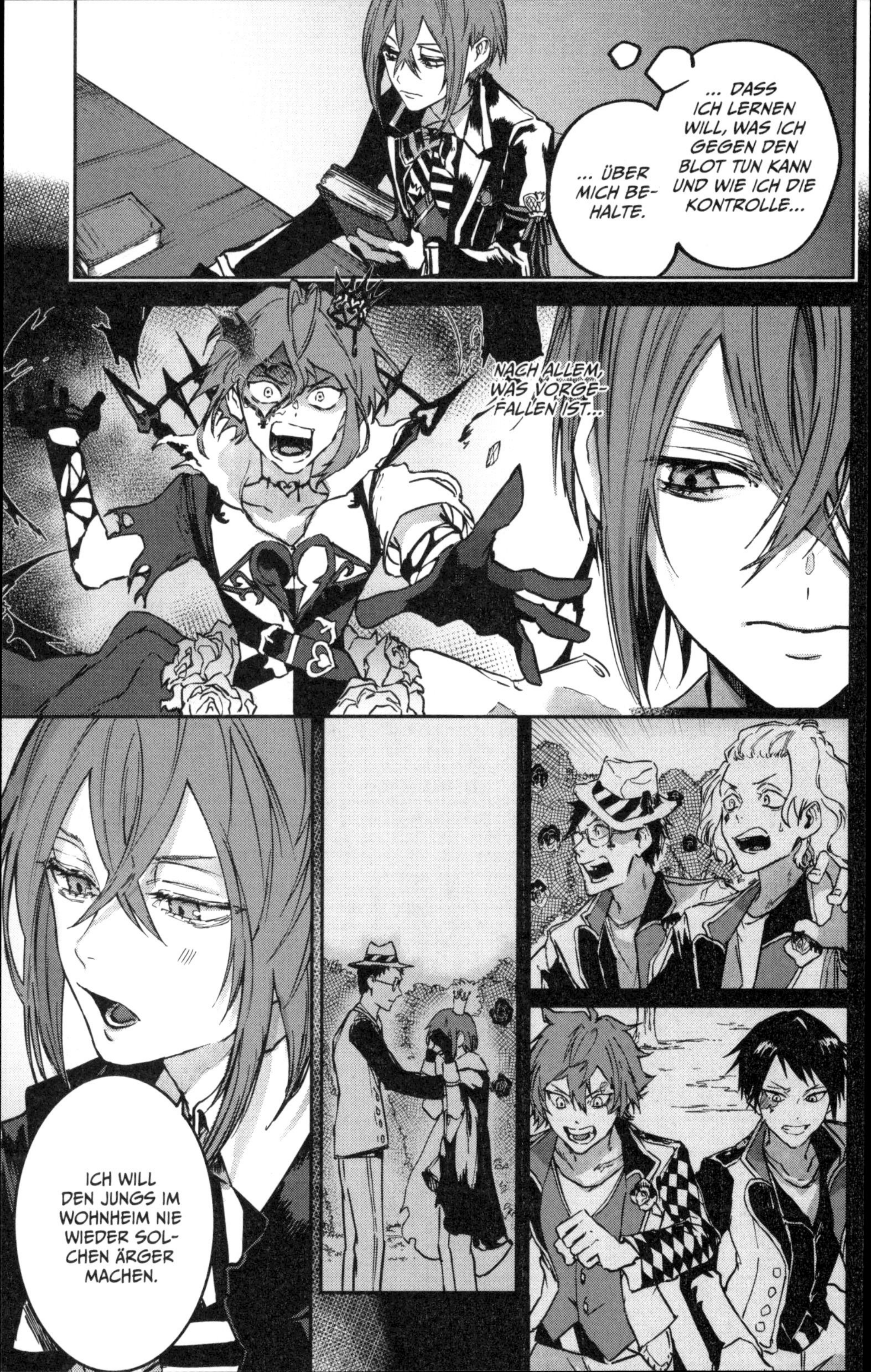
... DASS ICH LERNEN WILL, WAS ICH GEGEN DEN BLOT TUN KANN UND WIE ICH DIE KONTROLLE...
... ÜBER MICH BE-HALTE.
NACH ALLEM, WAS VORGE-FALLEN IST...
ICH WILL DEN JUNGS IM WOHNHEIM NIE WIEDER SOL-CHEN ÄRGER MACHEN.

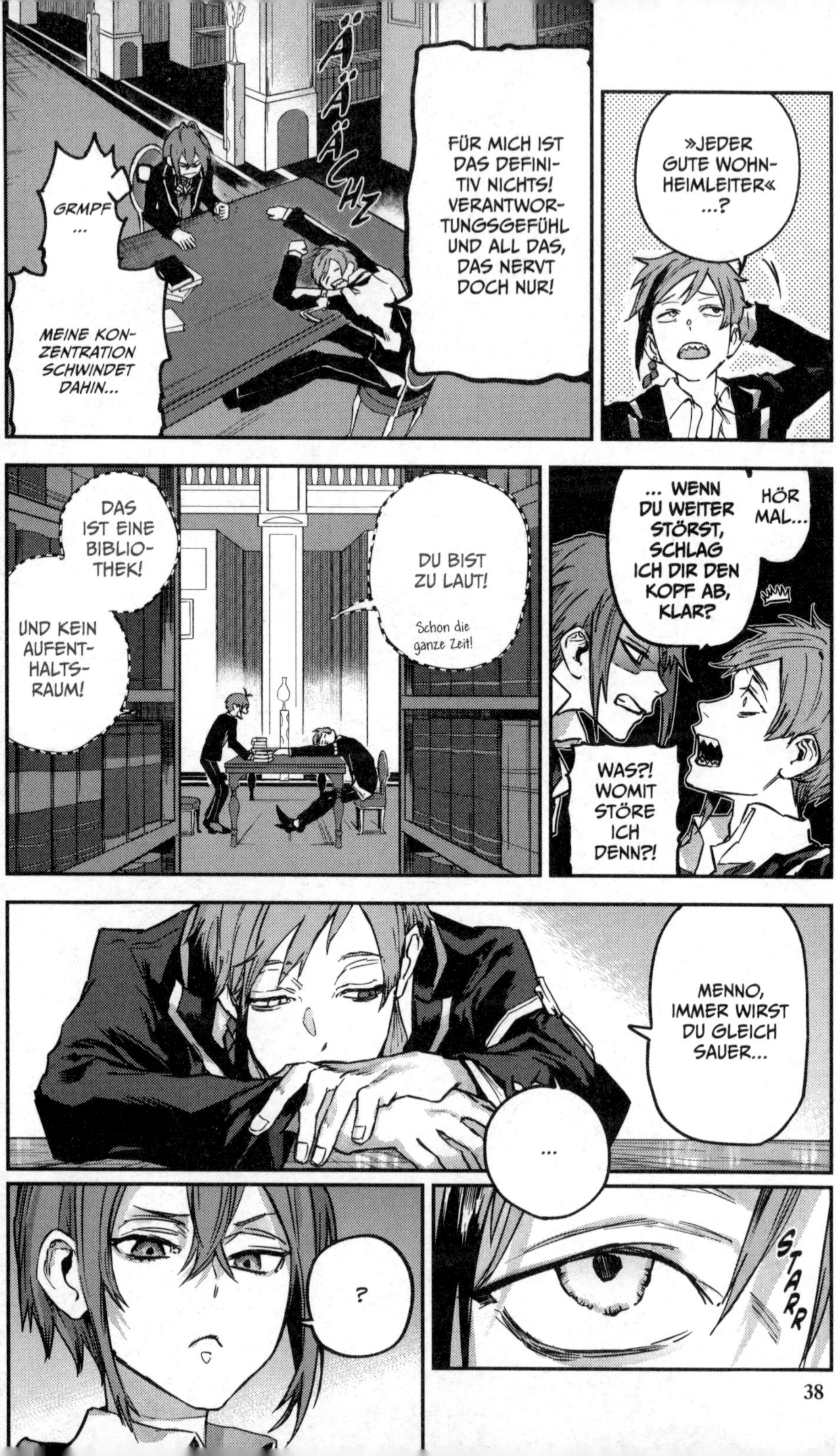
»JEDER GUTE WOHNHEIMLEITER« ...?
FÜR MICH IST DAS DEFINITIV NICHTS! VERANTWORTUNGSGEFÜHL UND ALL DAS, DAS NERVT DOCH NUR!
ÄÄÄÄCHZ
GRMPF ...
MEINE KONZENTRATION SCHWINDET DAHIN...
HÖR MAL...
... WENN DU WEITER STÖRST, SCHLAG ICH DIR DEN KOPF AB, KLAR?
WAS?! WOMIT STÖRE ICH DENN?!
DU BIST ZU LAUT!
Schon die ganze Zeit!
DAS IST EINE BIBLIOTHEK!
UND KEIN AUFENTHALTSRAUM!
MENNO, IMMER WIRST DU GLEICH SAUER...
...
STARR
?

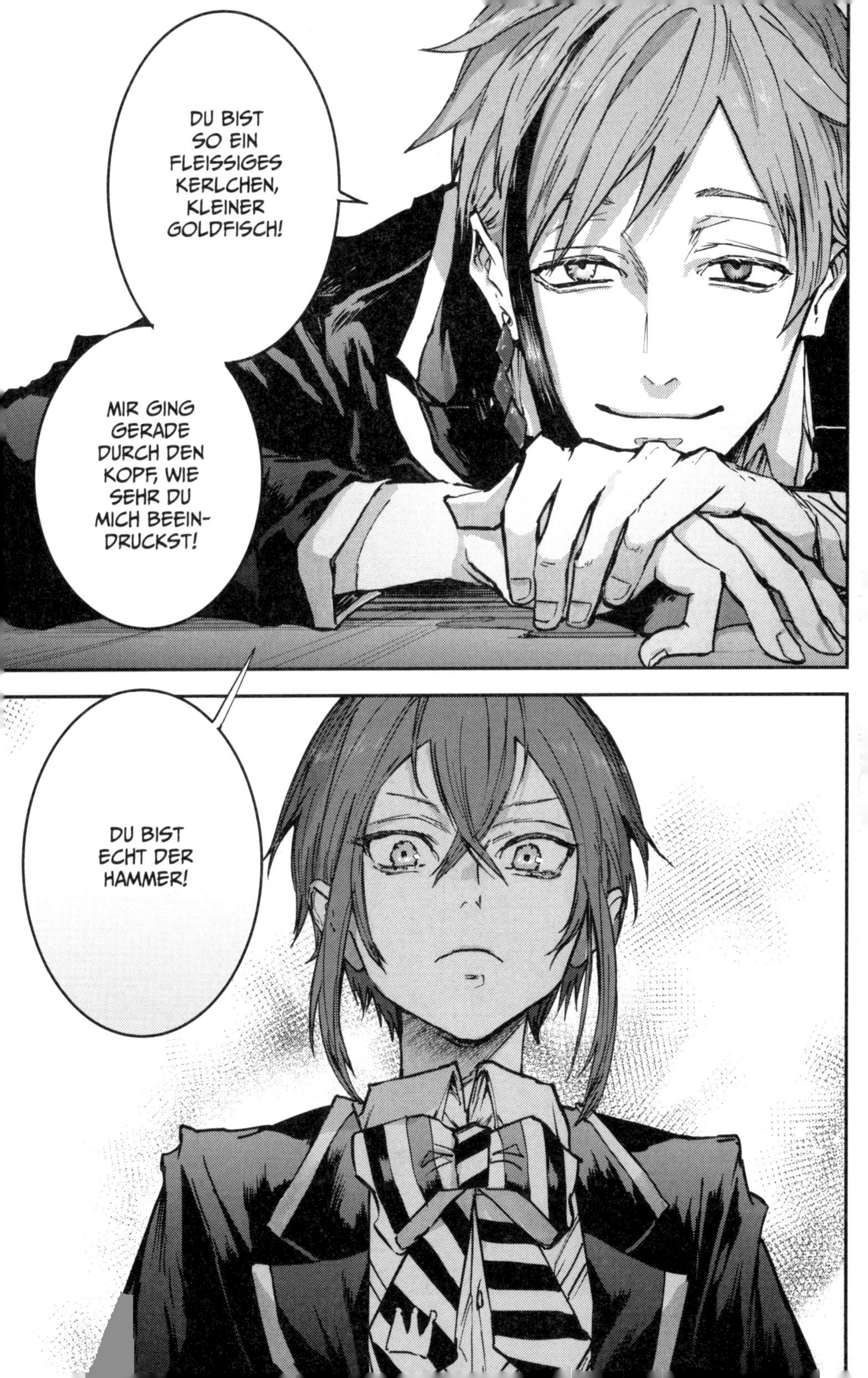
DU BIST SO EIN FLEISSIGES KERLCHEN, KLEINER GOLDFISCH!
MIR GING GERADE DURCH DEN KOPF, WIE SEHR DU MICH BEEIN-DRUCKST!
DU BIST ECHT DER HAMMER!

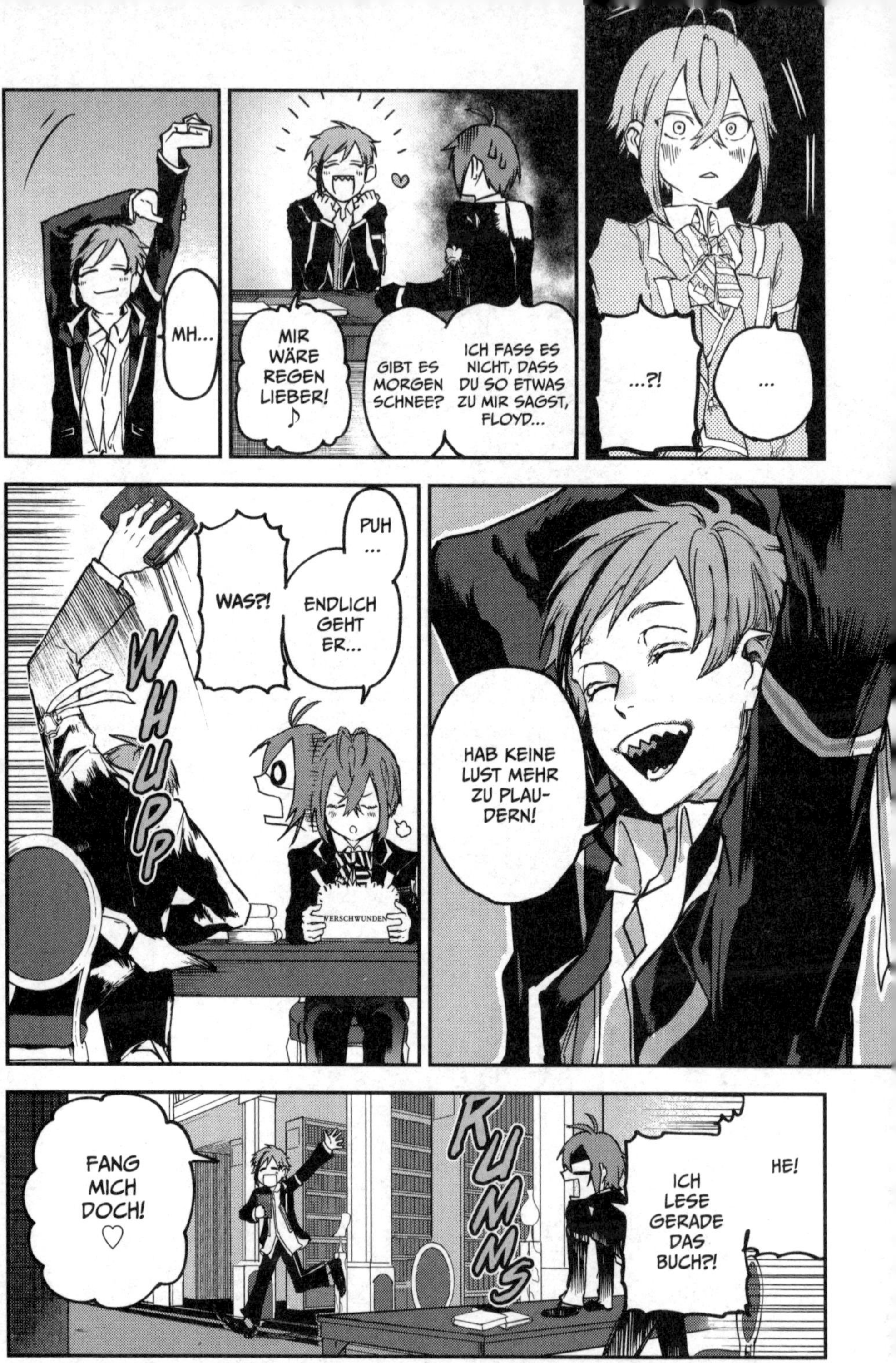
...
...?!
ICH FASS ES NICHT, DASS DU SO ETWAS ZU MIR SAGST, FLOYD...
GIBT ES MORGEN SCHNEE?
MIR WÄRE REGEN LIEBER! ♪
MH...
HAB KEINE LUST MEHR ZU PLAU-DERN!
PUH ...
ENDLICH GEHT ER...
WAS?!
WHUPP
VERSCHWUNDEN
HE!
ICH LESE GERADE DAS BUCH?!
RUMMS
FANG MICH DOCH! ♡

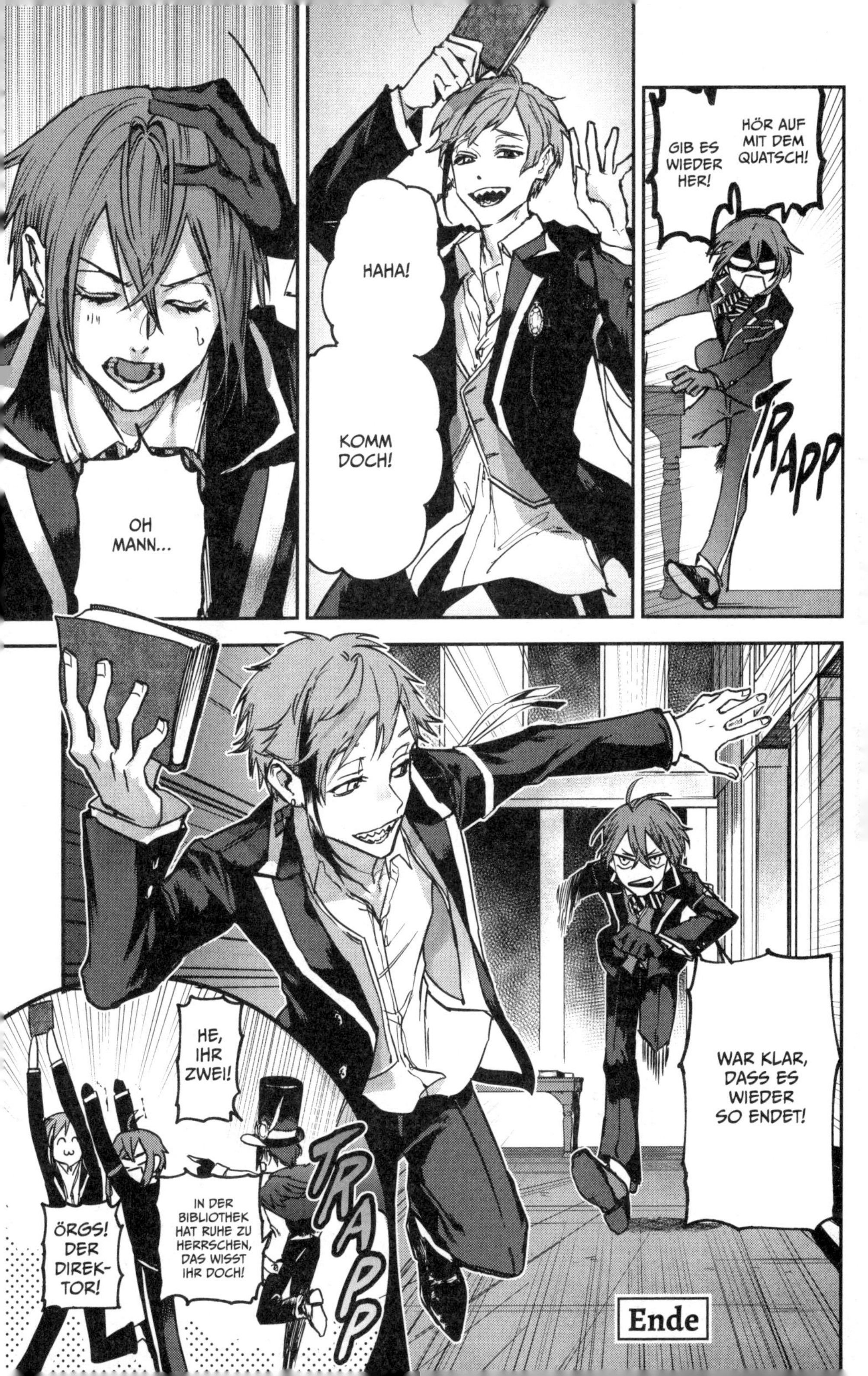
HÖR AUF MIT DEM QUATSCH!
GIB ES WIEDER HER!
TRAPP
HAHA!
KOMM DOCH!
OH MANN...
WAR KLAR, DASS ES WIEDER SO ENDET!
HE, IHR ZWEI!
TRAPP
IN DER BIBLIOTHEK HAT RUHE ZU HERRSCHEN, DAS WISST IHR DOCH!
ÖRGS! DER DIREK-TOR!
Ende

Disney

Twisted Wonderland

Die Anthologie

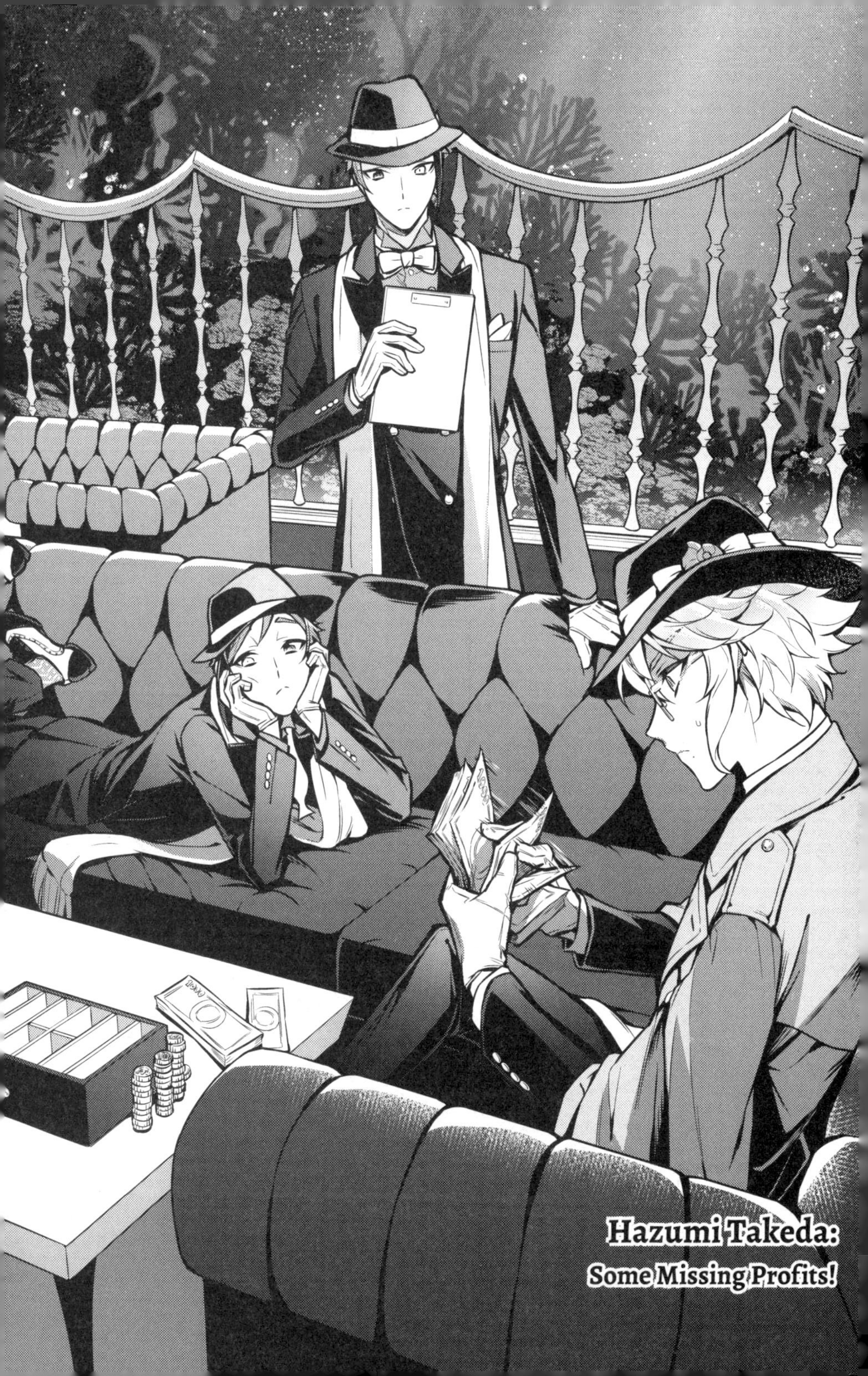
Hazumi Takeda:
Some Missing Profits!

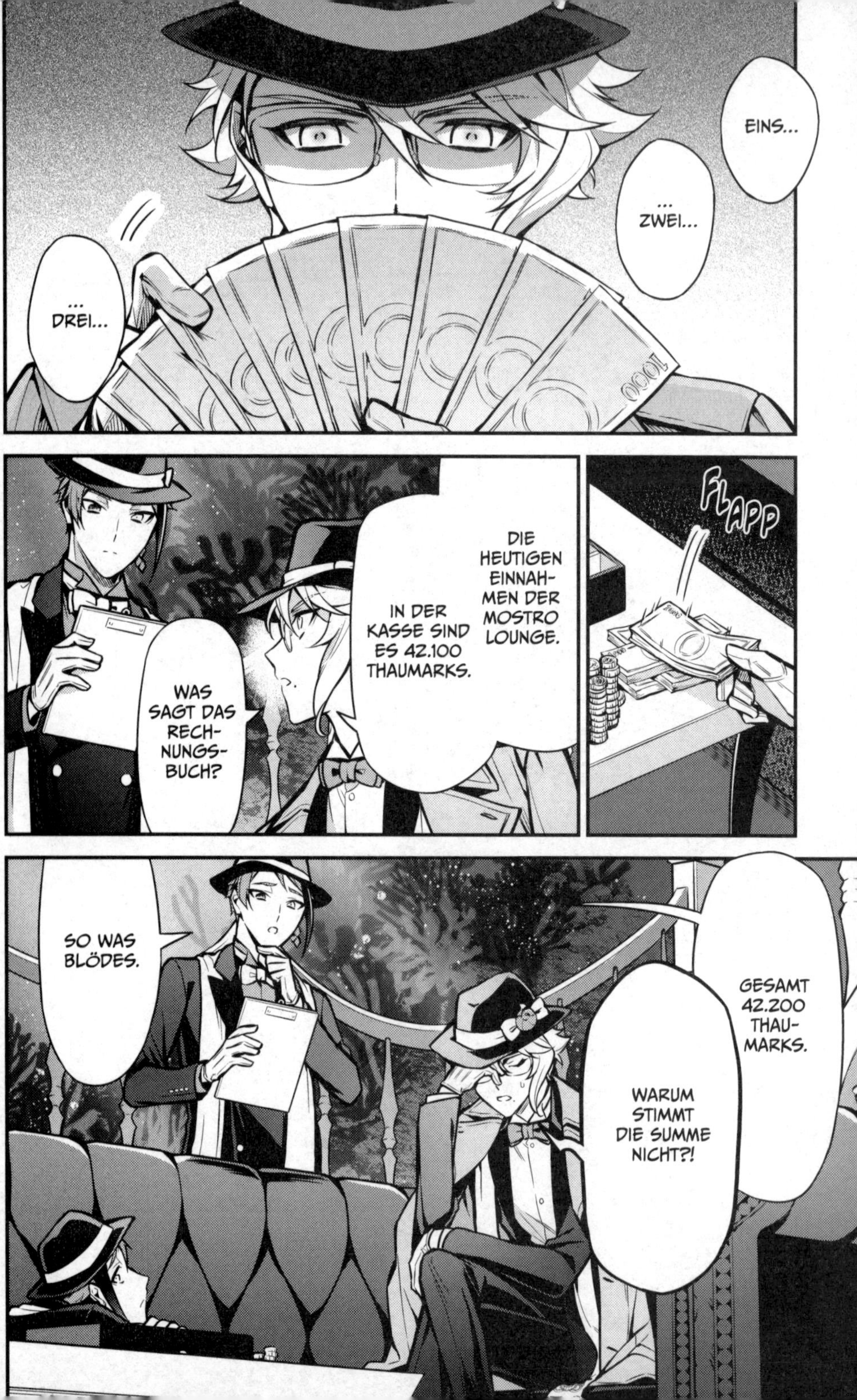
EINS...
... ZWEI...
... DREI...
FLAPP
DIE HEUTIGEN EINNAHMEN DER MOSTRO LOUNGE.
IN DER KASSE SIND ES 42.100 THAUMARKS.
WAS SAGT DAS RECHNUNGSBUCH?
GESAMT 42.200 THAUMARKS.
WARUM STIMMT DIE SUMME NICHT?!
SO WAS BLÖDES.

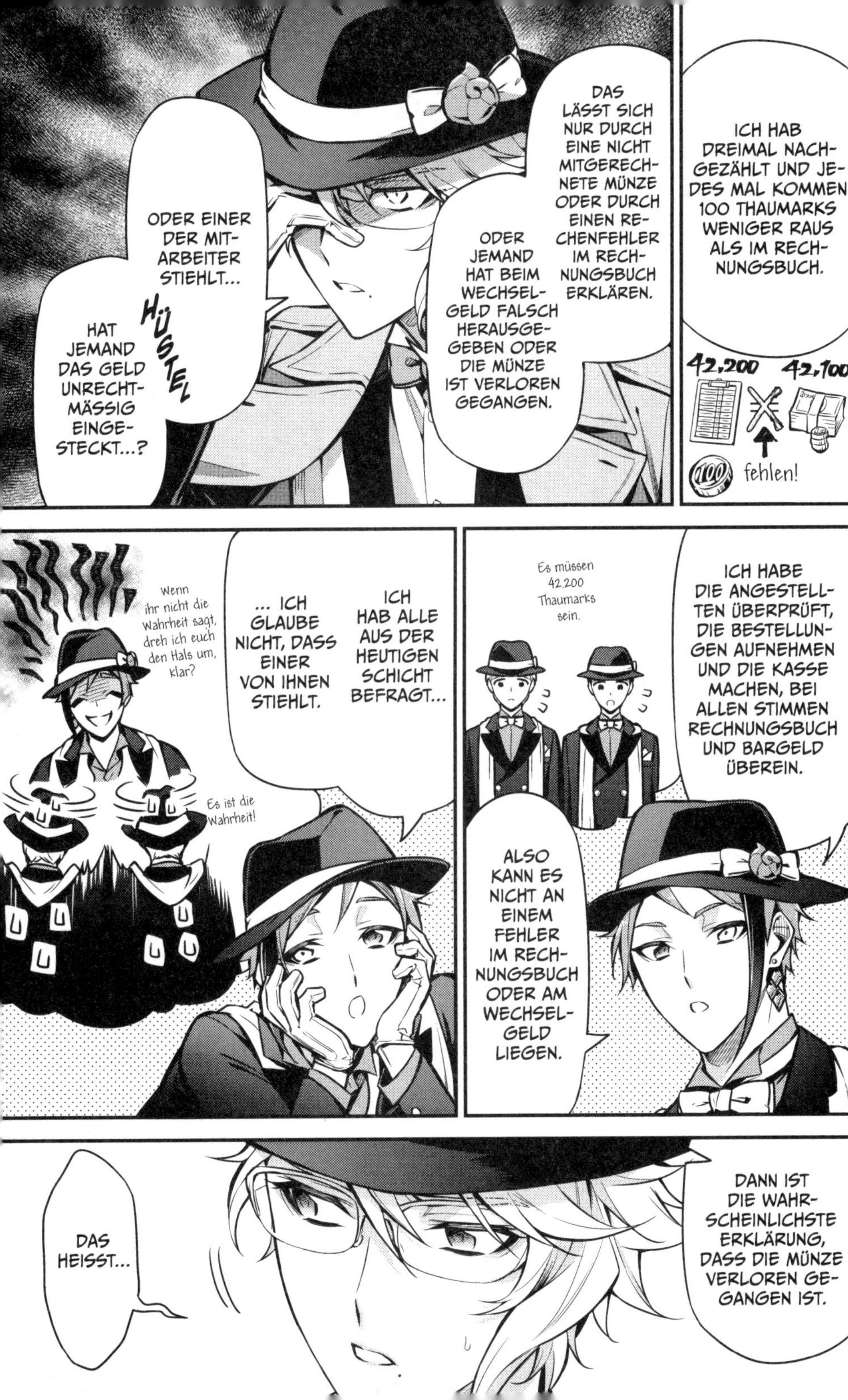
ICH HAB DREIMAL NACHGEZÄHLT UND JEDES MAL KOMMEN 100 THAUMARKS WENIGER RAUS ALS IM RECHNUNGSBUCH.
42,200
42,100
100
fehlen!
DAS LÄSST SICH NUR DURCH EINE NICHT MITGERECHNETE MÜNZE ODER DURCH EINEN RECHENFEHLER IM RECHNUNGSBUCH ERKLÄREN.
ODER JEMAND HAT BEIM WECHSELGELD FALSCH HERAUSGEGEBEN ODER DIE MÜNZE IST VERLOREN GEGANGEN.
ODER EINER DER MITARBEITER STIEHLT…
HÜSTEL
HAT JEMAND DAS GELD UNRECHTMÄSSIG EINGESTECKT…?
ICH HABE DIE ANGESTELLTEN ÜBERPRÜFT, DIE BESTELLUNGEN AUFNEHMEN UND DIE KASSE MACHEN, BEI ALLEN STIMMEN RECHNUNGSBUCH UND BARGELD ÜBEREIN.
Es müssen 42.200 Thaumarks sein.
ALSO KANN ES NICHT AN EINEM FEHLER IM RECHNUNGSBUCH ODER AM WECHSELGELD LIEGEN.
ICH HAB ALLE AUS DER HEUTIGEN SCHICHT BEFRAGT…
… ICH GLAUBE NICHT, DASS EINER VON IHNEN STIEHLT.
Wenn ihr nicht die Wahrheit sagt, dreh ich euch den Hals um, klar?
Es ist die Wahrheit!
DANN IST DIE WAHRSCHEINLICHSTE ERKLÄRUNG, DASS DIE MÜNZE VERLOREN GEGANGEN IST.
DAS HEISST…

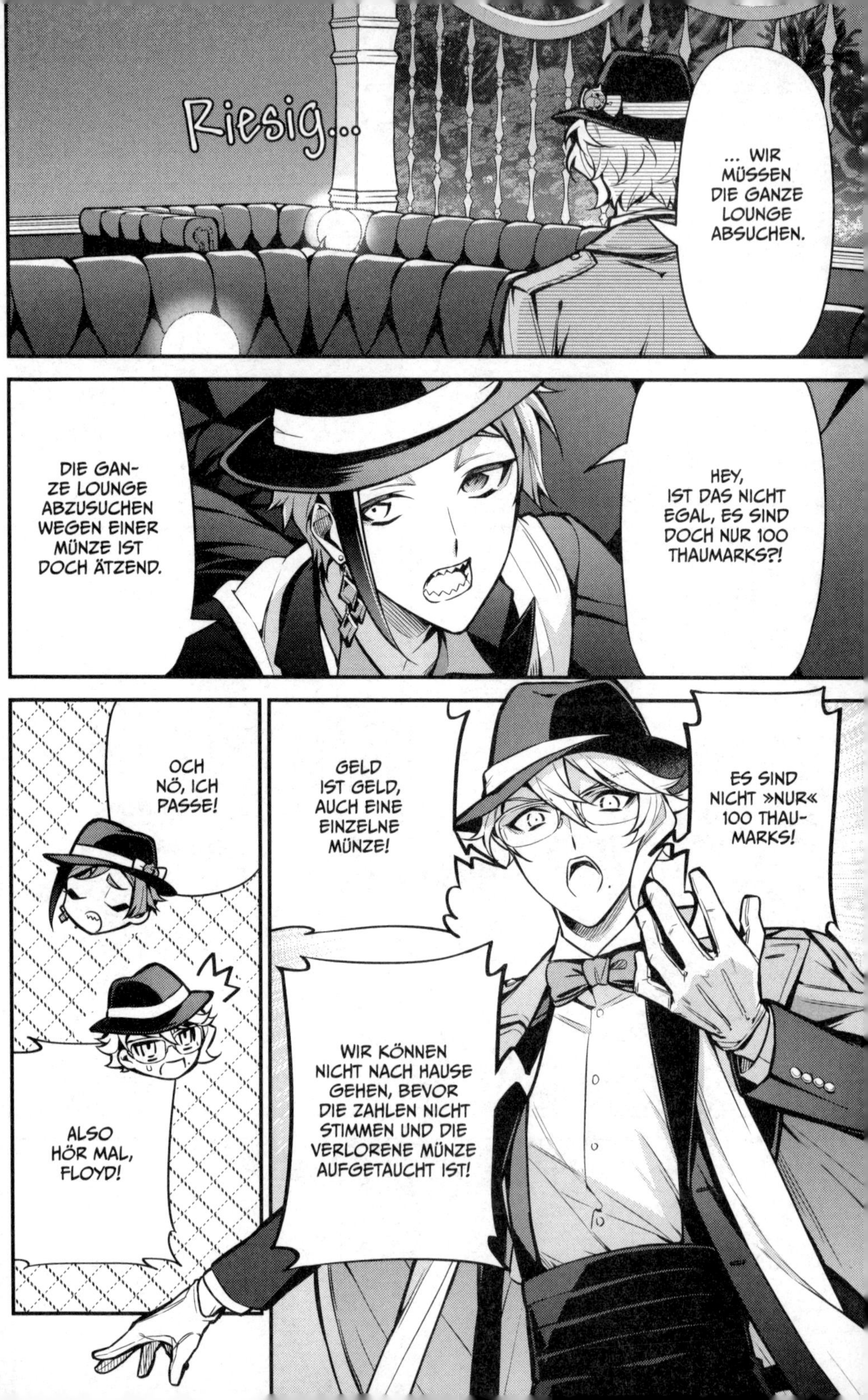

... WIR MÜSSEN DIE GANZE LOUNGE ABSUCHEN.
Riesig...
HEY, IST DAS NICHT EGAL, ES SIND DOCH NUR 100 THAUMARKS?!
DIE GANZE LOUNGE ABZUSUCHEN WEGEN EINER MÜNZE IST DOCH ÄTZEND.
ES SIND NICHT »NUR« 100 THAUMARKS!
GELD IST GELD, AUCH EINE EINZELNE MÜNZE!
WIR KÖNNEN NICHT NACH HAUSE GEHEN, BEVOR DIE ZAHLEN NICHT STIMMEN UND DIE VERLORENE MÜNZE AUFGETAUCHT IST!
OCH NÖ, ICH PASSE!
ALSO HÖR MAL, FLOYD!

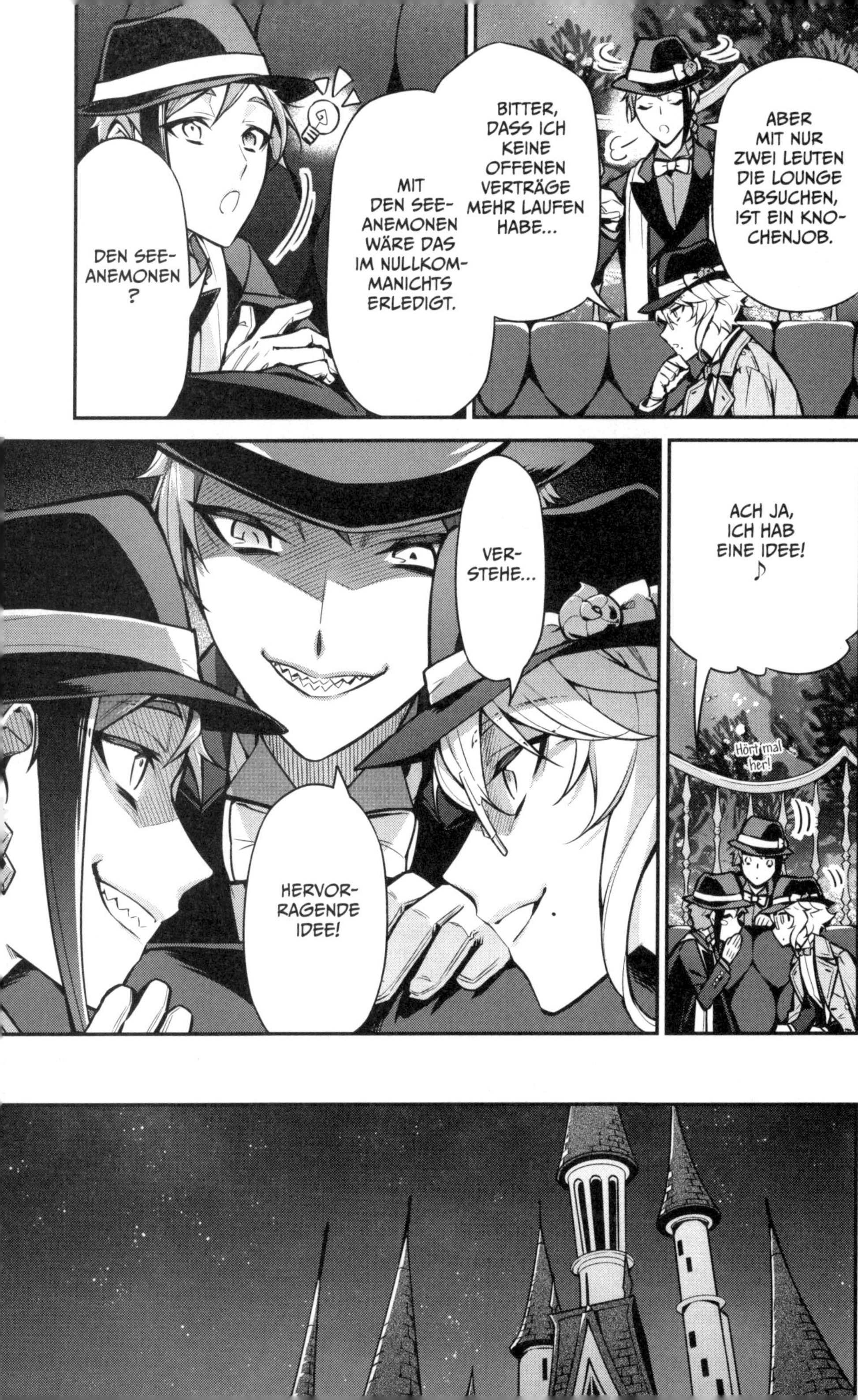
ABER MIT NUR ZWEI LEUTEN DIE LOUNGE ABSUCHEN, IST EIN KNOCHENJOB.
BITTER, DASS ICH KEINE OFFENEN VERTRÄGE MEHR LAUFEN HABE...
MIT DEN SEEANEMONEN WÄRE DAS IM NULLKOMMANICHTS ERLEDIGT.
DEN SEEANEMONEN?
ACH JA, ICH HAB EINE IDEE! ♪
Hört mal her!
VERSTEHE...
HERVORRAGENDE IDEE!

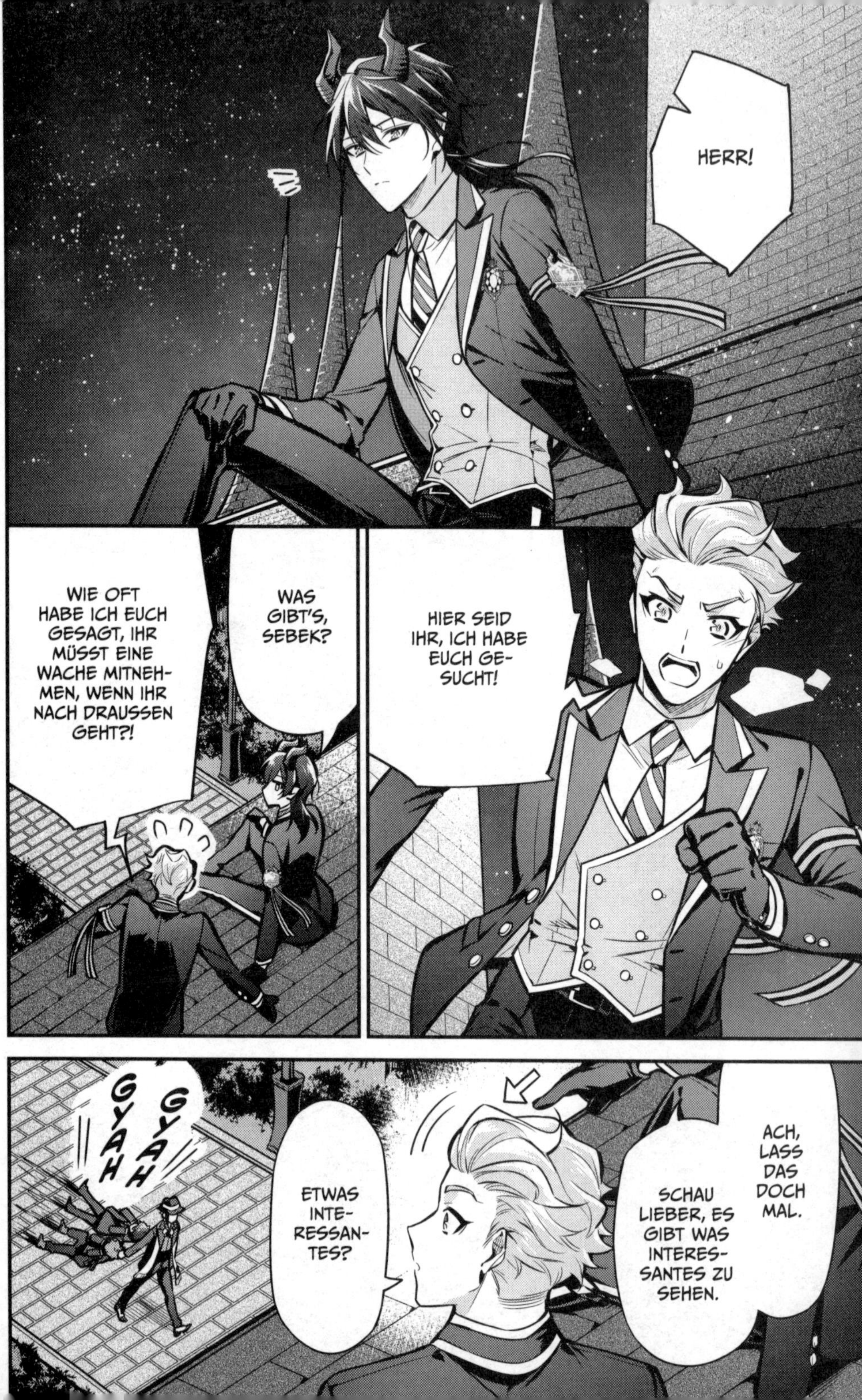

HERR!
HIER SEID IHR, ICH HABE EUCH GESUCHT!
WAS GIBT'S, SEBEK?
WIE OFT HABE ICH EUCH GESAGT, IHR MÜSST EINE WACHE MITNEHMEN, WENN IHR NACH DRAUSSEN GEHT?!
ACH, LASS DAS DOCH MAL.
SCHAU LIEBER, ES GIBT WAS INTERESSANTES ZU SEHEN.
ETWAS INTERESSANTES?
GYAH GYAH

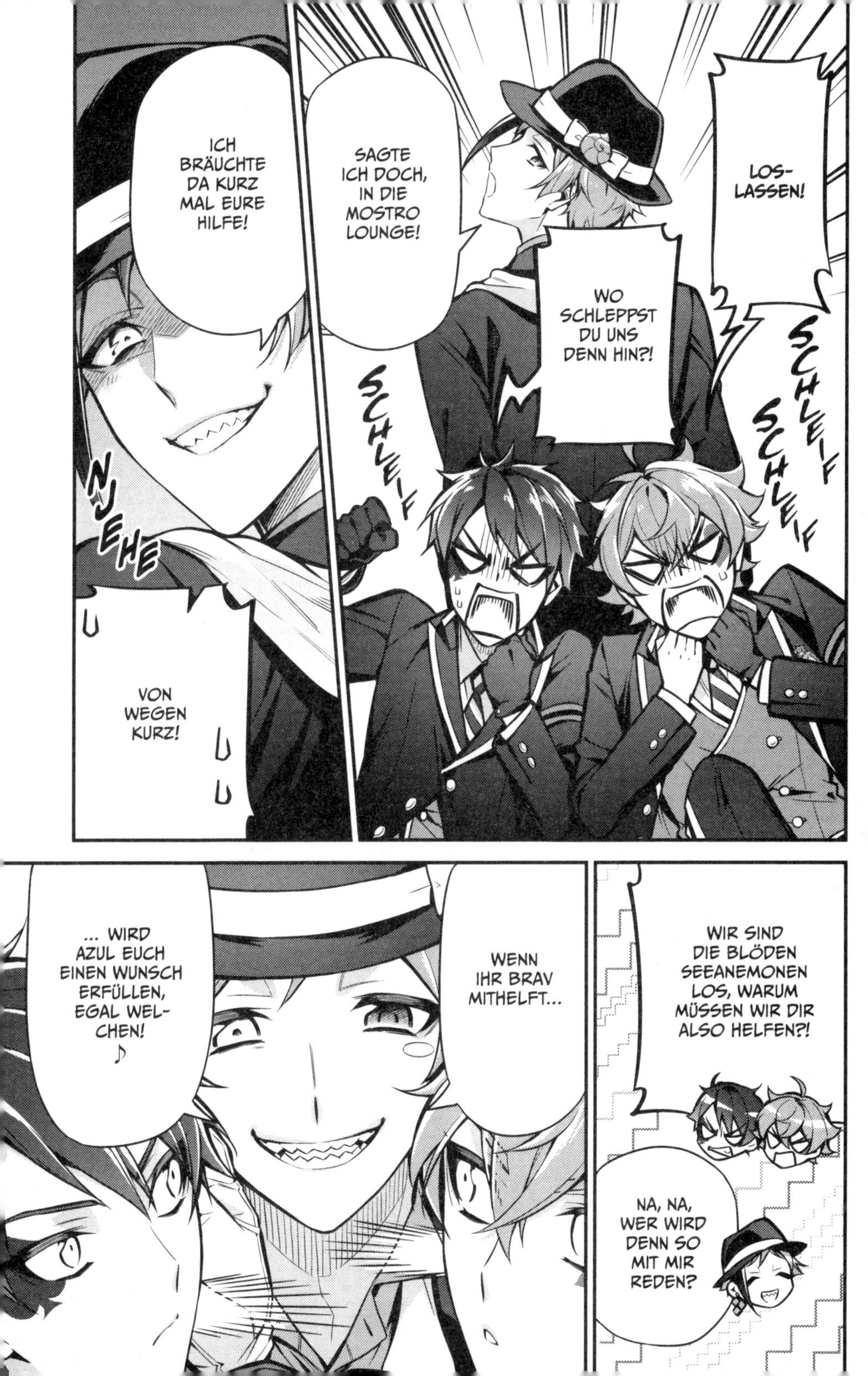
LOS-LASSEN!
WO SCHLEPPST DU UNS DENN HIN?!
SCHLEIF SCHLEIF
SCHLEIF
SAGTE ICH DOCH, IN DIE MOSTRO LOUNGE!
ICH BRÄUCHTE DA KURZ MAL EURE HILFE!
NJEHEHE
VON WEGEN KURZ!
WIR SIND DIE BLÖDEN SEEANEMONEN LOS, WARUM MÜSSEN WIR DIR ALSO HELFEN?!
NA, NA, WER WIRD DENN SO MIT MIR REDEN?
WENN IHR BRAV MITHELFT...
... WIRD AZUL EUCH EINEN WUNSCH ERFÜLLEN, EGAL WEL-CHEN! ♪

EINEN WUNSCH? EGAL WELCHEN?
UND IHR MÜSST AUCH KEINEN DEAL UNTERSCHREIBEN!
JEDEN WUNSCH? OHNE WAS ZU UNTERSCHREIBEN?!
JUPP! ♪
STETS ZU EUREN DIENSTEN!
OKAY, DANN LET'S GO! ♪
YO!
...
DER LEGT SIE DOCH HUNDERTPRO REIN!
HE HE HE...
ICH GEH DANN MAL WIEDER SPAZIEREN!

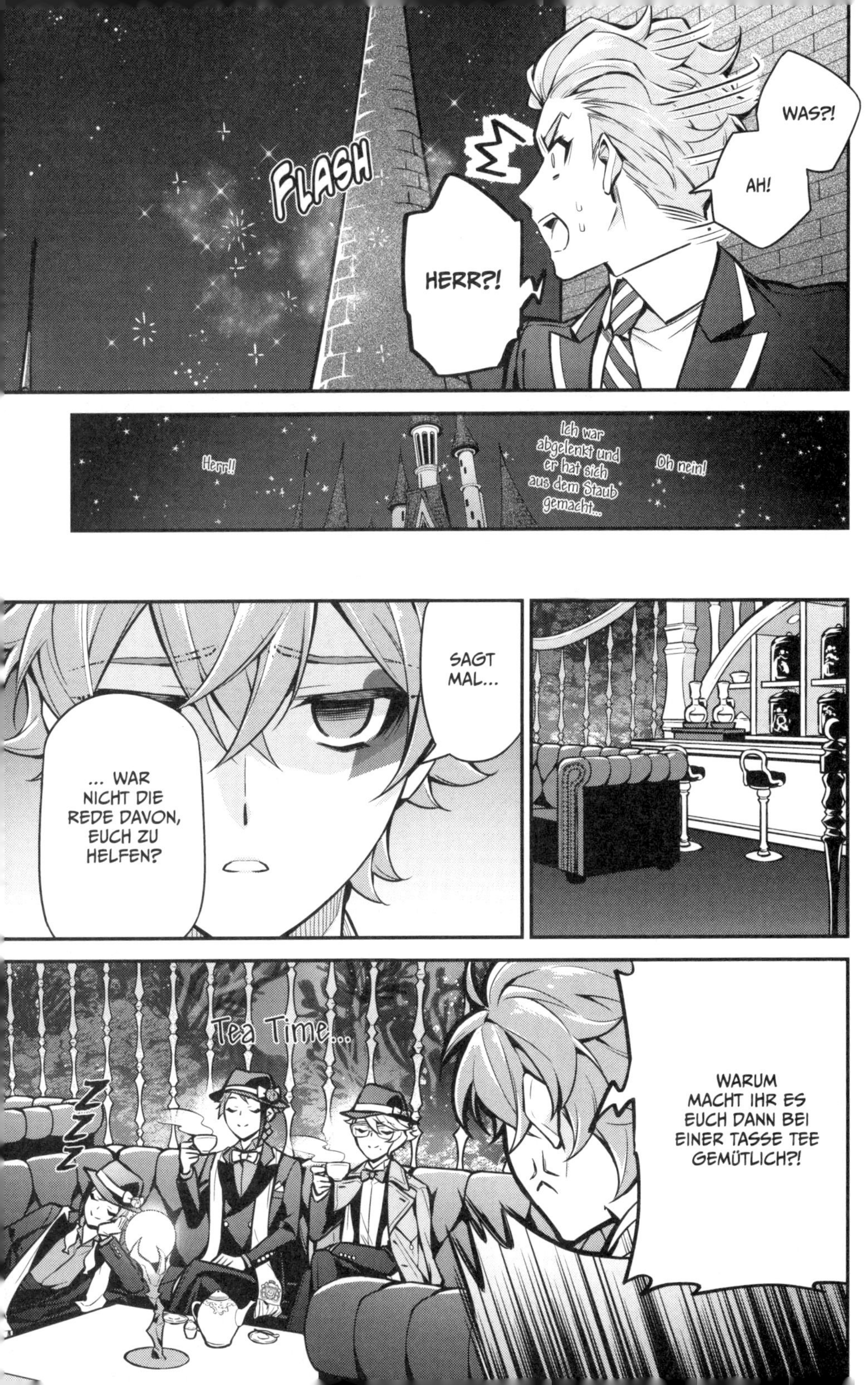
WAS?!
AH!
FLASH
HERR?!
Oh nein!
Ich war abgelenkt und er hat sich aus dem Staub gemacht...
Herr!!
SAGT MAL...
... WAR NICHT DIE REDE DAVON, EUCH ZU HELFEN?
WARUM MACHT IHR ES EUCH DANN BEI EINER TASSE TEE GEMÜTLICH?!
Tea Time...

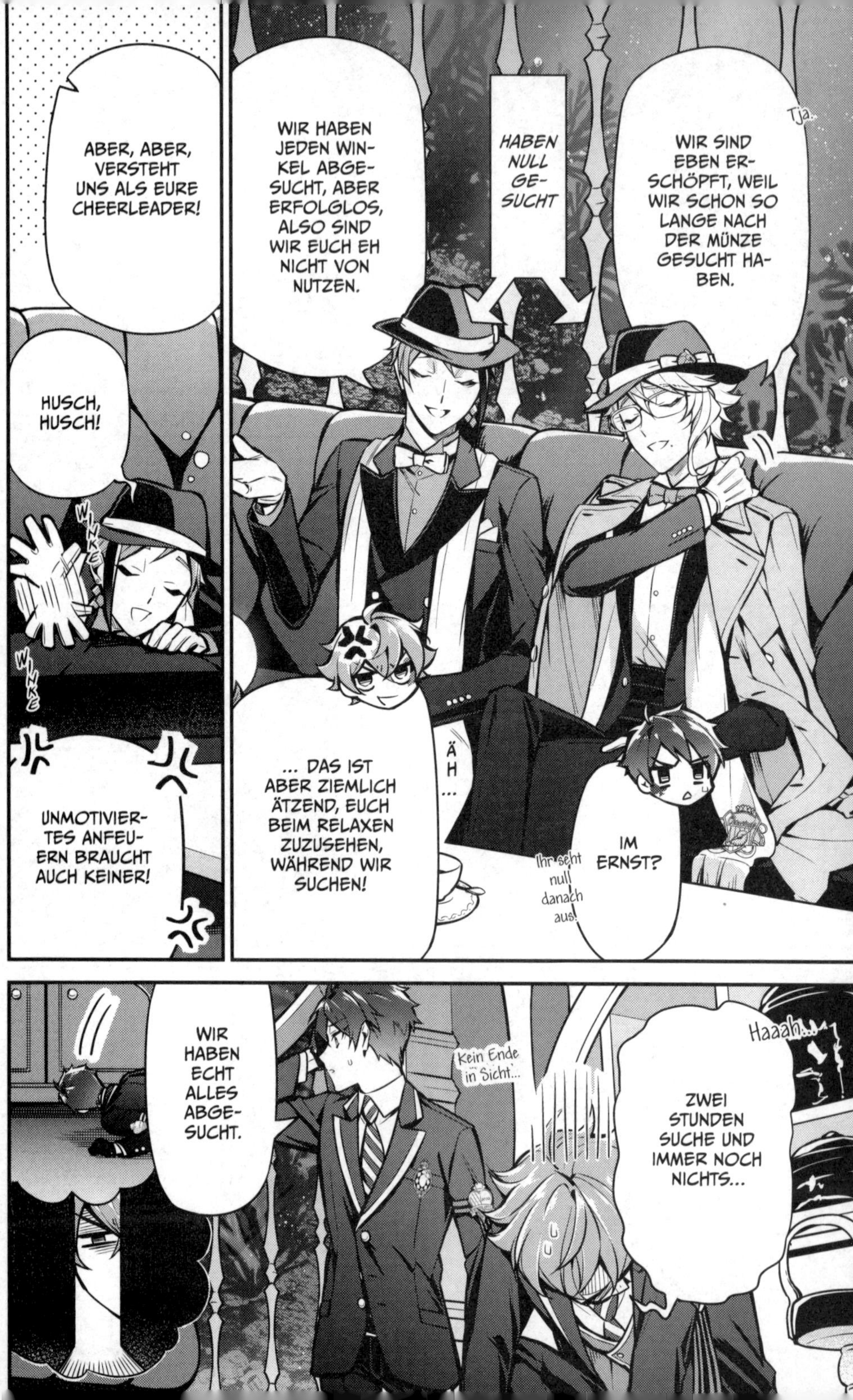

Tja...
WIR SIND EBEN ER-SCHÖPFT, WEIL WIR SCHON SO LANGE NACH DER MÜNZE GESUCHT HA-BEN.
HABEN NULL GE-SUCHT
WIR HABEN JEDEN WIN-KEL ABGE-SUCHT, ABER ERFOLGLOS, ALSO SIND WIR EUCH EH NICHT VON NUTZEN.
ABER, ABER, VERSTEHT UNS ALS EURE CHEERLEADER!
HUSCH, HUSCH!
WINKE
WINKE
IM ERNST?
Ihr seht null danach aus!
ÄH ...
... DAS IST ABER ZIEMLICH ÄTZEND, EUCH BEIM RELAXEN ZUZUSEHEN, WÄHREND WIR SUCHEN!
UNMOTIVIER-TES ANFEU-ERN BRAUCHT AUCH KEINER!
Haaaah...
ZWEI STUNDEN SUCHE UND IMMER NOCH NICHTS...
Kein Ende in Sicht...
WIR HABEN ECHT ALLES ABGE-SUCHT.

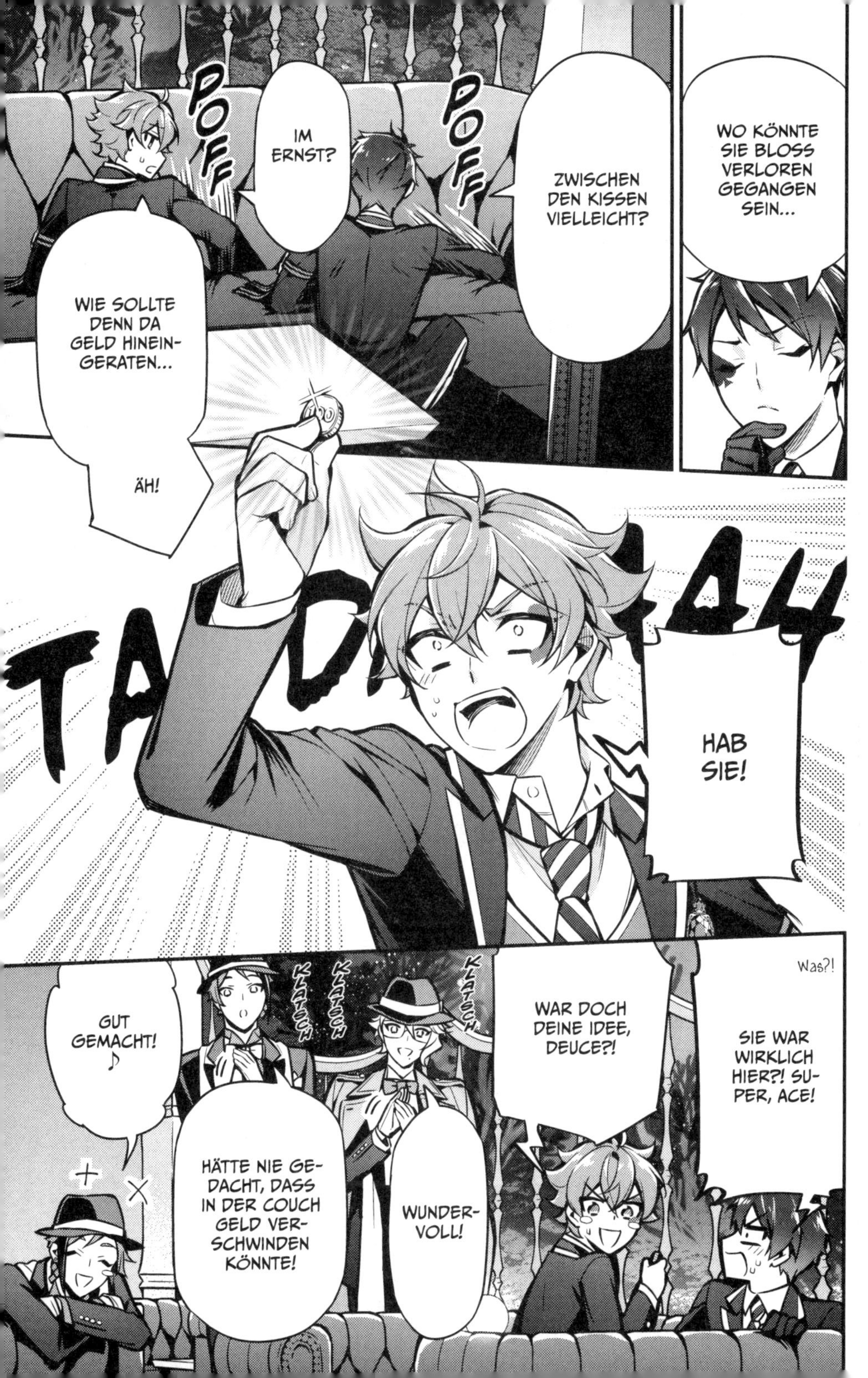
WO KÖNNTE SIE BLOSS VERLOREN GEGANGEN SEIN…
ZWISCHEN DEN KISSEN VIELLEICHT?
POFF
IM ERNST?
POFF
WIE SOLLTE DENN DA GELD HINEINGERATEN…
ÄH!
HAB SIE!
Was?!
SIE WAR WIRKLICH HIER?! SUPER, ACE!
WAR DOCH DEINE IDEE, DEUCE?!
KLATSCH
KLATSCH
KLATSCH
WUNDERVOLL!
HÄTTE NIE GEDACHT, DASS IN DER COUCH GELD VERSCHWINDEN KÖNNTE!
GUT GEMACHT! ♪

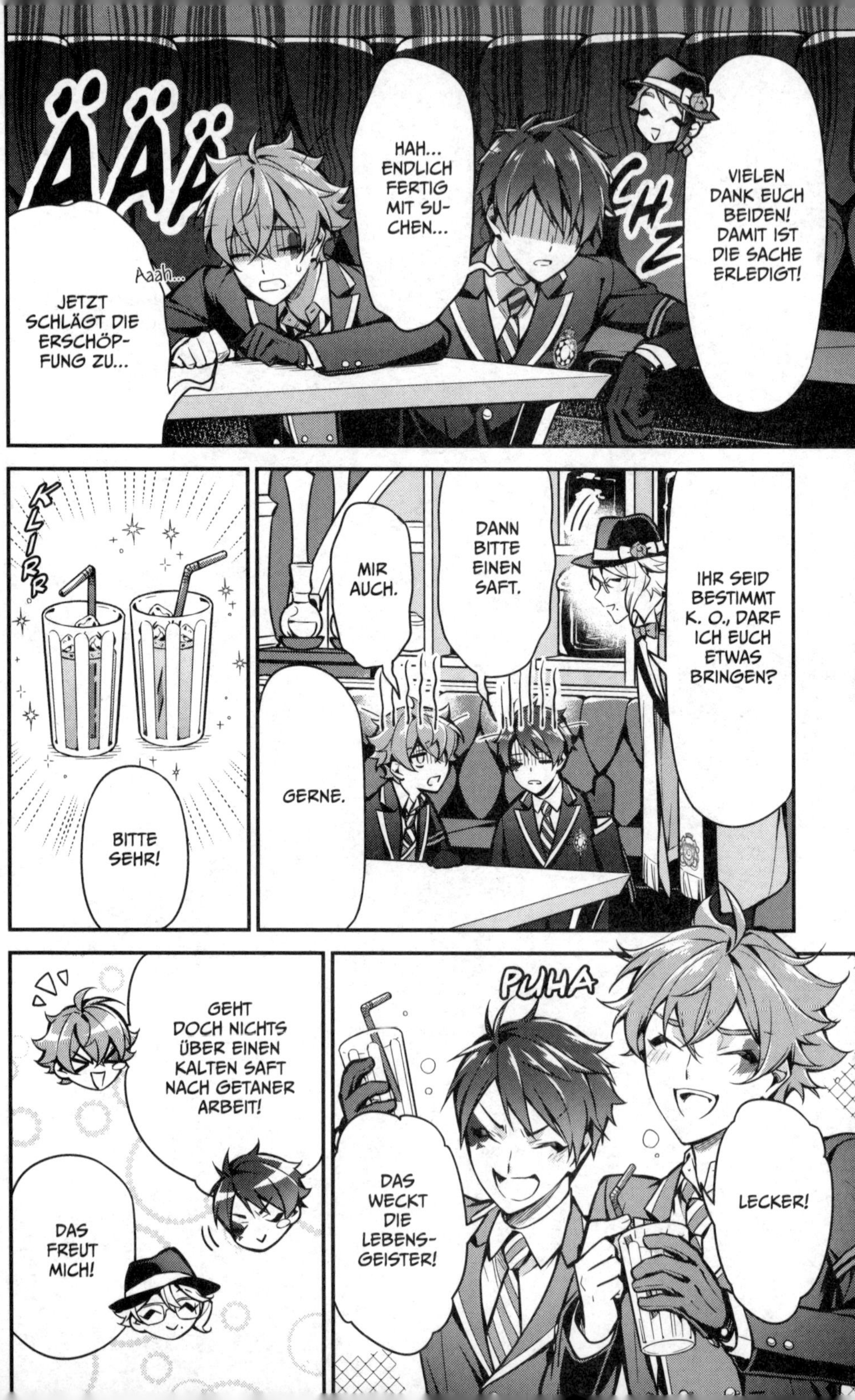
VIELEN DANK EUCH BEIDEN! DAMIT IST DIE SACHE ERLEDIGT!
HAH... ENDLICH FERTIG MIT SU-CHEN...
ÄÄÄ
Aaah...
JETZT SCHLÄGT DIE ERSCHÖPF-FUNG ZU...
IHR SEID BESTIMMT K. O., DARF ICH EUCH ETWAS BRINGEN?
DANN BITTE EINEN SAFT.
MIR AUCH.
GERNE.
KLIRR
BITTE SEHR!
PUHA
LECKER!
DAS WECKT DIE LEBENS-GEISTER!
GEHT DOCH NICHTS ÜBER EINEN KALTEN SAFT NACH GETANER ARBEIT!
DAS FREUT MICH!

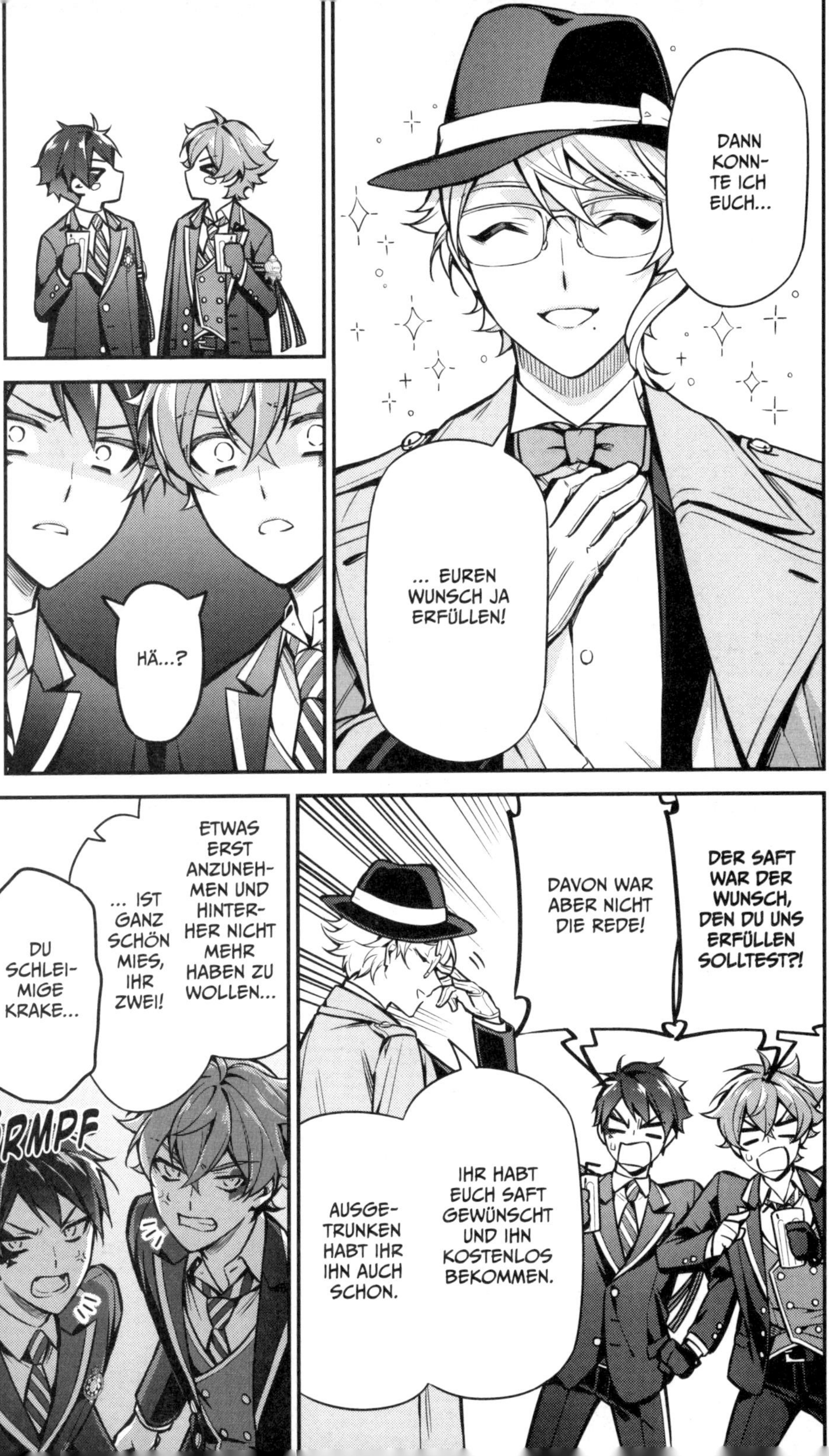
DANN KONNTE ICH EUCH...
... EUREN WUNSCH JA ERFÜLLEN!
HÄ...?
DER SAFT WAR DER WUNSCH, DEN DU UNS ERFÜLLEN SOLLTEST?!
DAVON WAR ABER NICHT DIE REDE!
IHR HABT EUCH SAFT GEWÜNSCHT UND IHN KOSTENLOS BEKOMMEN.
AUSGETRUNKEN HABT IHR IHN AUCH SCHON.
ETWAS ERST ANZUNEHMEN UND HINTERHER NICHT MEHR HABEN ZU WOLLEN...
... IST GANZ SCHÖN MIES, IHR ZWEI!
DU SCHLEIMIGE KRAKE...
GRMPF

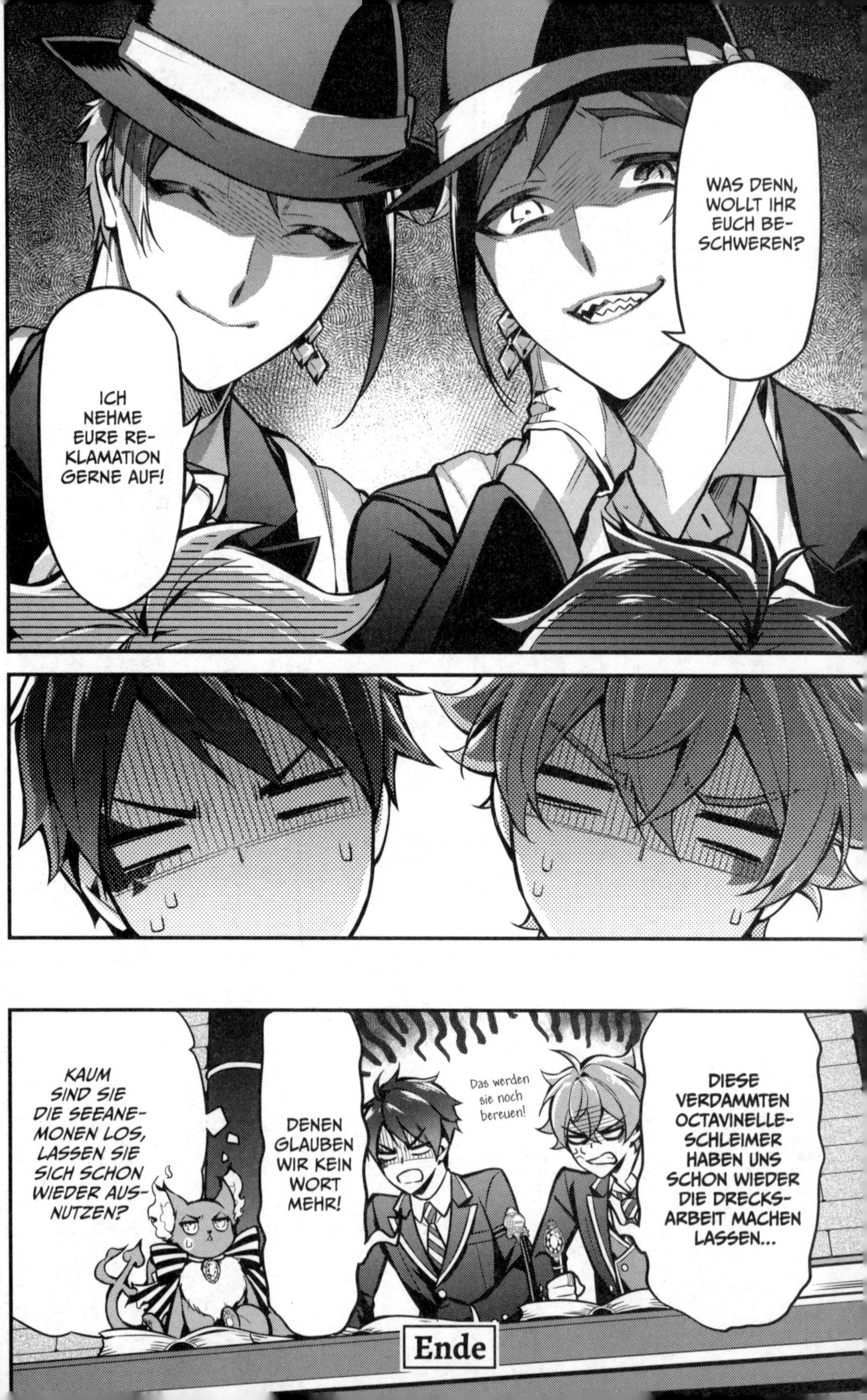
WAS DENN, WOLLT IHR EUCH BE-SCHWEREN?
ICH NEHME EURE RE-KLAMATION GERNE AUF!
DIESE VERDAMMTEN OCTAVINELLE-SCHLEIMER HABEN UNS SCHON WIEDER DIE DRECKS-ARBEIT MACHEN LASSEN...
Das werden sie noch bereuen!
DENEN GLAUBEN WIR KEIN WORT MEHR!
KAUM SIND SIE DIE SEEANE-MONEN LOS, LASSEN SIE SICH SCHON WIEDER AUS-NUTZEN?
Ende

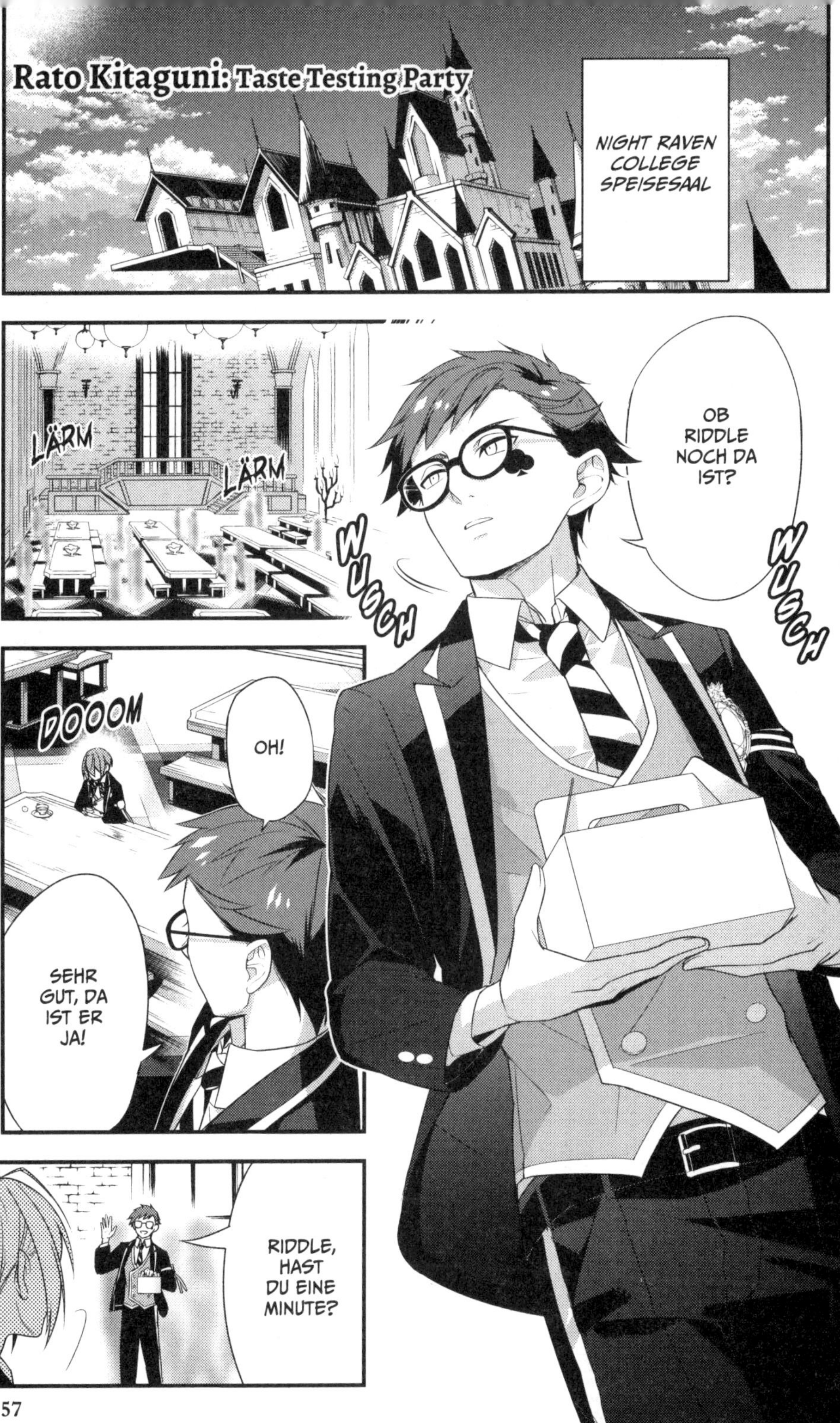

Rato Kitaguni: Taste Testing Party
NIGHT RAVEN COLLEGE SPEISESAAL
WUSCH
OB RIDDLE NOCH DA IST?
WUSCH
LÄRM
LÄRM
OH!
DOOOM
SEHR GUT, DA IST ER JA!
RIDDLE, HAST DU EINE MINUTE?

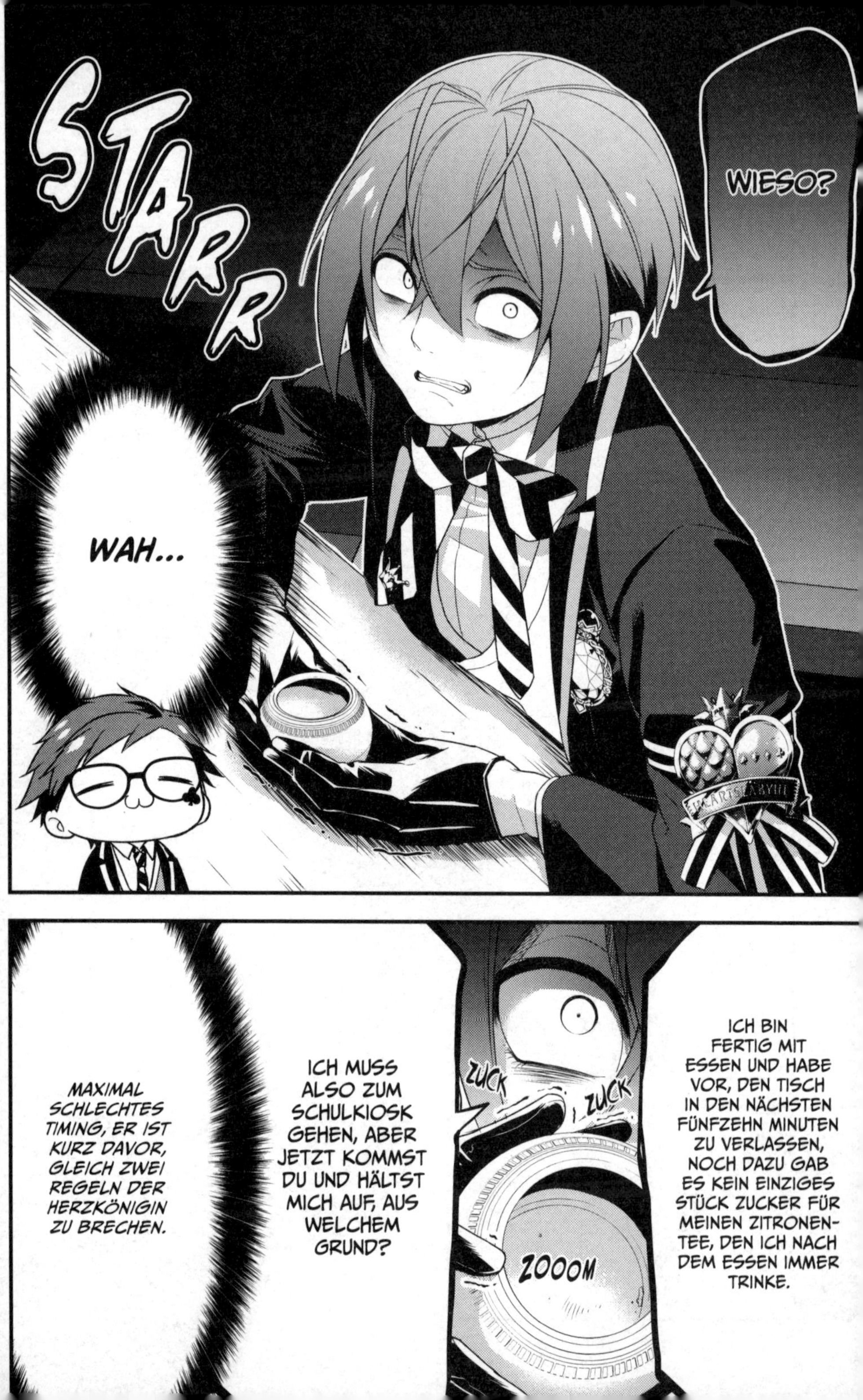
WIESO?
STARR
WAH...
ICH BIN FERTIG MIT ESSEN UND HABE VOR, DEN TISCH IN DEN NÄCHSTEN FÜNFZEHN MINUTEN ZU VERLASSEN, NOCH DAZU GAB ES KEIN EINZIGES STÜCK ZUCKER FÜR MEINEN ZITRONEN-TEE, DEN ICH NACH DEM ESSEN IMMER TRINKE.
ZUCK
ZUCK
ZOOOM
ICH MUSS ALSO ZUM SCHULKIOSK GEHEN, ABER JETZT KOMMST DU UND HÄLTST MICH AUF, AUS WELCHEM GRUND?
MAXIMAL SCHLECHTES TIMING, ER IST KURZ DAVOR, GLEICH ZWEI REGELN DER HERZKÖNIGIN ZU BRECHEN.

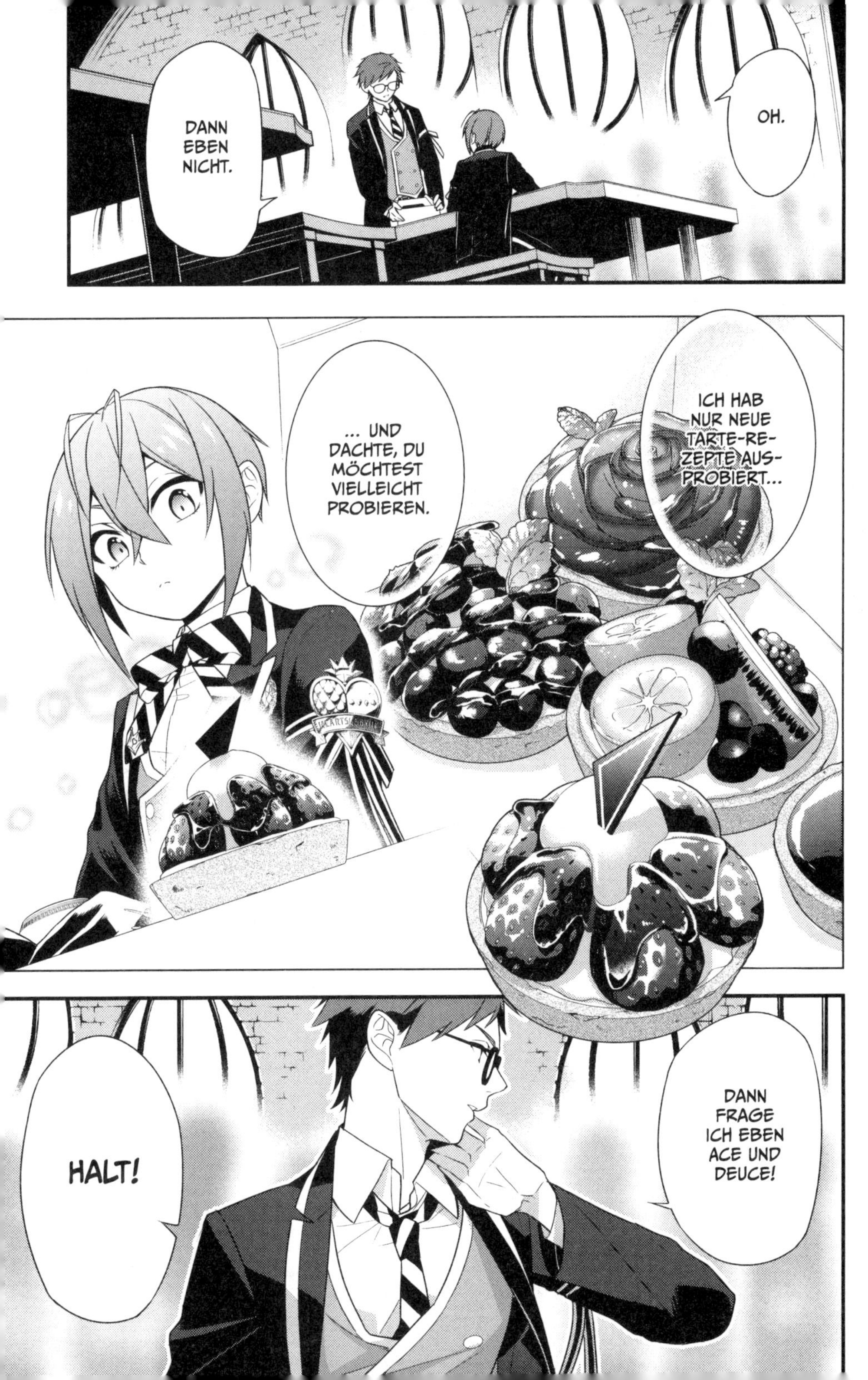
OH.
DANN EBEN NICHT.
ICH HAB NUR NEUE TARTE-REZEPTE AUSPROBIERT...
... UND DACHTE, DU MÖCHTEST VIELLEICHT PROBIEREN.
DANN FRAGE ICH EBEN ACE UND DEUCE!
HALT!

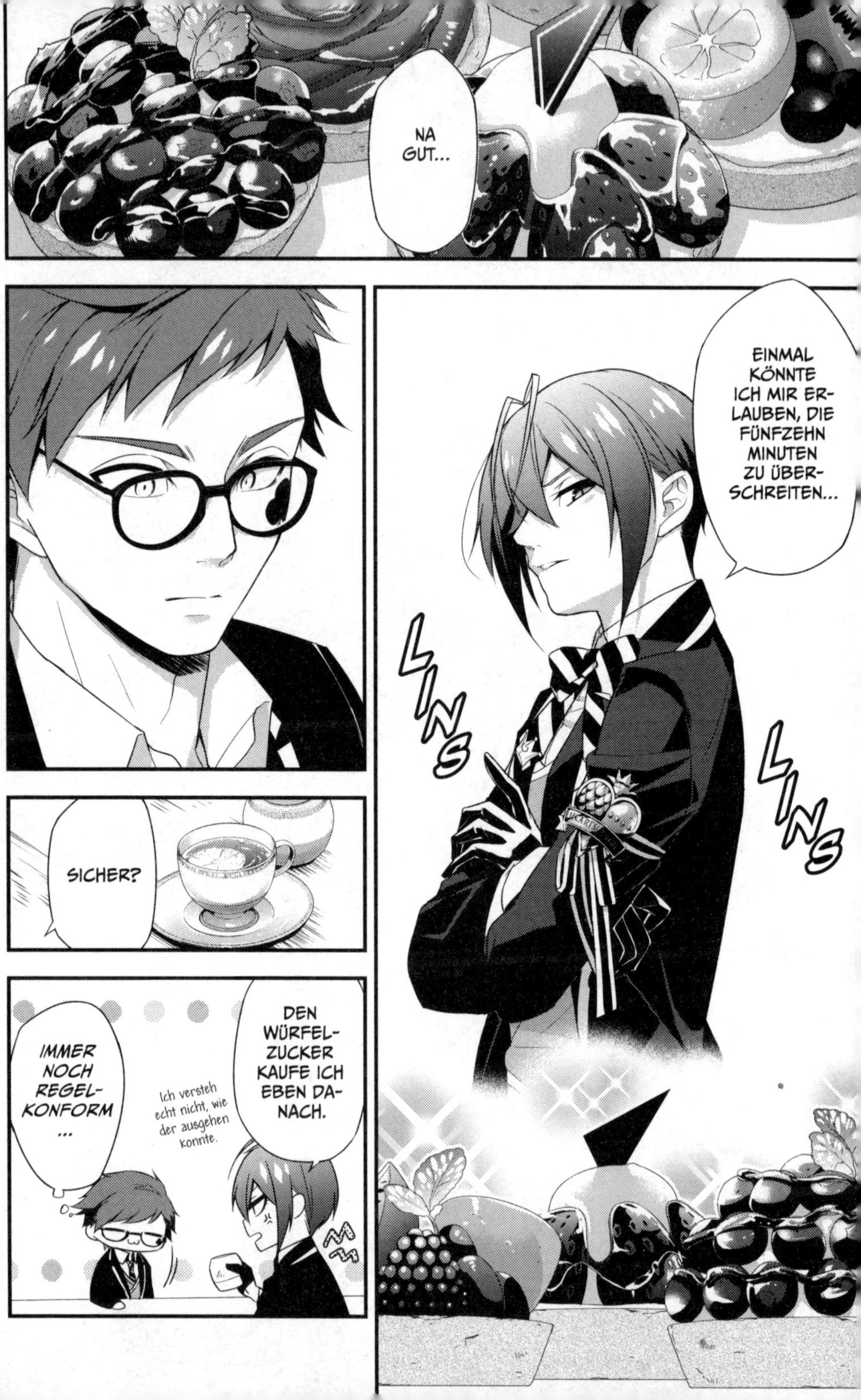
NA GUT...
EINMAL KÖNNTE ICH MIR ER-LAUBEN, DIE FÜNFZEHN MINUTEN ZU ÜBER-SCHREITEN...
LINS
LINS
SICHER?
DEN WÜRFEL-ZUCKER KAUFE ICH EBEN DA-NACH.
Ich versteh echt nicht, wie der ausgehen konnte.
IMMER NOCH REGEL-KONFORM ...
MM

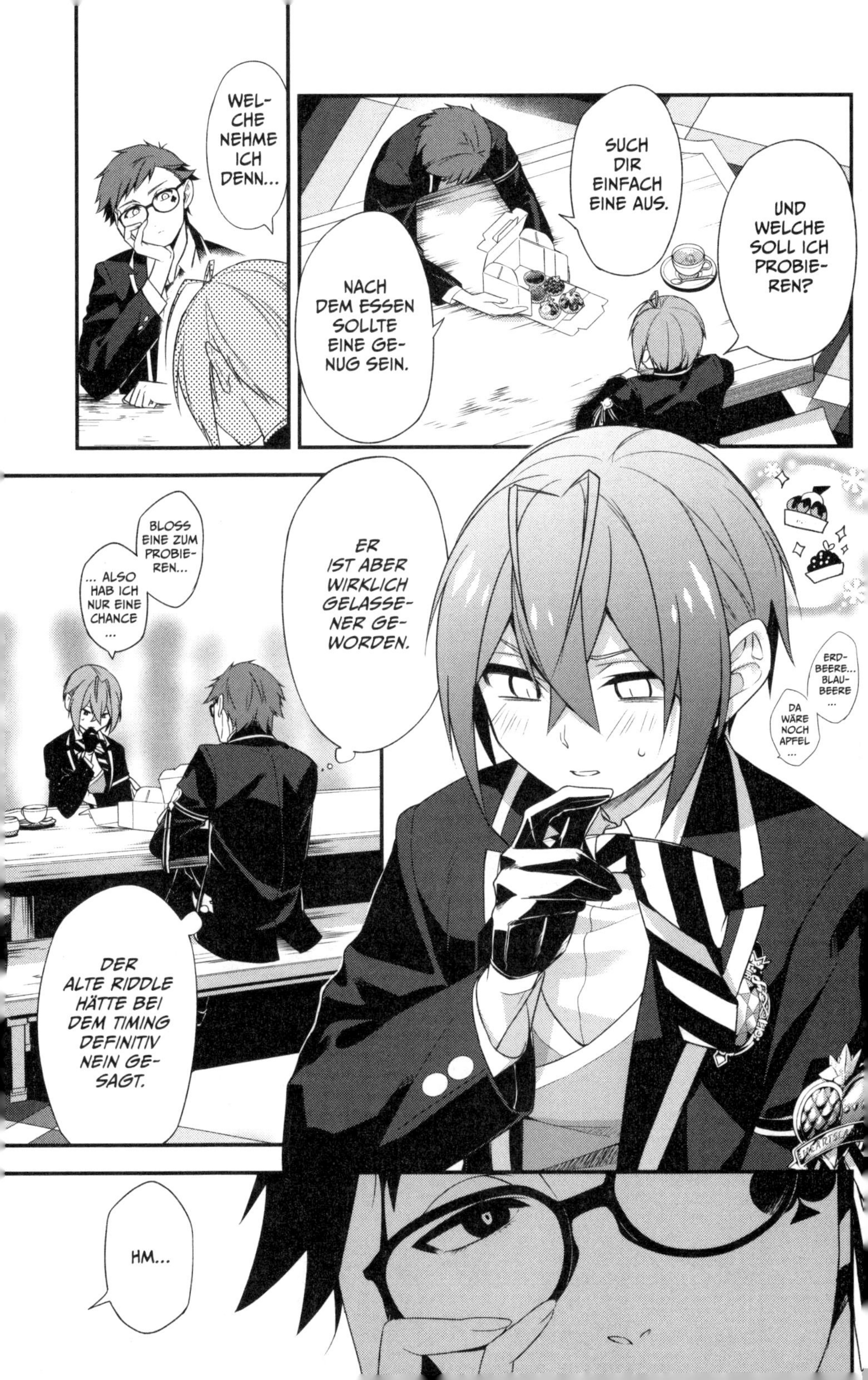
UND WELCHE SOLL ICH PROBIEREN?
SUCH DIR EINFACH EINE AUS.
NACH DEM ESSEN SOLLTE EINE GENUG SEIN.
WELCHE NEHME ICH DENN...
ERDBEERE... BLAUBEERE...
DA WÄRE NOCH APFEL...
ER IST ABER WIRKLICH GELASSENER GEWORDEN.
BLOSS EINE ZUM PROBIEREN...
... ALSO HAB ICH NUR EINE CHANCE ...
DER ALTE RIDDLE HÄTTE BEI DEM TIMING DEFINITIV NEIN GESAGT.
HM...

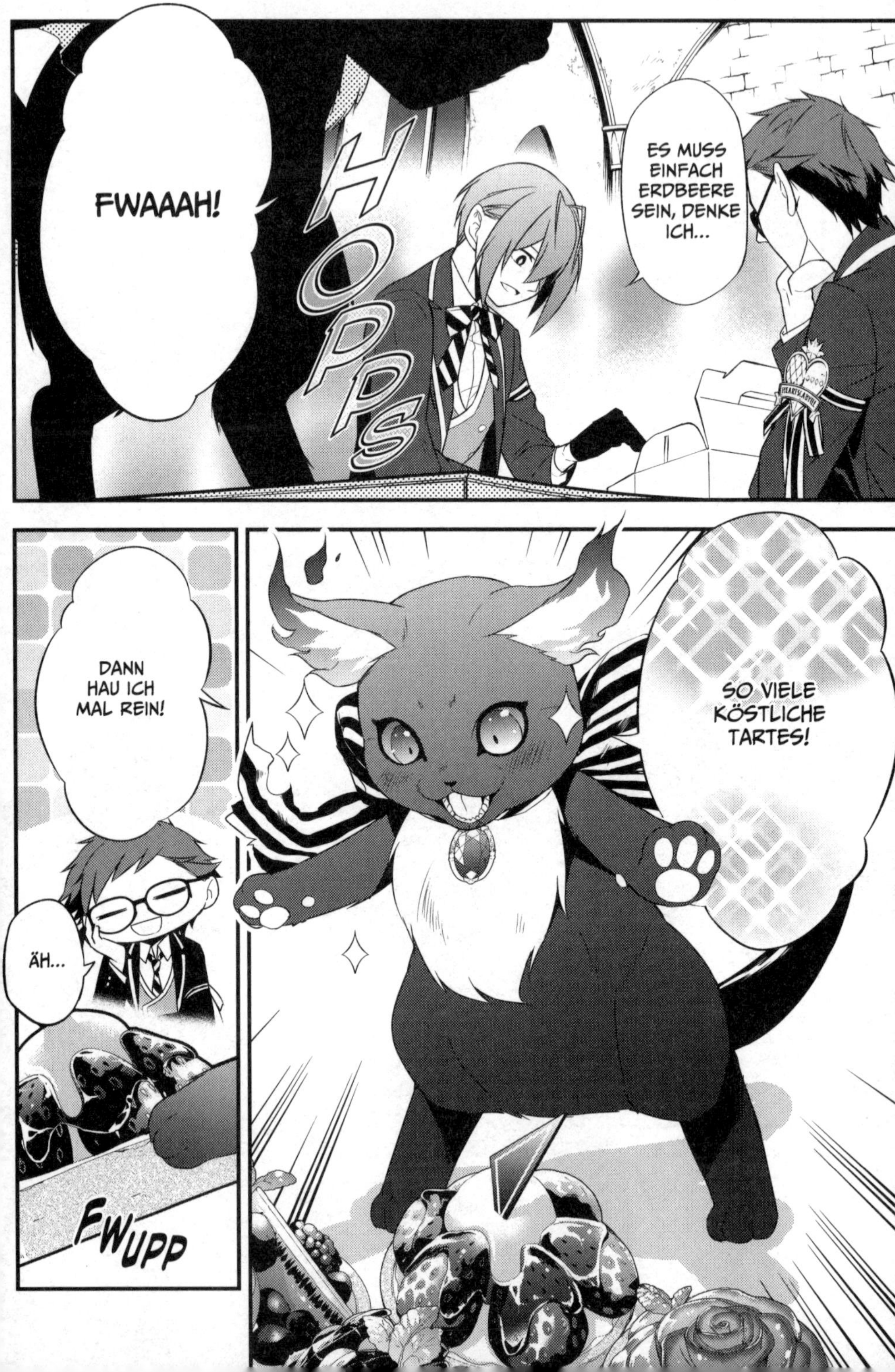
ES MUSS EINFACH ERDBEERE SEIN, DENKE ICH...
HOPPS
FWAAAH!
SO VIELE KÖSTLICHE TARTES!
DANN HAU ICH MAL REIN!
ÄH...
FWUPP

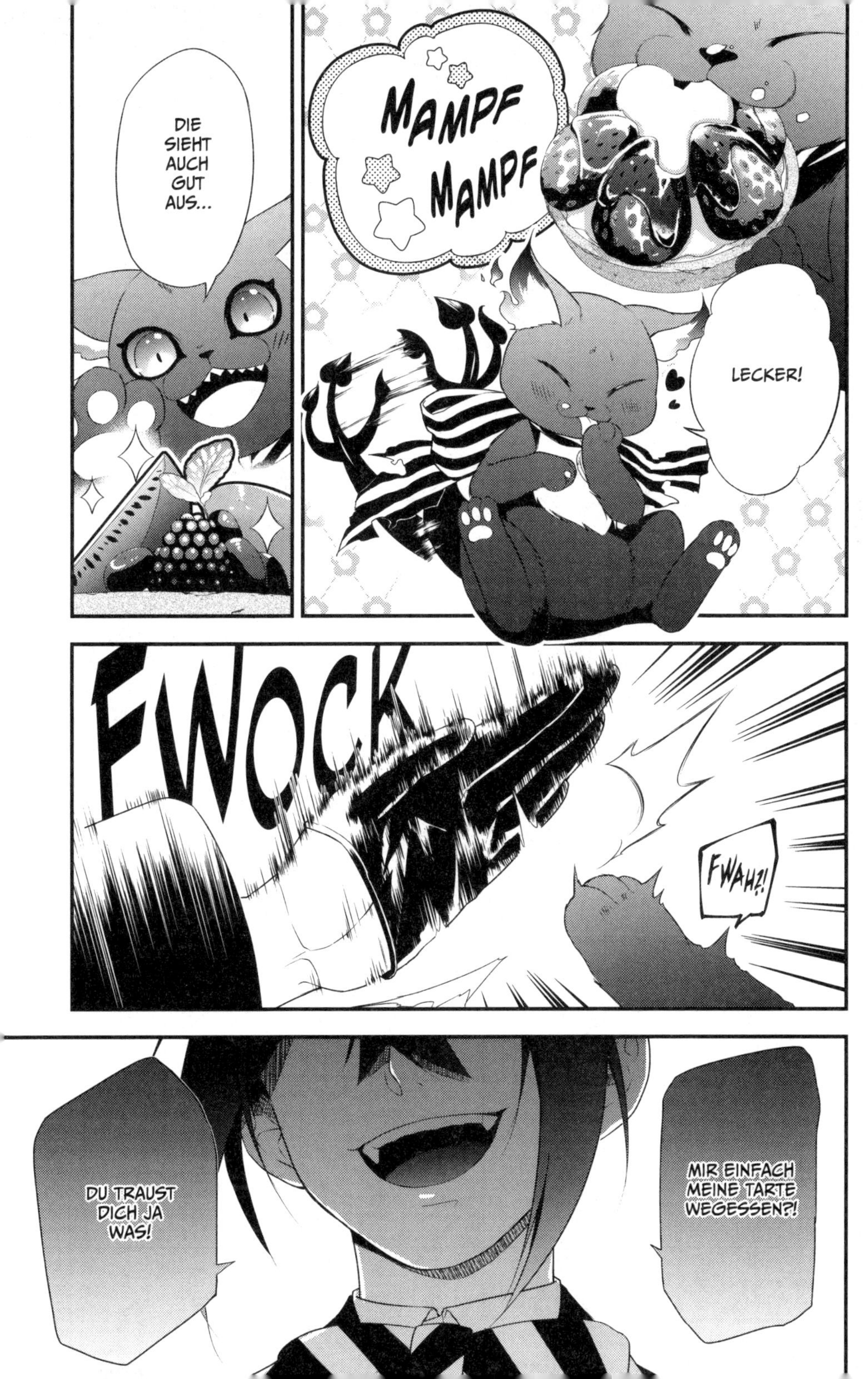
MAMPF MAMPF
LECKER!
DIE SIEHT AUCH GUT AUS...
FWOCK
FWAH?!
MIR EINFACH MEINE TARTE WEGESSEN?!
DU TRAUST DICH JA WAS!

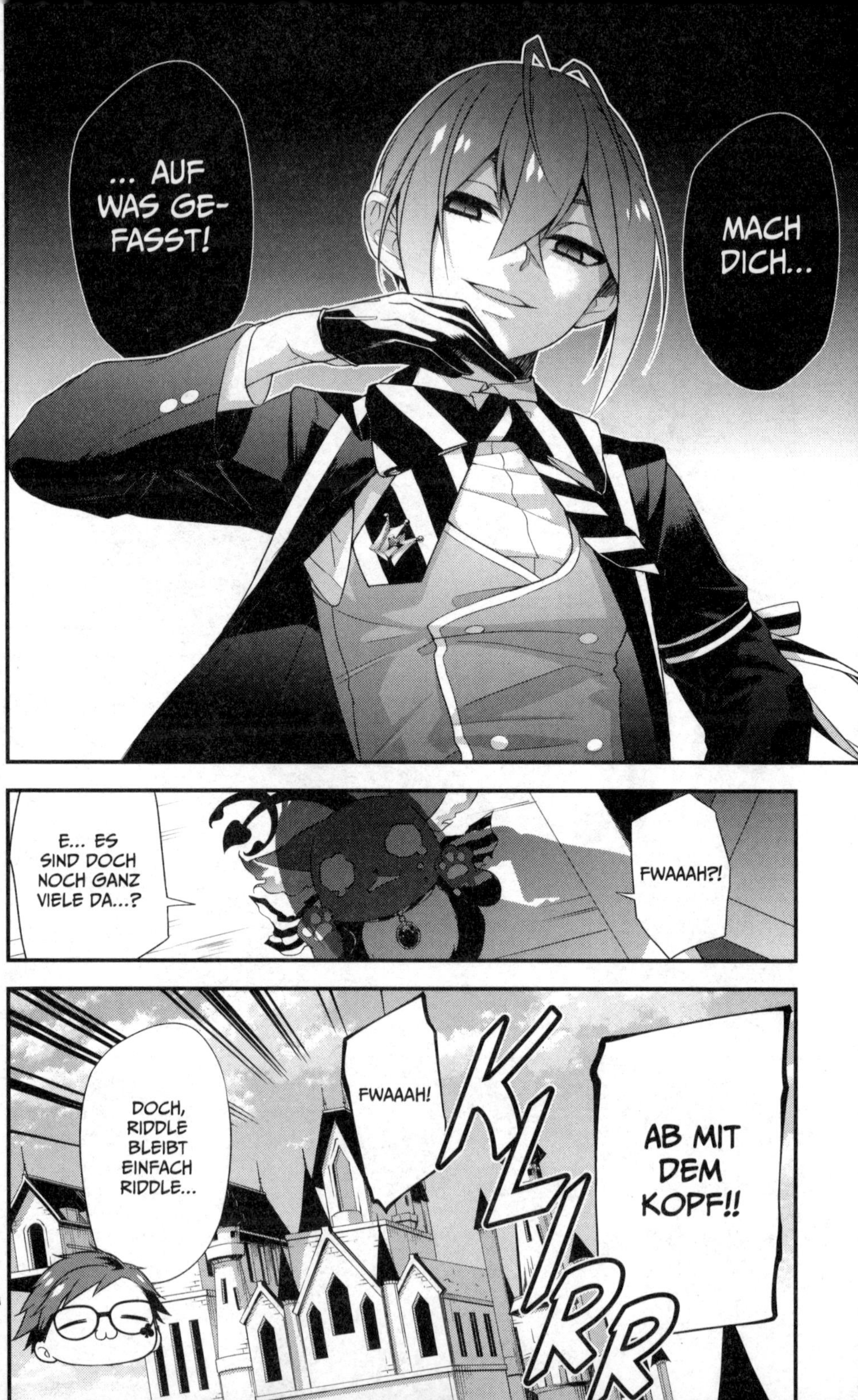
MACH DICH...
... AUF WAS GE-FASST!
FWAAAH?!
E... ES SIND DOCH NOCH GANZ VIELE DA...?
AB MIT DEM KOPF!!
KLIRR
FWAAAH!
DOCH, RIDDLE BLEIBT EINFACH RIDDLE...

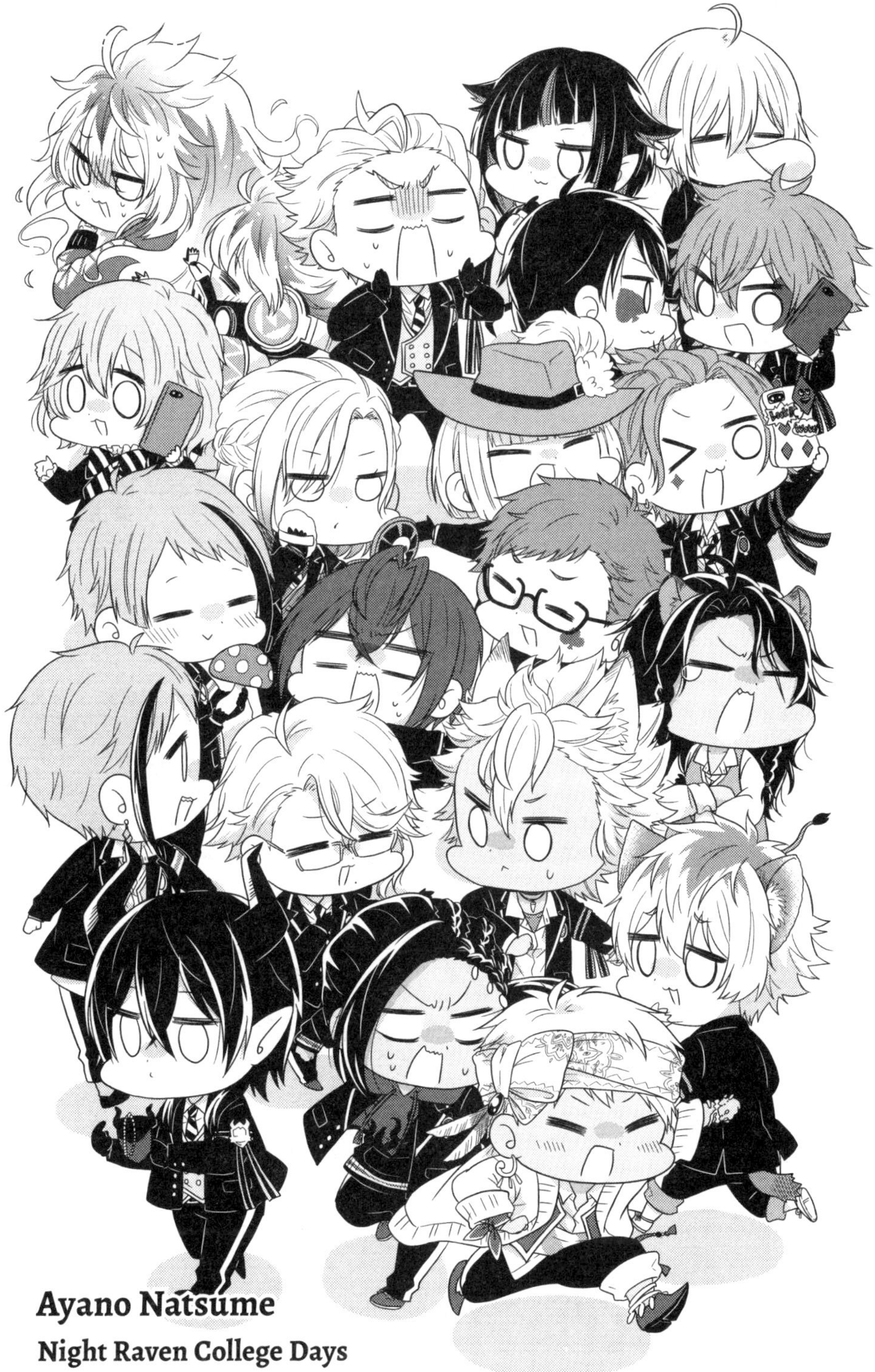

Ayano Natsume

Night Raven College Days

Danach hat der Direktor es konfisziert

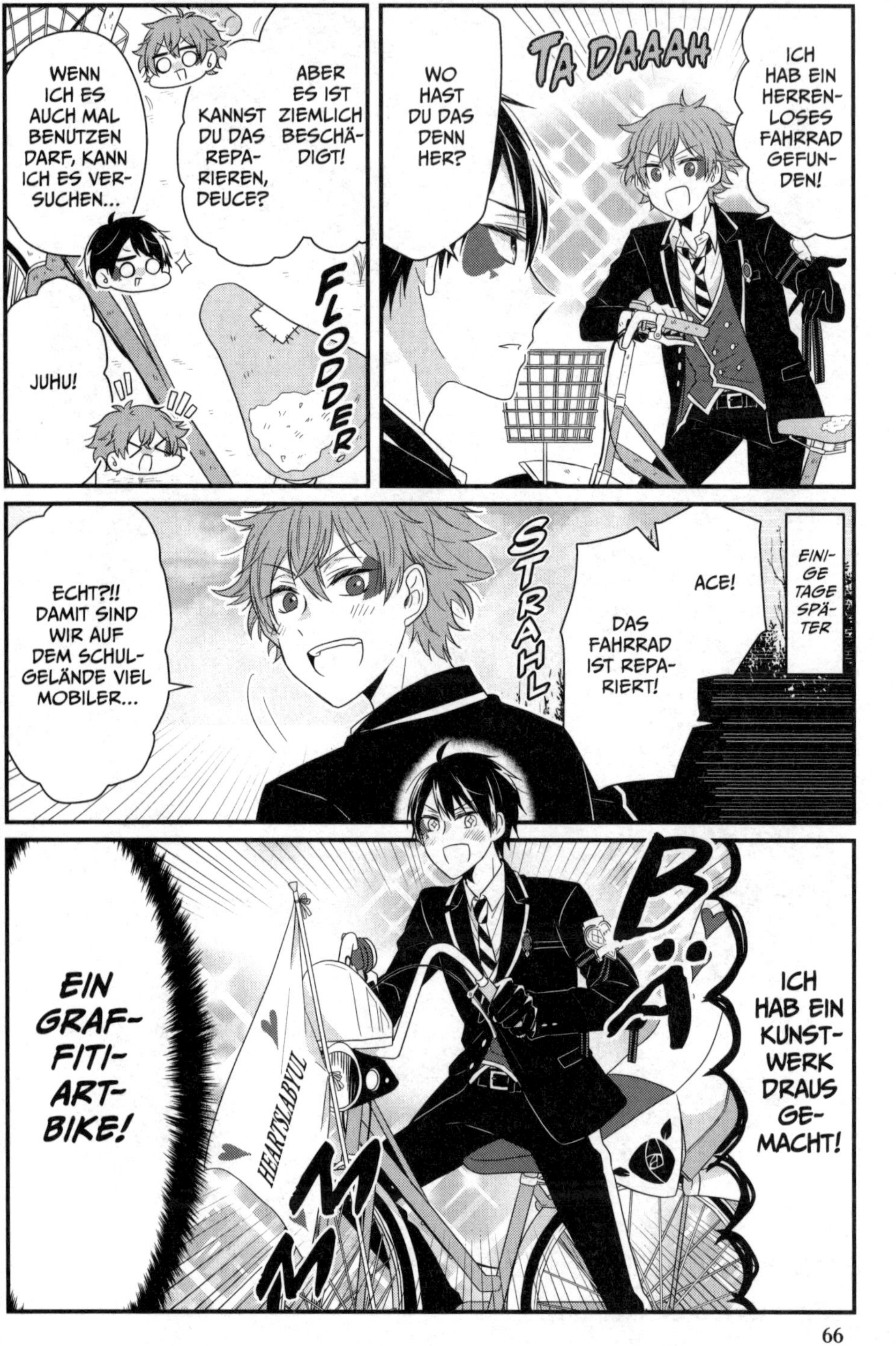

Morgen mach ich das

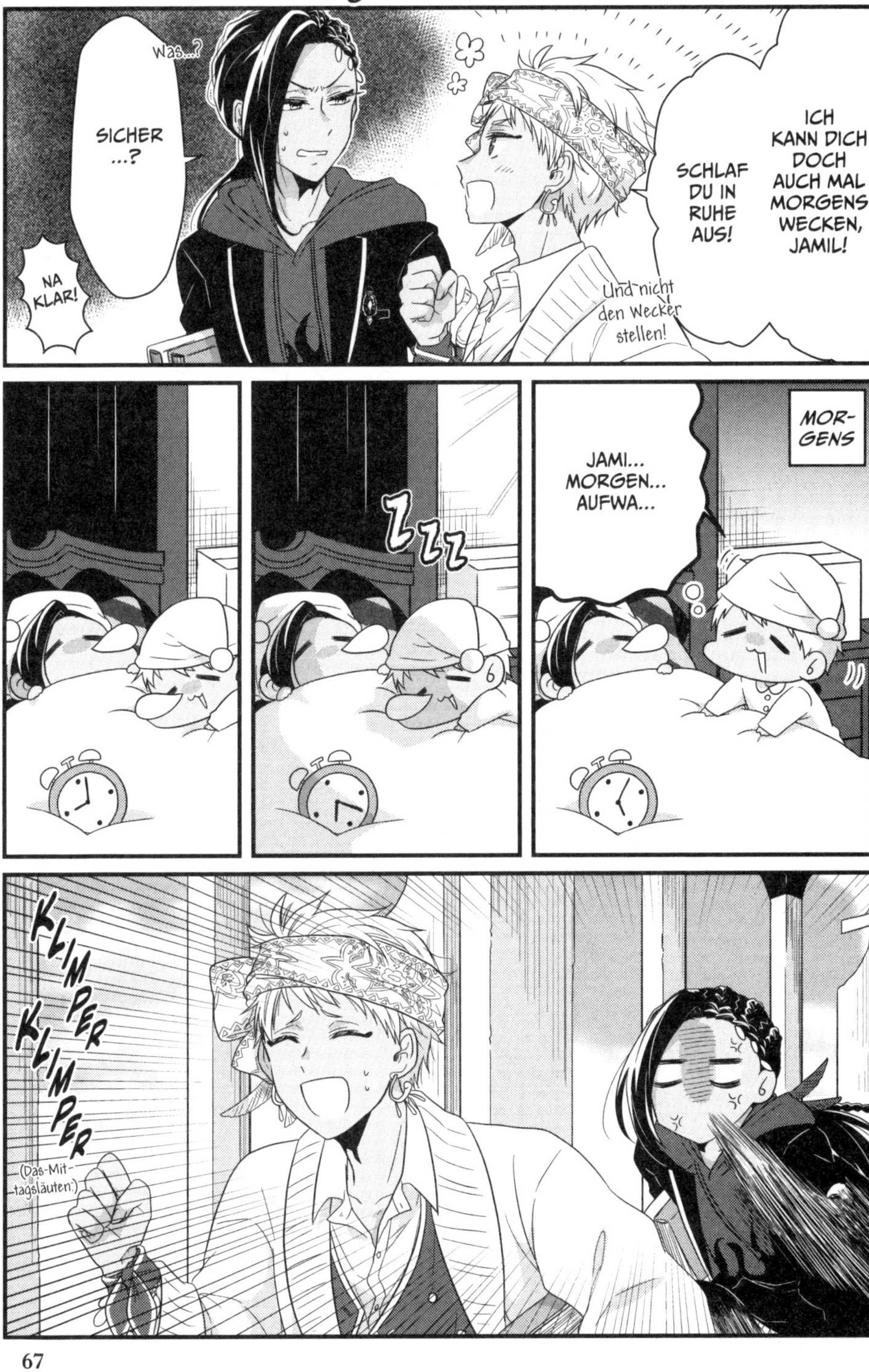

Savanaclaw-Gerüchte

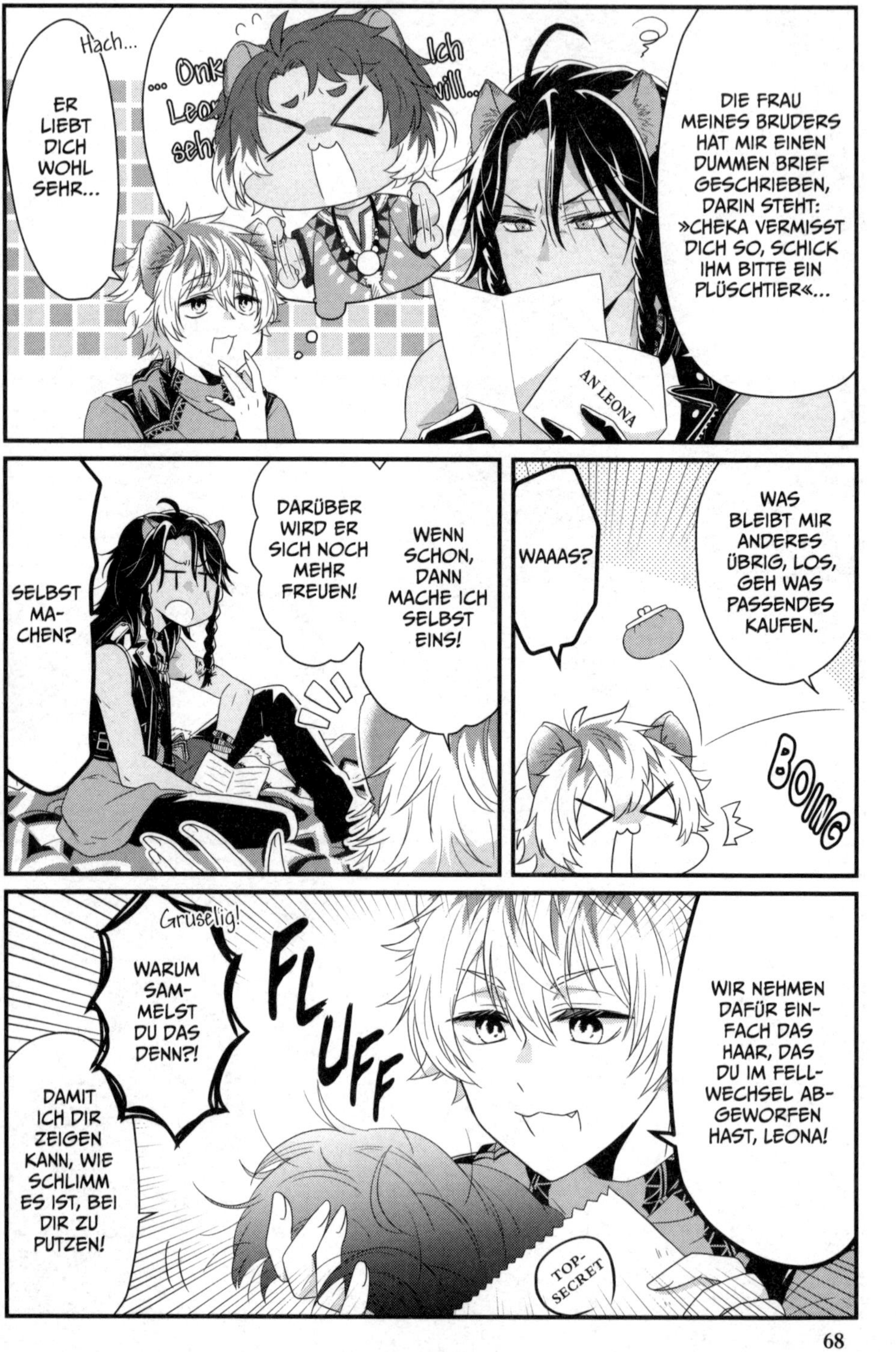

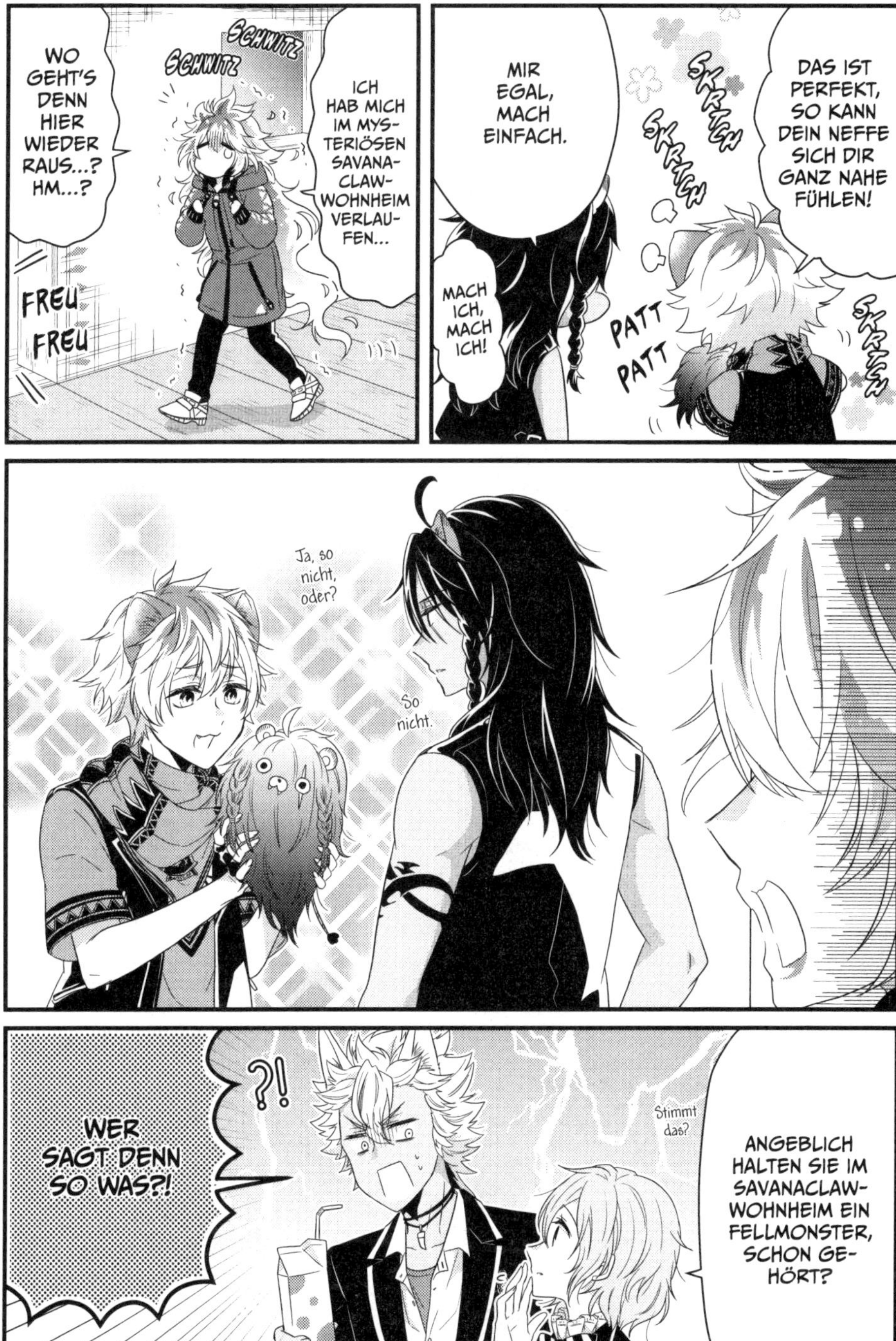
SKRICH
SKRICH
DAS IST PERFEKT, SO KANN DEIN NEFFE SICH DIR GANZ NAHE FÜHLEN!
SKRICH
MIR EGAL, MACH EINFACH.
MACH ICH, MACH ICH!
PATT PATT
SCHWITZ
SCHWITZ
ICH HAB MICH IM MYSTERIÖSEN SAVANACLAW-WOHNHEIM VERLAUFEN...
WO GEHT'S DENN HIER WIEDER RAUS...? HM...?
FREU FREU
So nicht.
Ja, so nicht, oder?
ANGEBLICH HALTEN SIE IM SAVANACLAW-WOHNHEIM EIN FELLMONSTER, SCHON GEHÖRT?
Stimmt das?
?!
WER SAGT DENN SO WAS?!

In guter Absicht

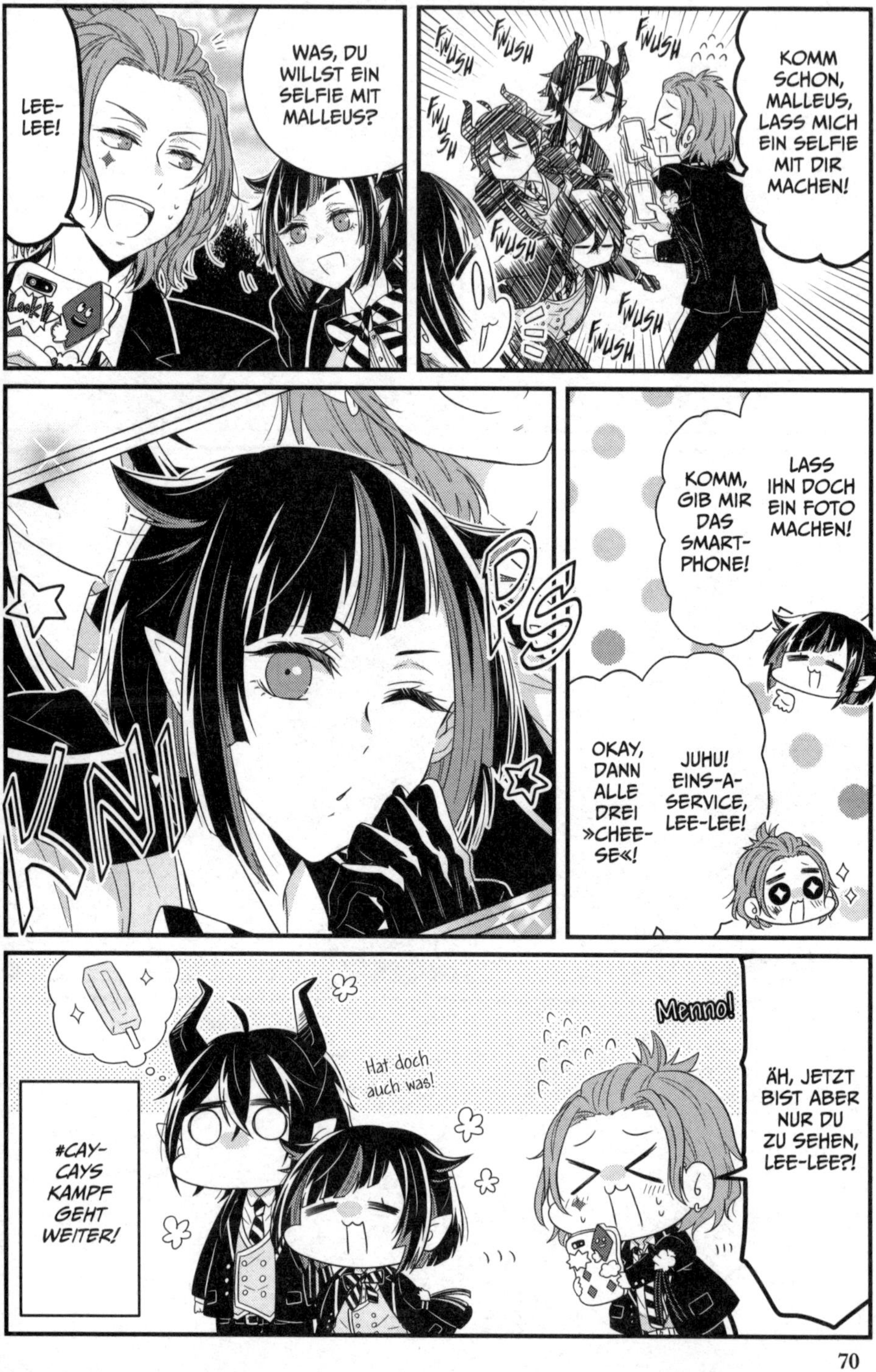

Das wahre Ziel ist...

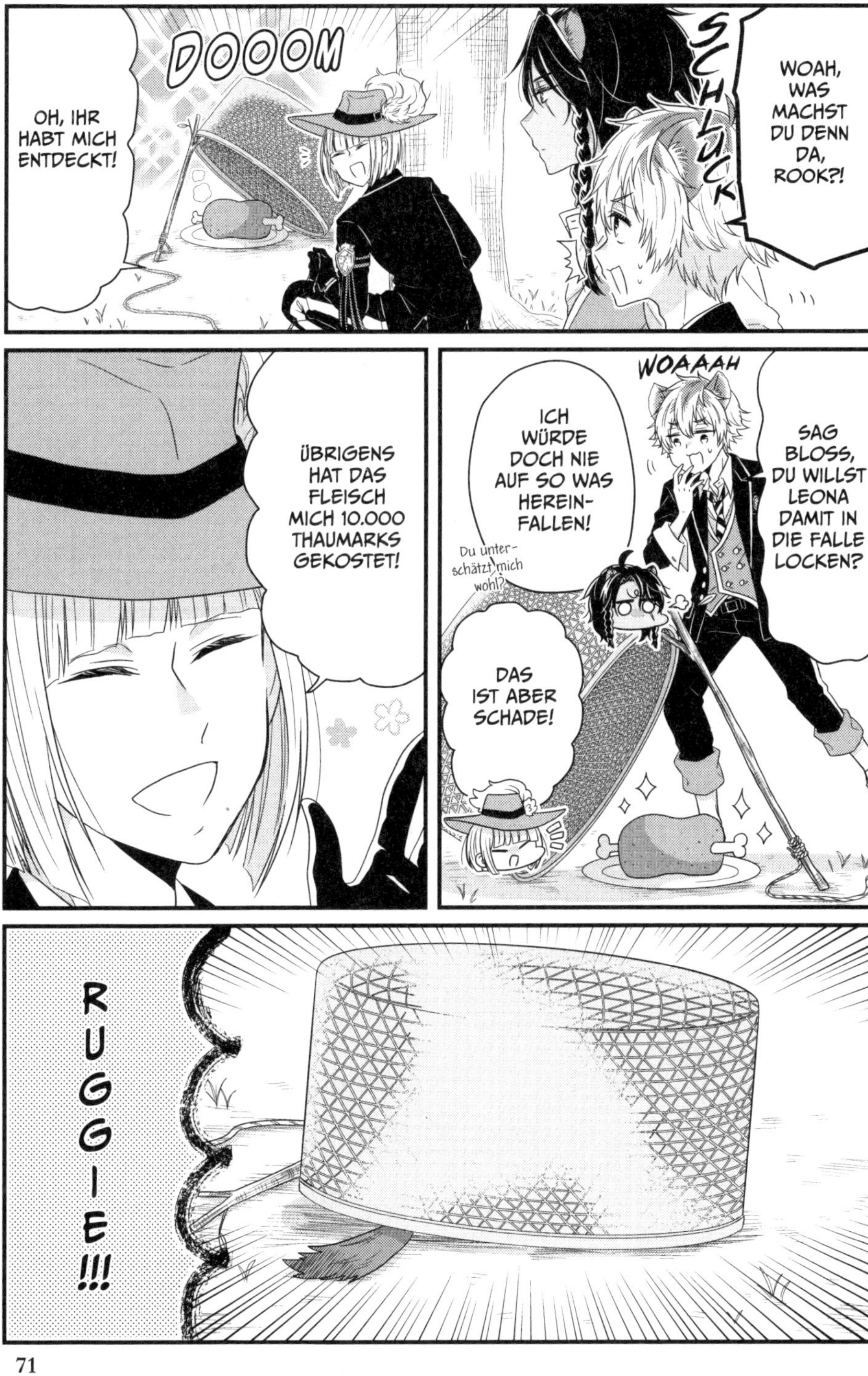

Den ganzen Tag in Bestlaune

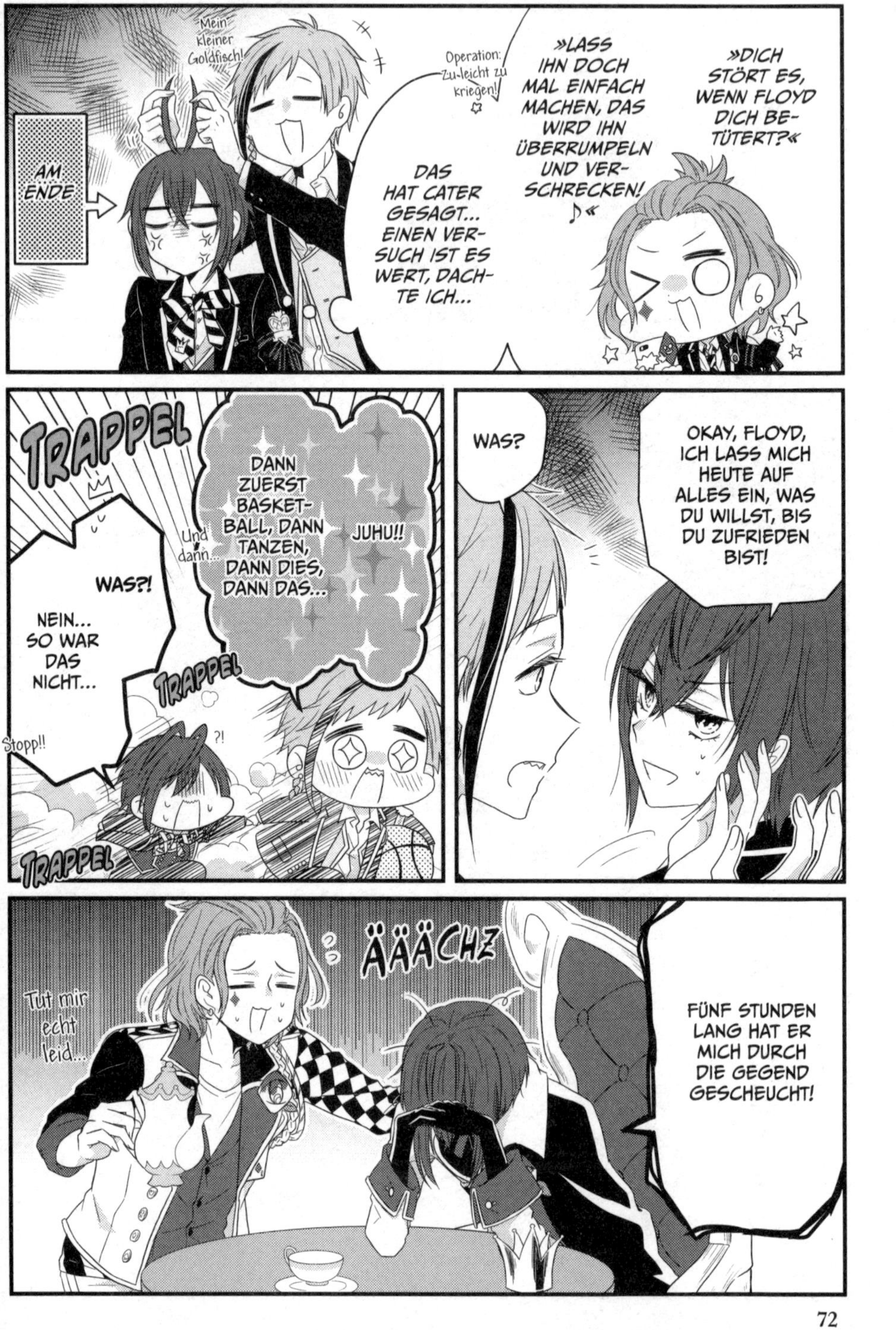

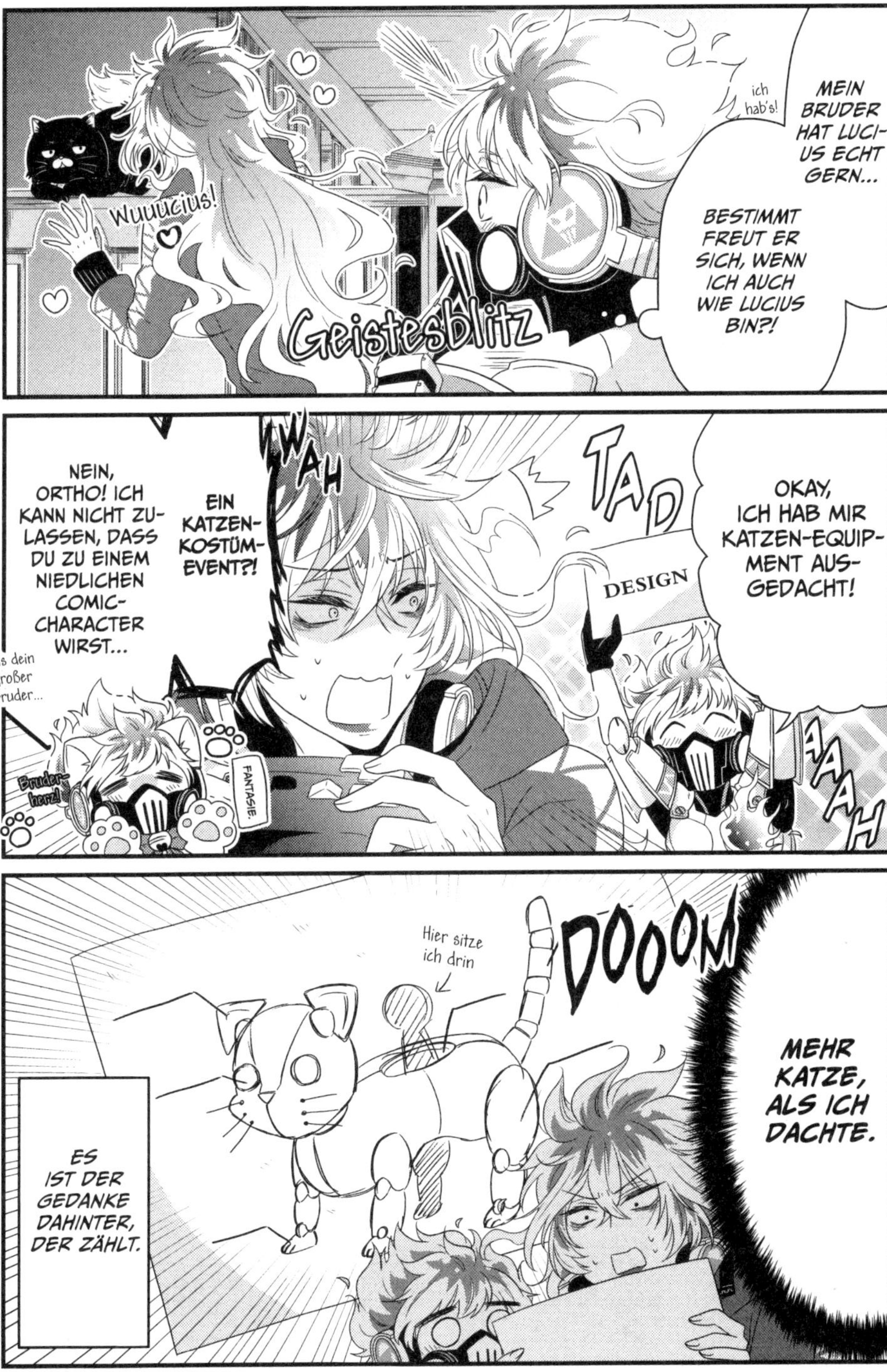
MEIN BRUDER HAT LUCIUS ECHT GERN...
BESTIMMT FREUT ER SICH, WENN ICH AUCH WIE LUCIUS BIN?!
ich hab's!
Wuuucius!
Geistesblitz
OKAY, ICH HAB MIR KATZEN-EQUIPMENT AUSGEDACHT!
TAD
DESIGN
AAAAH
WAH
EIN KATZENKOSTÜM-EVENT?!
NEIN, ORTHO! ICH KANN NICHT ZULASSEN, DASS DU ZU EINEM NIEDLICHEN COMIC-CHARACTER WIRST...
Als dein großer Bruder...
Bruderherz!
FANTASIE.
DOOOM
MEHR KATZE, ALS ICH DACHTE.
Hier sitze ich drin
ES IST DER GEDANKE DAHINTER, DER ZÄHLT.

Qualität aus Octavinelle

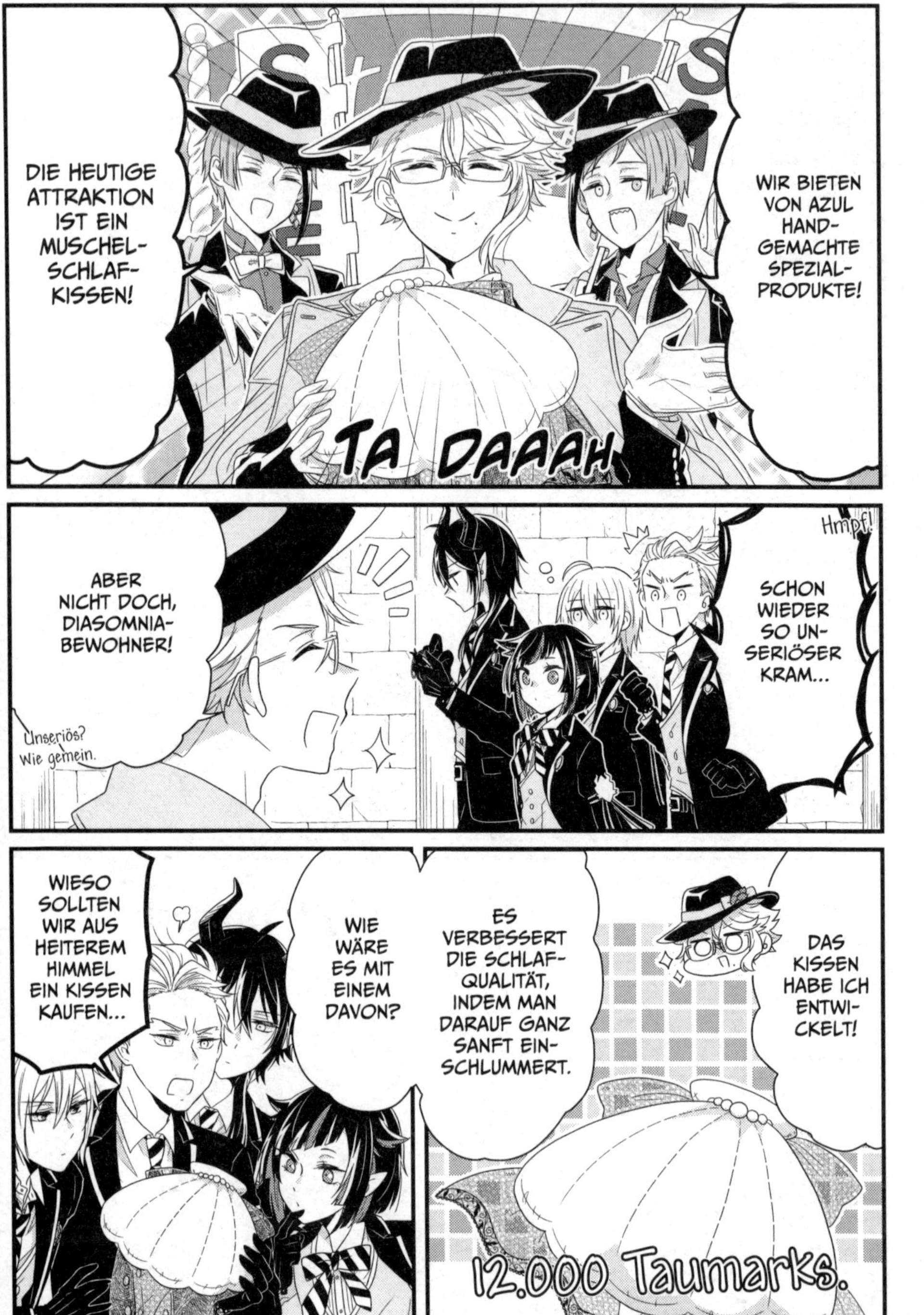

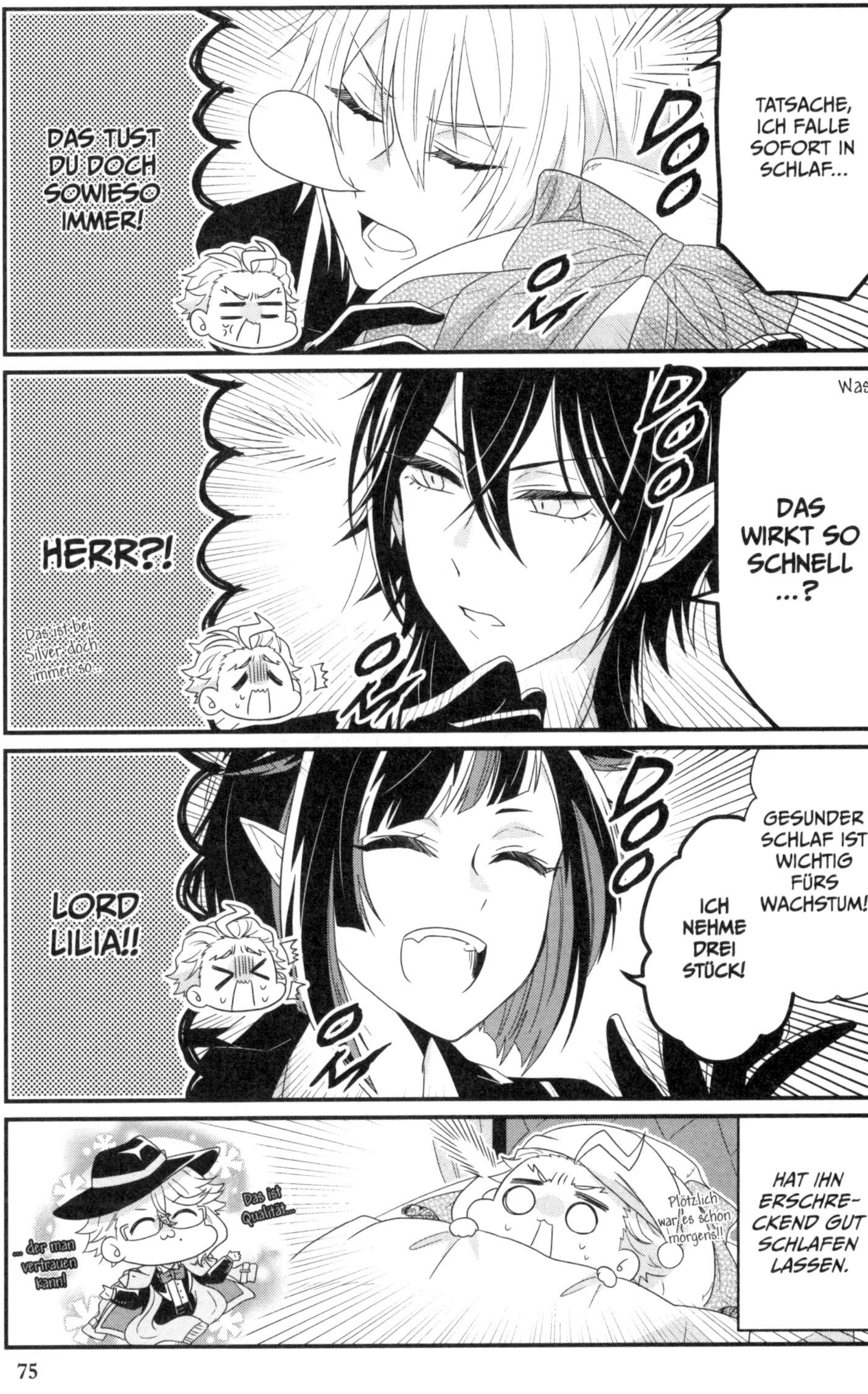
TATSACHE, ICH FALLE SOFORT IN SCHLAF...
DOOO
OM
DAS TUST DU DOCH SOWIESO IMMER!
Was?
DAS WIRKT SO SCHNELL ...?
DOOO
OM
HERR?!
Das ist bei Silver doch immer so...
GESUNDER SCHLAF IST WICHTIG FÜRS WACHSTUM!
ICH NEHME DREI STÜCK!
DOO
OM
LORD LILIA!!
HAT IHN ERSCHRE-CKEND GUT SCHLAFEN LASSEN.
Plötzlich war es schon morgens!!
Das ist Qualität...
... der man vertrauen kann!

Lobrede

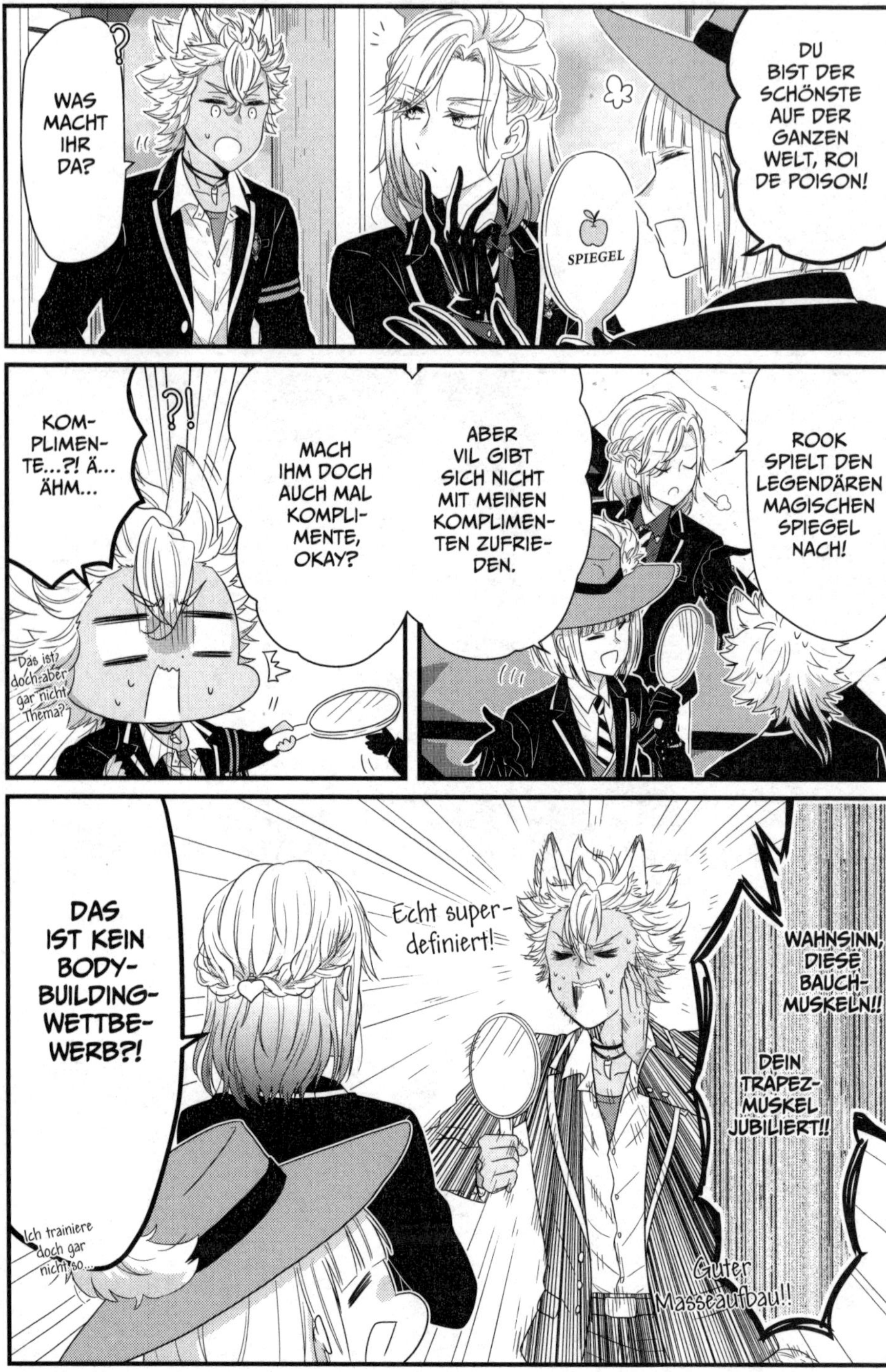
DU BIST DER SCHÖNSTE AUF DER GANZEN WELT, ROI DE POISON!
SPIEGEL
WAS MACHT IHR DA?
ROOK SPIELT DEN LEGENDÄREN MAGISCHEN SPIEGEL NACH!
ABER VIL GIBT SICH NICHT MIT MEINEN KOMPLIMENTEN ZUFRIEDEN.
MACH IHM DOCH AUCH MAL KOMPLIMENTE, OKAY?
KOMPLIMENTE...?! Ä... ÄHM...
Das ist doch aber gar nicht Thema?
WAHNSINN, DIESE BAUCHMUSKELN!!
DEIN TRAPEZMUSKEL JUBILIERT!!
Guter Masseaufbau!!
Echt super-definiert!
DAS IST KEIN BODYBUILDING-WETTBEWERB?!
Ich trainiere doch gar nicht so...

Trey's Joke

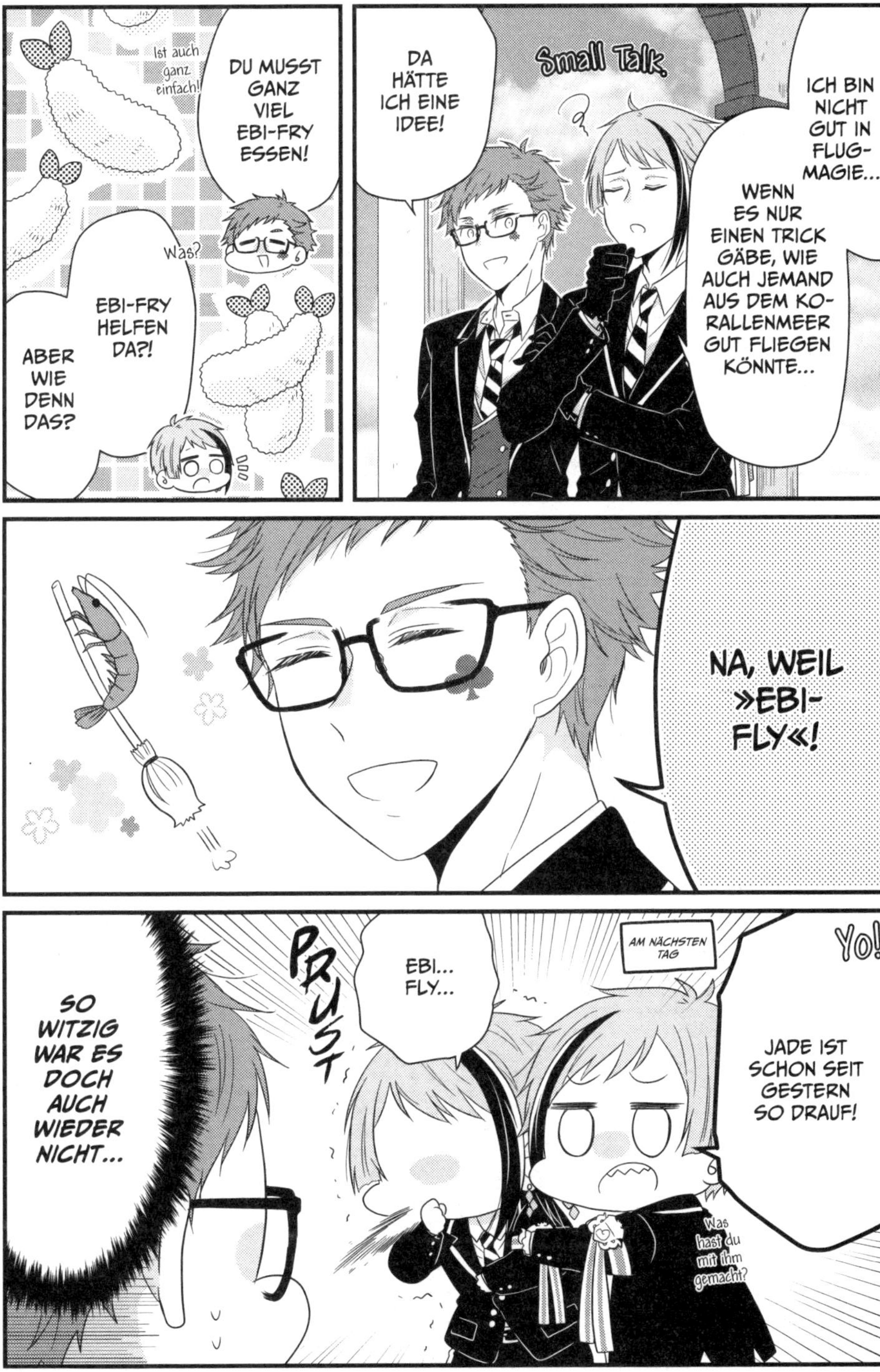

Small Talk
ICH BIN NICHT GUT IN FLUG-MAGIE...
WENN ES NUR EINEN TRICK GÄBE, WIE AUCH JEMAND AUS DEM KO-RALLENMEER GUT FLIEGEN KÖNNTE...
DA HÄTTE ICH EINE IDEE!
DU MUSST GANZ VIEL EBI-FRY ESSEN!
Ist auch ganz einfach!
Was?
EBI-FRY HELFEN DA?!
ABER WIE DENN DAS?
NA, WEIL »EBI-FLY«!
AM NÄCHSTEN TAG
Yo!
JADE IST SCHON SEIT GESTERN SO DRAUF!
Was hast du mit ihm gemacht?
EBI... FLY...
PRUST
SO WITZIG WAR ES DOCH AUCH WIEDER NICHT...

Brettspiele selber machen im Brettspielklub

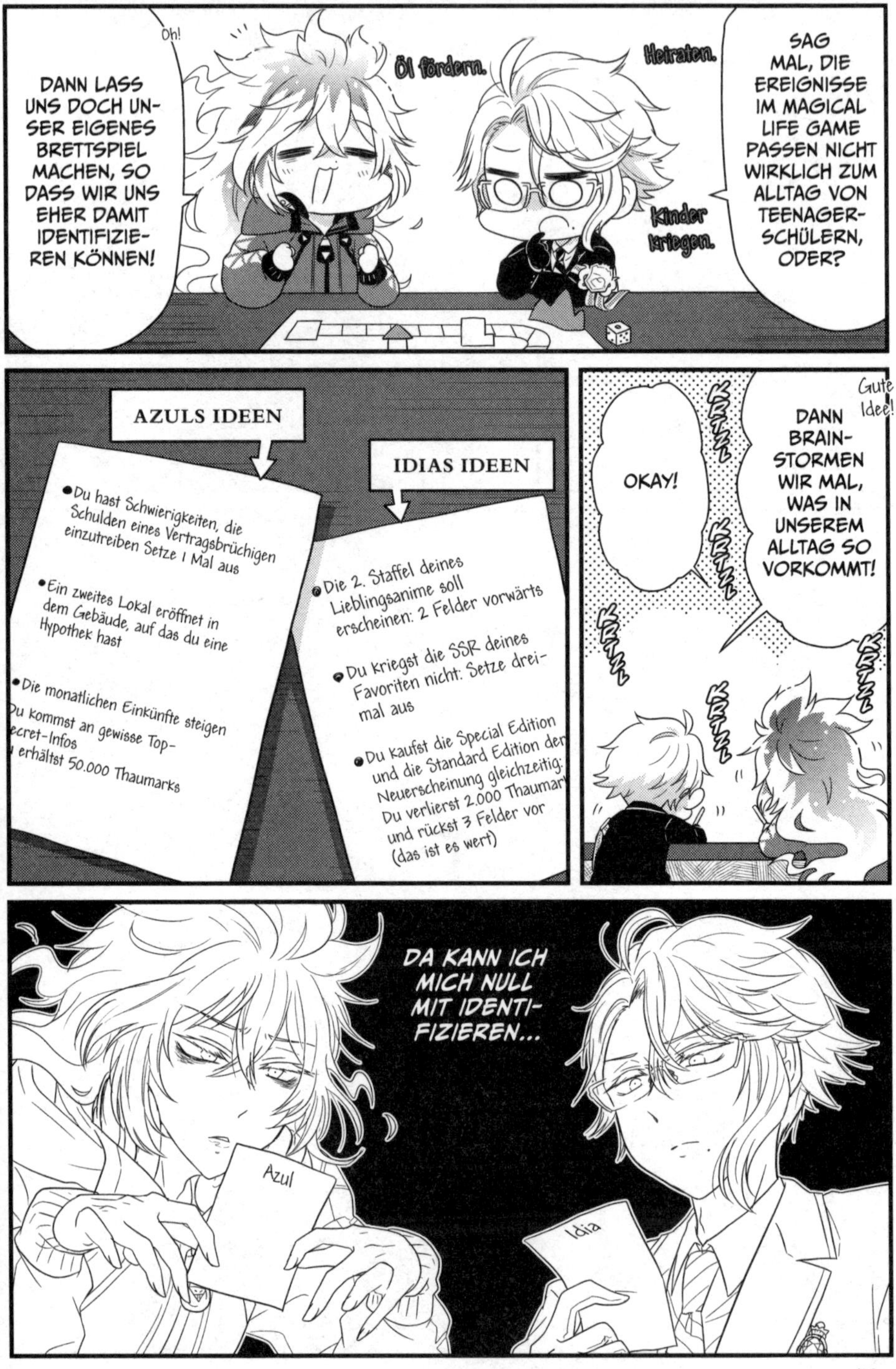

Bereit (für die Pointe)

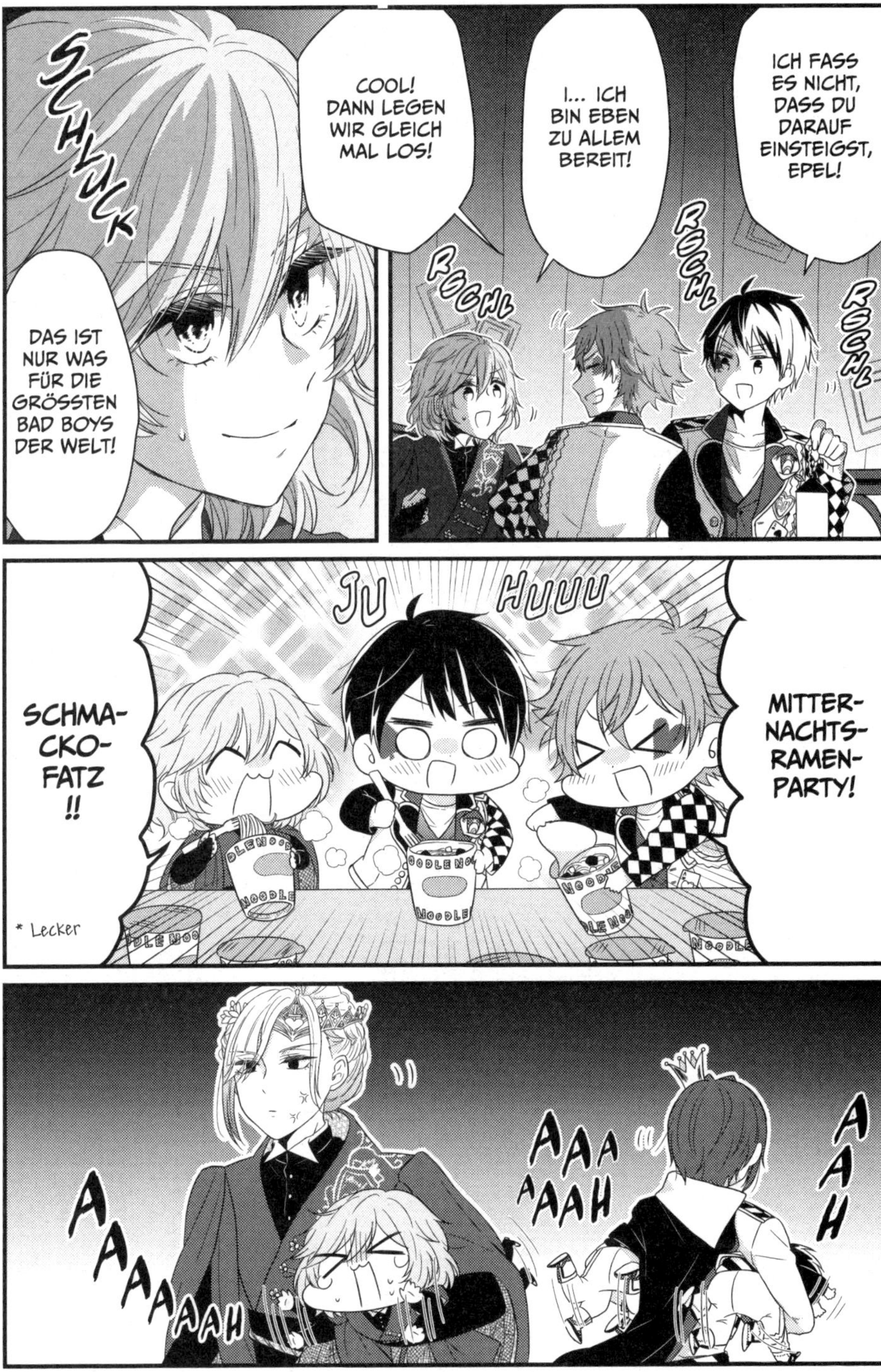

Ende

Disney

Twisted Wonderland

Die Anthologie

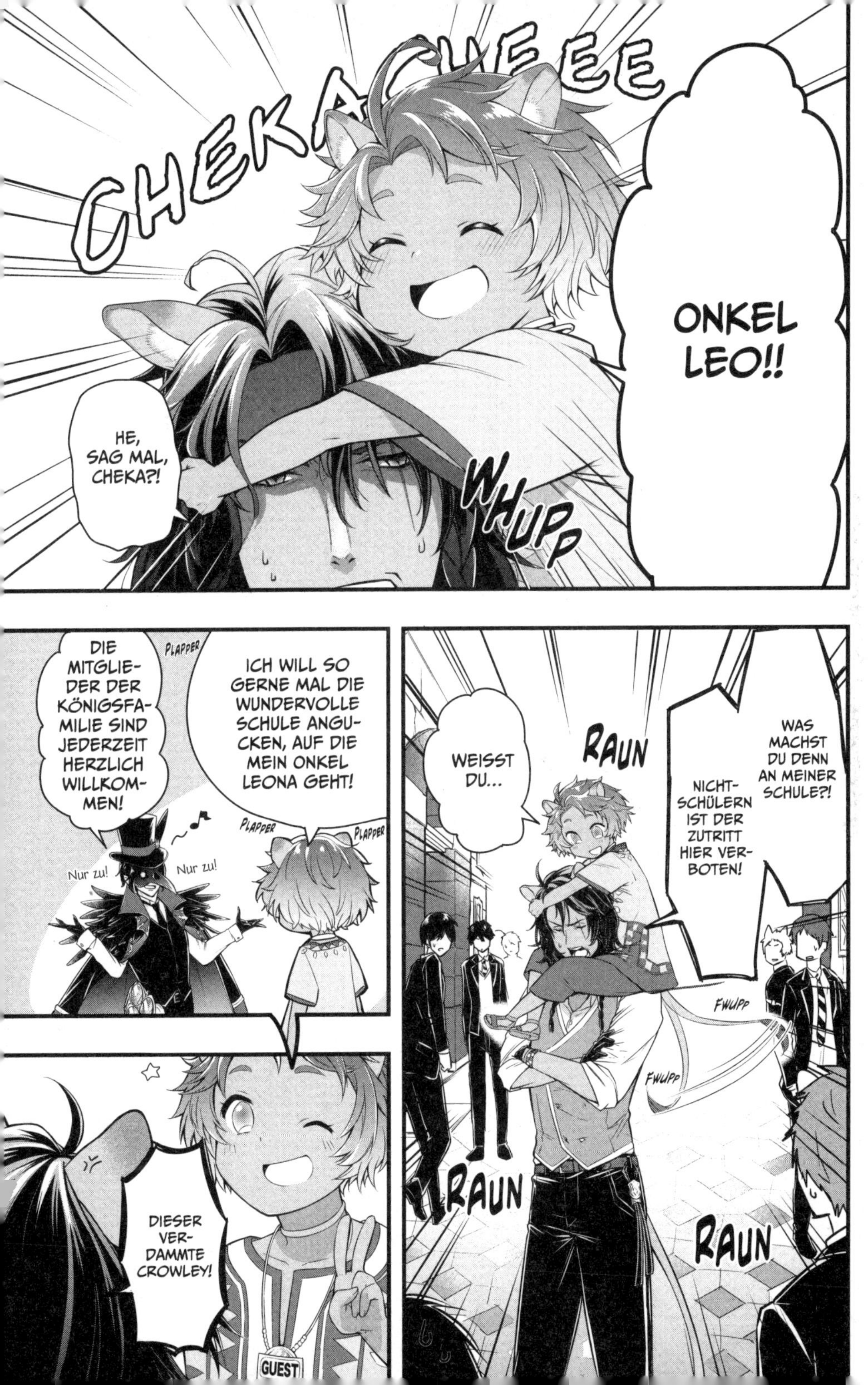
CHEKACHEEEE
ONKEL LEO!!
WHUPP
HE, SAG MAL, CHEKA?!
WAS MACHST DU DENN AN MEINER SCHULE?!
NICHT-SCHÜLERN IST DER ZUTRITT HIER VERBOTEN!
RAUN
WEISST DU…
FWUPP
FWUPP
RAUN
RAUN
ICH WILL SO GERNE MAL DIE WUNDERVOLLE SCHULE ANGUCKEN, AUF DIE MEIN ONKEL LEONA GEHT!
PLAPPER
PLAPPER
DIE MITGLIEDER DER KÖNIGSFAMILIE SIND JEDERZEIT HERZLICH WILLKOMMEN!
PLAPPER
Nur zu!
Nur zu!
DIESER VERDAMMTE CROWLEY!
GUEST

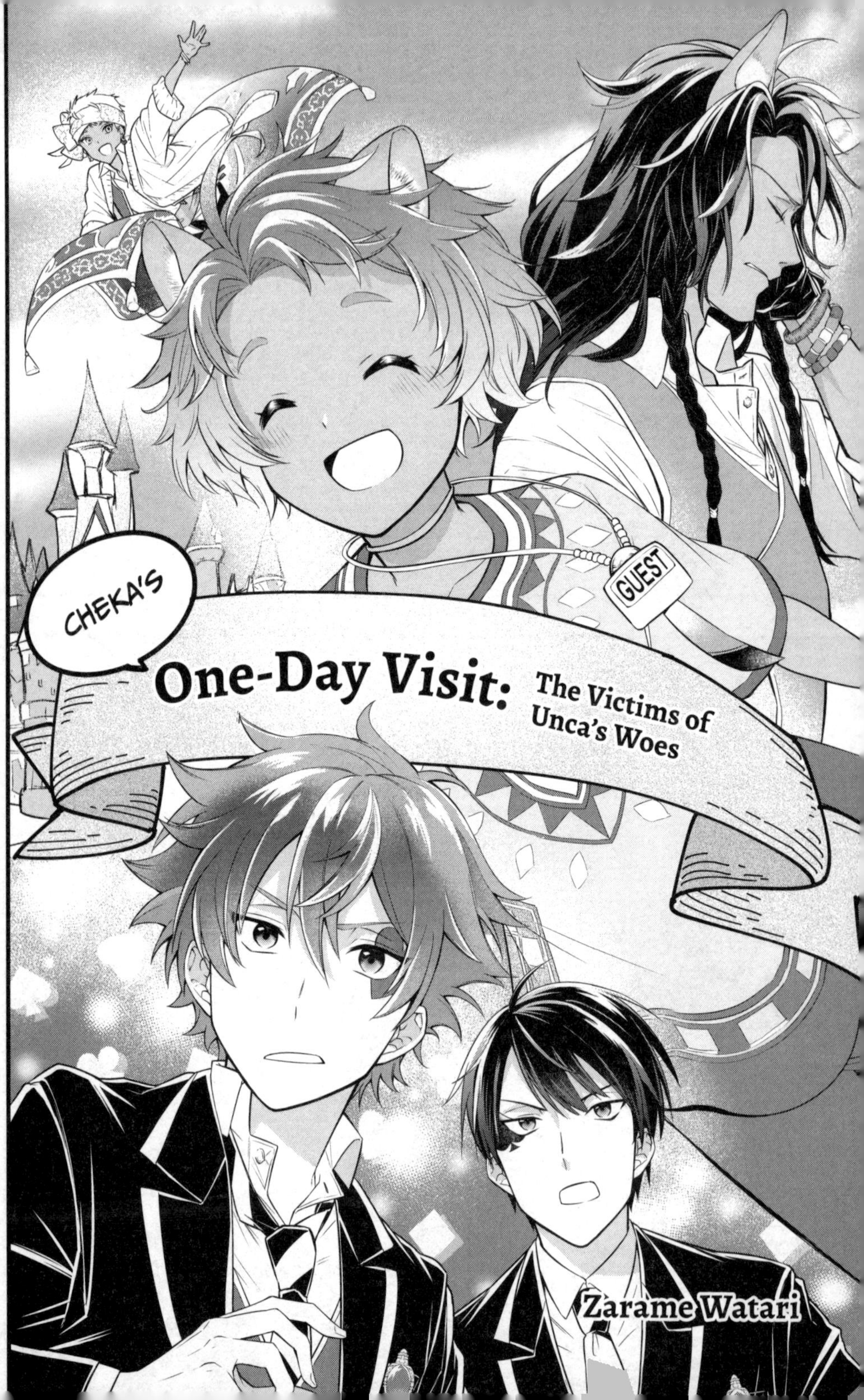

CHEKA'S
One-Day Visit:
The Victims of Unca's Woes
GUEST
Zarame Watari

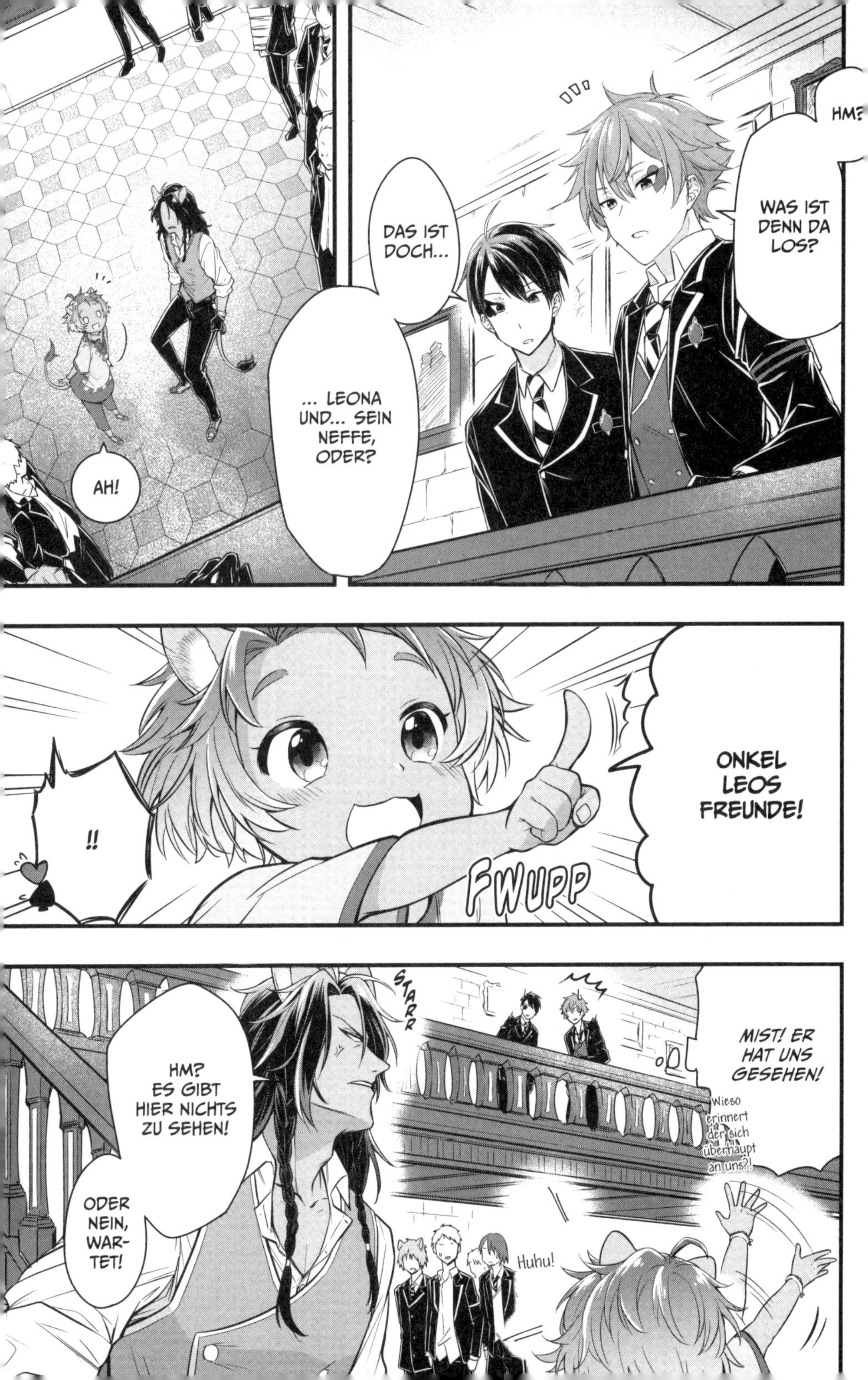
HM?
WAS IST DENN DA LOS?
DAS IST DOCH...
... LEONA UND... SEIN NEFFE, ODER?
AH!
ONKEL LEOS FREUNDE!
FWUPP
!!
STARR
MIST! ER HAT UNS GESEHEN!
Wieso erinnert der sich überhaupt an uns?!
HM? ES GIBT HIER NICHTS ZU SEHEN!
ODER NEIN, WAR-TET!
Huhu!

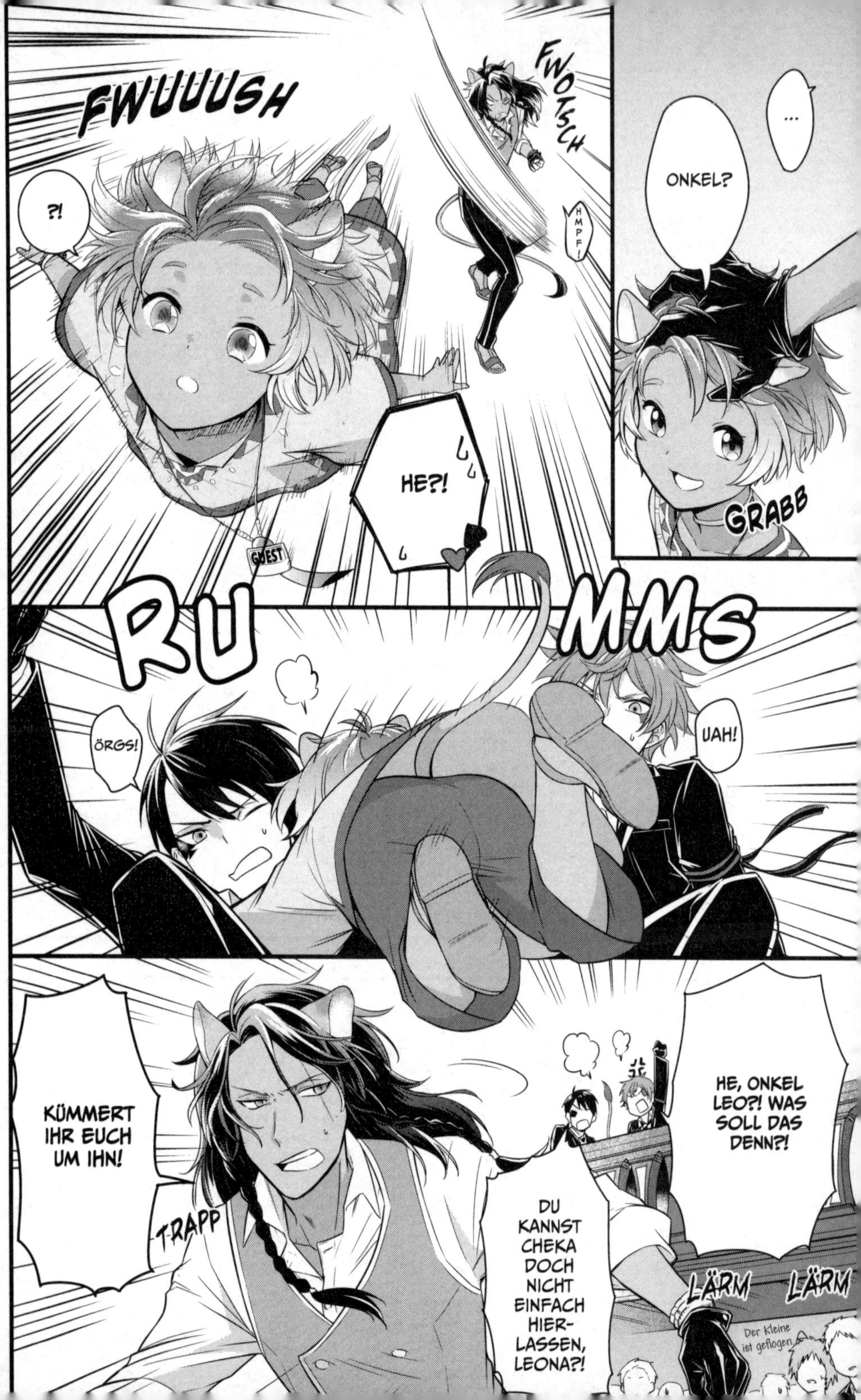
...
ONKEL?
GRABB
FWOTSCH
HMPF!
FWUUUSH
?!
HE?!
RUMMS
UAH!
ÖRGS!
HE, ONKEL LEO?! WAS SOLL DAS DENN?!
DU KANNST CHEKA DOCH NICHT EINFACH HIER-LASSEN, LEONA?!
LÄRM LÄRM
Der Kleine ist geflogen
KÜMMERT IHR EUCH UM IHN!
TRAPP

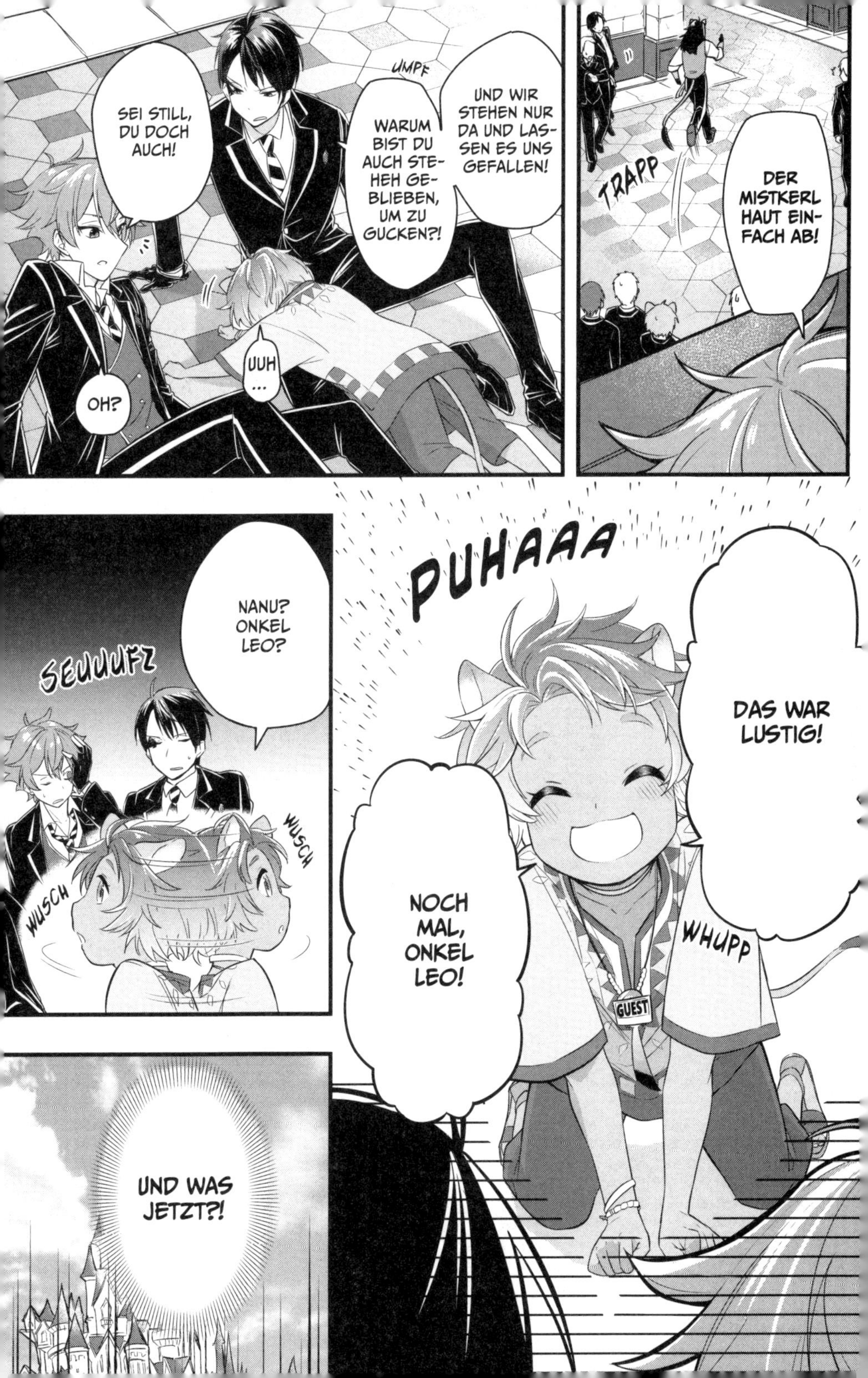

DER MISTKERL HAUT EIN-FACH AB!
TRAPP
UND WIR STEHEN NUR DA UND LAS-SEN ES UNS GEFALLEN!
UMPF
WARUM BIST DU AUCH STE-HEH GE-BLIEBEN, UM ZU GUCKEN?!
SEI STILL, DU DOCH AUCH!
UUH ...
OH?
PUHAAA
DAS WAR LUSTIG!
NOCH MAL, ONKEL LEO!
WHUPP
GUEST
NANU? ONKEL LEO?
SEUUUFZ
WUSCH
WUSCH
UND WAS JETZT?!

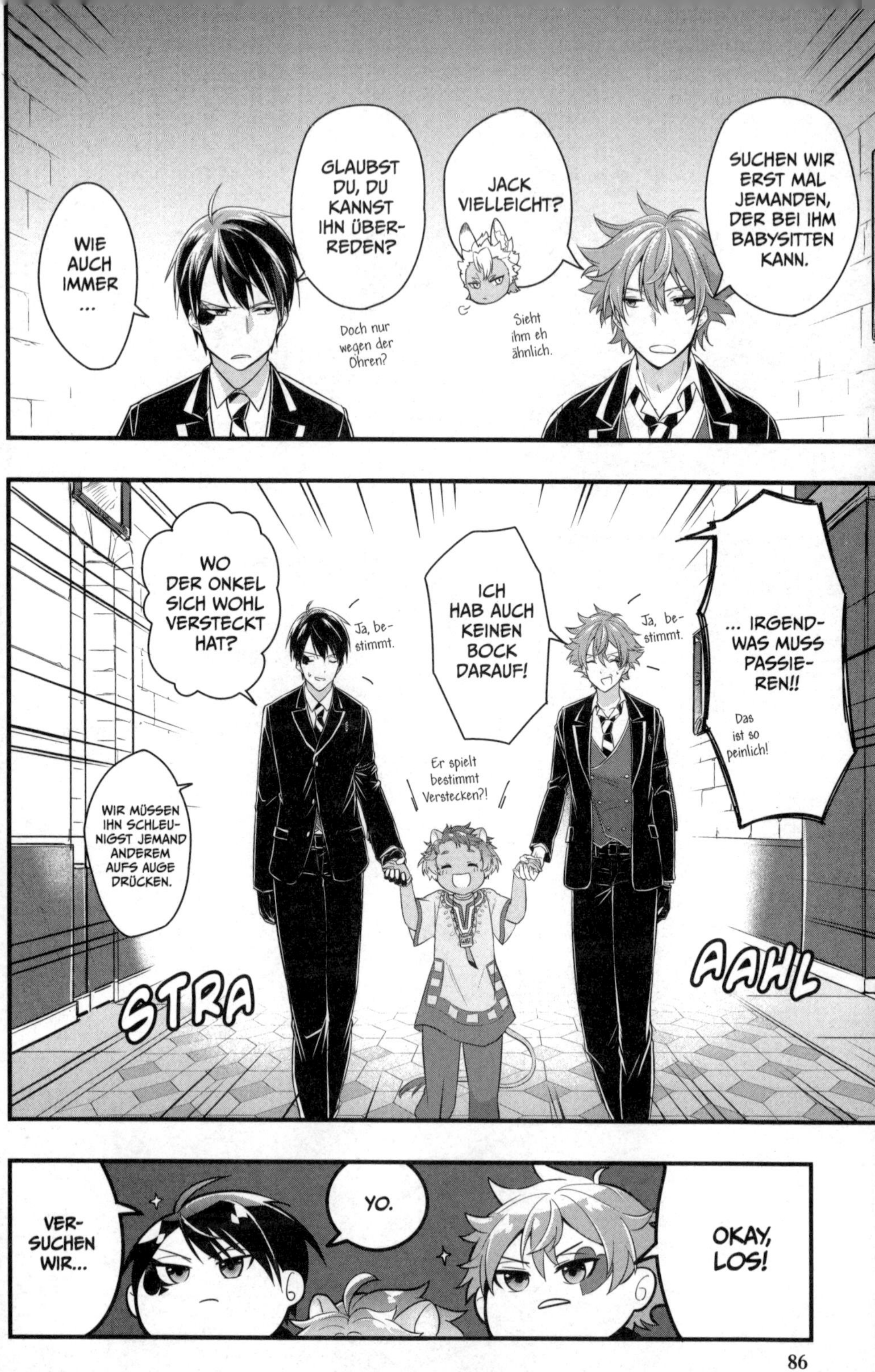
SUCHEN WIR ERST MAL JEMANDEN, DER BEI IHM BABYSITTEN KANN.
JACK VIELLEICHT?
Sieht ihm eh ähnlich.
GLAUBST DU, DU KANNST IHN ÜBERREDEN?
Doch nur wegen der Ohren?
WIE AUCH IMMER ...
... IRGENDWAS MUSS PASSIEREN!!
Das ist so peinlich!
Ja, bestimmt.
ICH HAB AUCH KEINEN BOCK DARAUF!
Er spielt bestimmt Verstecken?!
Ja, bestimmt.
WO DER ONKEL SICH WOHL VERSTECKT HAT?
WIR MÜSSEN IHN SCHLEUNIGST JEMAND ANDEREM AUFS AUGE DRÜCKEN.
AAHL
STRA
OKAY, LOS!
YO.
VERSUCHEN WIR...

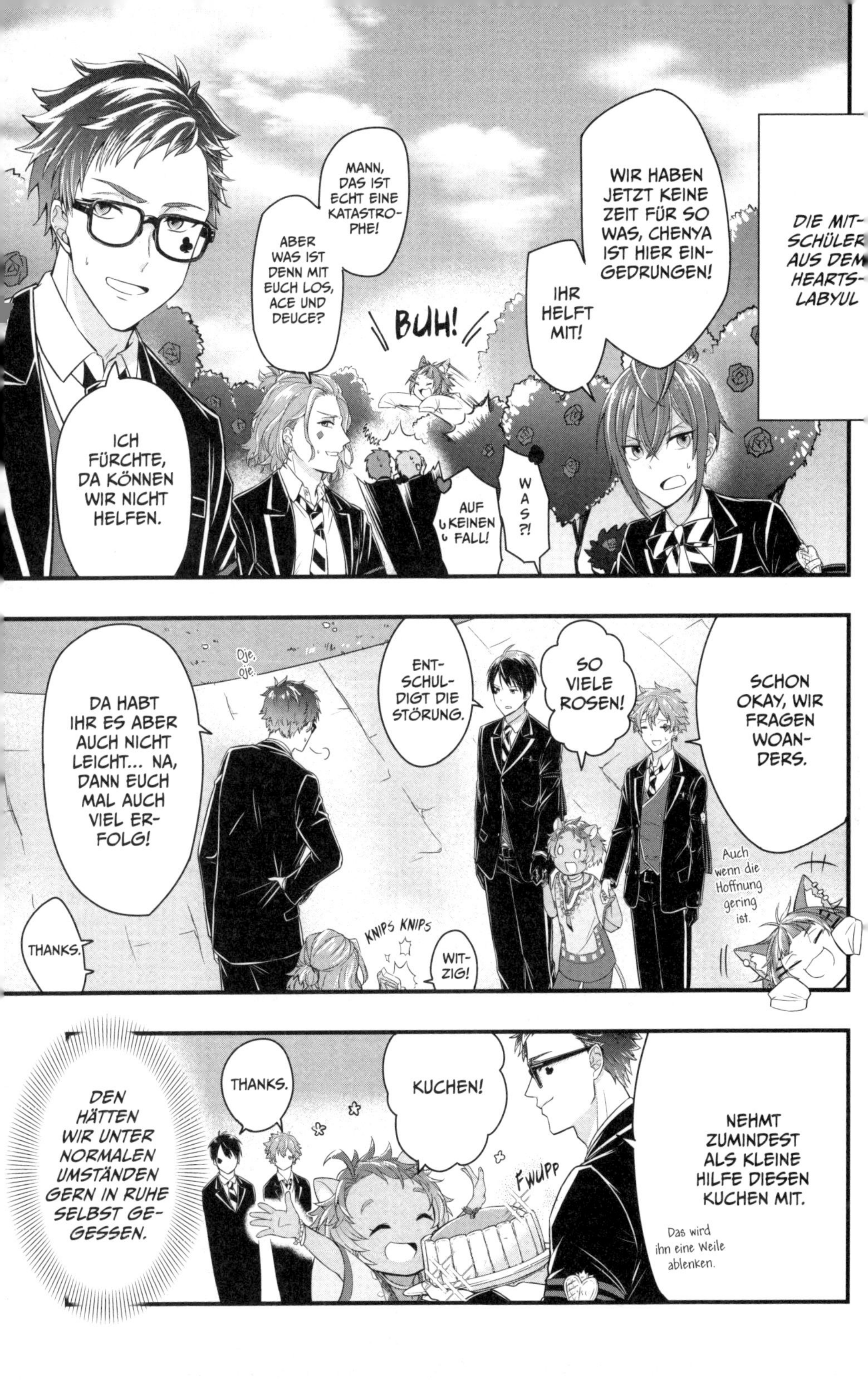
DIE MITSCHÜLER AUS DEM HEARTS-LABYUL
WIR HABEN JETZT KEINE ZEIT FÜR SO WAS, CHENYA IST HIER EINGEDRUNGEN!
IHR HELFT MIT!
WAS?!
BUH!
MANN, DAS IST ECHT EINE KATASTROPHE!
ABER WAS IST DENN MIT EUCH LOS, ACE UND DEUCE?
AUF KEINEN FALL!
ICH FÜRCHTE, DA KÖNNEN WIR NICHT HELFEN.
SCHON OKAY, WIR FRAGEN WOANDERS.
Auch wenn die Hoffnung gering ist.
SO VIELE ROSEN!
ENTSCHULDIGT DIE STÖRUNG.
Oje, oje.
DA HABT IHR ES ABER AUCH NICHT LEICHT... NA, DANN EUCH MAL AUCH VIEL ERFOLG!
WITZIG!
KNIPS KNIPS
THANKS.
NEHMT ZUMINDEST ALS KLEINE HILFE DIESEN KUCHEN MIT.
Das wird ihn eine Weile ablenken.
FWUPP
KUCHEN!
THANKS.
DEN HÄTTEN WIR UNTER NORMALEN UMSTÄNDEN GERN IN RUHE SELBST GEGESSEN.

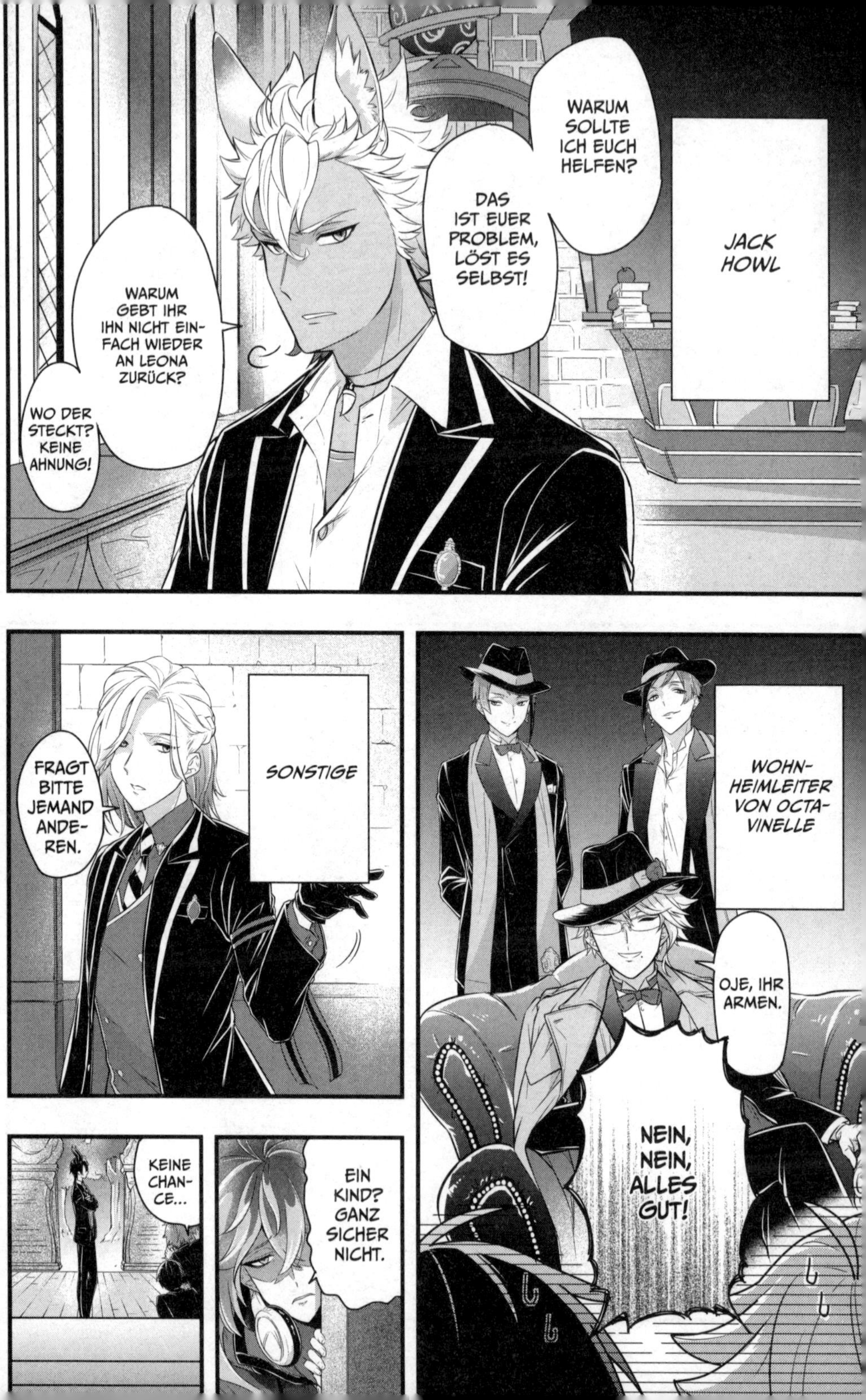
JACK HOWL
WARUM SOLLTE ICH EUCH HELFEN?
DAS IST EUER PROBLEM, LÖST ES SELBST!
WARUM GEBT IHR IHN NICHT EIN-FACH WIEDER AN LEONA ZURÜCK?
WO DER STECKT? KEINE AHNUNG!
WOHN-HEIMLEITER VON OCTA-VINELLE
OJE, IHR ARMEN.
NEIN, NEIN, ALLES GUT!
SONSTIGE
FRAGT BITTE JEMAND ANDE-REN.
EIN KIND? GANZ SICHER NICHT.
KEINE CHAN-CE...

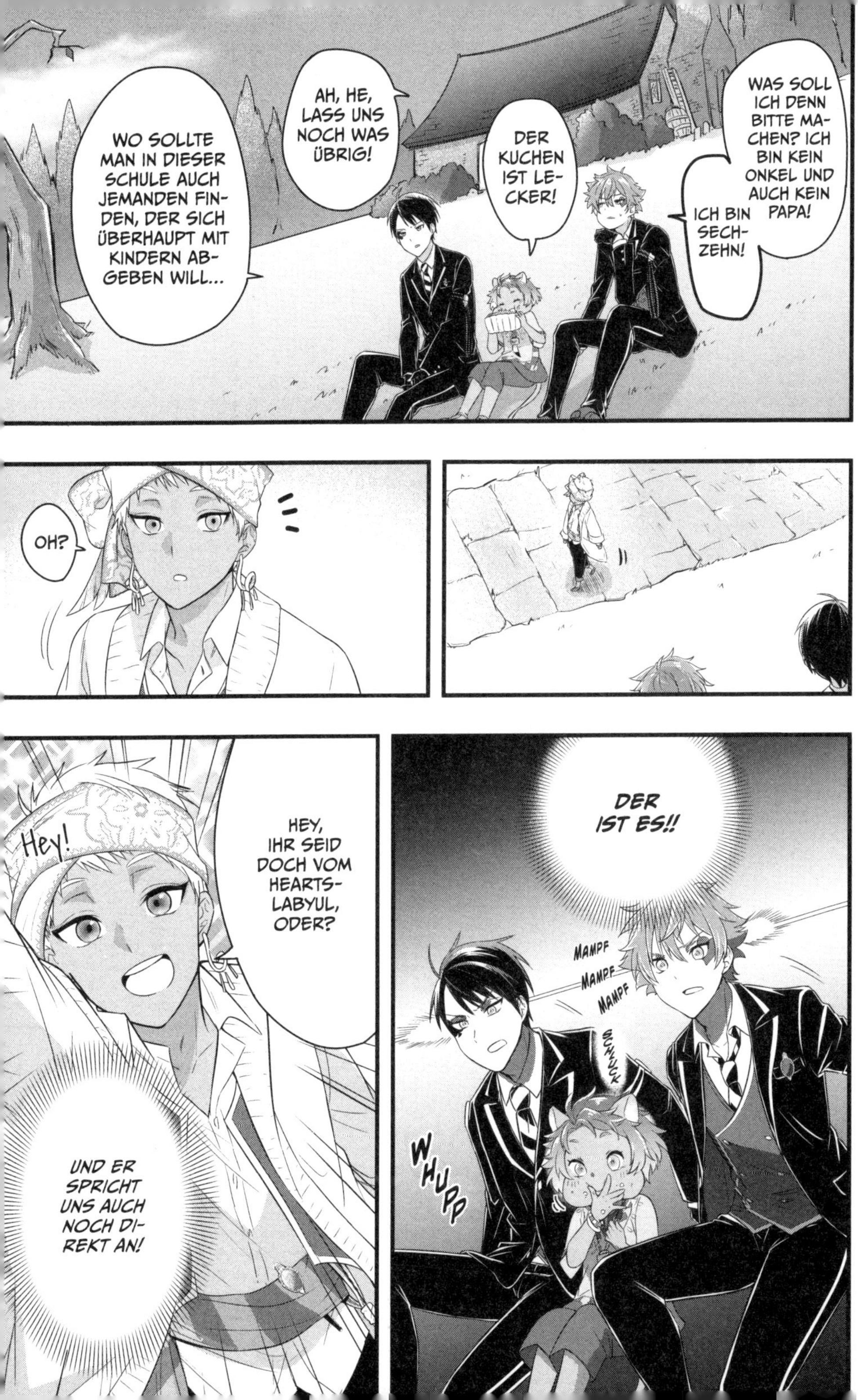
WAS SOLL ICH DENN BITTE MACHEN? ICH BIN KEIN ONKEL UND AUCH KEIN PAPA!
ICH BIN SECHZEHN!
DER KUCHEN IST LECKER!
AH, HE, LASS UNS NOCH WAS ÜBRIG!
WO SOLLTE MAN IN DIESER SCHULE AUCH JEMANDEN FINDEN, DER SICH ÜBERHAUPT MIT KINDERN ABGEBEN WILL…
OH?
HEY, IHR SEID DOCH VOM HEARTSLABYUL, ODER?
Hey!
UND ER SPRICHT UNS AUCH NOCH DIREKT AN!
DER IST ES!!
MAMPF
MAMPF
MAMPF
SCHLUCK
WHUPP

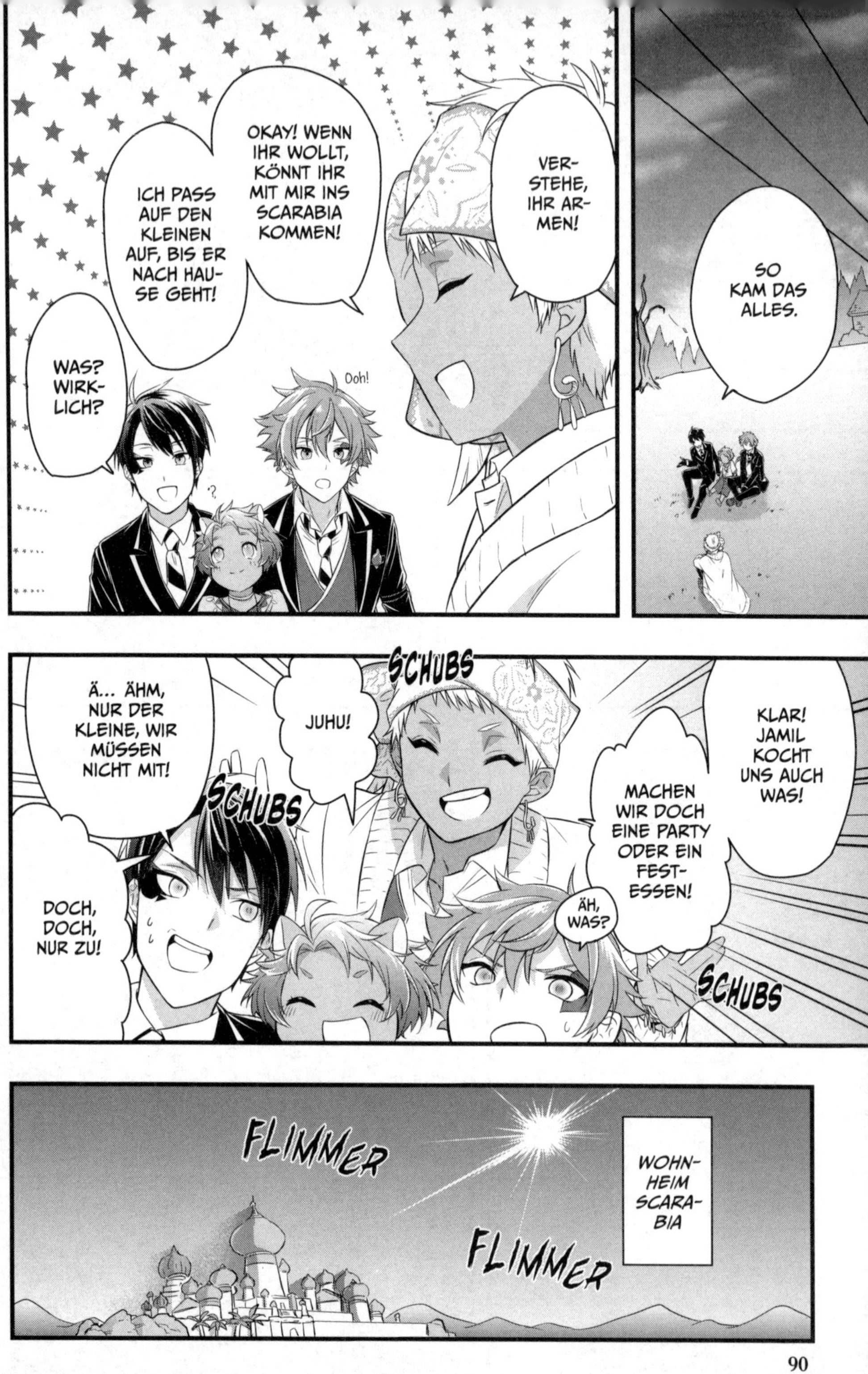

SO KAM DAS ALLES.
VERSTEHE, IHR ARMEN!
OKAY! WENN IHR WOLLT, KÖNNT IHR MIT MIR INS SCARABIA KOMMEN!
ICH PASS AUF DEN KLEINEN AUF, BIS ER NACH HAUSE GEHT!
Ooh!
WAS? WIRKLICH?
KLAR! JAMIL KOCHT UNS AUCH WAS!
MACHEN WIR DOCH EINE PARTY ODER EIN FESTESSEN!
SCHUBS
ÄH, WAS?
SCHUBS
JUHU!
Ä... ÄHM, NUR DER KLEINE, WIR MÜSSEN NICHT MIT!
SCHUBS
DOCH, DOCH, NUR ZU!
WOHNHEIM SCARABIA
FLIMMER
FLIMMER

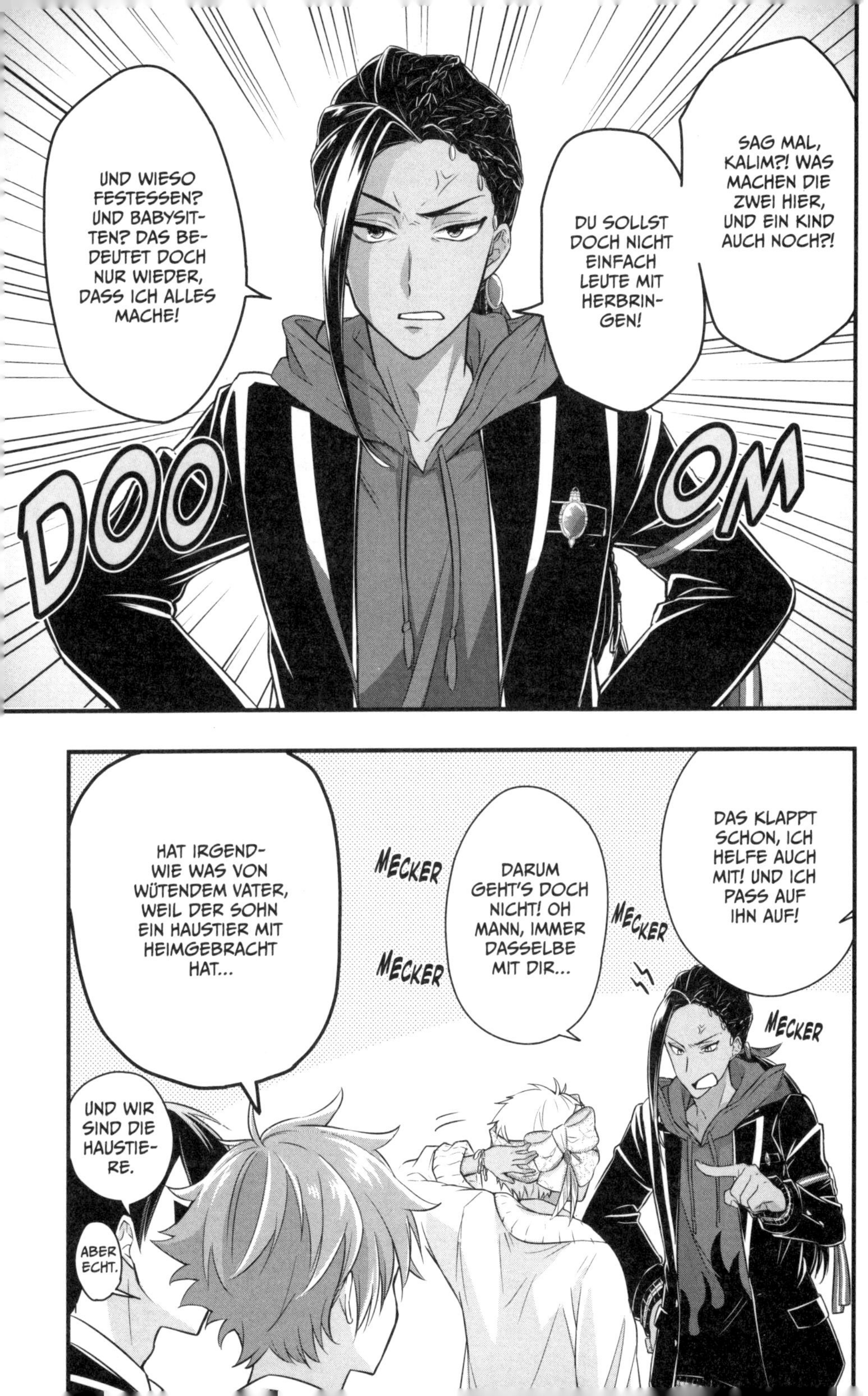
SAG MAL, KALIM?! WAS MACHEN DIE ZWEI HIER, UND EIN KIND AUCH NOCH?!
DU SOLLST DOCH NICHT EINFACH LEUTE MIT HERBRINGEN!
UND WIESO FESTESSEN? UND BABYSITTEN? DAS BEDEUTET DOCH NUR WIEDER, DASS ICH ALLES MACHE!
DOO
OM
DAS KLAPPT SCHON, ICH HELFE AUCH MIT! UND ICH PASS AUF IHN AUF!
MECKER
MECKER
DARUM GEHT'S DOCH NICHT! OH MANN, IMMER DASSELBE MIT DIR...
MECKER
MECKER
HAT IRGENDWIE WAS VON WÜTENDEM VATER, WEIL DER SOHN EIN HAUSTIER MIT HEIMGEBRACHT HAT...
UND WIR SIND DIE HAUSTIERE.
ABER ECHT.

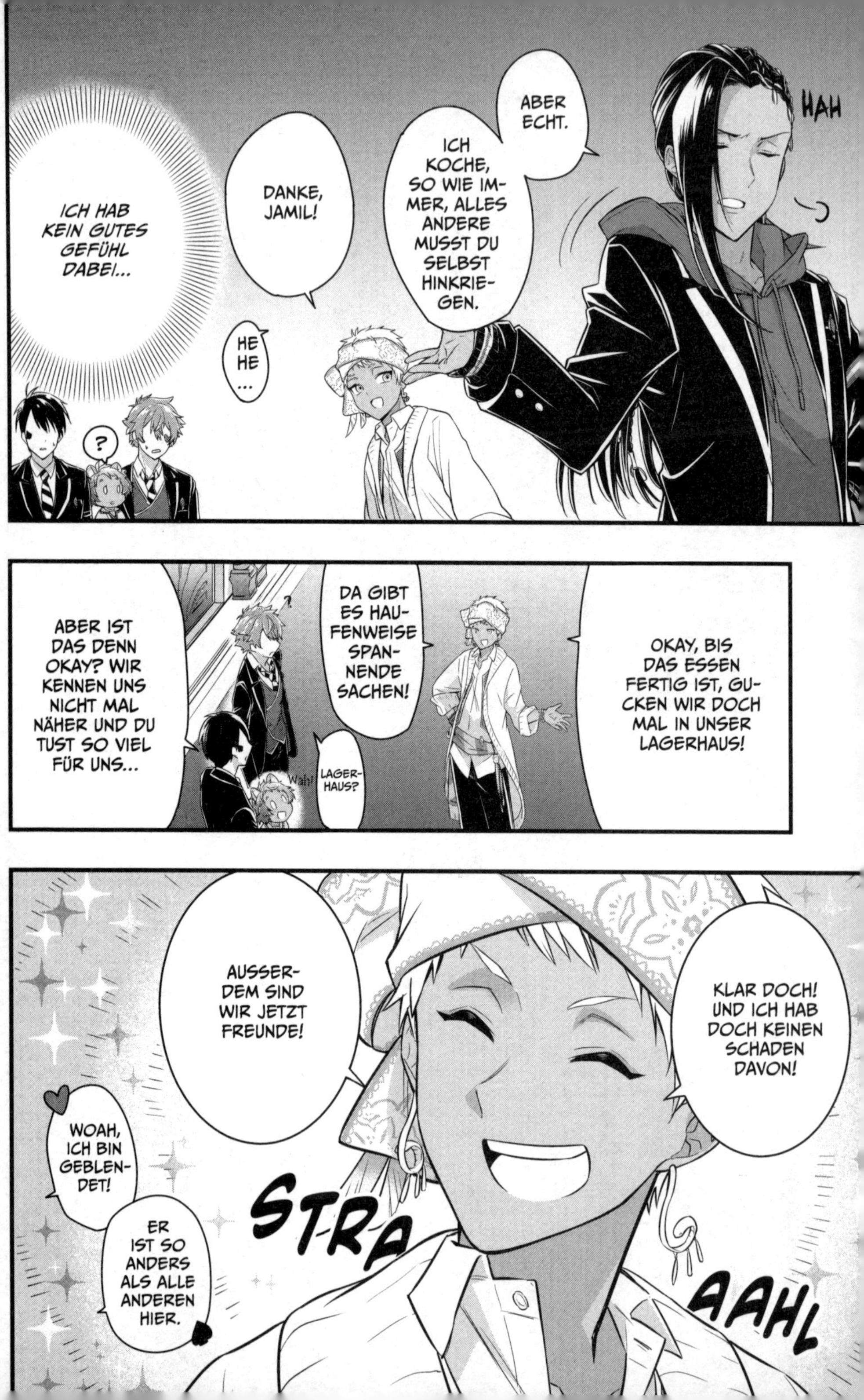
HAH
ABER ECHT.
ICH KOCHE, SO WIE IMMER, ALLES ANDERE MUSST DU SELBST HINKRIEGEN.
DANKE, JAMIL!
HE HE ...
ICH HAB KEIN GUTES GEFÜHL DABEI...
?
OKAY, BIS DAS ESSEN FERTIG IST, GUCKEN WIR DOCH MAL IN UNSER LAGERHAUS!
DA GIBT ES HAUFENWEISE SPANNENDE SACHEN!
LAGERHAUS?
Wah!
ABER IST DAS DENN OKAY? WIR KENNEN UNS NICHT MAL NÄHER UND DU TUST SO VIEL FÜR UNS...
KLAR DOCH! UND ICH HAB DOCH KEINEN SCHADEN DAVON!
AUSSERDEM SIND WIR JETZT FREUNDE!
STRAAAHL
WOAH, ICH BIN GEBLENDET!
ER IST SO ANDERS ALS ALLE ANDEREN HIER.

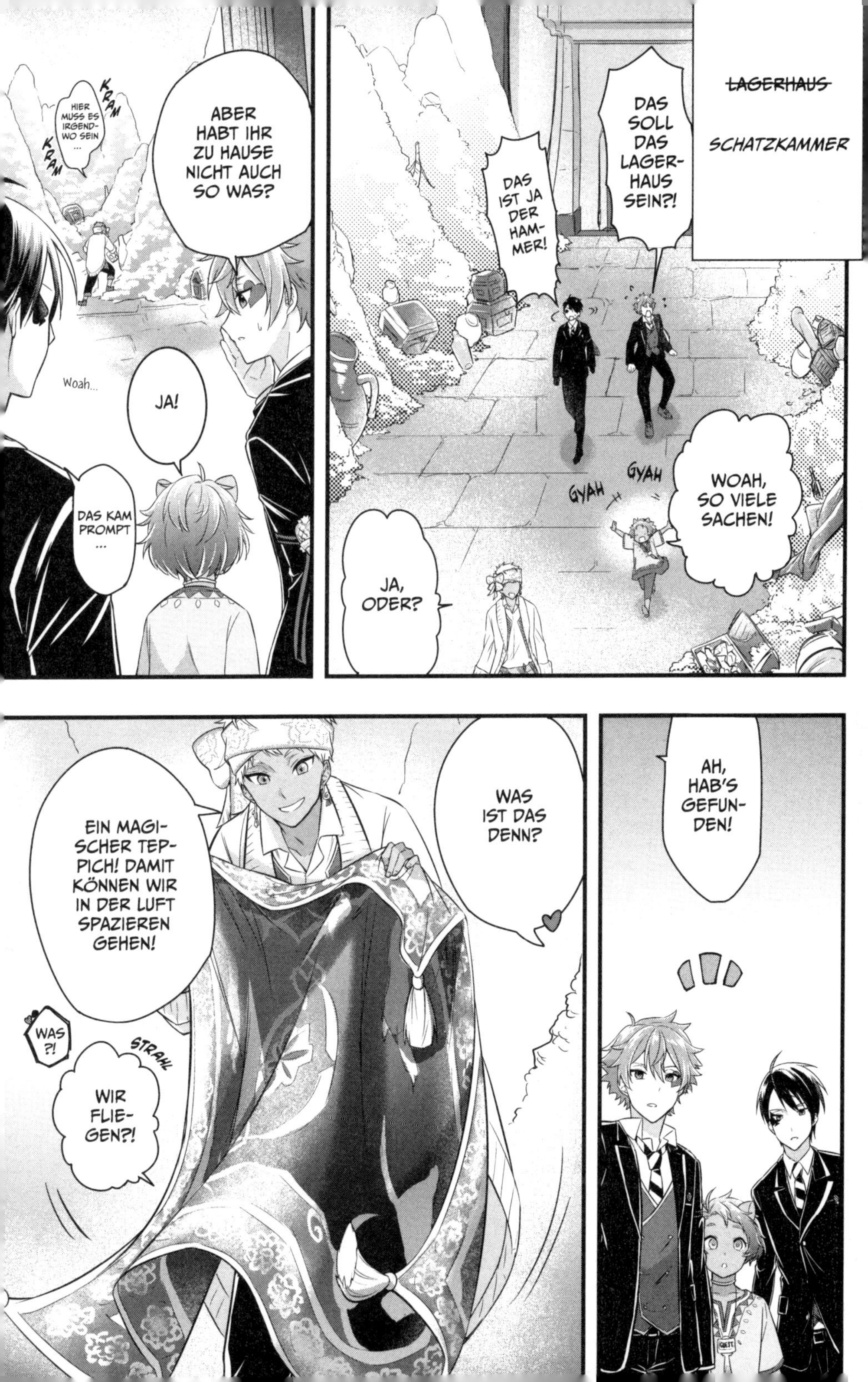
~~LAGERHAUS~~
SCHATZKAMMER
DAS SOLL DAS LAGERHAUS SEIN?!
DAS IST JA DER HAMMER!
WOAH, SO VIELE SACHEN!
GYAH
GYAH
JA, ODER?
ABER HABT IHR ZU HAUSE NICHT AUCH SO WAS?
HIER MUSS ES IRGENDWO SEIN ...
KRAM
KRAM
JA!
Woah...
DAS KAM PROMPT ...
AH, HAB'S GEFUNDEN!
WAS IST DAS DENN?
EIN MAGISCHER TEPPICH! DAMIT KÖNNEN WIR IN DER LUFT SPAZIEREN GEHEN!
WAS?!
STRAHL
WIR FLIEGEN?!

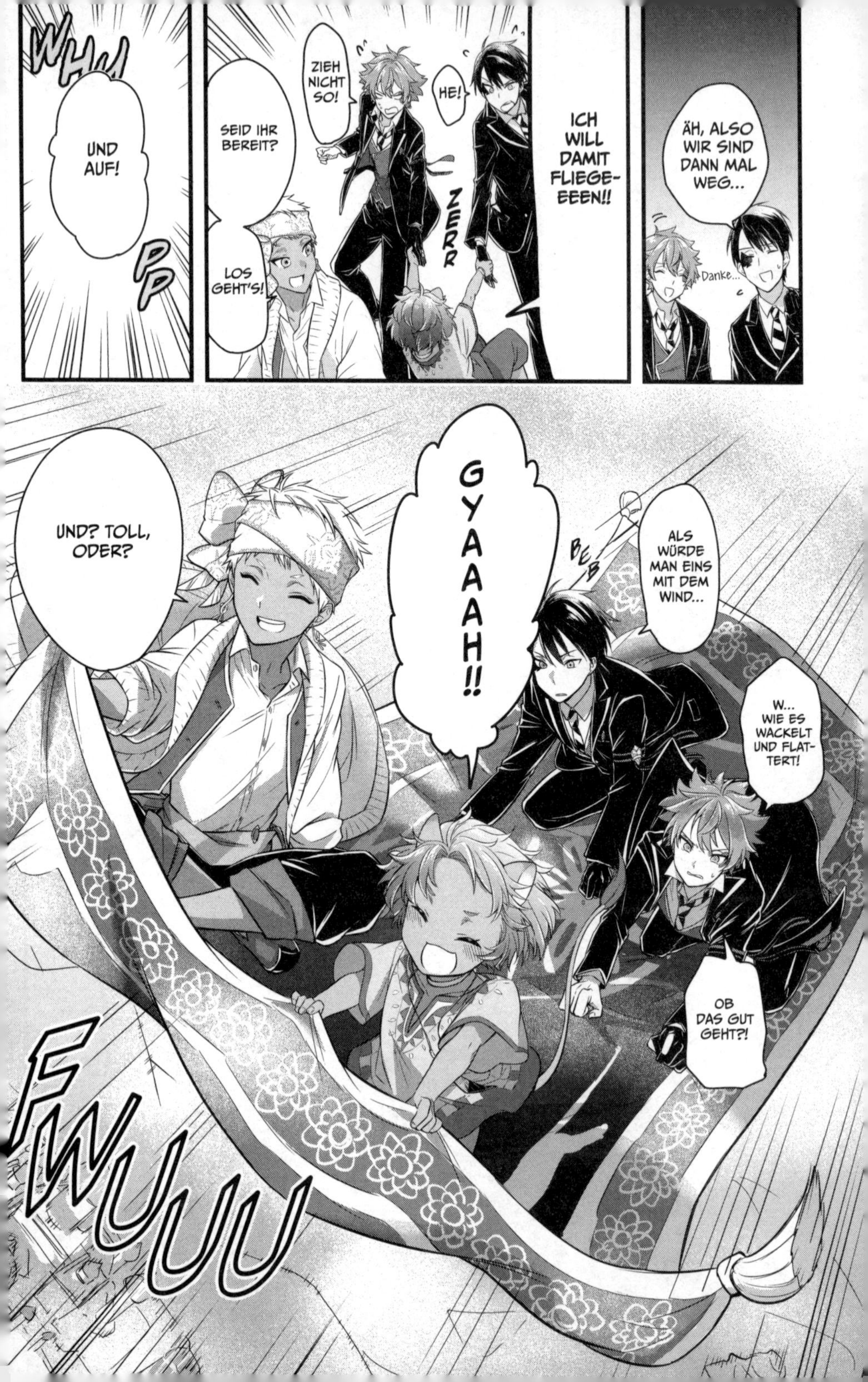
ÄH, ALSO WIR SIND DANN MAL WEG...
Danke...
ICH WILL DAMIT FLIEGE-EEEN!!
HE!
ZIEH NICHT SO!
ZERR
SEID IHR BEREIT?
LOS GEHT'S!
WHU
UND AUF!
PP
ALS WÜRDE MAN EINS MIT DEM WIND...
W... WIE ES WACKELT UND FLAT-TERT!
OB DAS GUT GEHT?!
BEB
GYAAAAH!!
UND? TOLL, ODER?
FWUUU

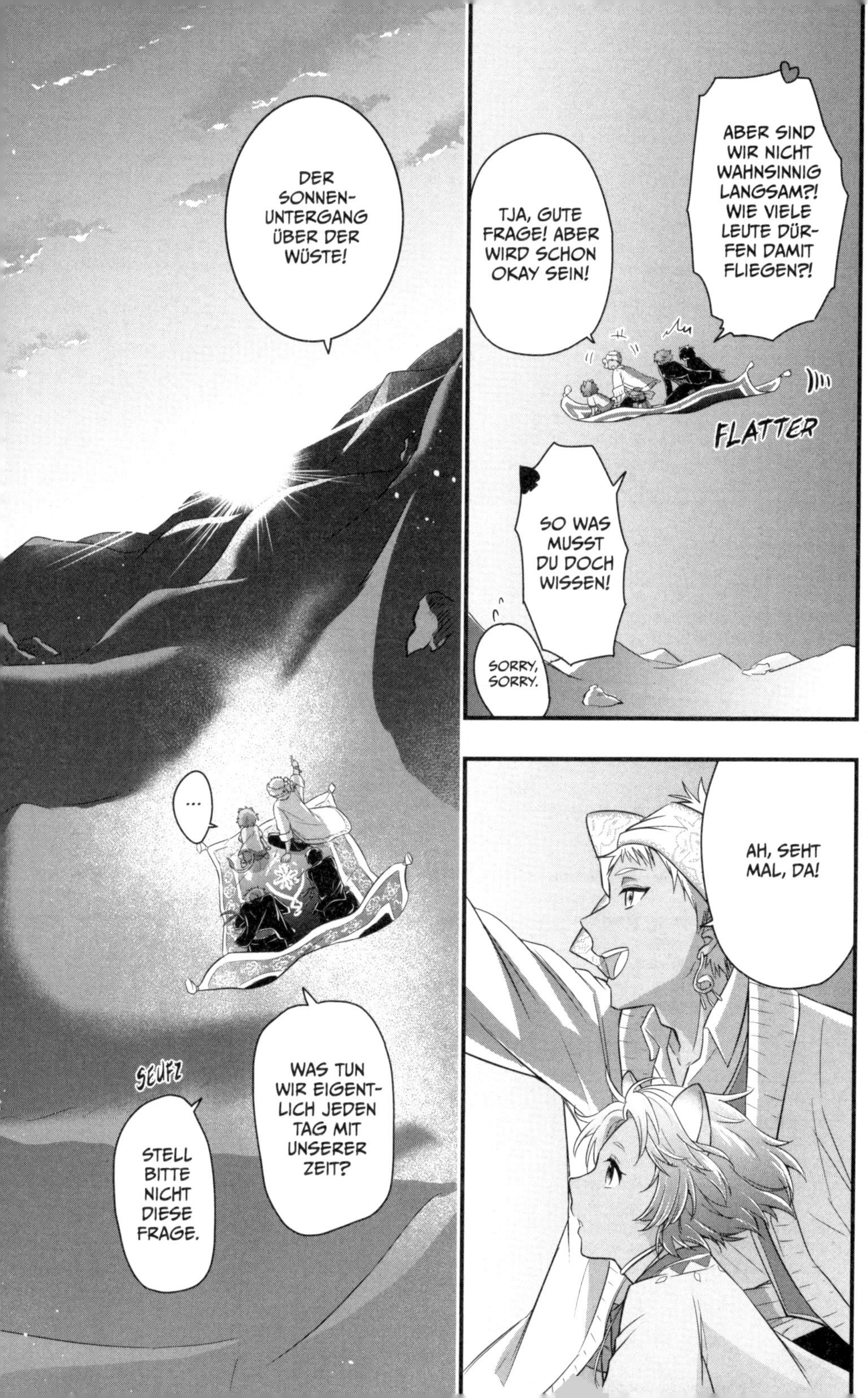

ABER SIND WIR NICHT WAHNSINNIG LANGSAM?! WIE VIELE LEUTE DÜRFEN DAMIT FLIEGEN?!
TJA, GUTE FRAGE! ABER WIRD SCHON OKAY SEIN!
FLATTER
SO WAS MUSST DU DOCH WISSEN!
SORRY, SORRY.
AH, SEHT MAL, DA!
DER SONNEN-UNTERGANG ÜBER DER WÜSTE!
...
WAS TUN WIR EIGENT-LICH JEDEN TAG MIT UNSERER ZEIT?
SEUFZ
STELL BITTE NICHT DIESE FRAGE.

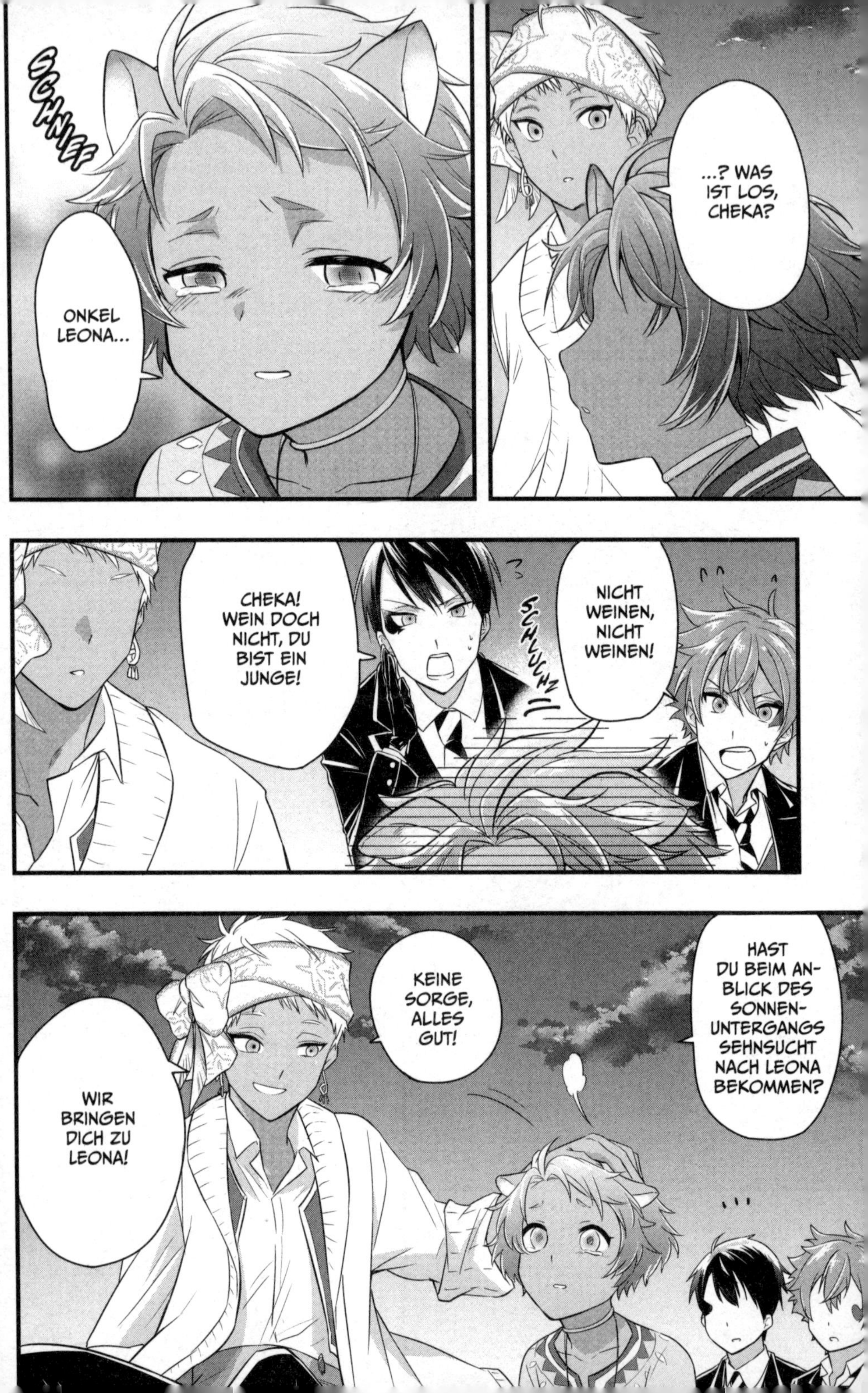
SCHNIEF
...? WAS IST LOS, CHEKA?
ONKEL LEONA...
NICHT WEINEN, NICHT WEINEN!
SCHLUCHZ
CHEKA! WEIN DOCH NICHT, DU BIST EIN JUNGE!
HAST DU BEIM ANBLICK DES SONNENUNTERGANGS SEHNSUCHT NACH LEONA BEKOMMEN?
KEINE SORGE, ALLES GUT!
WIR BRINGEN DICH ZU LEONA!
...

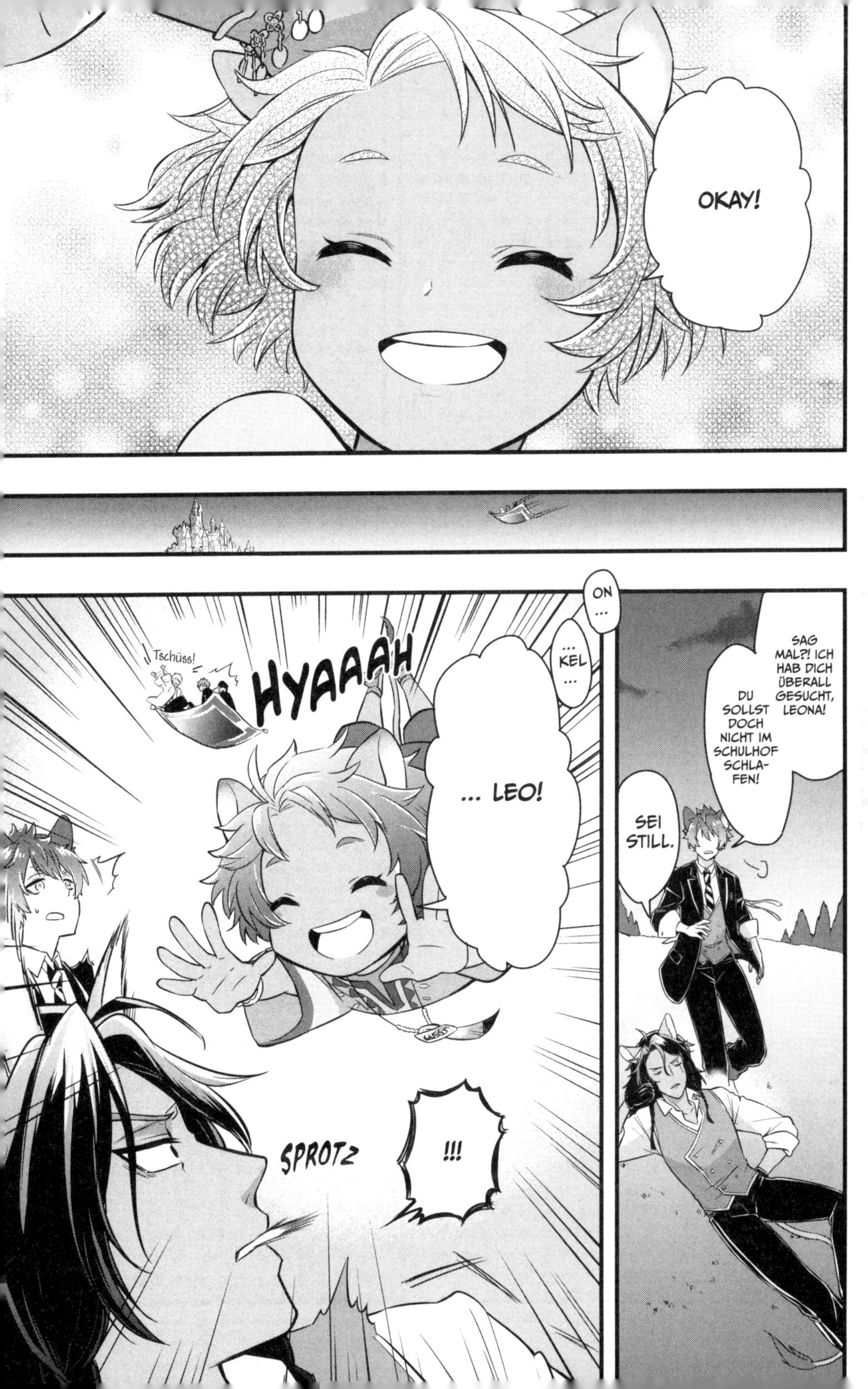

OKAY!
SAG MAL?! ICH HAB DICH ÜBERALL GESUCHT, LEONA!
DU SOLLST DOCH NICHT IM SCHULHOF SCHLAFEN!
SEI STILL.
ON ...
... KEL ...
... LEO!
HYAAAH
Tschüss!
SPROTZ
!!!

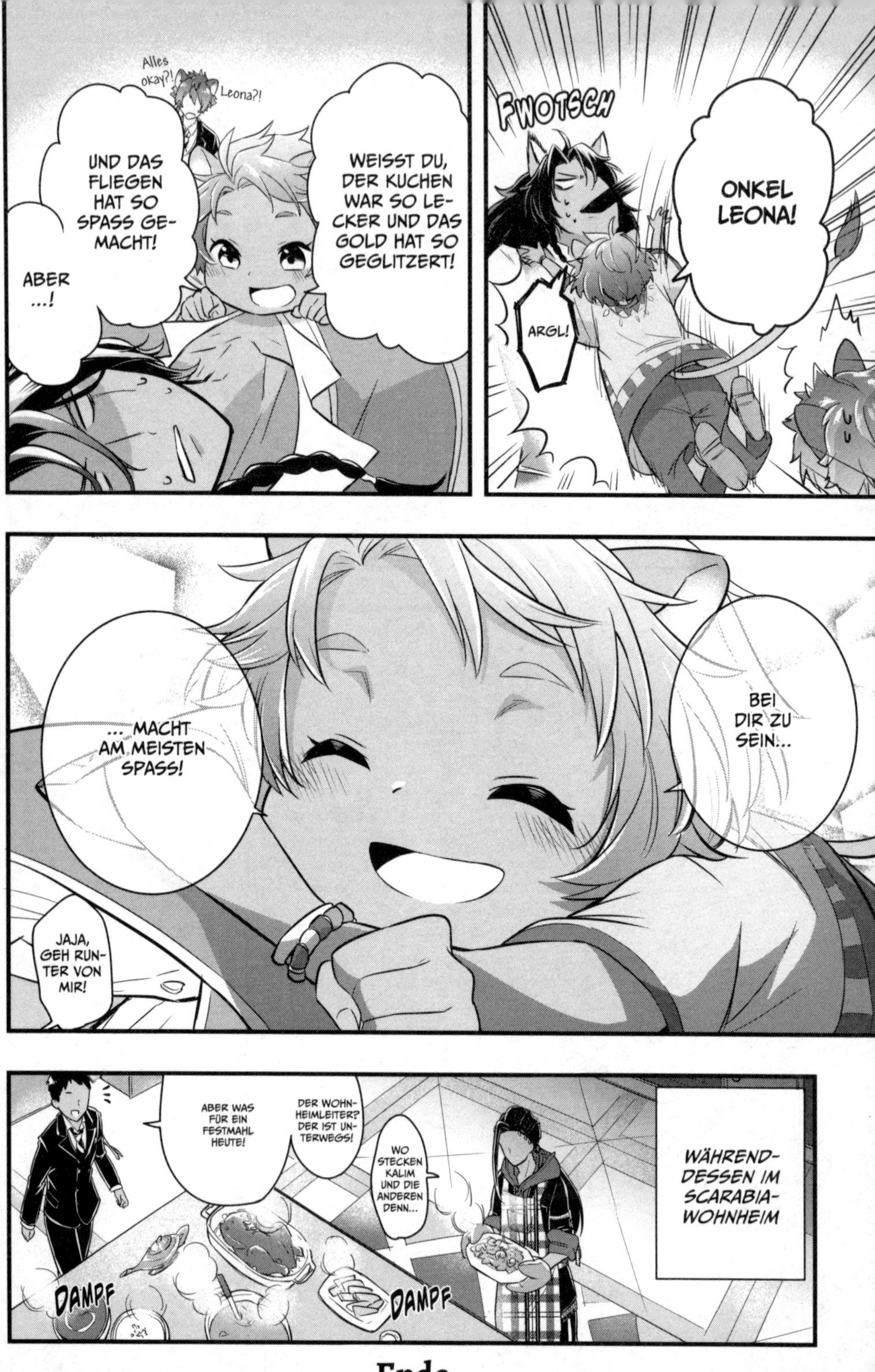
FWOTSCH
ONKEL LEONA!
ARGL!
Alles okay?!
Leona?!
WEISST DU, DER KUCHEN WAR SO LE-CKER UND DAS GOLD HAT SO GEGLITZERT!
UND DAS FLIEGEN HAT SO SPASS GE-MACHT!
ABER ...!
BEI DIR ZU SEIN...
... MACHT AM MEISTEN SPASS!
JAJA, GEH RUN-TER VON MIR!
WÄHREND-DESSEN IM SCARABIA-WOHNHEIM
WO STECKEN KALIM UND DIE ANDEREN DENN...
DER WOHN-HEIMLEITER? DER IST UN-TERWEGS!
ABER WAS FÜR EIN FESTMAHL HEUTE!
DAMPF
DAMPF

Ende

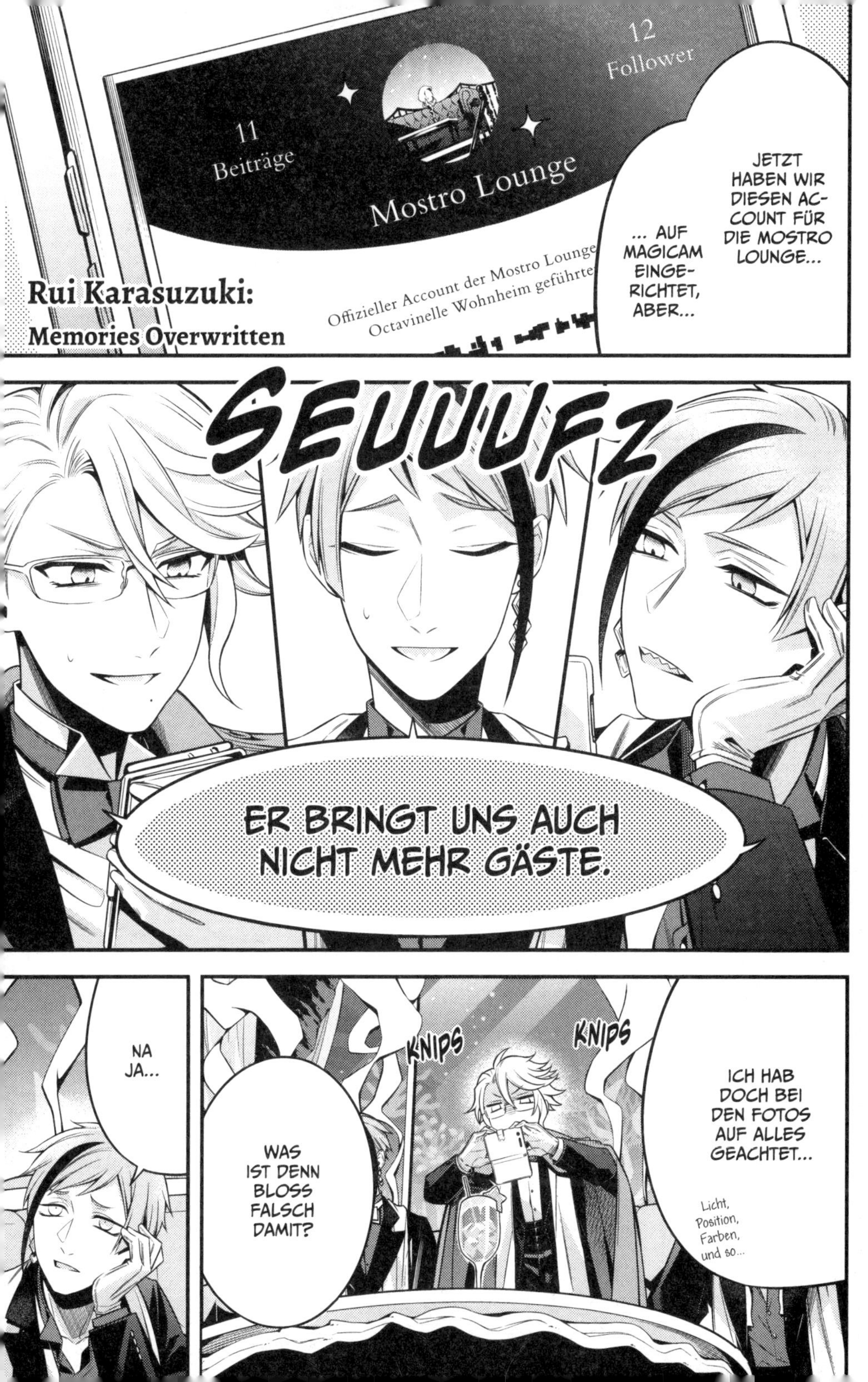
Rui Karasuzuki:
Memories Overwritten
11 Beiträge
12 Follower
Mostro Lounge
Offizieller Account der Mostro Lounge
Octavinelle Wohnheim geführte
JETZT HABEN WIR DIESEN ACCOUNT FÜR DIE MOSTRO LOUNGE...
... AUF MAGICAM EINGERICHTET, ABER...
SEUUUFZ
ER BRINGT UNS AUCH NICHT MEHR GÄSTE.
ICH HAB DOCH BEI DEN FOTOS AUF ALLES GEACHTET...
Licht, Position, Farben, und so...
KNIPS
KNIPS
WAS IST DENN BLOSS FALSCH DAMIT?
NA JA...

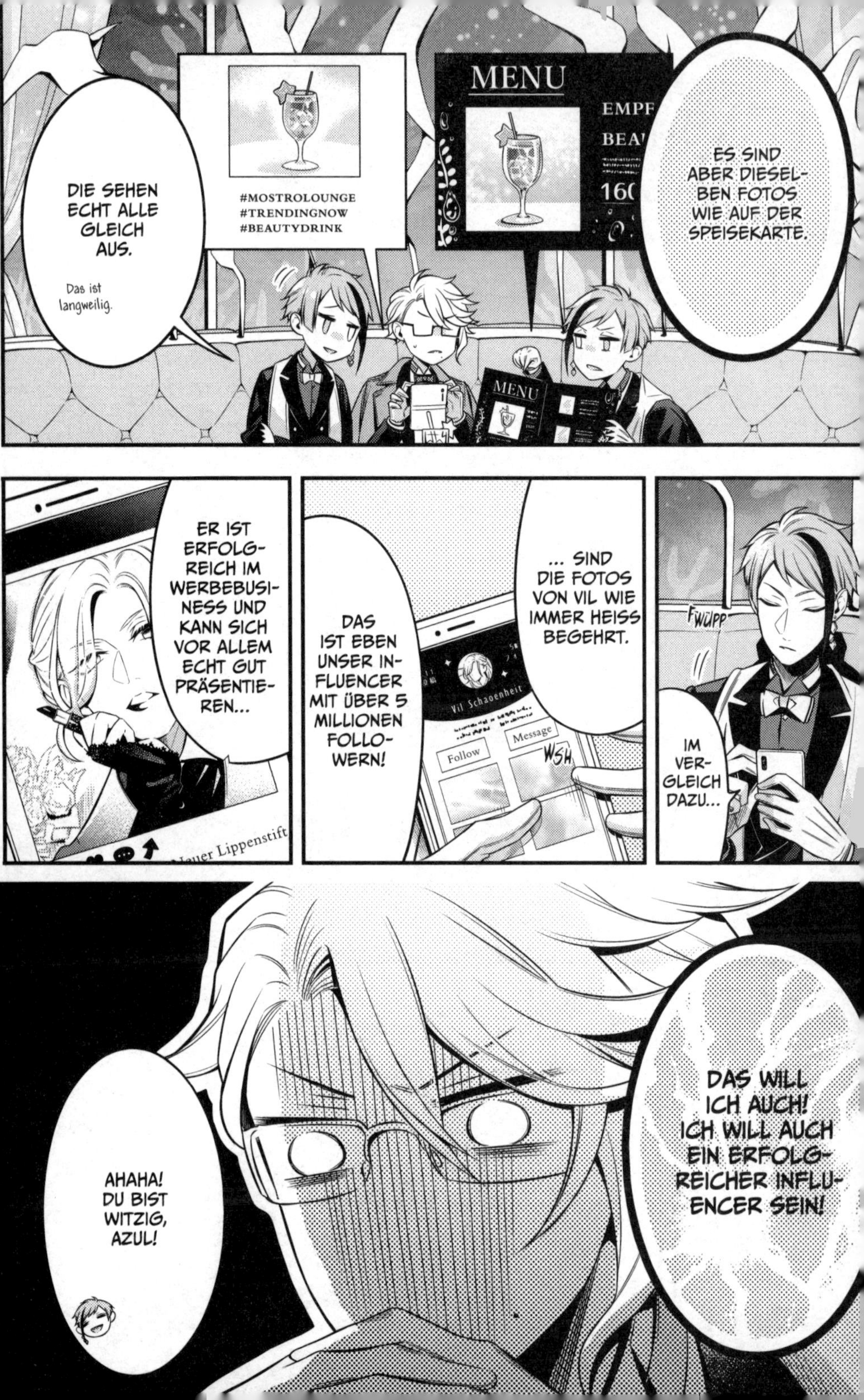
ES SIND ABER DIESELBEN FOTOS WIE AUF DER SPEISEKARTE.
MENU
#MOSTROLOUNGE
#TRENDINGNOW
#BEAUTYDRINK
DIE SEHEN ECHT ALLE GLEICH AUS.
Das ist langweilig.
FWUPP
IM VERGLEICH DAZU...
... SIND DIE FOTOS VON VIL WIE IMMER HEISS BEGEHRT.
DAS IST EBEN UNSER INFLUENCER MIT ÜBER 5 MILLIONEN FOLLOWERN!
Follow
Message
WSH
ER IST ERFOLGREICH IM WERBEBUSINESS UND KANN SICH VOR ALLEM ECHT GUT PRÄSENTIEREN...
Neuer Lippenstift
DAS WILL ICH AUCH! ICH WILL AUCH EIN ERFOLGREICHER INFLUENCER SEIN!
AHAHA! DU BIST WITZIG, AZUL!

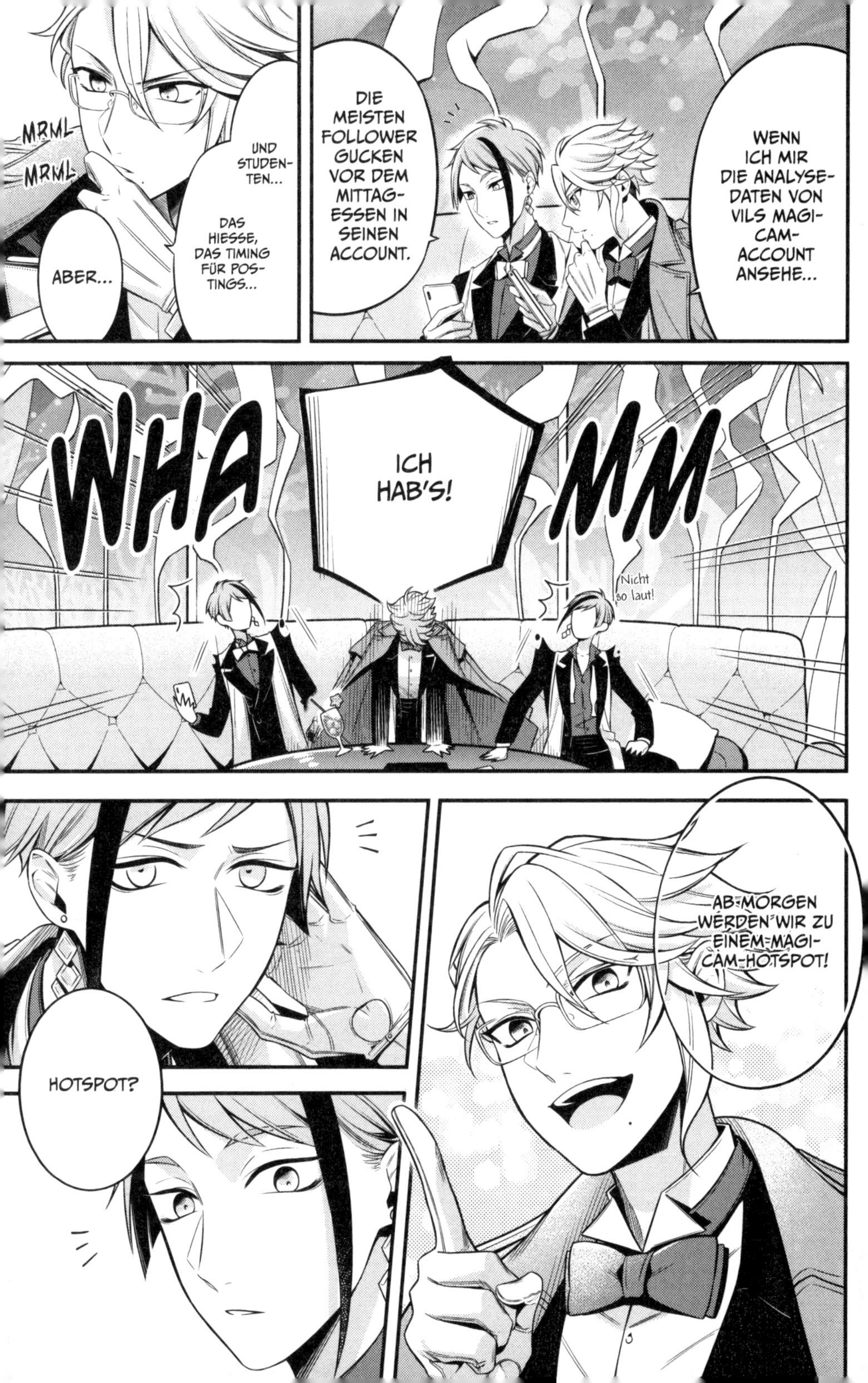

WENN ICH MIR DIE ANALYSE-DATEN VON VILS MAGI-CAM-ACCOUNT ANSEHE...
DIE MEISTEN FOLLOWER GUCKEN VOR DEM MITTAG-ESSEN IN SEINEN ACCOUNT.
UND STUDEN-TEN...
DAS HIESSE, DAS TIMING FÜR POS-TINGS...
ABER...
MRML
MRML
WHA
MM
ICH HAB'S!
Nicht so laut!
AB MORGEN WERDEN WIR ZU EINEM MAGI-CAM-HOTSPOT!
HOTSPOT?

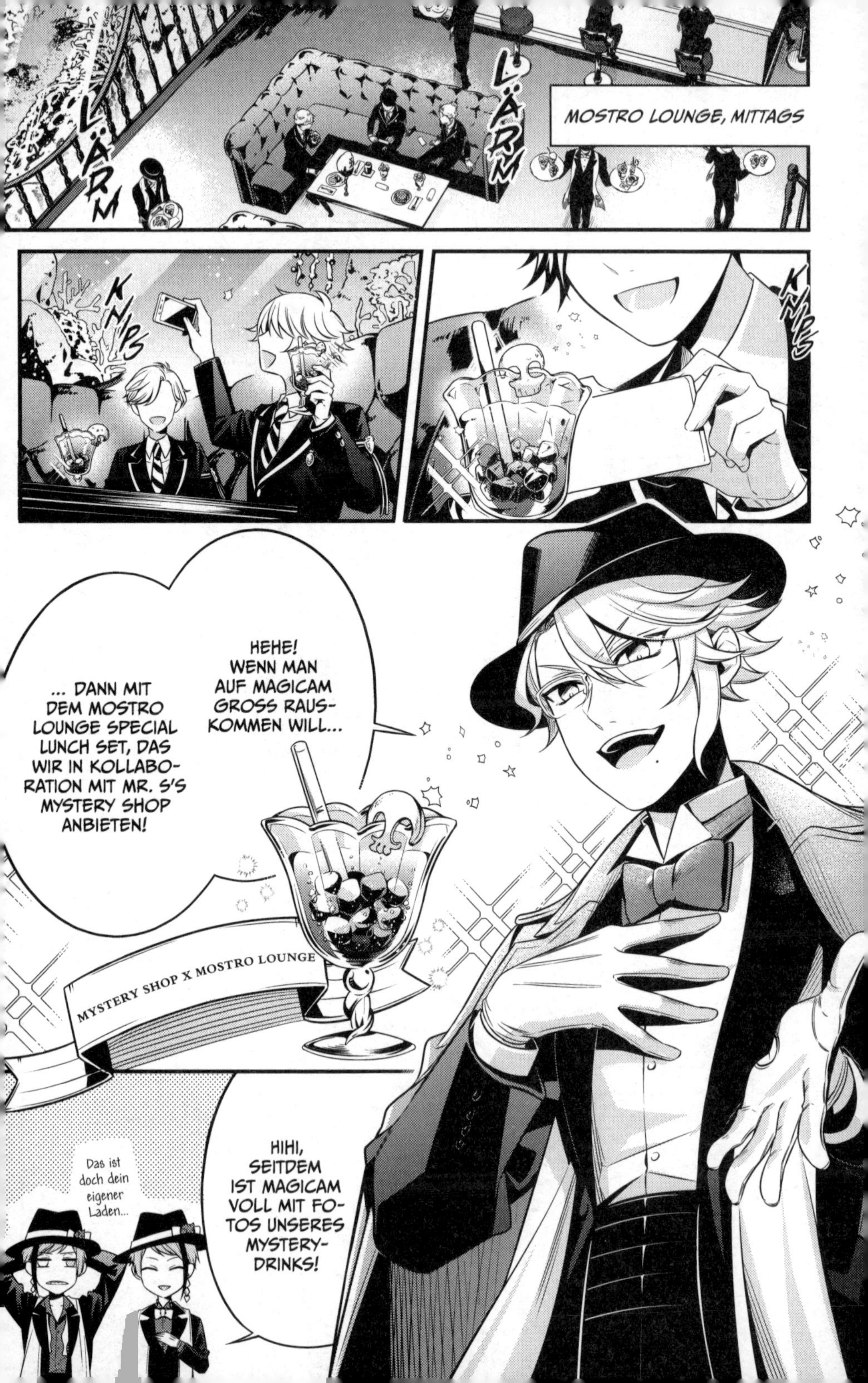
MOSTRO LOUNGE, MITTAGS
LÄRM
LÄRM
KNIPS
KNIPS
HEHE! WENN MAN AUF MAGICAM GROSS RAUS-KOMMEN WILL...
... DANN MIT DEM MOSTRO LOUNGE SPECIAL LUNCH SET, DAS WIR IN KOLLABORATION MIT MR. S'S MYSTERY SHOP ANBIETEN!
MYSTERY SHOP X MOSTRO LOUNGE
HIHI, SEITDEM IST MAGICAM VOLL MIT FOTOS UNSERES MYSTERY-DRINKS!
Das ist doch dein eigener Laden...

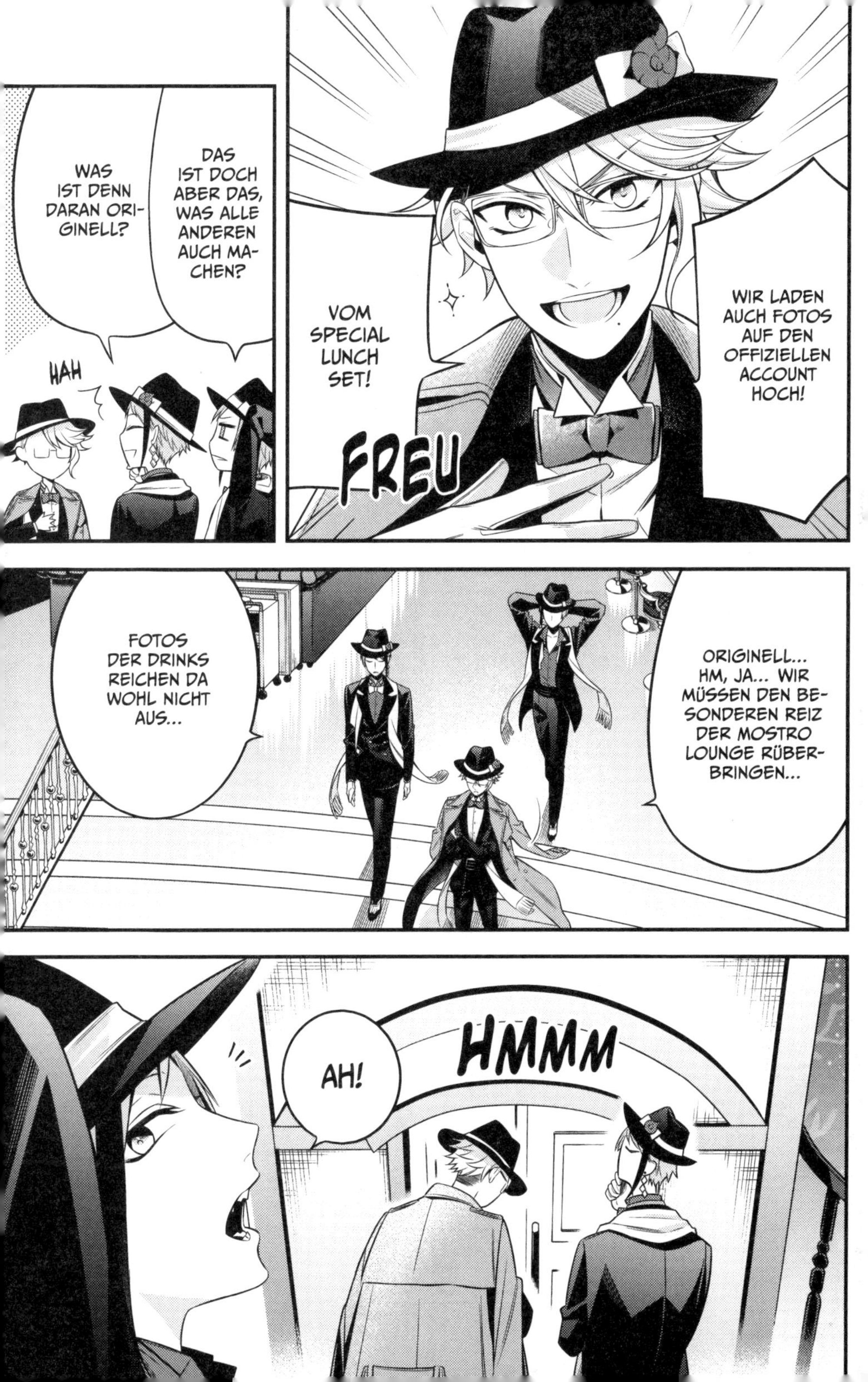
WIR LADEN AUCH FOTOS AUF DEN OFFIZIELLEN ACCOUNT HOCH!
VOM SPECIAL LUNCH SET!
FREU
DAS IST DOCH ABER DAS, WAS ALLE ANDEREN AUCH MACHEN?
WAS IST DENN DARAN ORIGINELL?
HAH
ORIGINELL... HM, JA... WIR MÜSSEN DEN BESONDEREN REIZ DER MOSTRO LOUNGE RÜBERBRINGEN...
FOTOS DER DRINKS REICHEN DA WOHL NICHT AUS...
HMMM
AH!

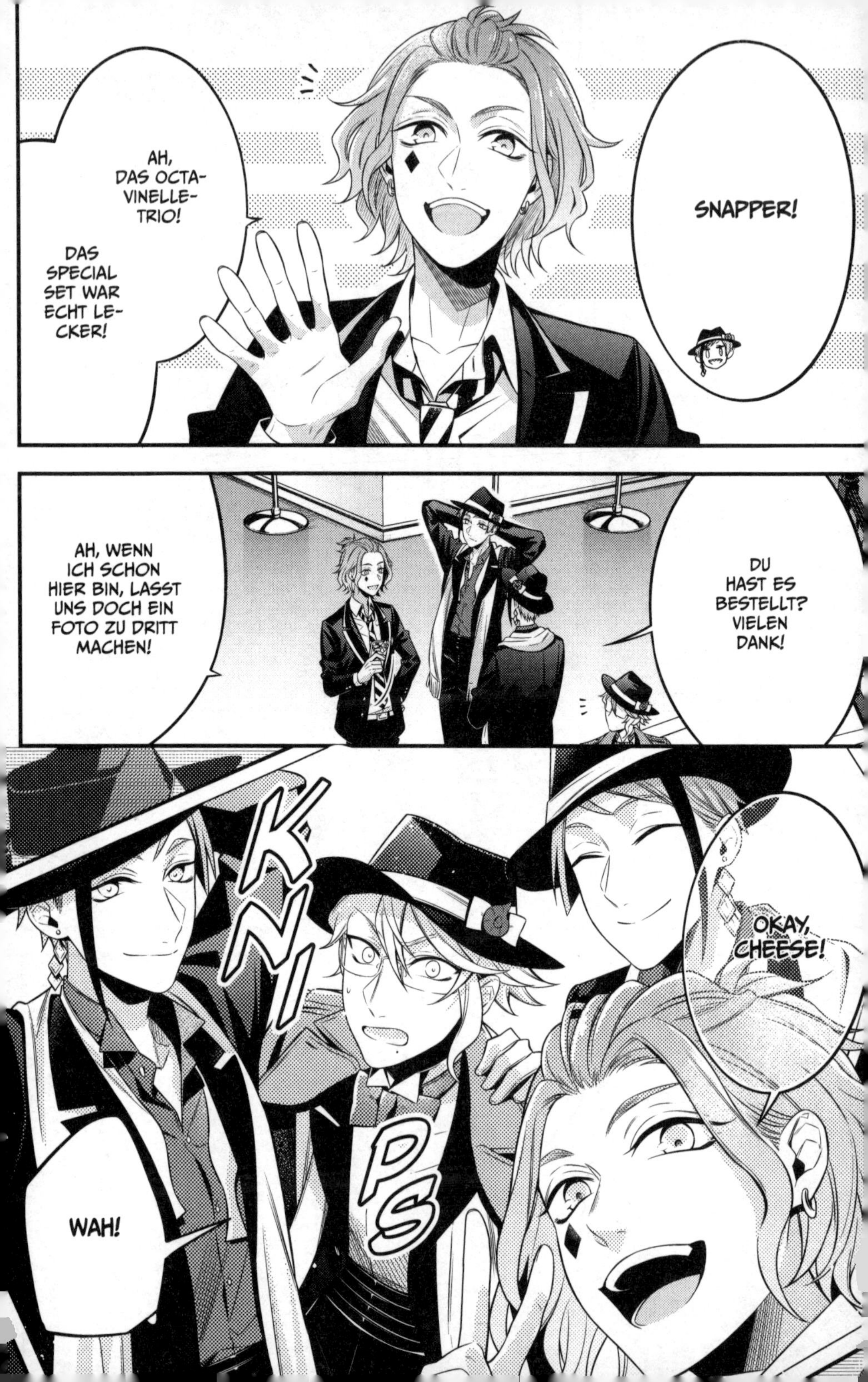
SNAPPER!
AH, DAS OCTA-VINELLE-TRIO!
DAS SPECIAL SET WAR ECHT LE-CKER!
DU HAST ES BESTELLT? VIELEN DANK!
AH, WENN ICH SCHON HIER BIN, LASST UNS DOCH EIN FOTO ZU DRITT MACHEN!
OKAY, CHEESE!
KNIPS
WAH!

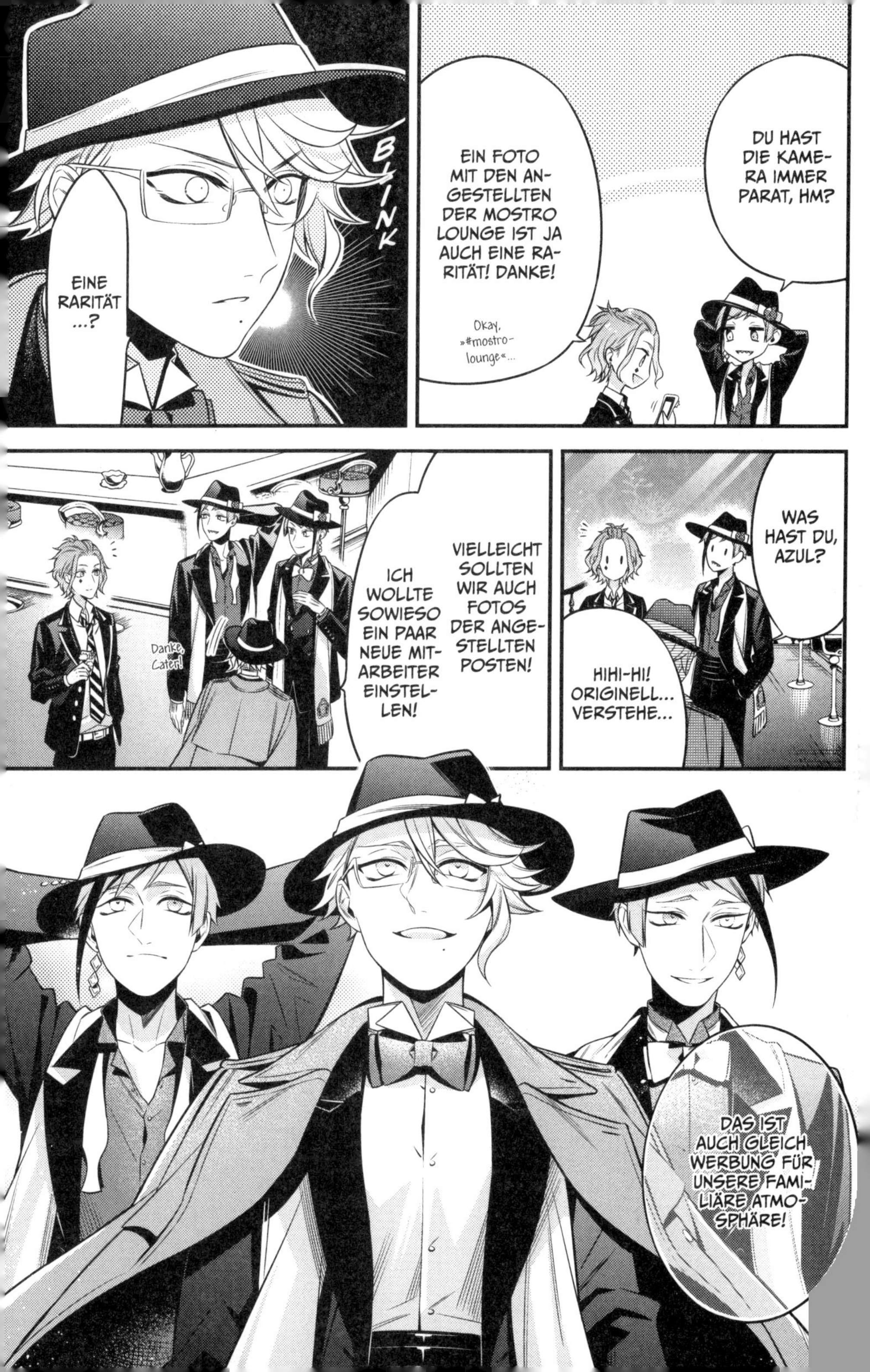
DU HAST DIE KAMERA IMMER PARAT, HM?
EIN FOTO MIT DEN ANGESTELLTEN DER MOSTRO LOUNGE IST JA AUCH EINE RARITÄT! DANKE!
Okay, »#mostro-lounge«...
BLINK
EINE RARITÄT ...?
WAS HAST DU, AZUL?
HIHI-HI! ORIGINELL... VERSTEHE...
VIELLEICHT SOLLTEN WIR AUCH FOTOS DER ANGESTELLTEN POSTEN!
ICH WOLLTE SOWIESO EIN PAAR NEUE MITARBEITER EINSTELLEN!
Danke, Cater!
DAS IST AUCH GLEICH WERBUNG FÜR UNSERE FAMILIÄRE ATMOSPHÄRE!

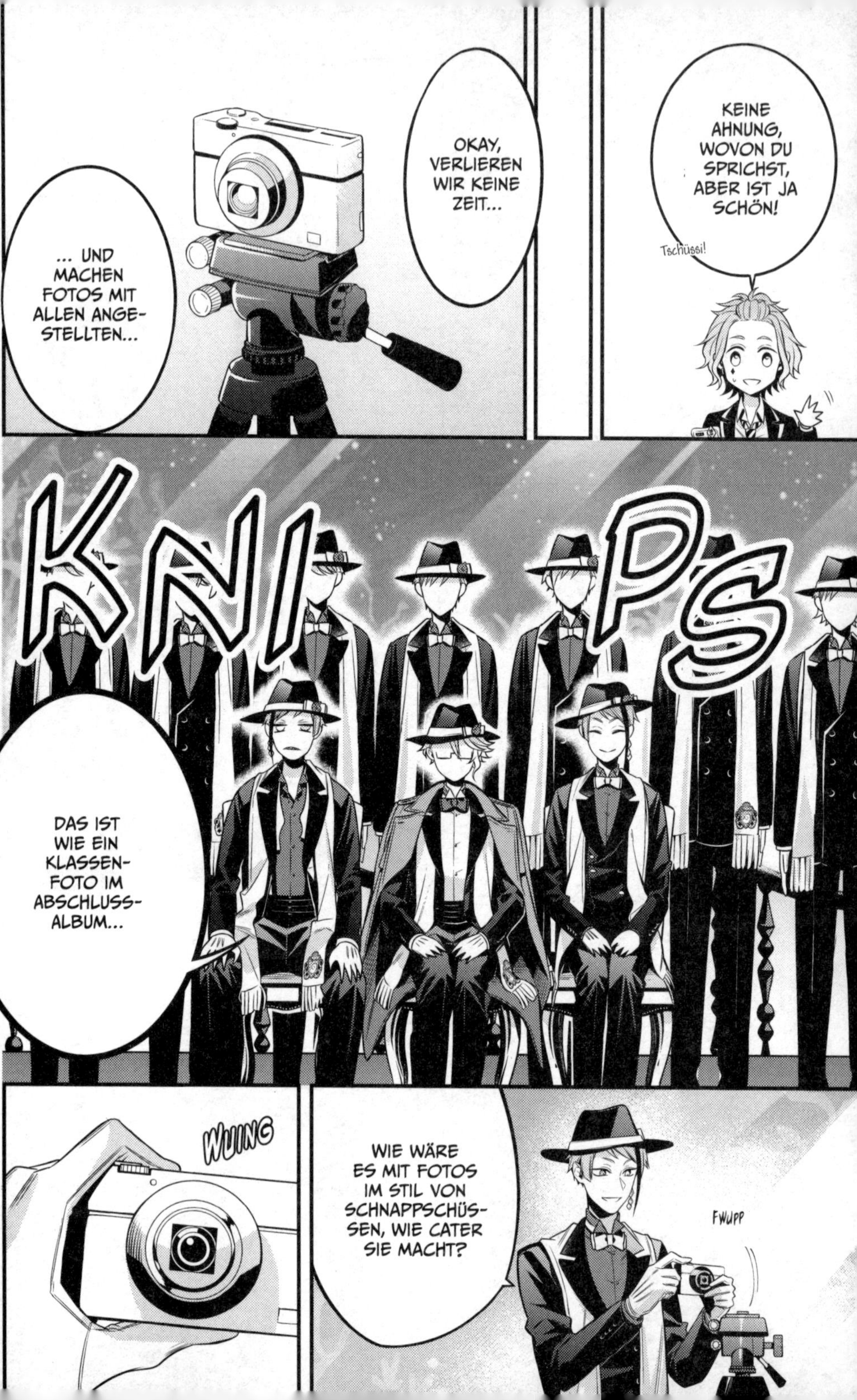
KEINE AHNUNG, WOVON DU SPRICHST, ABER IST JA SCHÖN!
Tschüssi!
OKAY, VERLIEREN WIR KEINE ZEIT...
... UND MACHEN FOTOS MIT ALLEN ANGE-STELLTEN...
KNIPS
DAS IST WIE EIN KLASSEN-FOTO IM ABSCHLUSS-ALBUM...
FWUPP
WIE WÄRE ES MIT FOTOS IM STIL VON SCHNAPPSCHÜS-SEN, WIE CATER SIE MACHT?
WUING

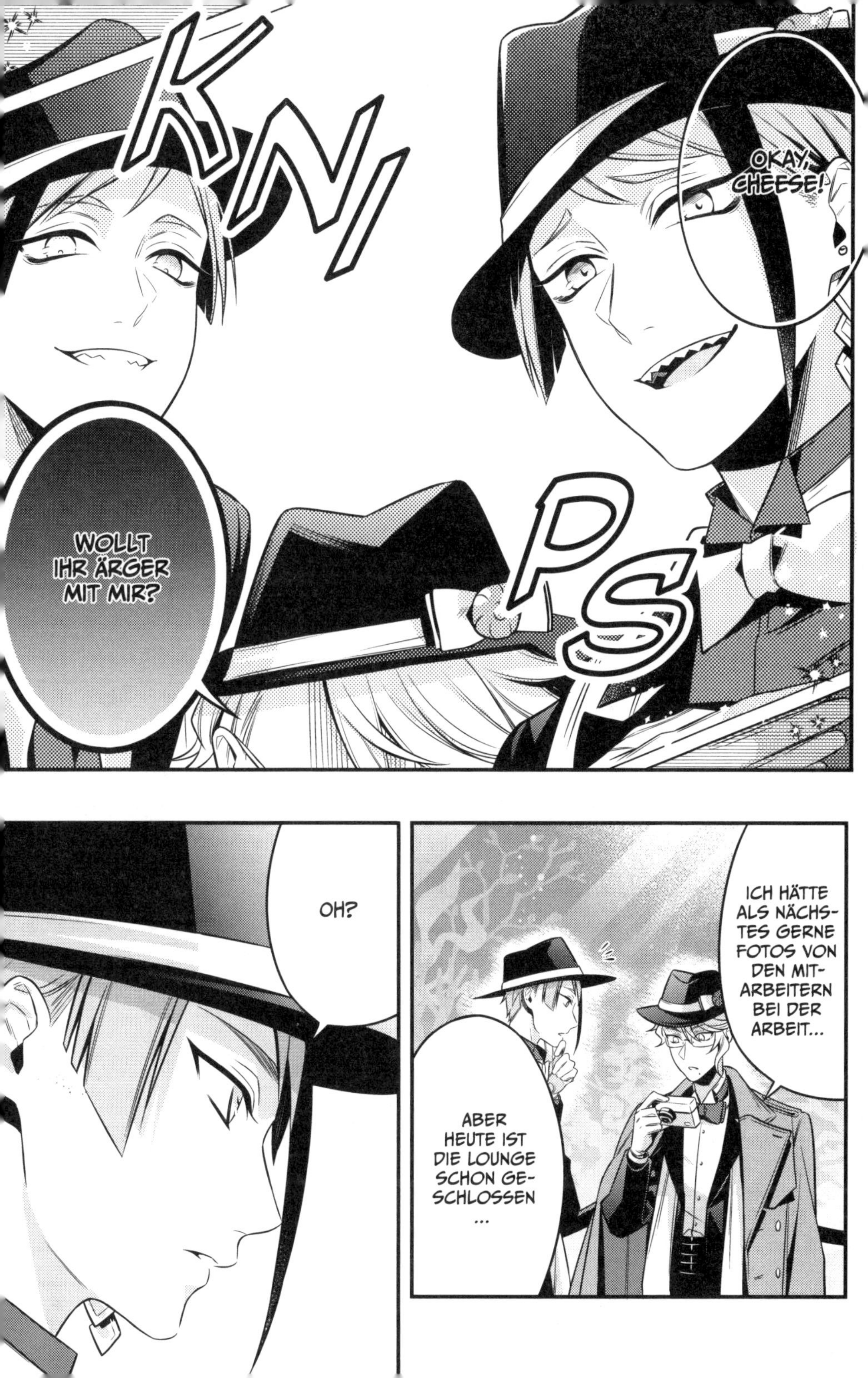
OKAY, CHEESE!
KNI
PS
WOLLT IHR ÄRGER MIT MIR?
ICH HÄTTE ALS NÄCHS-TES GERNE FOTOS VON DEN MIT-ARBEITERN BEI DER ARBEIT...
ABER HEUTE IST DIE LOUNGE SCHON GE-SCHLOSSEN ...
OH?

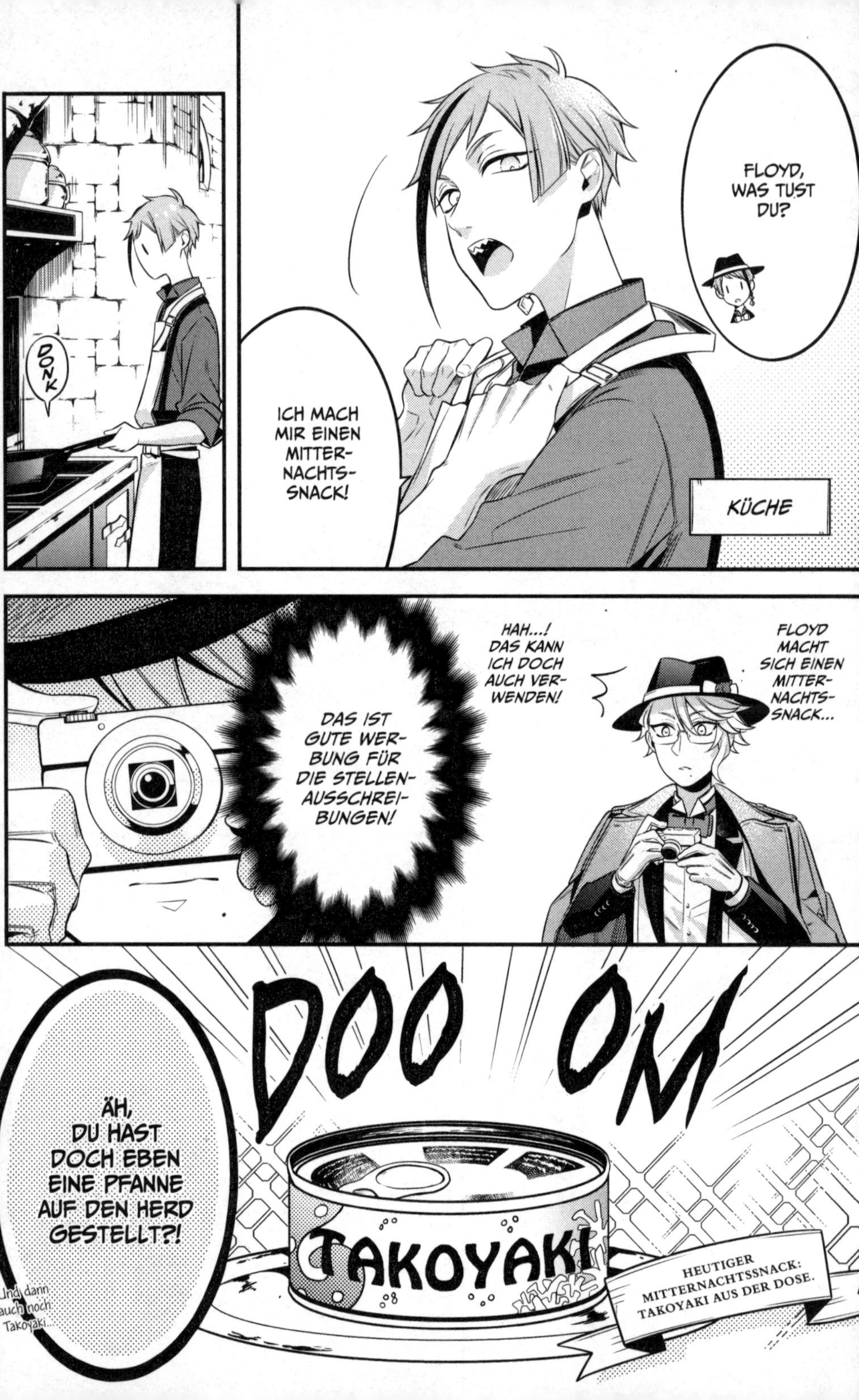
KÜCHE
FLOYD, WAS TUST DU?
ICH MACH MIR EINEN MITTER-NACHTS-SNACK!
DONK
FLOYD MACHT SICH EINEN MITTER-NACHTS-SNACK...
HAH...! DAS KANN ICH DOCH AUCH VER-WENDEN!
DAS IST GUTE WER-BUNG FÜR DIE STELLEN-AUSSCHREI-BUNGEN!
DOO OM
ÄH, DU HAST DOCH EBEN EINE PFANNE AUF DEN HERD GESTELLT?!
Und dann auch noch: Takoyaki...
TAKOYAKI
HEUTIGER MITTERNACHTSSNACK: TAKOYAKI AUS DER DOSE.

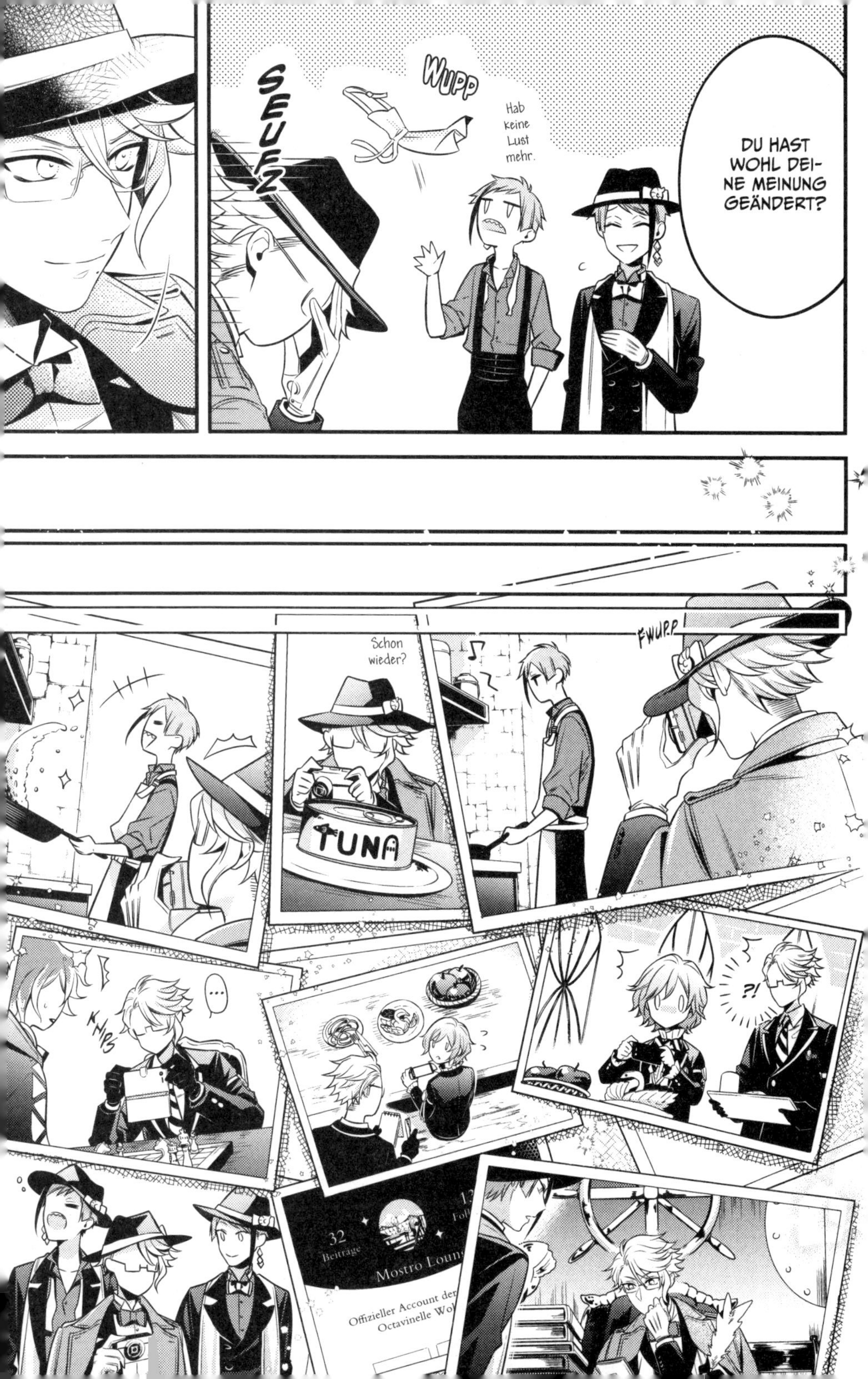
DU HAST WOHL DEI-
NE MEINUNG
GEÄNDERT?
Hab keine Lust mehr.
WUPP
SEUFZ
FWUPP
Schon wieder?
TUNA
?!
...
KNIPS
32
Beiträge
Offizieller Account der

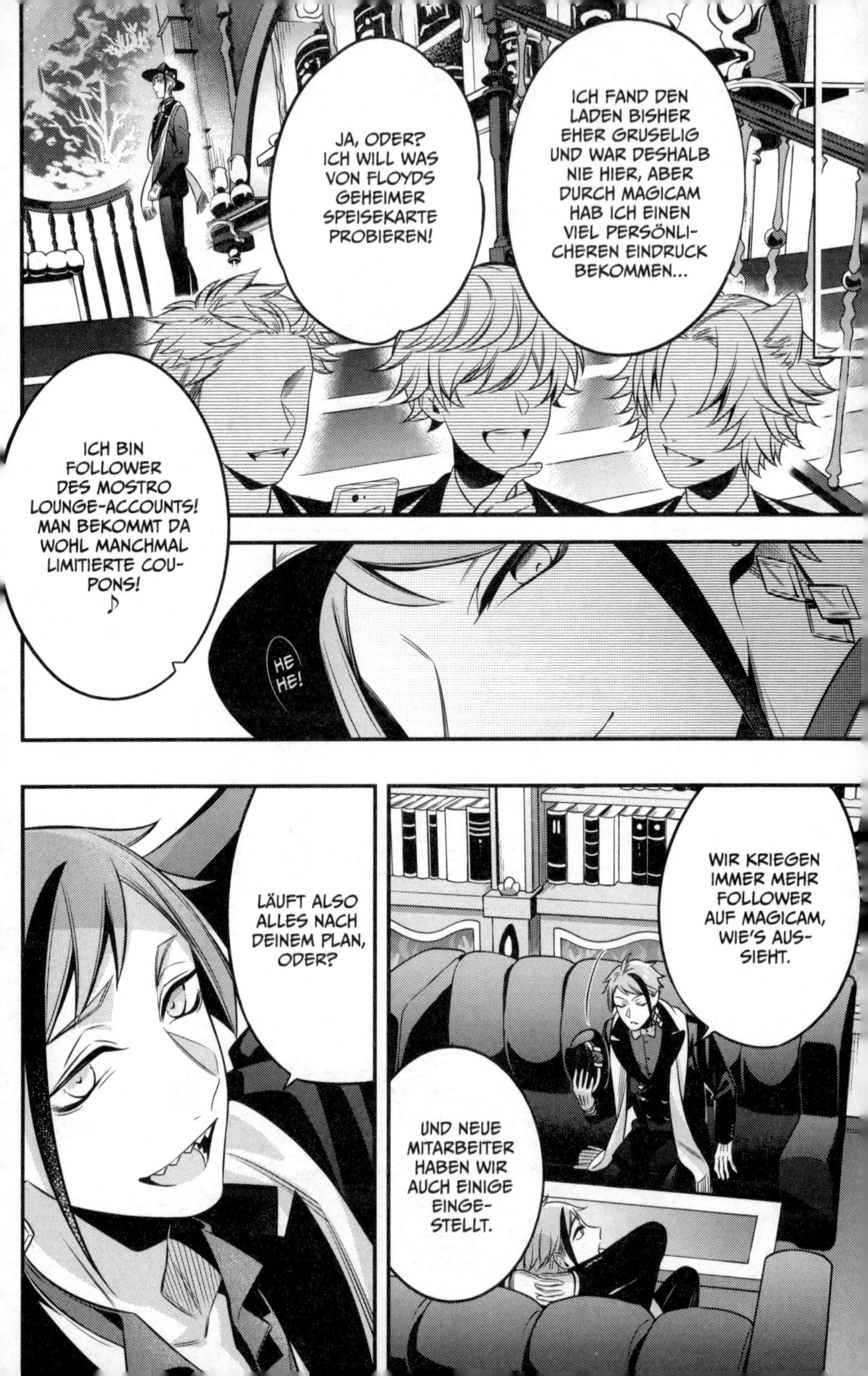
ICH FAND DEN LADEN BISHER EHER GRUSELIG UND WAR DESHALB NIE HIER, ABER DURCH MAGICAM HAB ICH EINEN VIEL PERSÖNLICHEREN EINDRUCK BEKOMMEN...
JA, ODER? ICH WILL WAS VON FLOYDS GEHEIMER SPEISEKARTE PROBIEREN!
ICH BIN FOLLOWER DES MOSTRO LOUNGE-ACCOUNTS! MAN BEKOMMT DA WOHL MANCHMAL LIMITIERTE COUPONS! ♪
HE HE!
WIR KRIEGEN IMMER MEHR FOLLOWER AUF MAGICAM, WIE'S AUSSIEHT.
UND NEUE MITARBEITER HABEN WIR AUCH EINIGE EINGESTELLT.
LÄUFT ALSO ALLES NACH DEINEM PLAN, ODER?

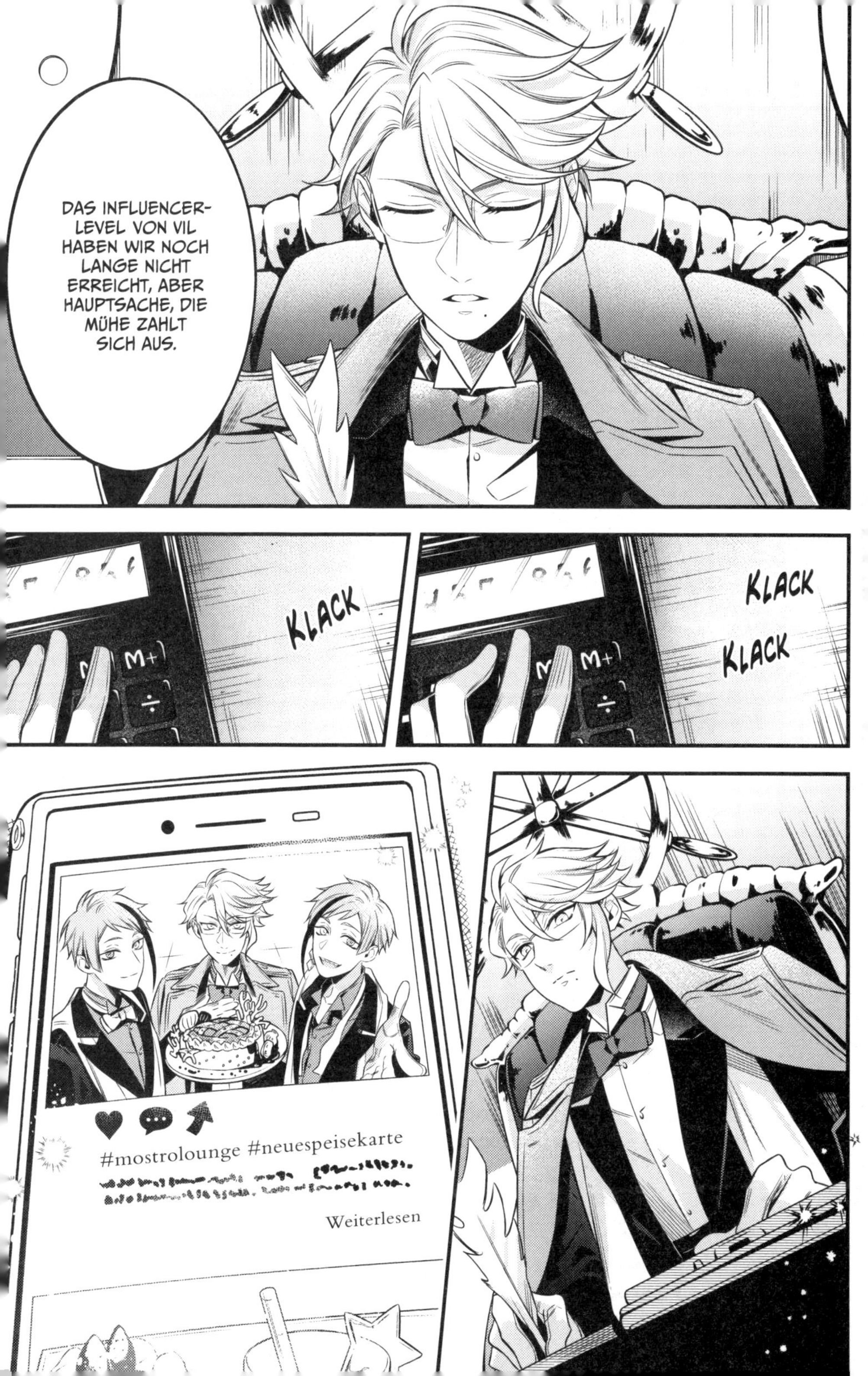
DAS INFLUENCER-LEVEL VON VIL HABEN WIR NOCH LANGE NICHT ERREICHT, ABER HAUPTSACHE, DIE MÜHE ZAHLT SICH AUS.
KLACK
KLACK
KLACK
M+
#mostrolounge #neuespeisekarte
Weiterlesen

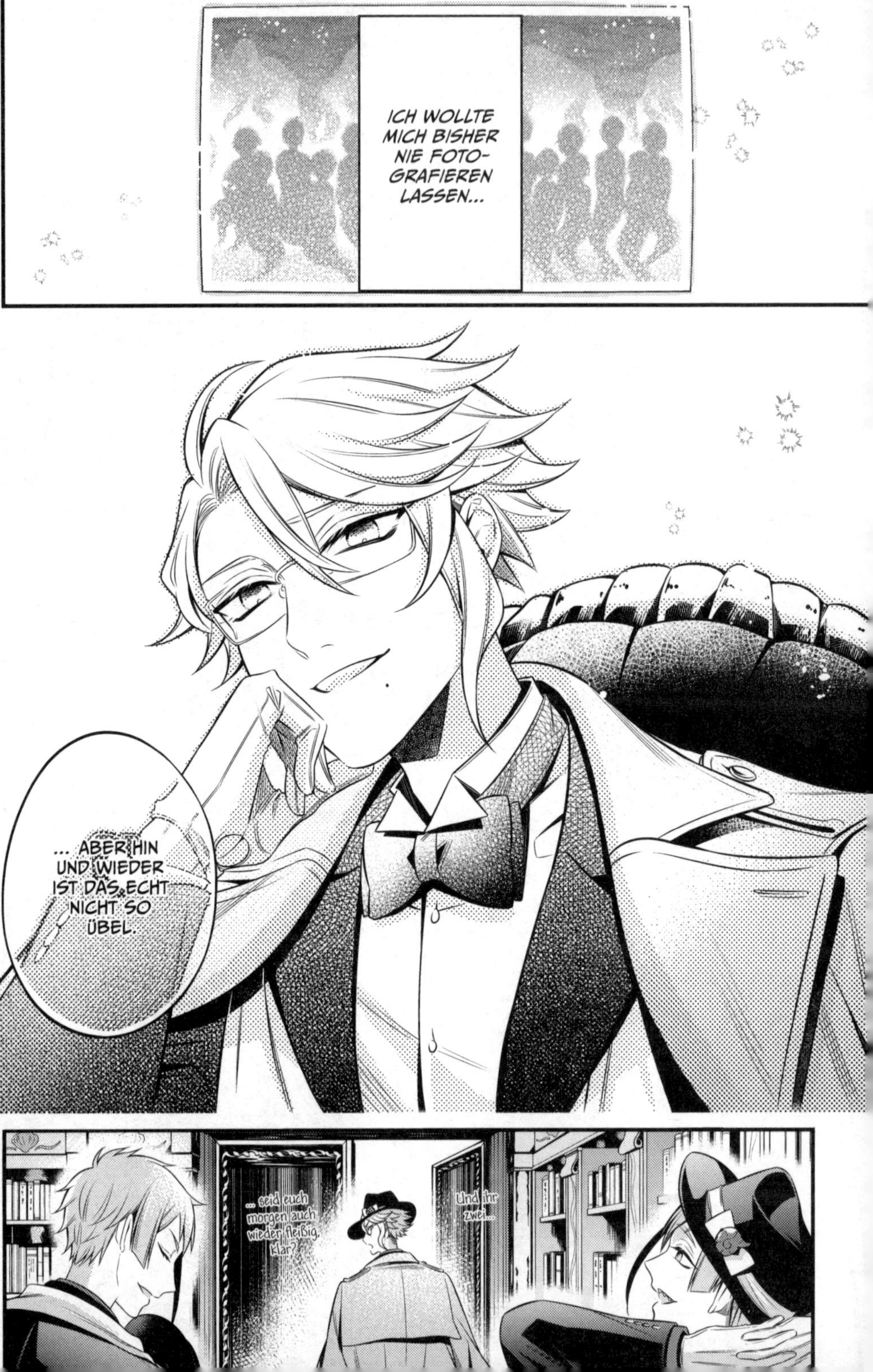
ICH WOLLTE MICH BISHER NIE FOTO-GRAFIEREN LASSEN...
... ABER HIN UND WIEDER IST DAS ECHT NICHT SO ÜBEL.
Und ihr zwei...
... seid euch morgen auch wieder fleißig, klar?

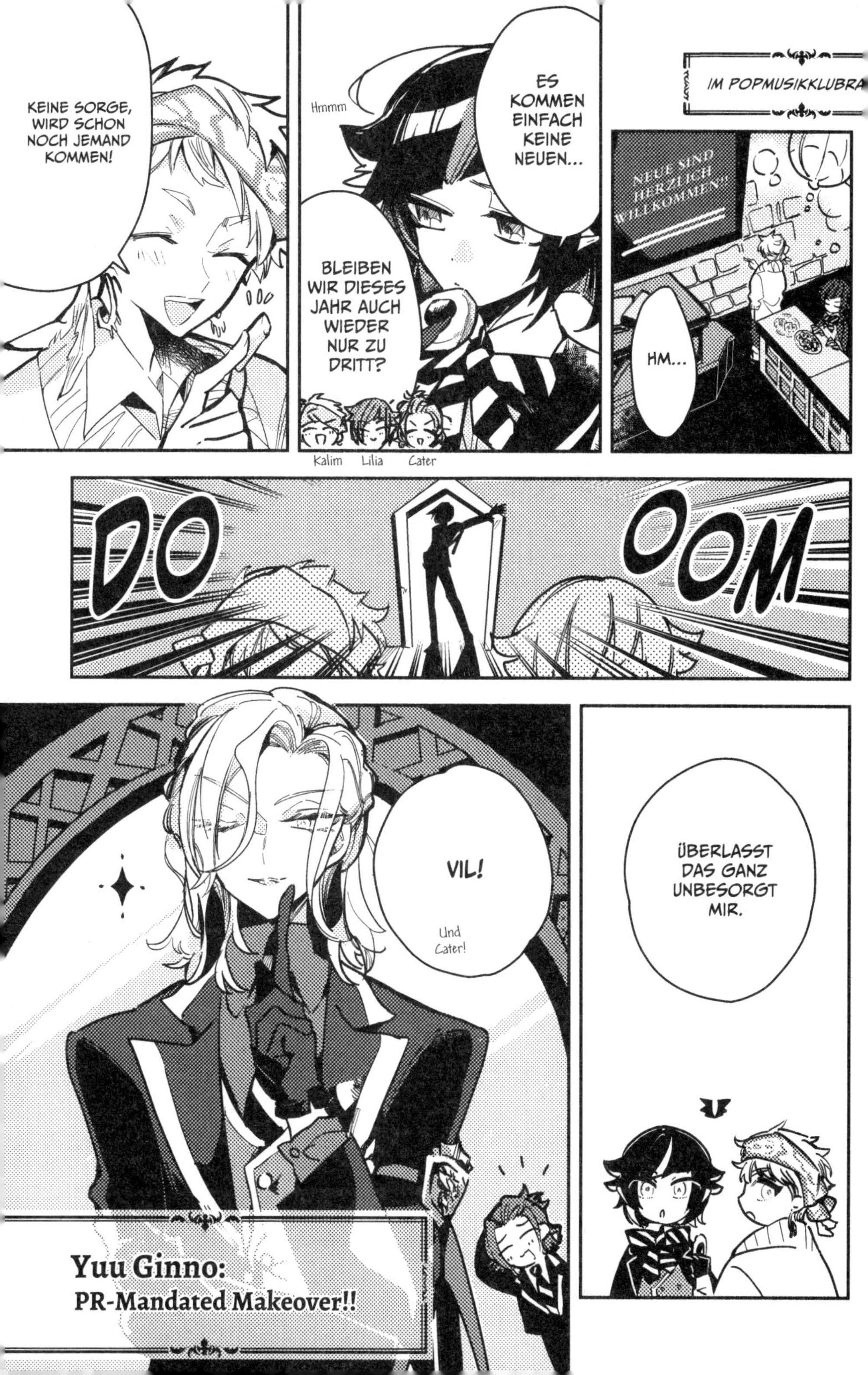
IM POPMUSIKKLUBRA
HM...
ES KOMMEN EINFACH KEINE NEUEN...
Hmmm
BLEIBEN WIR DIESES JAHR AUCH WIEDER NUR ZU DRITT?
Kalim
Lilia
Cater
KEINE SORGE, WIRD SCHON NOCH JEMAND KOMMEN!
NEUE SIND HERZLICH WILLKOMMEN!!
DO
OOM
ÜBERLASST DAS GANZ UNBESORGT MIR.
VIL!
Und Cater!
Yuu Ginno:
PR-Mandated Makeover!!

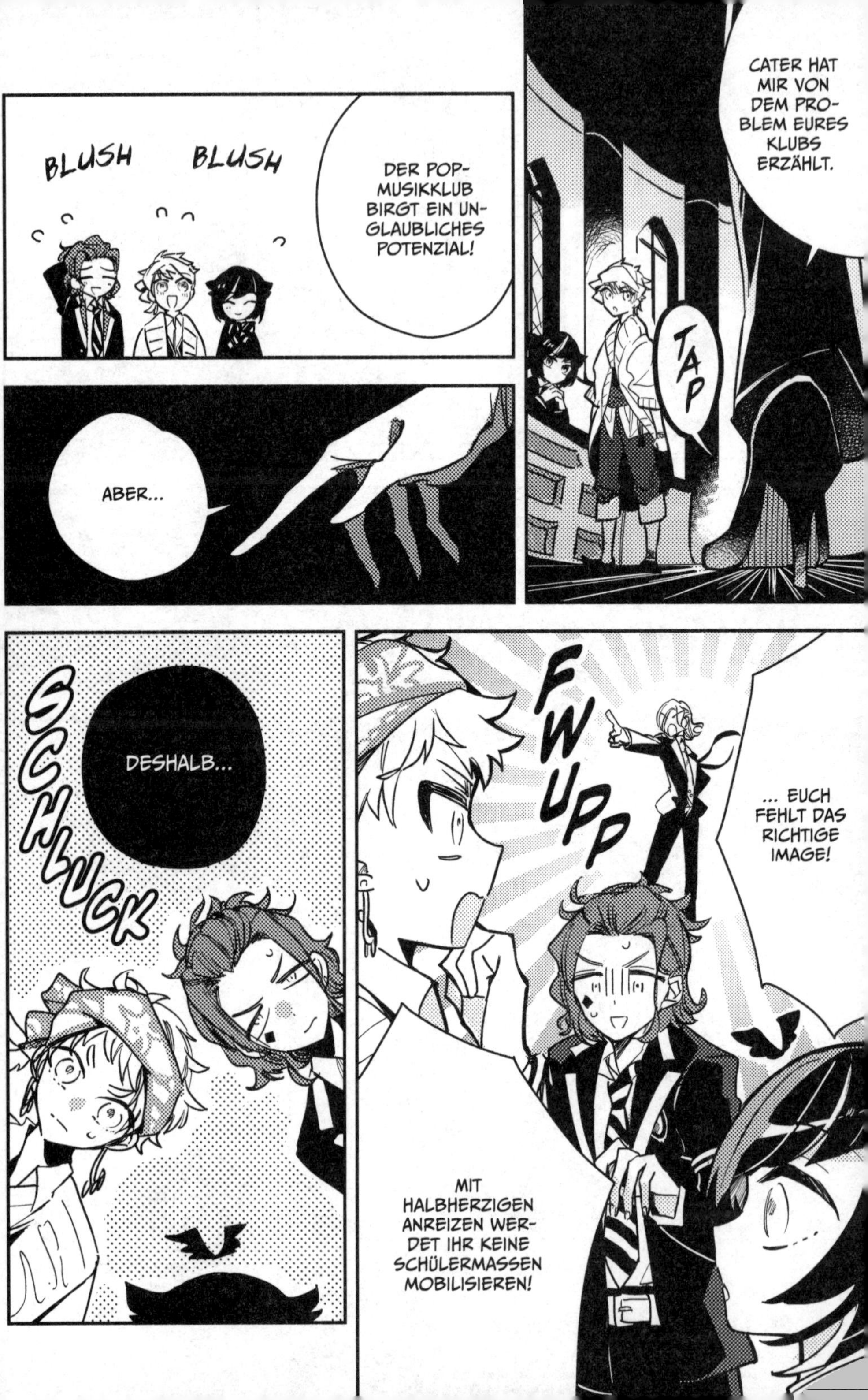
CATER HAT MIR VON DEM PRO-BLEM EURES KLUBS ERZÄHLT.
TAP
DER POP-MUSIKKLUB BIRGT EIN UN-GLAUBLICHES POTENZIAL!
BLUSH
BLUSH
ABER...
... EUCH FEHLT DAS RICHTIGE IMAGE!
FWUPP
MIT HALBHERZIGEN ANREIZEN WER-DET IHR KEINE SCHÜLERMASSEN MOBILISIEREN!
DESHALB...
SCHLUCK

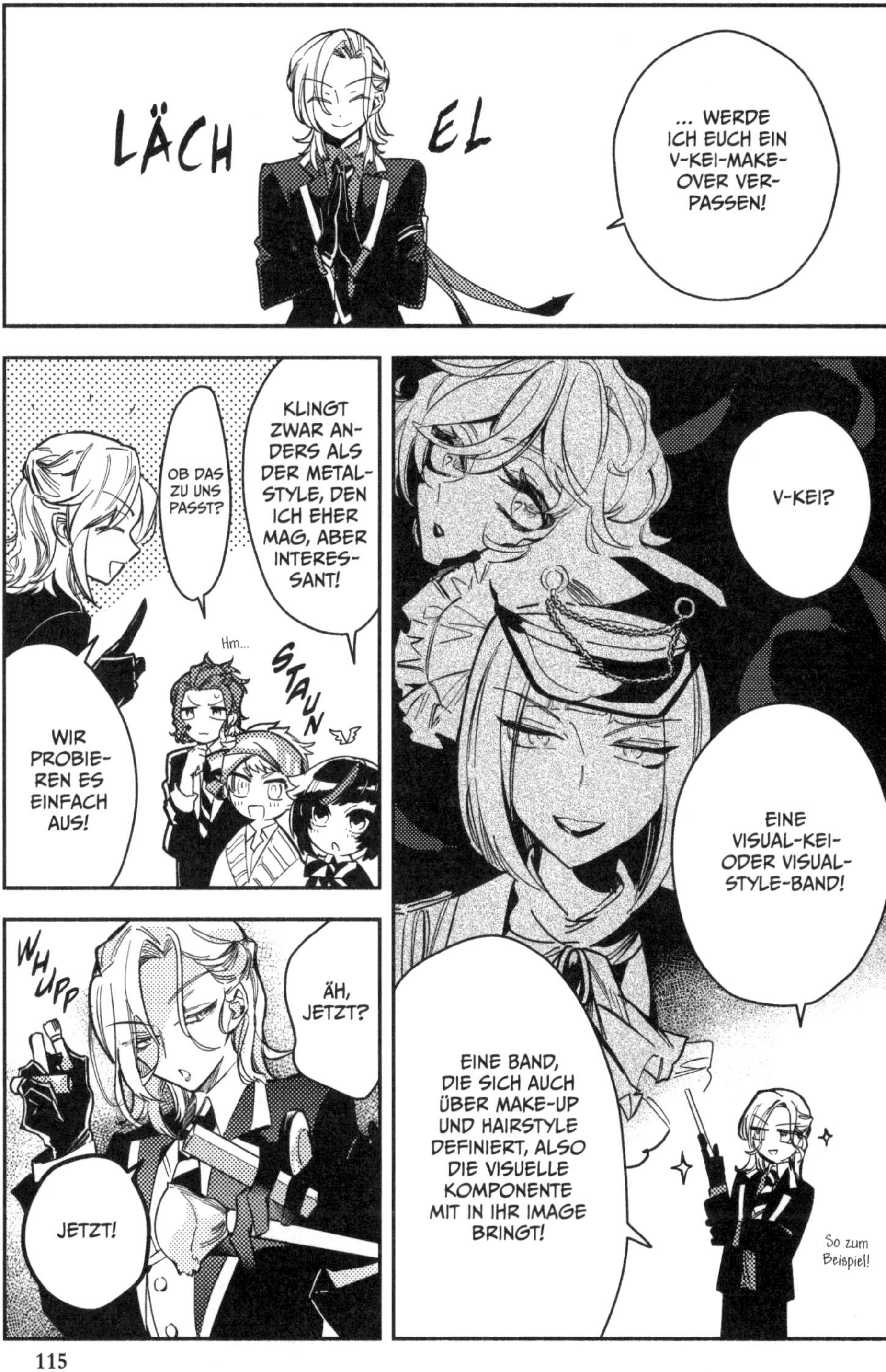
... WERDE ICH EUCH EIN V-KEI-MAKE-OVER VERPASSEN!
LÄCH EL
V-KEI?
EINE VISUAL-KEI- ODER VISUAL-STYLE-BAND!
EINE BAND, DIE SICH AUCH ÜBER MAKE-UP UND HAIRSTYLE DEFINIERT, ALSO DIE VISUELLE KOMPONENTE MIT IN IHR IMAGE BRINGT!
So zum Beispiel!
KLINGT ZWAR ANDERS ALS DER METAL-STYLE, DEN ICH EHER MAG, ABER INTERESSANT!
OB DAS ZU UNS PASST?
Hm...
STAUN
WIR PROBIEREN ES EINFACH AUS!
ÄH, JETZT?
WHUPP
JETZT!

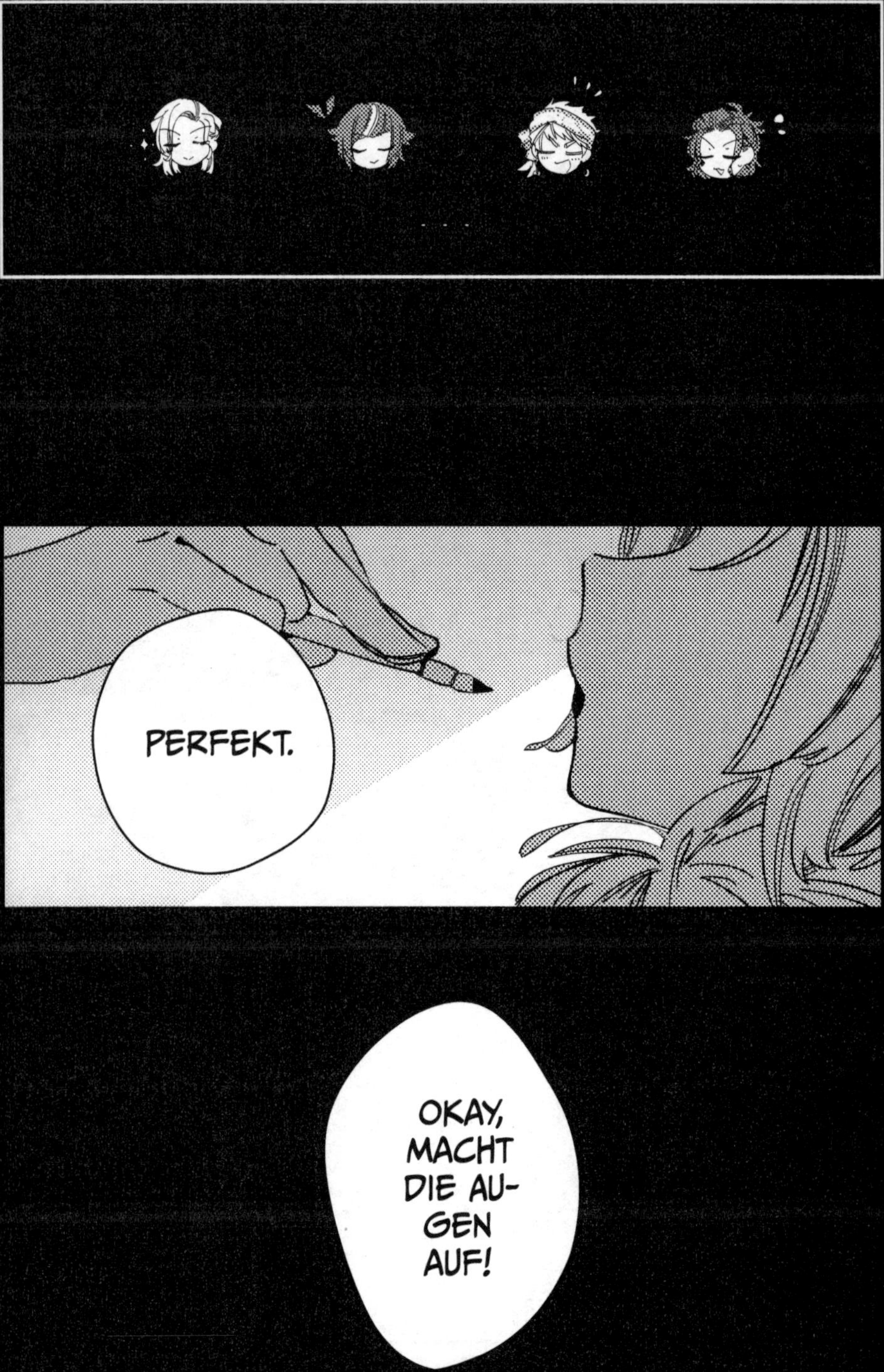
...
PERFEKT.
OKAY, MACHT DIE AU- GEN AUF!

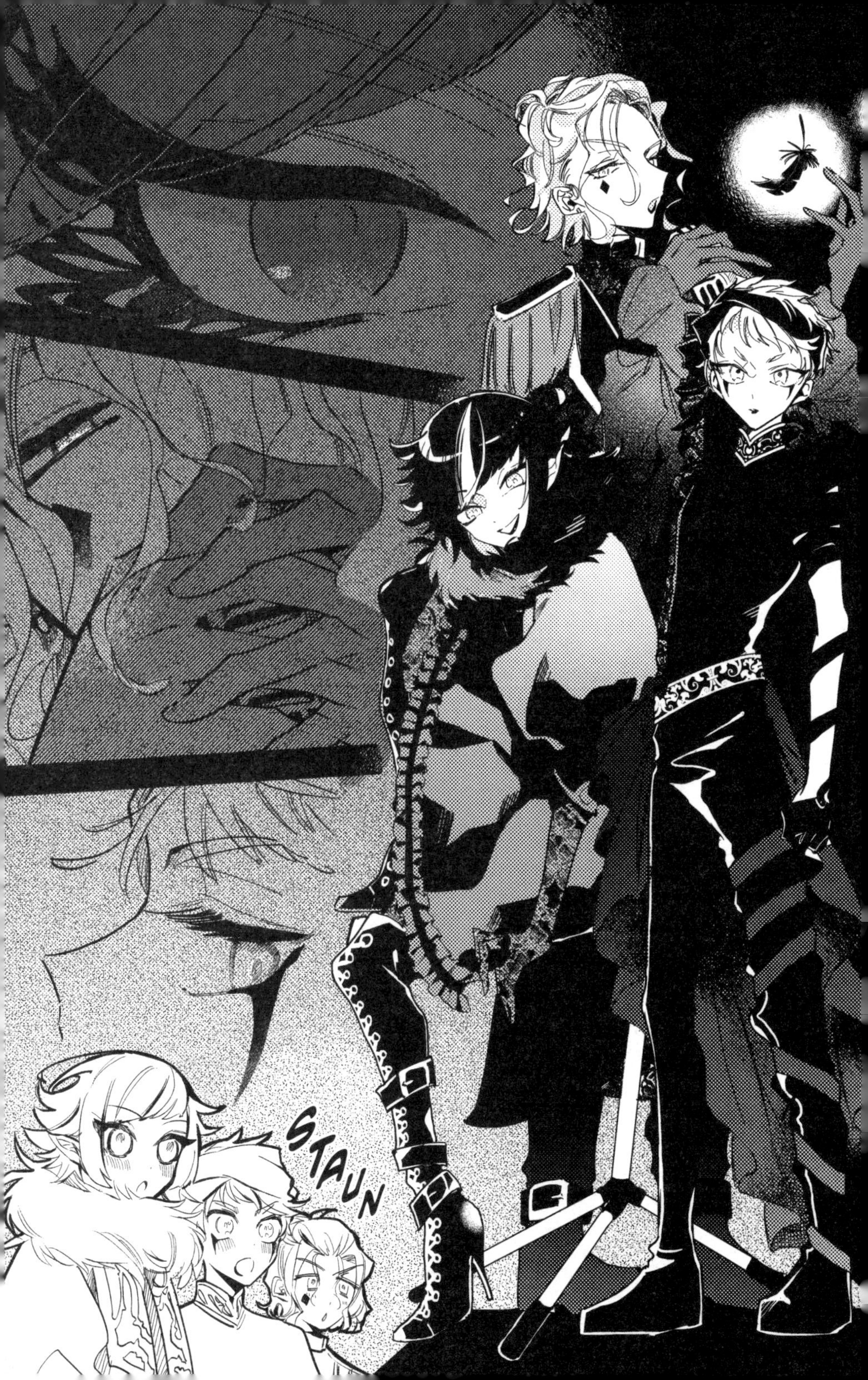
STAUN

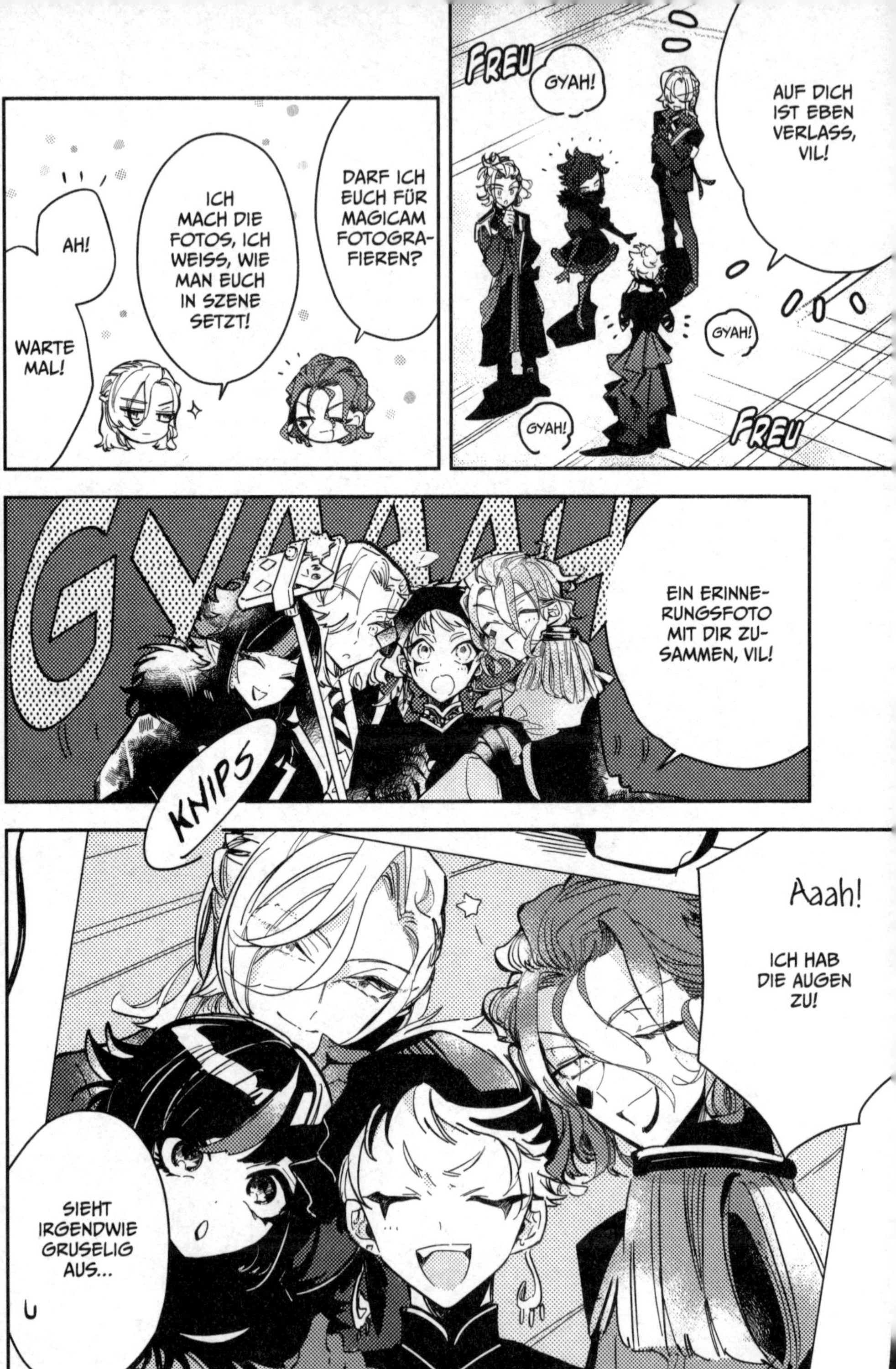
FREU
GYAH!
AUF DICH IST EBEN VERLASS, VIL!
GYAH!
GYAH!
FREU
DARF ICH EUCH FÜR MAGICAM FOTOGRAFIEREN?
ICH MACH DIE FOTOS, ICH WEISS, WIE MAN EUCH IN SZENE SETZT!
AH!
WARTE MAL!
GYAAA
EIN ERINNERUNGSFOTO MIT DIR ZUSAMMEN, VIL!
KNIPS
Aaah!
ICH HAB DIE AUGEN ZU!
SIEHT IRGENDWIE GRUSELIG AUS...

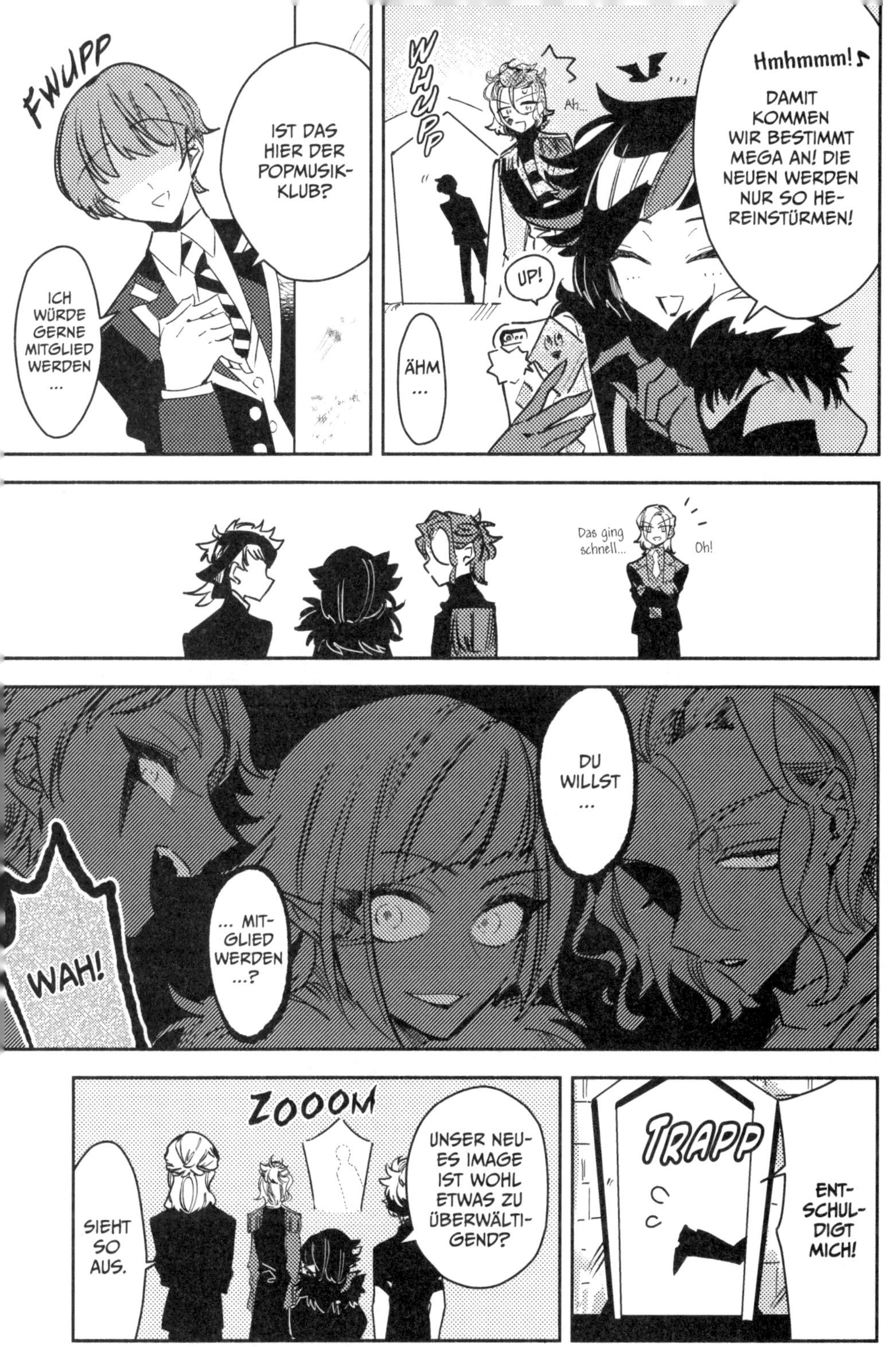
Hmhmmm! ♪
DAMIT KOMMEN WIR BESTIMMT MEGA AN! DIE NEUEN WERDEN NUR SO HE-REINSTÜRMEN!
Ah..
WHUPP
UP!
ÄHM ...
FWUPP
IST DAS HIER DER POPMUSIK-KLUB?
ICH WÜRDE GERNE MITGLIED WERDEN ...
Oh!
Das ging schnell...
DU WILLST ...
... MIT-GLIED WERDEN ...?
WAH!
TRAPP
ENT-SCHUL-DIGT MICH!
ZOOOM
UNSER NEU-ES IMAGE IST WOHL ETWAS ZU ÜBERWÄLTI-GEND?
SIEHT SO AUS.

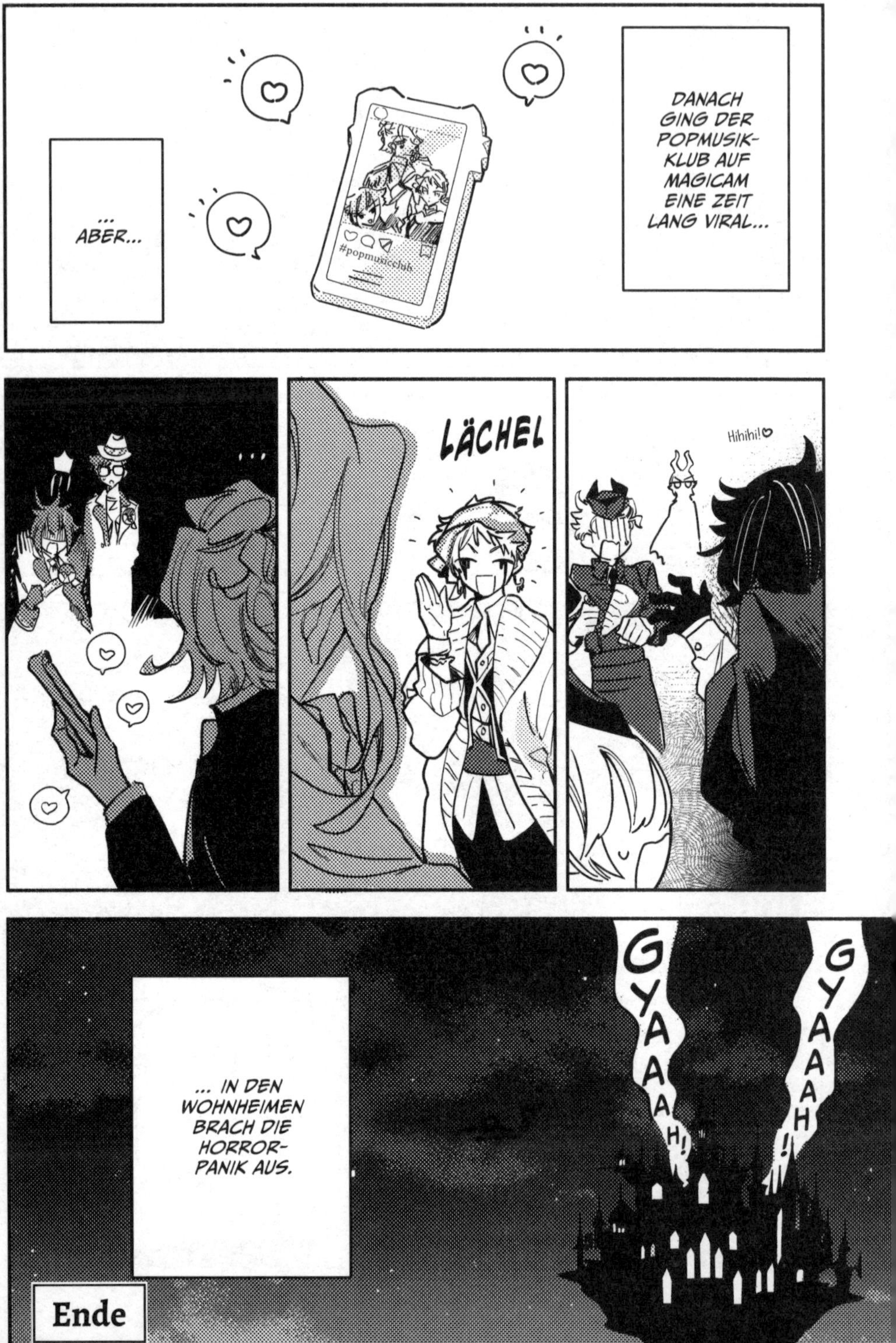
DANACH GING DER POPMUSIK-KLUB AUF MAGICAM EINE ZEIT LANG VIRAL...
... ABER...
#popmusicclub
...
LÄCHEL
Hihihi!♡
... IN DEN WOHNHEIMEN BRACH DIE HORROR-PANIK AUS.
GYAAAAH!
GYAAAAH!
Ende

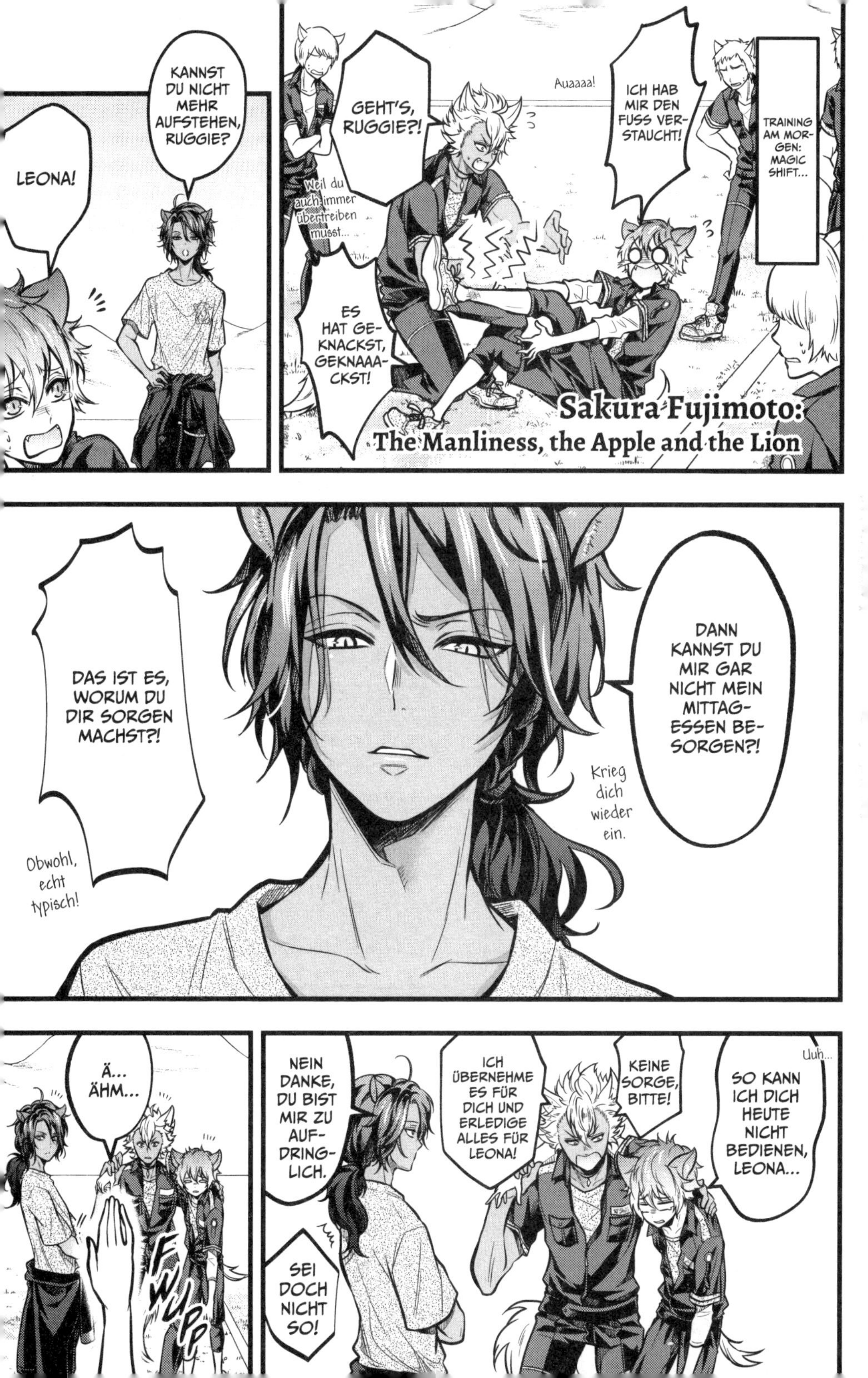

Sakura Fujimoto:
The Manliness, the Apple and the Lion
TRAINING AM MORGEN: MAGIC SHIFT…
ICH HAB MIR DEN FUSS VERSTAUCHT!
Auaaaa!
GEHT'S, RUGGIE?!
Weil du auch immer übertreiben musst…
ES HAT GEKNACKST, GEKNAAACKST!
KANNST DU NICHT MEHR AUFSTEHEN, RUGGIE?
LEONA!
DANN KANNST DU MIR GAR NICHT MEIN MITTAGESSEN BESORGEN?!
Krieg dich wieder ein.
DAS IST ES, WORUM DU DIR SORGEN MACHST?!
Obwohl, echt typisch!
Uuh…
SO KANN ICH DICH HEUTE NICHT BEDIENEN, LEONA…
KEINE SORGE, BITTE!
ICH ÜBERNEHME ES FÜR DICH UND ERLEDIGE ALLES FÜR LEONA!
NEIN DANKE, DU BIST MIR ZU AUFDRINGLICH.
SEI DOCH NICHT SO!
Ä… ÄHM…
FWUPP

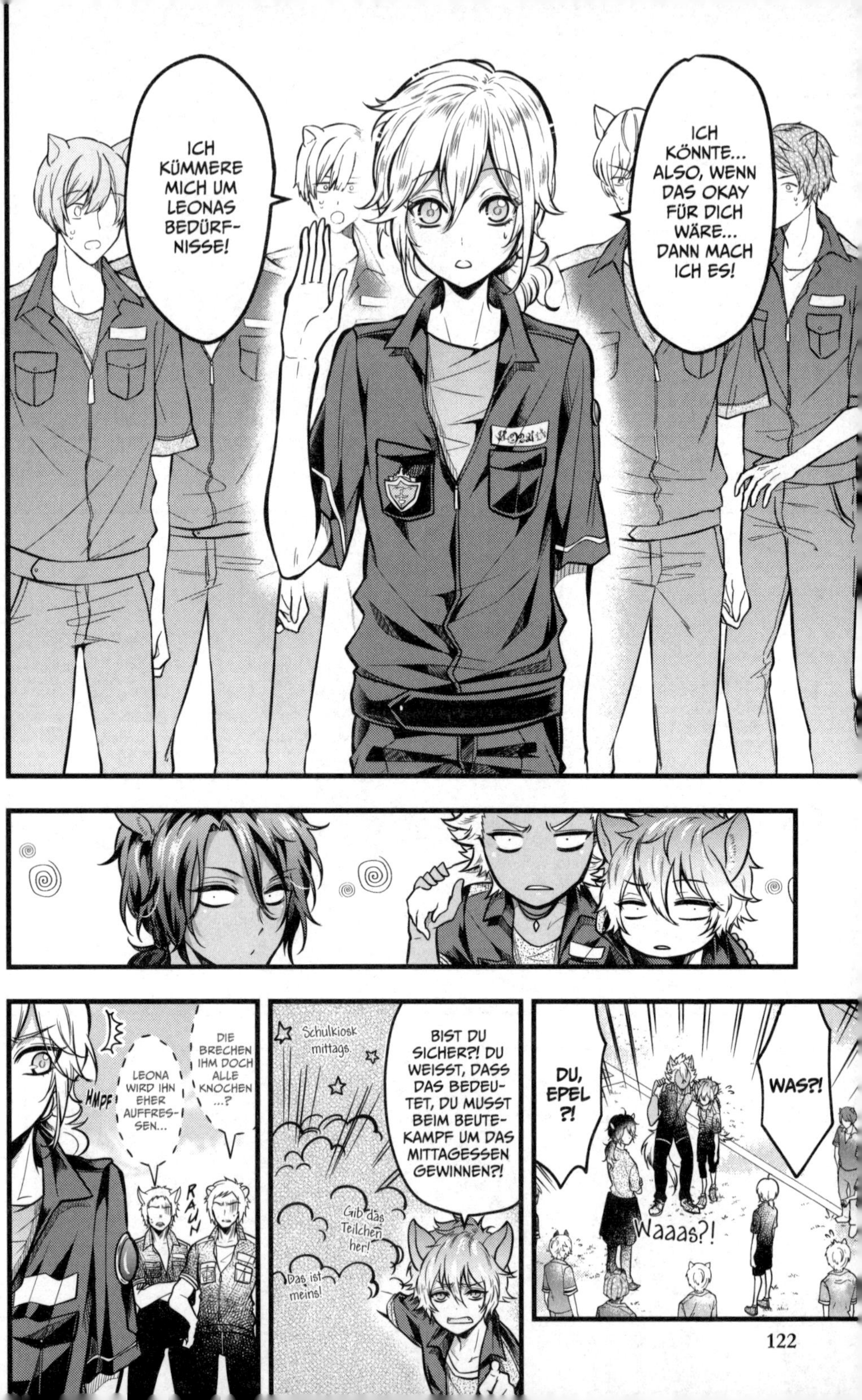
ICH KÖNNTE... ALSO, WENN DAS OKAY FÜR DICH WÄRE... DANN MACH ICH ES!
ICH KÜMMERE MICH UM LEONAS BEDÜRFNISSE!
WAS?!
Waaas?!
DU, EPEL ?!
BIST DU SICHER?! DU WEISST, DASS DAS BEDEUTET, DU MUSST BEIM BEUTEKAMPF UM DAS MITTAGESSEN GEWINNEN?!
Schulkiosk mittags.
Gib das Teilchen her!
Das ist meins!
DIE BRECHEN IHM DOCH ALLE KNOCHEN ...?
LEONA WIRD IHN EHER AUFFRESSEN...
RAUN
HMPF

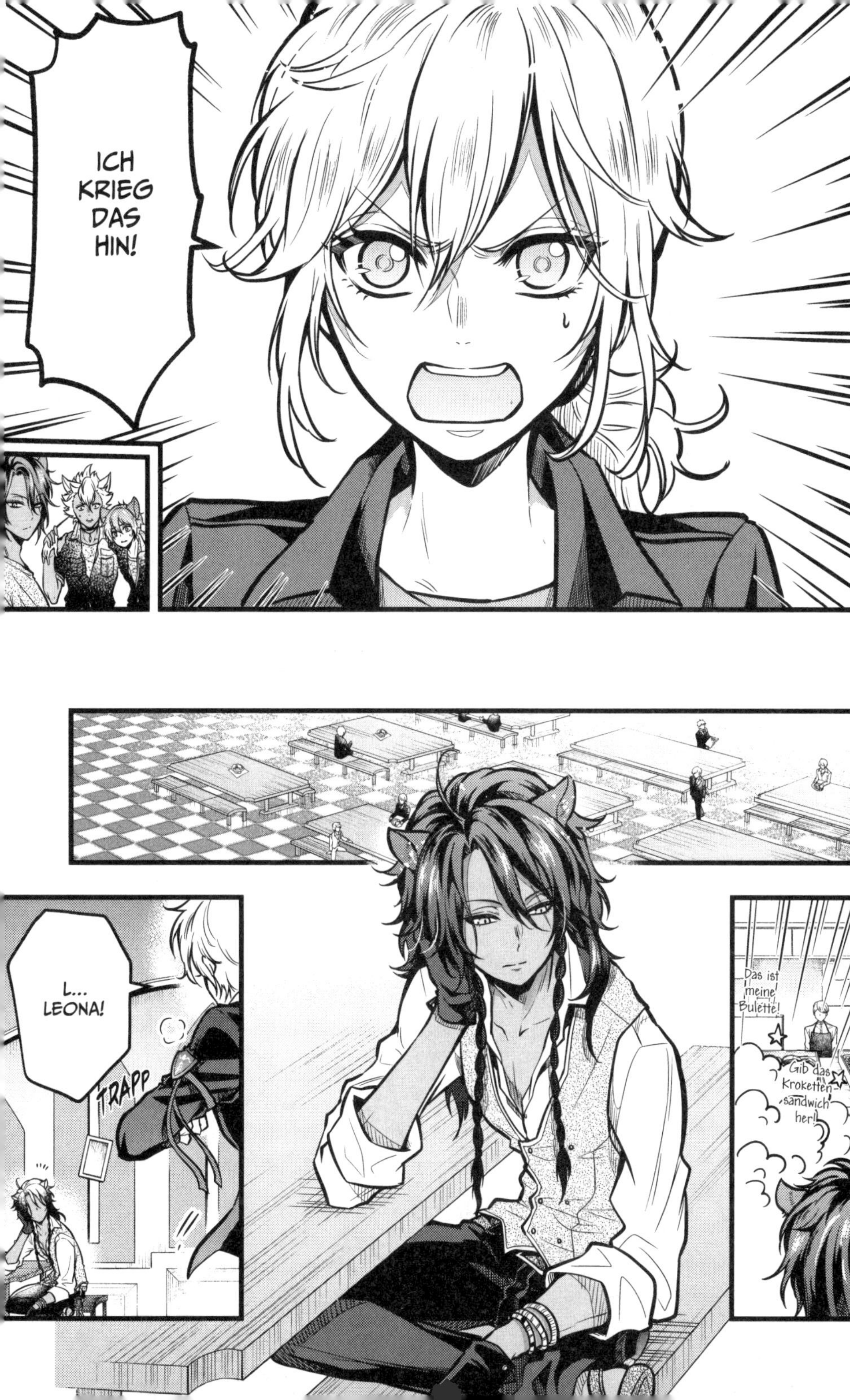
ICH KRIEG DAS HIN!
L... LEONA!
TRAPP
Das ist meine Bulette!
Gib das Kroketten-sandwich her!

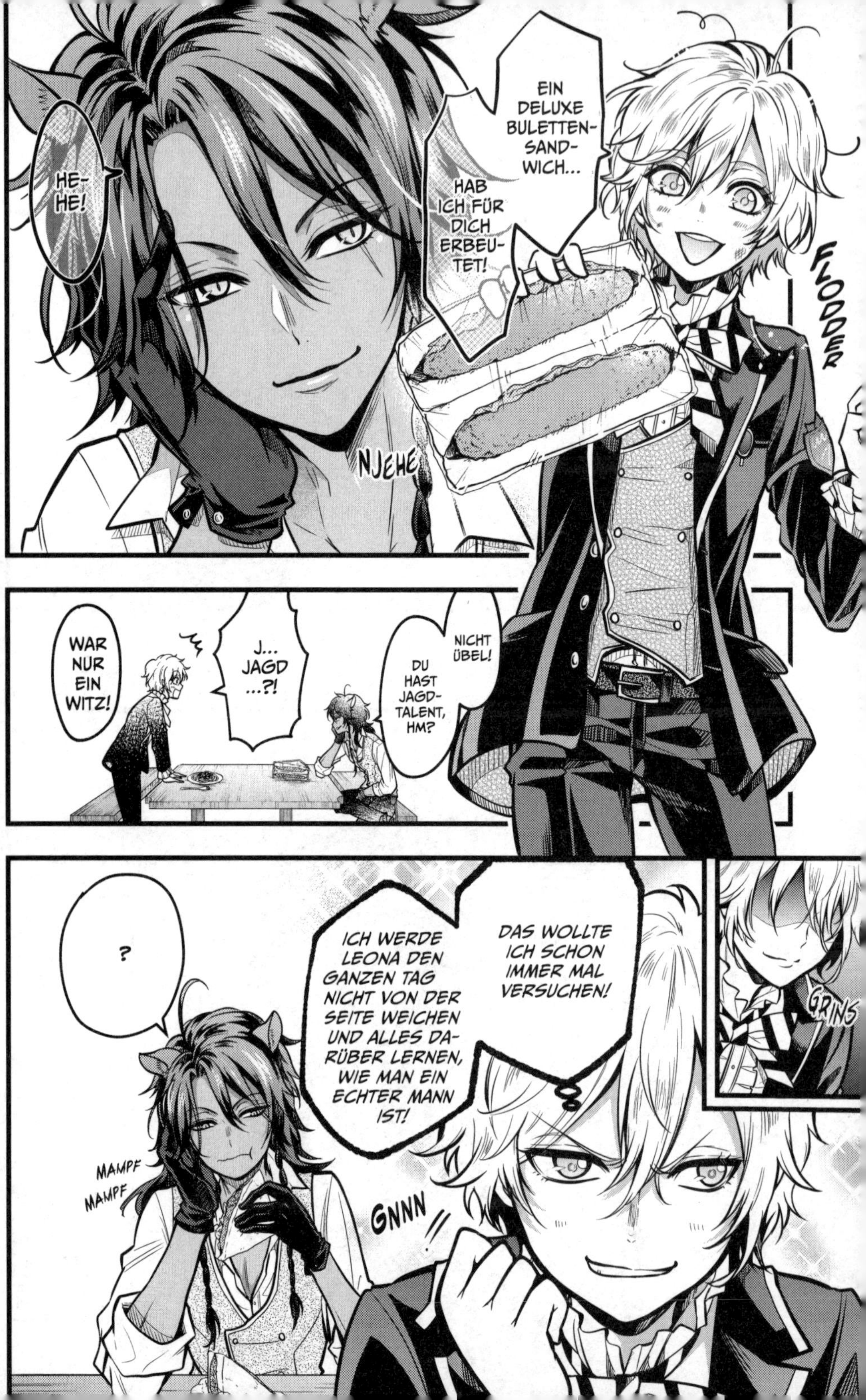
EIN DELUXE BULETTEN-SANDWICH...
HAB ICH FÜR DICH ERBEUTET!
FLODDER
HEHE!
NJEHE
NICHT ÜBEL!
DU HAST JAGDTALENT, HM?
J... JAGD ...?!
WAR NUR EIN WITZ!
DAS WOLLTE ICH SCHON IMMER MAL VERSUCHEN!
GRINS
ICH WERDE LEONA DEN GANZEN TAG NICHT VON DER SEITE WEICHEN UND ALLES DARÜBER LERNEN, WIE MAN EIN ECHTER MANN IST!
GNNN
?
MAMPF MAMPF

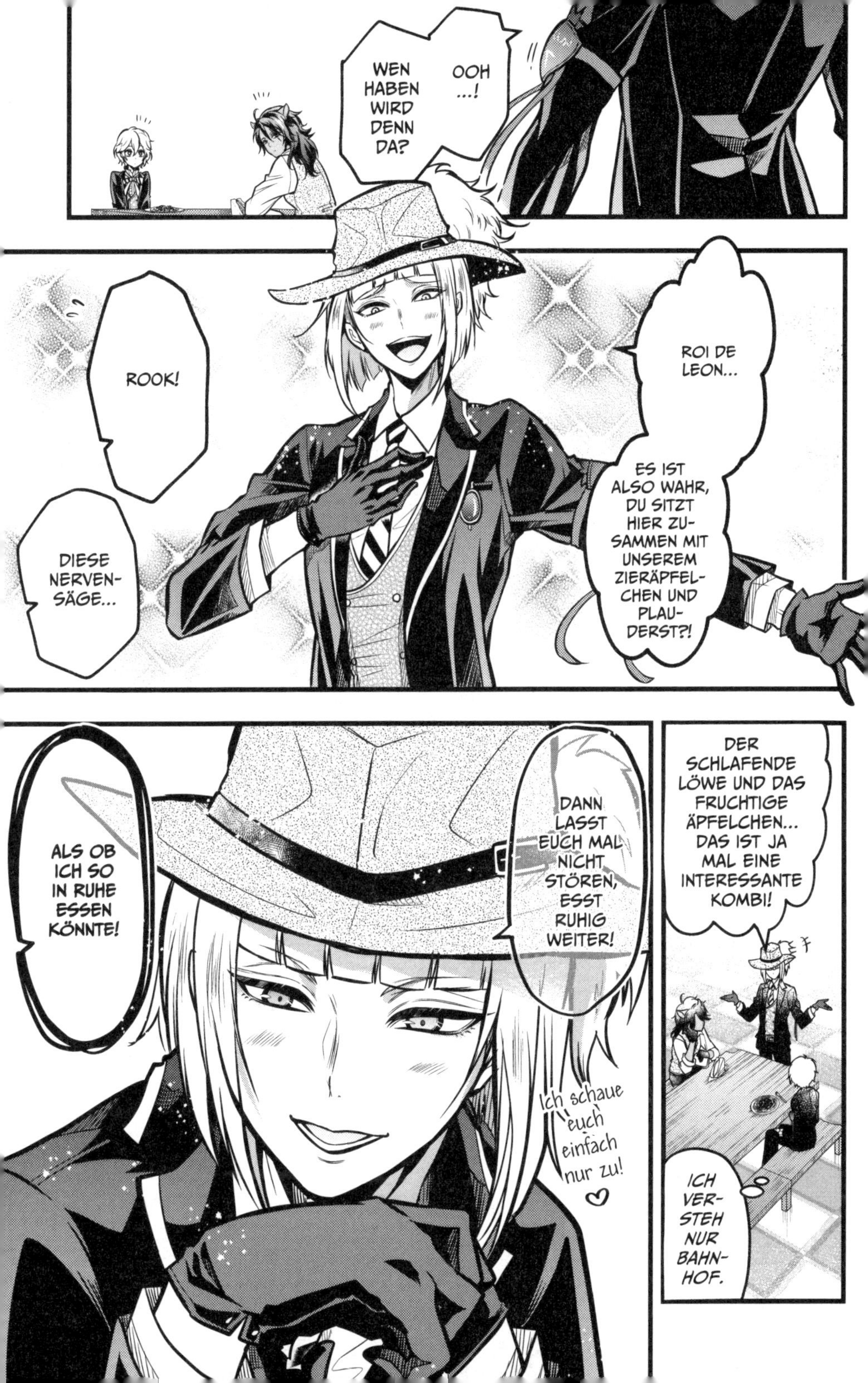

OOH ...!
WEN HABEN WIRD DENN DA?
ROI DE LEON...
ES IST ALSO WAHR, DU SITZT HIER ZUSAMMEN MIT UNSEREM ZIERÄPFELCHEN UND PLAUDERST?!
ROOK!
DIESE NERVENSÄGE...
DER SCHLAFENDE LÖWE UND DAS FRUCHTIGE ÄPFELCHEN... DAS IST JA MAL EINE INTERESSANTE KOMBI!
ICH VERSTEH NUR BAHNHOF.
DANN LASST EUCH MAL NICHT STÖREN, ESST RUHIG WEITER!
Ich schaue euch einfach nur zu! ♡
ALS OB ICH SO IN RUHE ESSEN KÖNNTE!

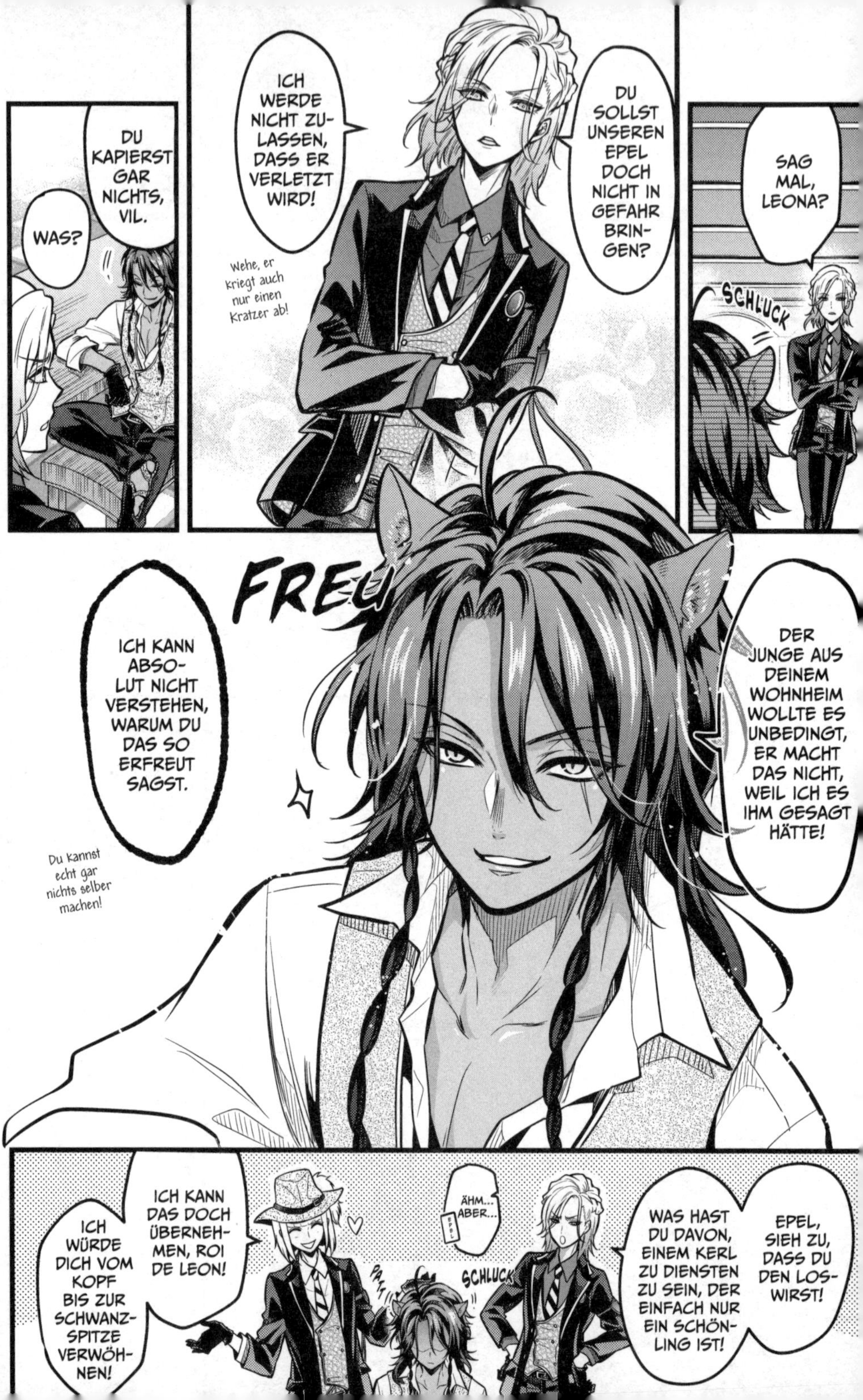
SAG MAL, LEONA?
SCHLUCK
DU SOLLST UNSEREN EPEL DOCH NICHT IN GEFAHR BRINGEN?
ICH WERDE NICHT ZULASSEN, DASS ER VERLETZT WIRD!
Wehe, er kriegt auch nur einen Kratzer ab!
DU KAPIERST GAR NICHTS, VIL.
WAS?
FREU
DER JUNGE AUS DEINEM WOHNHEIM WOLLTE ES UNBEDINGT, ER MACHT DAS NICHT, WEIL ICH ES IHM GESAGT HÄTTE!
ICH KANN ABSOLUT NICHT VERSTEHEN, WARUM DU DAS SO ERFREUT SAGST.
Du kannst echt gar nichts selber machen!
EPEL, SIEH ZU, DASS DU DEN LOSWIRST!
WAS HAST DU DAVON, EINEM KERL ZU DIENSTEN ZU SEIN, DER EINFACH NUR EIN SCHÖNLING IST!
ÄHM... ABER...
EPEL
SCHLUCK
ICH KANN DAS DOCH ÜBERNEHMEN, ROI DE LEON!
ICH WÜRDE DICH VOM KOPF BIS ZUR SCHWANZSPITZE VERWÖHNEN!

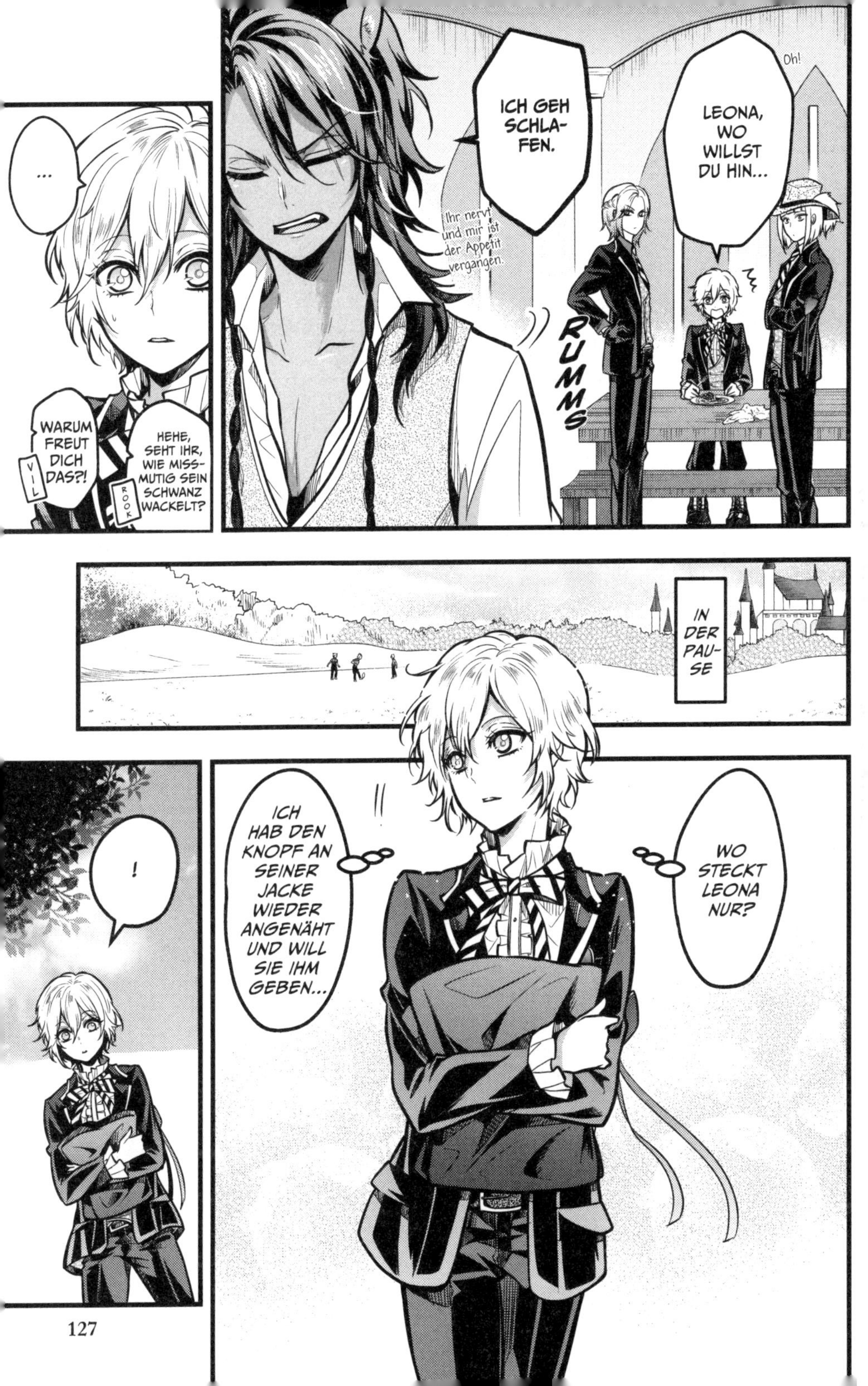
Oh!
LEONA, WO WILLST DU HIN...
ICH GEH SCHLA-FEN.
Ihr nervt und mir ist der Appetit vergangen.
RUMMS
...
HEHE, SEHT IHR, WIE MISS-MUTIG SEIN SCHWANZ WACKELT?
ROOK
WARUM FREUT DICH DAS?!
VIL
IN DER PAU-SE
WO STECKT LEONA NUR?
ICH HAB DEN KNOPF AN SEINER JACKE WIEDER ANGENÄHT UND WILL SIE IHM GEBEN...
!

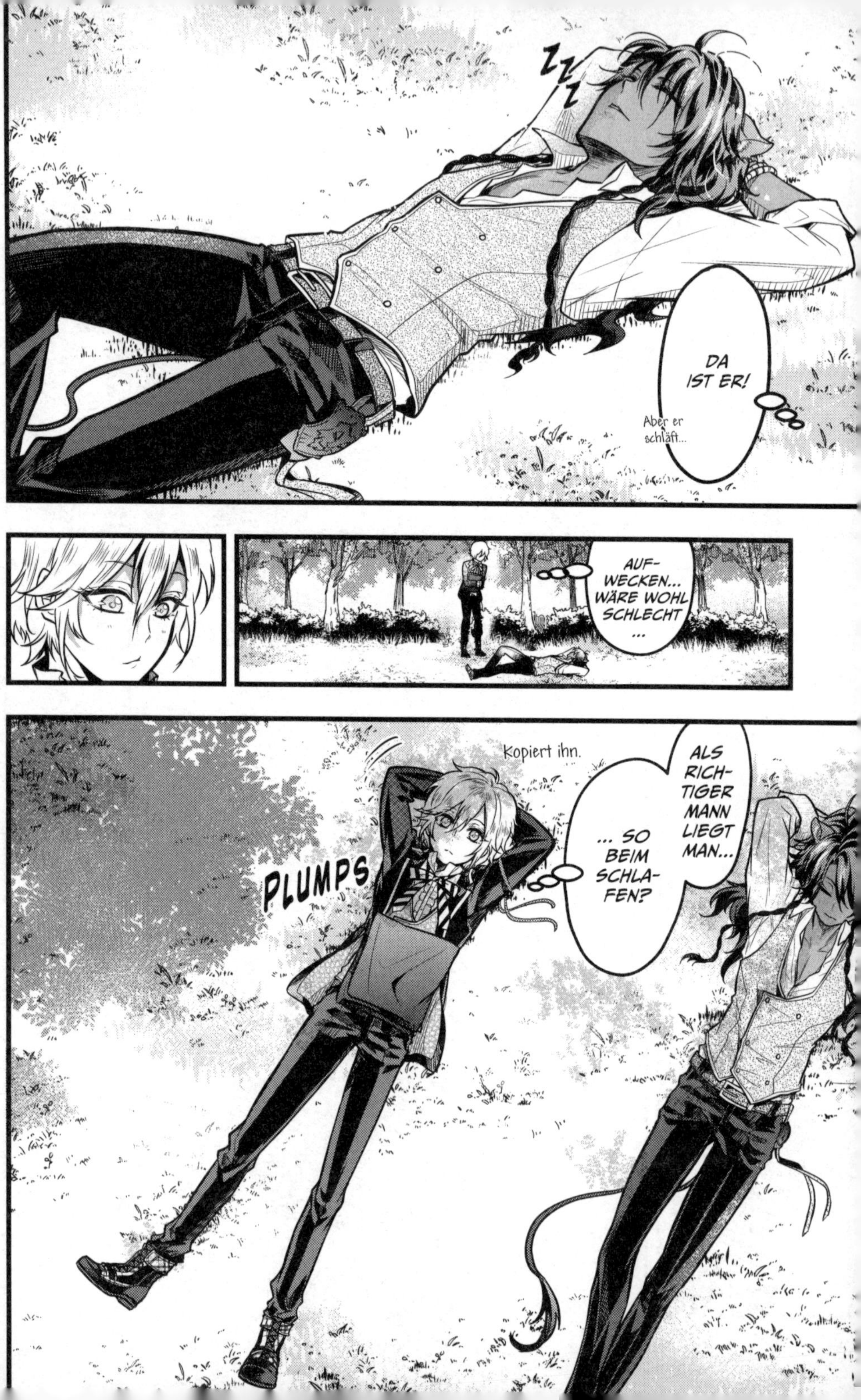
DA IST ER!
Aber er schläft...
AUF-WECKEN... WÄRE WOHL SCHLECHT ...
Kopiert ihn.
ALS RICHTIGER MANN LIEGT MAN...
... SO BEIM SCHLAFEN?
PLUMPS

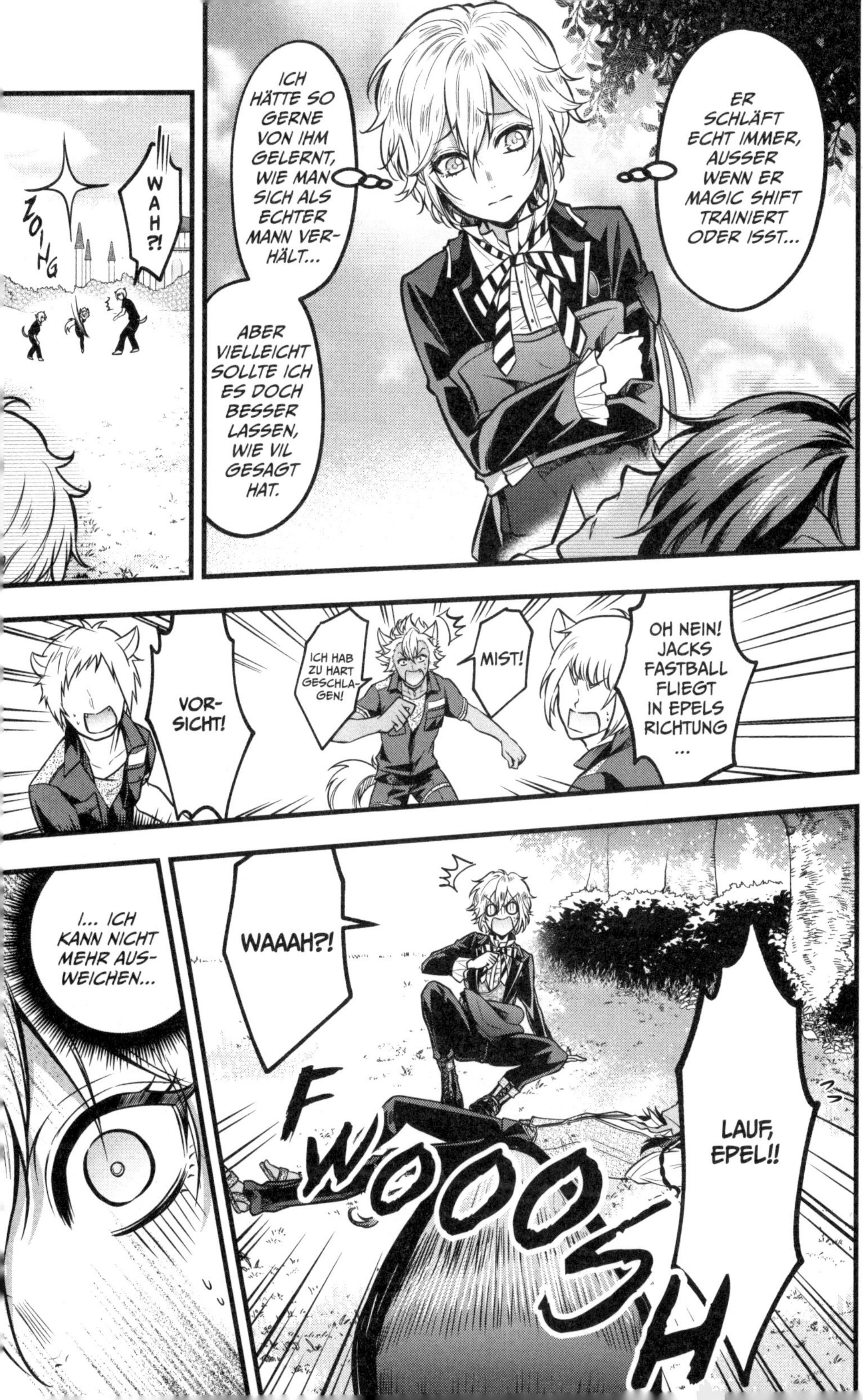
ER SCHLÄFT ECHT IMMER, AUSSER WENN ER MAGIC SHIFT TRAINIERT ODER ISST...
ICH HÄTTE SO GERNE VON IHM GELERNT, WIE MAN SICH ALS ECHTER MANN VERHÄLT...
ABER VIELLEICHT SOLLTE ICH ES DOCH BESSER LASSEN, WIE VIL GESAGT HAT.
WAH?!
ZOING
OH NEIN! JACKS FASTBALL FLIEGT IN EPELS RICHTUNG ...
MIST!
ICH HAB ZU HART GESCHLAGEN!
VORSICHT!
LAUF, EPEL!!
WAAAH?!
FWOOOSH
I... ICH KANN NICHT MEHR AUSWEICHEN...

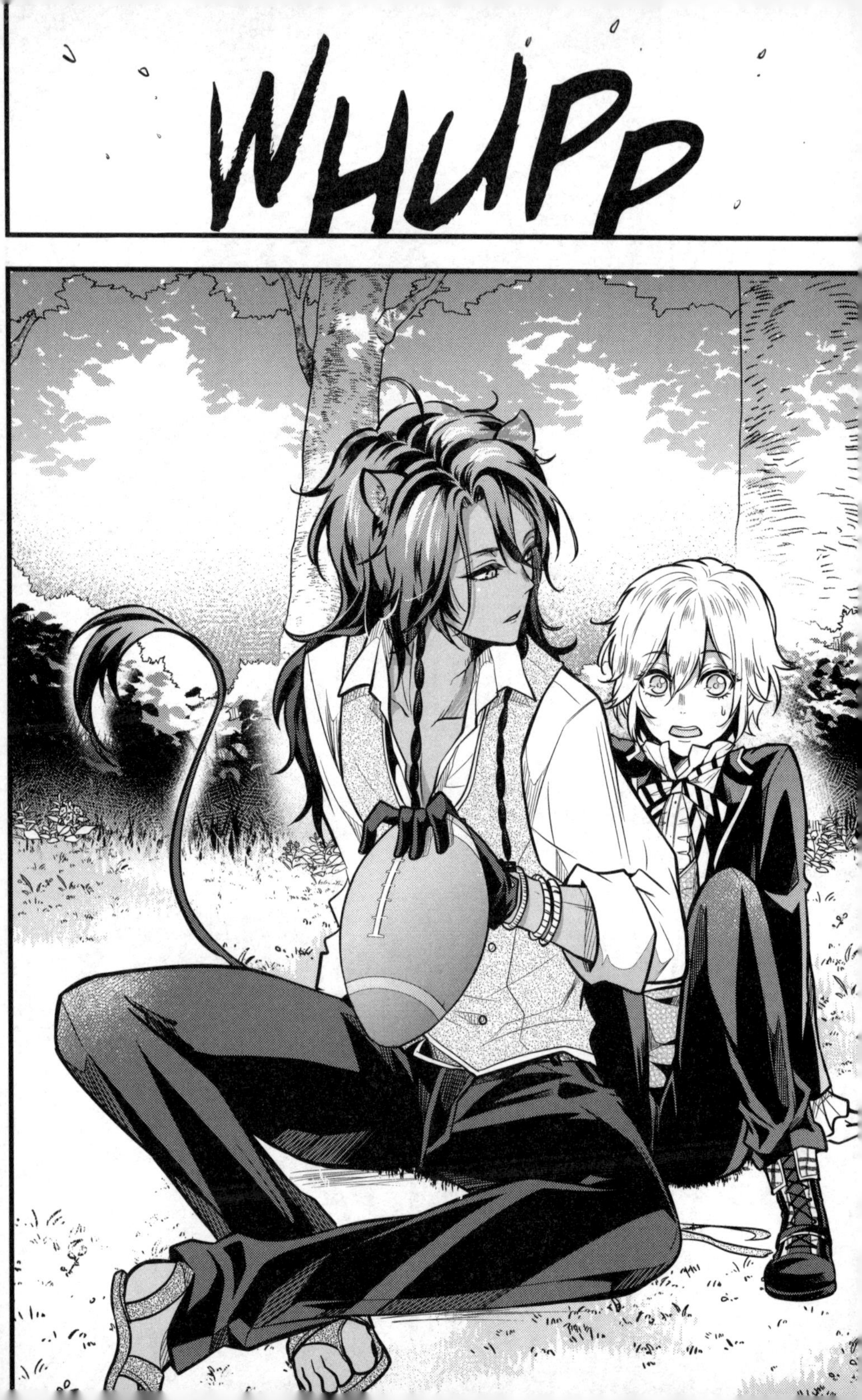
WHUPP

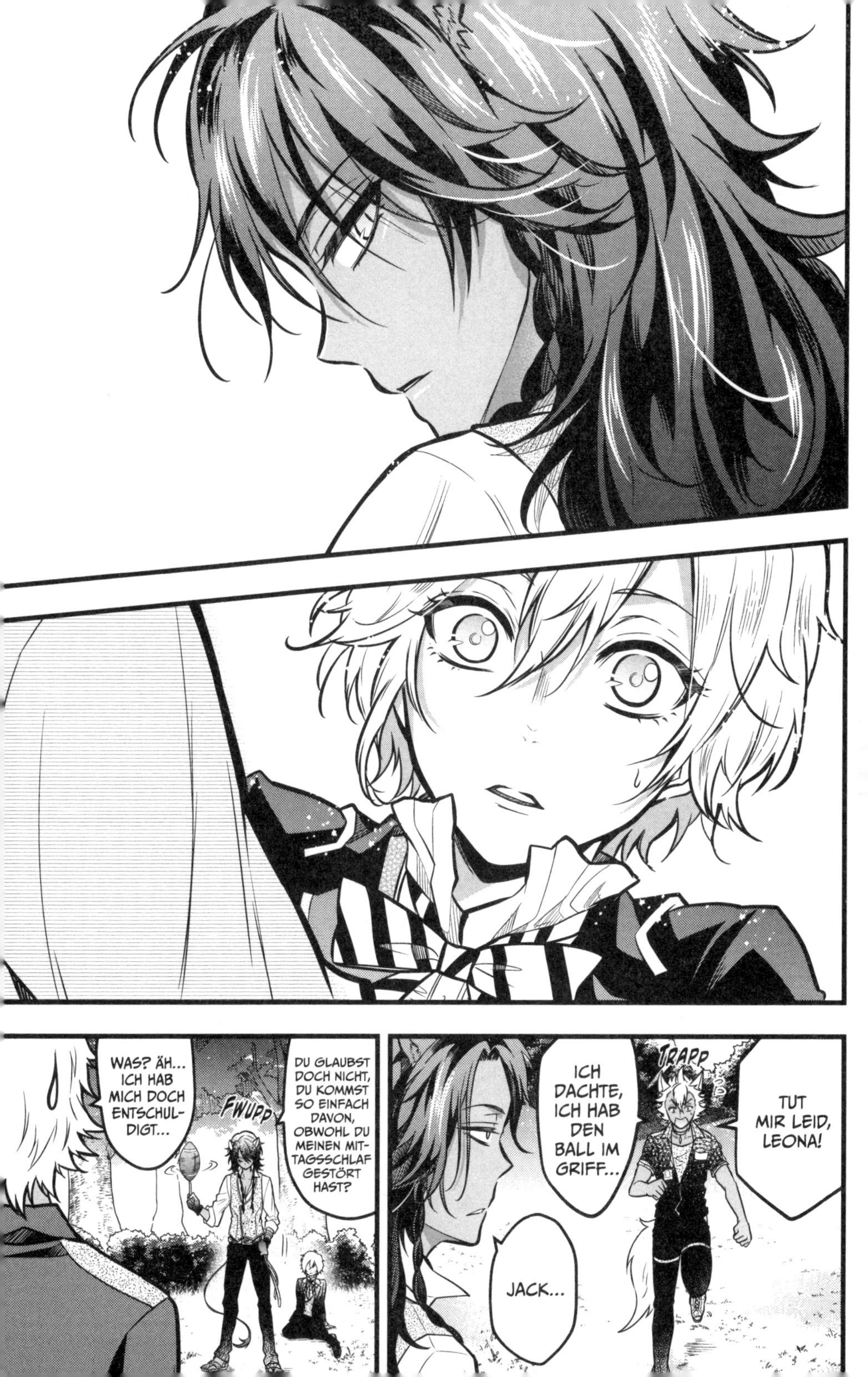
TUT MIR LEID, LEONA!
TRAPP
ICH DACHTE, ICH HAB DEN BALL IM GRIFF...
JACK...
DU GLAUBST DOCH NICHT, DU KOMMST SO EINFACH DAVON, OBWOHL DU MEINEN MITTAGSSCHLAF GESTÖRT HAST?
FWUPP
WAS? ÄH... ICH HAB MICH DOCH ENTSCHULDIGT...

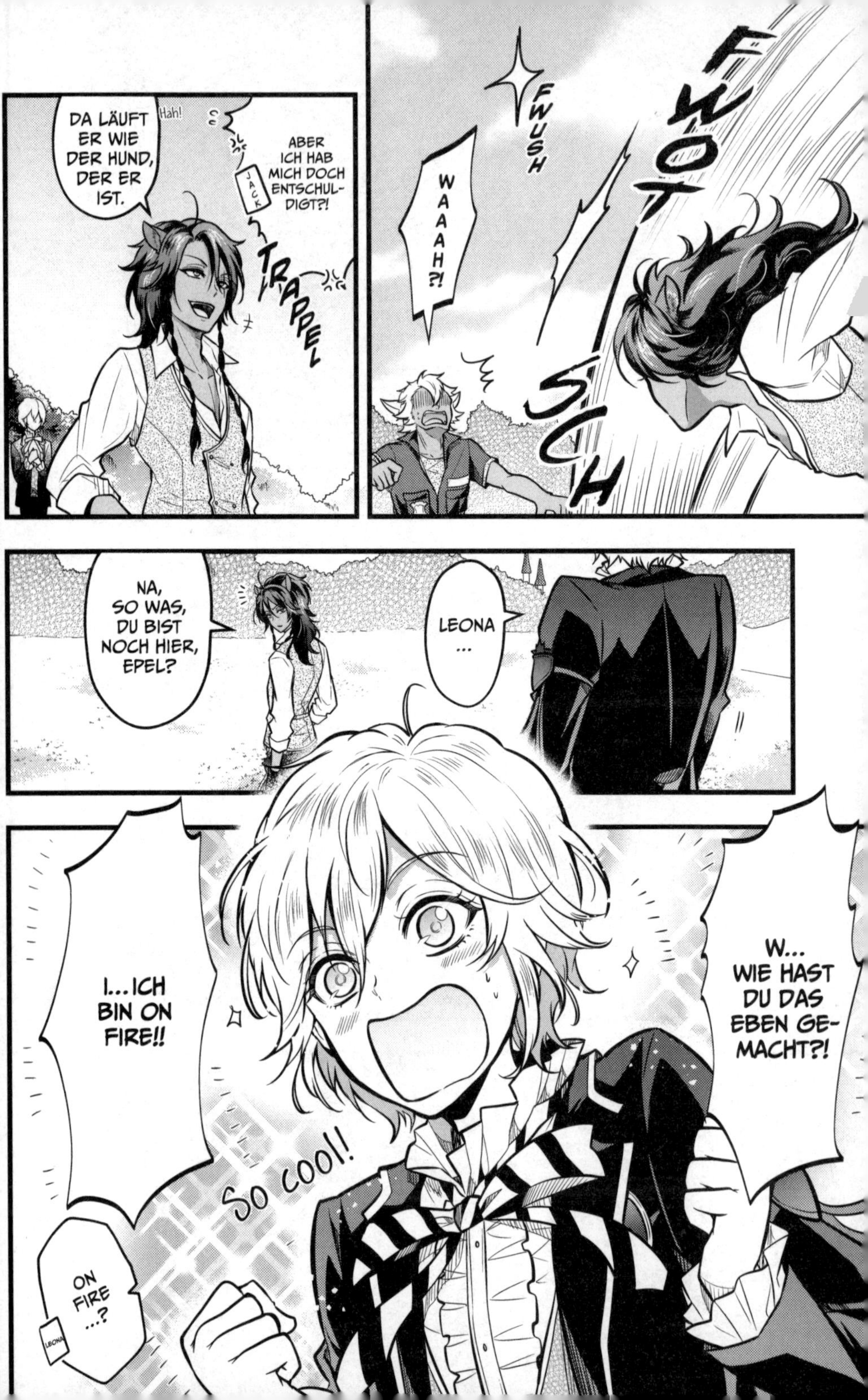

FWOT
FWUSH
WAAAAH?!
SCH
DA LÄUFT ER WIE DER HUND, DER ER IST.
Hah!
JACK
ABER ICH HAB MICH DOCH ENTSCHULDIGT?!
TRAPPEL
LEONA …
NA, SO WAS, DU BIST NOCH HIER, EPEL?
W… WIE HAST DU DAS EBEN GEMACHT?!
I…ICH BIN ON FIRE!!
SO COOL!!
ON FIRE …?
LEONA

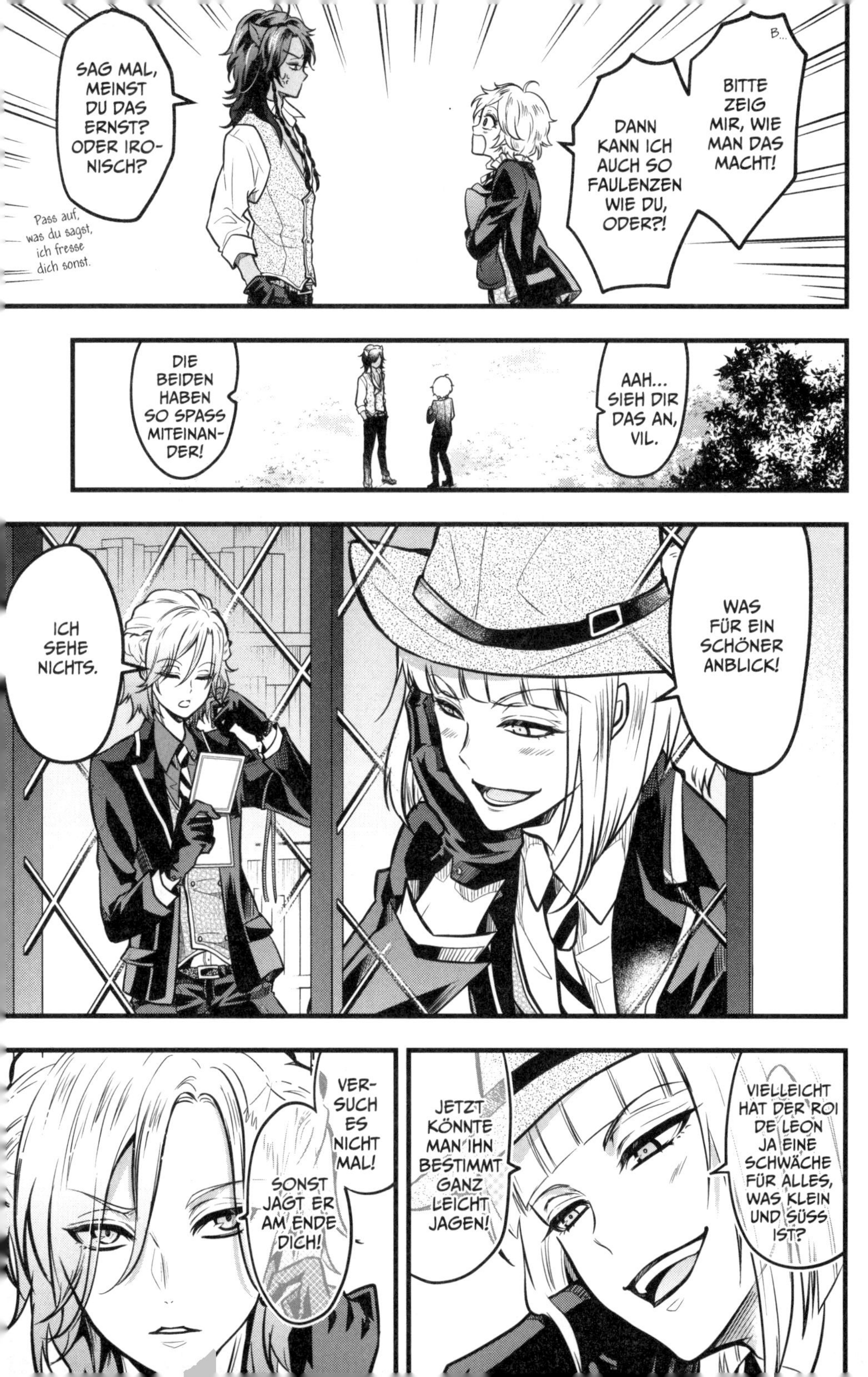
B...
BITTE ZEIG MIR, WIE MAN DAS MACHT!
DANN KANN ICH AUCH SO FAULENZEN WIE DU, ODER?!
SAG MAL, MEINST DU DAS ERNST? ODER IRONISCH?
Pass auf, was du sagst, ich fresse dich sonst.
AAH... SIEH DIR DAS AN, VIL.
DIE BEIDEN HABEN SO SPASS MITEINANDER!
WAS FÜR EIN SCHÖNER ANBLICK!
ICH SEHE NICHTS.
VIELLEICHT HAT DER ROI DE LEON JA EINE SCHWÄCHE FÜR ALLES, WAS KLEIN UND SÜSS IST?
JETZT KÖNNTE MAN IHN BESTIMMT GANZ LEICHT JAGEN!
VERSUCH ES NICHT MAL!
SONST JAGT ER AM ENDE DICH!

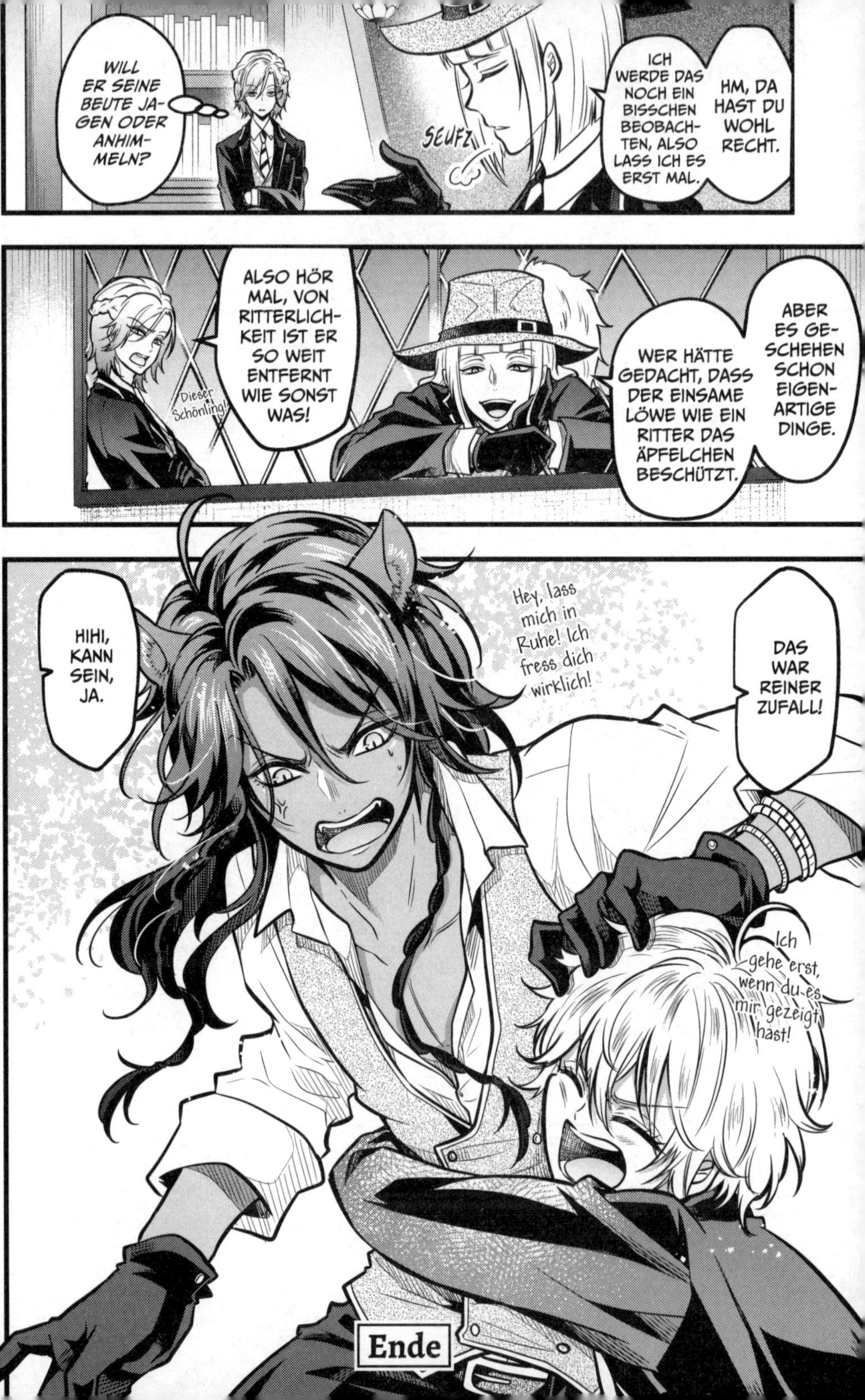
HM, DA HAST DU WOHL RECHT.
ICH WERDE DAS NOCH EIN BISSCHEN BEOBACHTEN, ALSO LASS ICH ES ERST MAL.
SEUFZ
WILL ER SEINE BEUTE JAGEN ODER ANHIMMELN?
ABER ES GESCHEHEN SCHON EIGENARTIGE DINGE.
WER HÄTTE GEDACHT, DASS DER EINSAME LÖWE WIE EIN RITTER DAS ÄPFELCHEN BESCHÜTZT.
ALSO HÖR MAL, VON RITTERLICHKEIT IST ER SO WEIT ENTFERNT WIE SONST WAS!
Dieser Schönling!
DAS WAR REINER ZUFALL!
Hey, lass mich in Ruhe! Ich fress dich wirklich!
HIHI, KANN SEIN, JA.
Ich gehe erst, wenn du es mir gezeigt hast!
Ende

Disney

TWISTED WONDERLAND

DIE ANTHOLOGIE

Disney

Twisted Wonderland

Die Anthologie

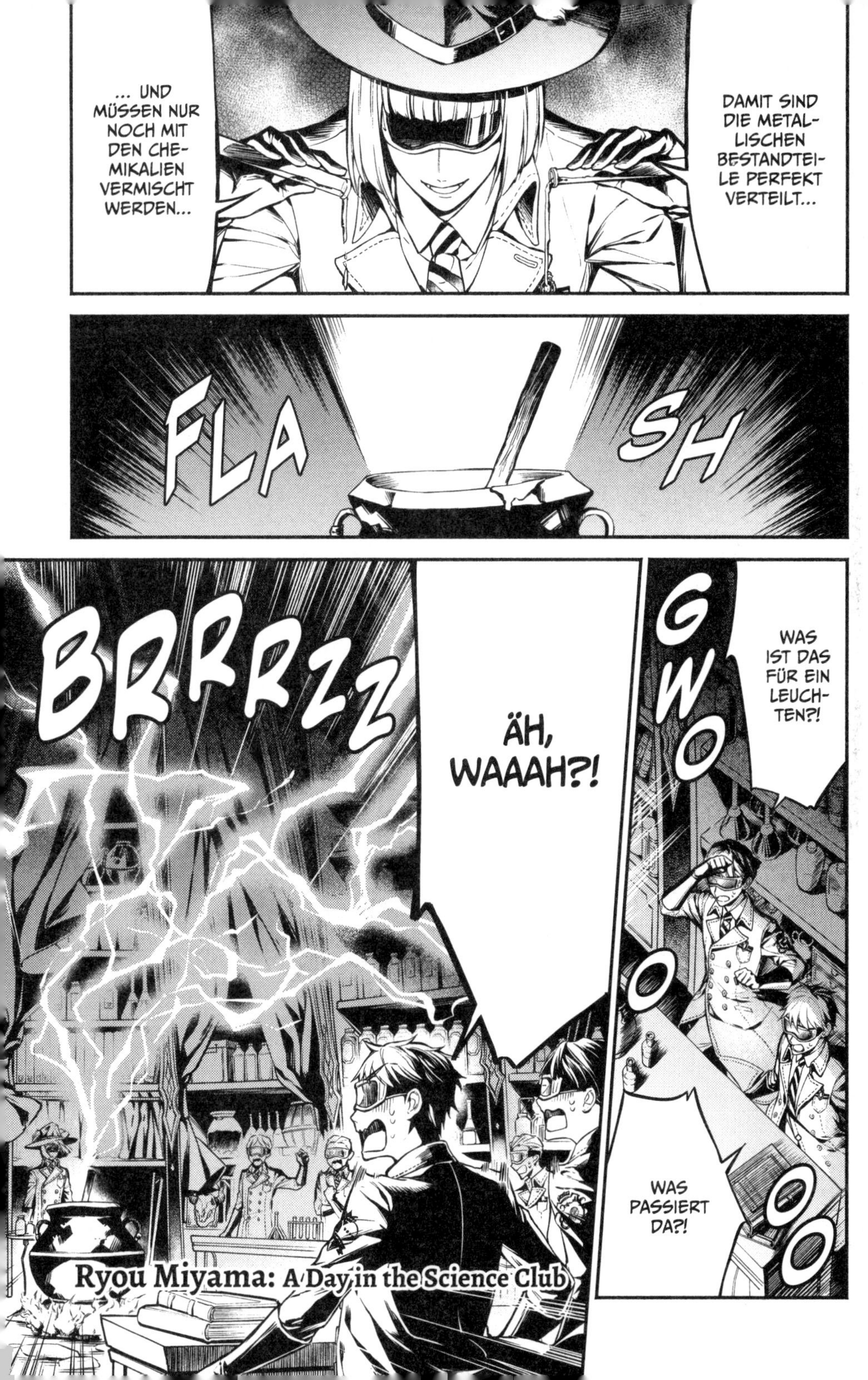
DAMIT SIND DIE METALLISCHEN BESTANDTEILE PERFEKT VERTEILT…
… UND MÜSSEN NUR NOCH MIT DEN CHEMIKALIEN VERMISCHT WERDEN…
FLASH
GWOOOO
WAS IST DAS FÜR EIN LEUCHTEN?!
WAS PASSIERT DA?!
ÄH, WAAAH?!
BRRRZZZ
Ryou Miyama: A Day in the Science Club

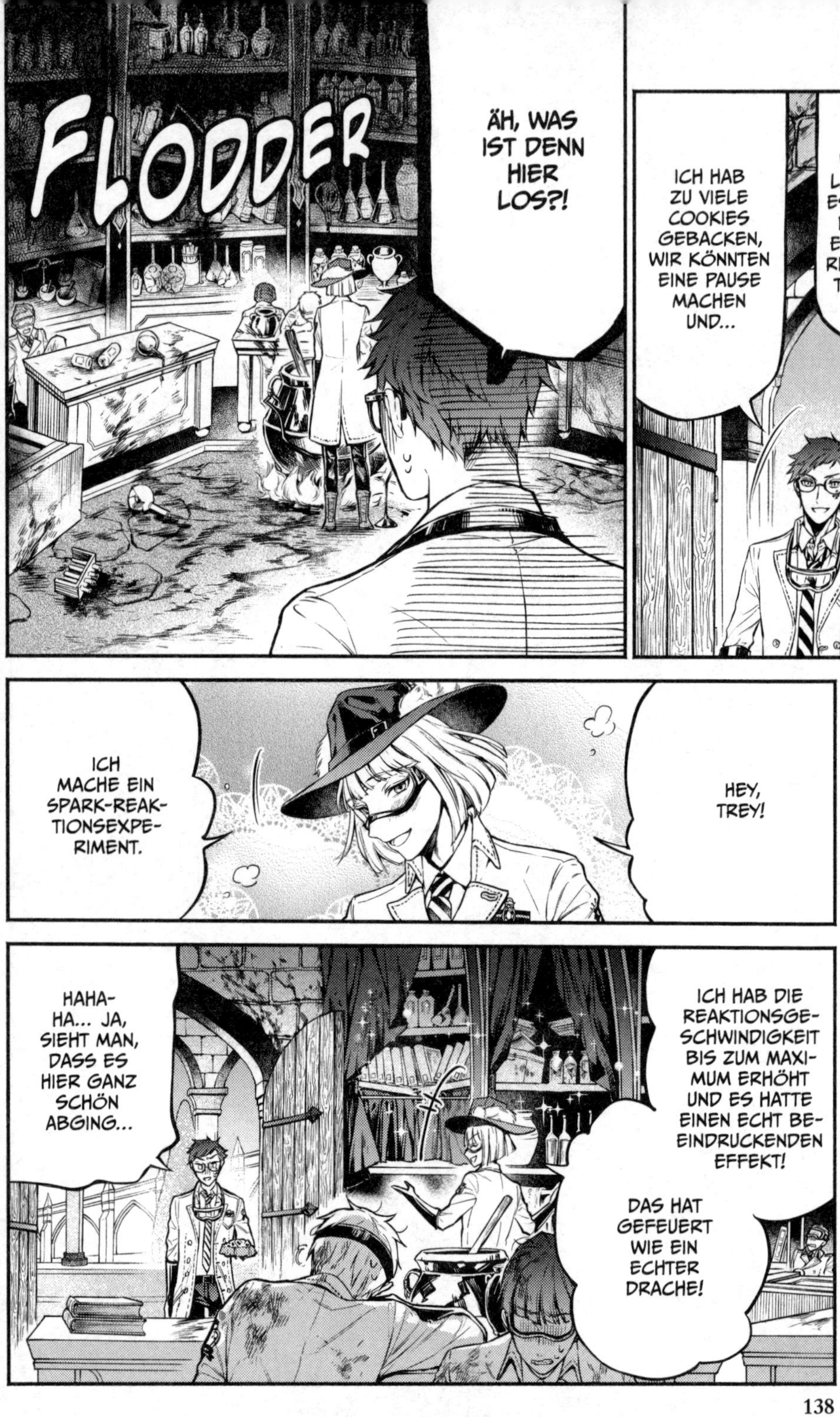
WIE LÄUFT ES MIT DEN EXPERIMENTEN?
ICH HAB ZU VIELE COOKIES GEBACKEN, WIR KÖNNTEN EINE PAUSE MACHEN UND...
FLODDER
ÄH, WAS IST DENN HIER LOS?!
HEY, TREY!
ICH MACHE EIN SPARK-REAKTIONSEXPERIMENT.
ICH HAB DIE REAKTIONSGESCHWINDIGKEIT BIS ZUM MAXIMUM ERHÖHT UND ES HATTE EINEN ECHT BEEINDRUCKENDEN EFFEKT!
DAS HAT GEFEUERT WIE EIN ECHTER DRACHE!
HAHAHA... JA, SIEHT MAN, DASS ES HIER GANZ SCHÖN ABGING...

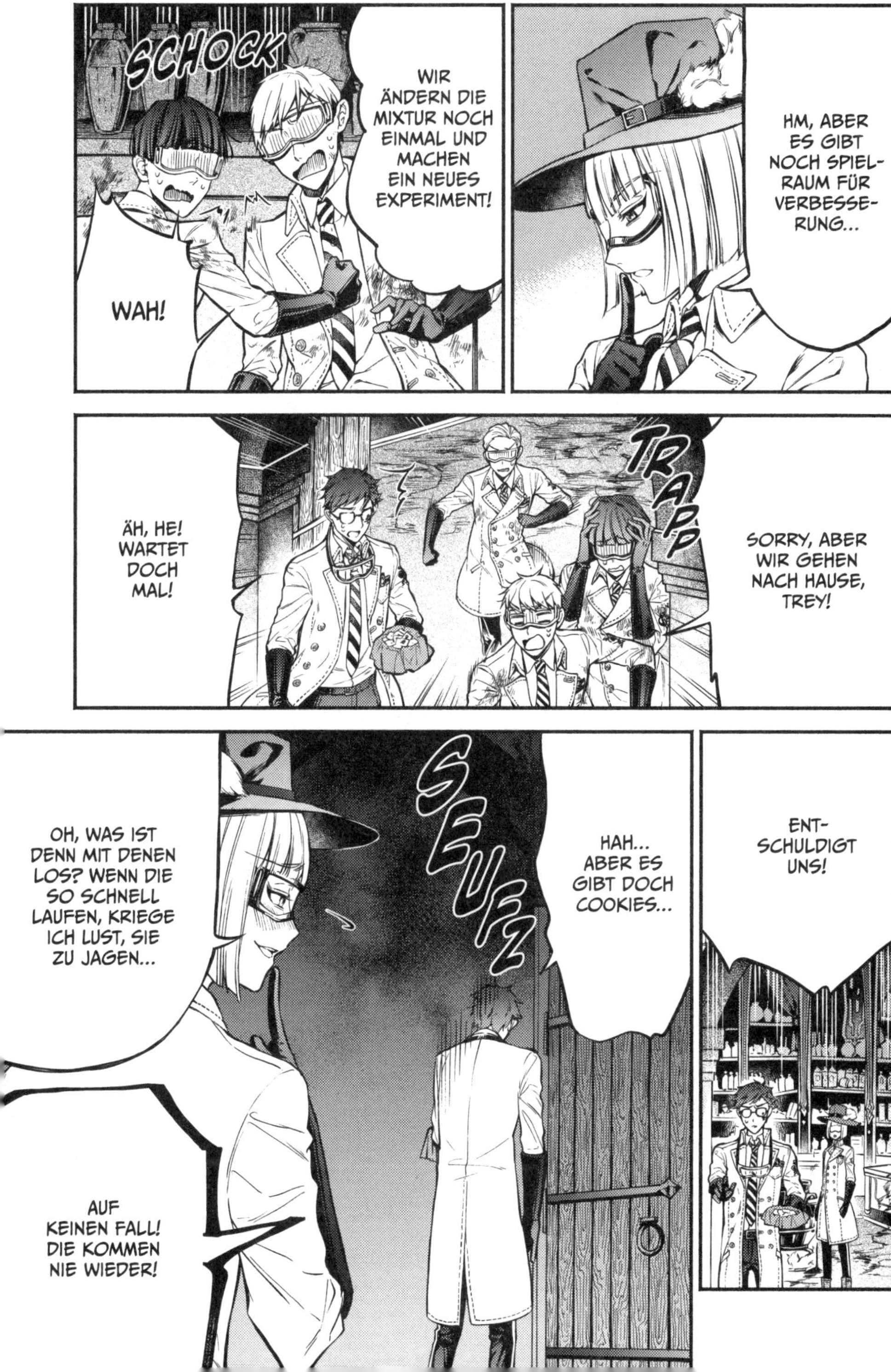
HM, ABER ES GIBT NOCH SPIEL-RAUM FÜR VERBESSE-RUNG...
WIR ÄNDERN DIE MIXTUR NOCH EINMAL UND MACHEN EIN NEUES EXPERIMENT!
SCHOCK
WAH!
SORRY, ABER WIR GEHEN NACH HAUSE, TREY!
TRAPP
ÄH, HE! WARTET DOCH MAL!
ENT-SCHULDIGT UNS!
HAH... ABER ES GIBT DOCH COOKIES...
SEUFZ
OH, WAS IST DENN MIT DENEN LOS? WENN DIE SO SCHNELL LAUFEN, KRIEGE ICH LUST, SIE ZU JAGEN...
AUF KEINEN FALL! DIE KOMMEN NIE WIEDER!

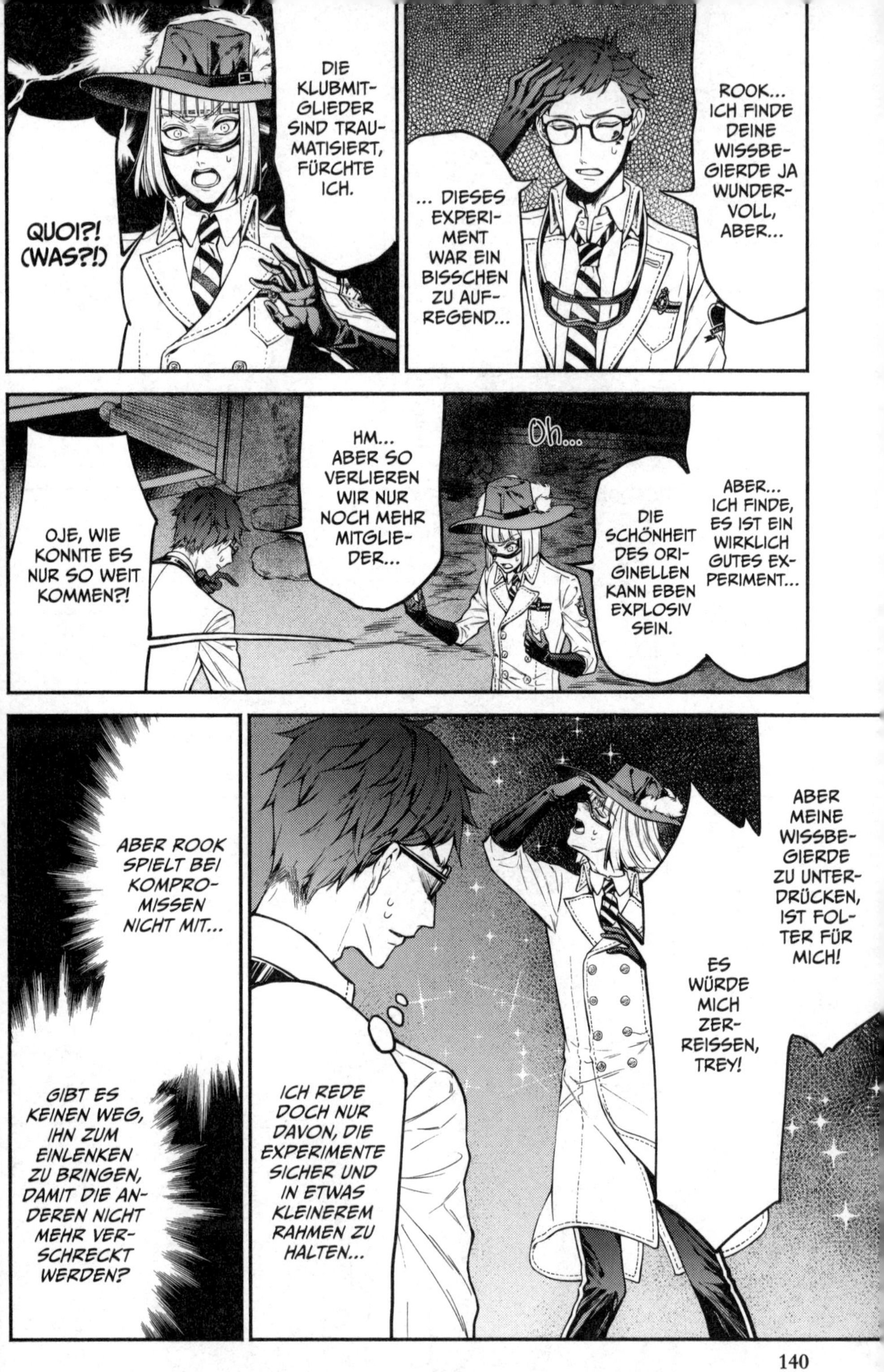
ROOK... ICH FINDE DEINE WISSBEGIERDE JA WUNDERVOLL, ABER...
... DIESES EXPERIMENT WAR EIN BISSCHEN ZU AUFREGEND...
QUOI?! (WAS?!)
DIE KLUBMITGLIEDER SIND TRAUMATISIERT, FÜRCHTE ICH.
Oh...
ABER... ICH FINDE, ES IST EIN WIRKLICH GUTES EXPERIMENT...
DIE SCHÖNHEIT DES ORIGINELLEN KANN EBEN EXPLOSIV SEIN.
HM... ABER SO VERLIEREN WIR NUR NOCH MEHR MITGLIEDER...
OJE, WIE KONNTE ES NUR SO WEIT KOMMEN?!
ABER MEINE WISSBEGIERDE ZU UNTERDRÜCKEN, IST FOLTER FÜR MICH!
ES WÜRDE MICH ZERREISSEN, TREY!
ICH REDE DOCH NUR DAVON, DIE EXPERIMENTE SICHER UND IN ETWAS KLEINEREM RAHMEN ZU HALTEN...
ABER ROOK SPIELT BEI KOMPROMISSEN NICHT MIT...
GIBT ES KEINEN WEG, IHN ZUM EINLENKEN ZU BRINGEN, DAMIT DIE ANDEREN NICHT MEHR VERSCHRECKT WERDEN?

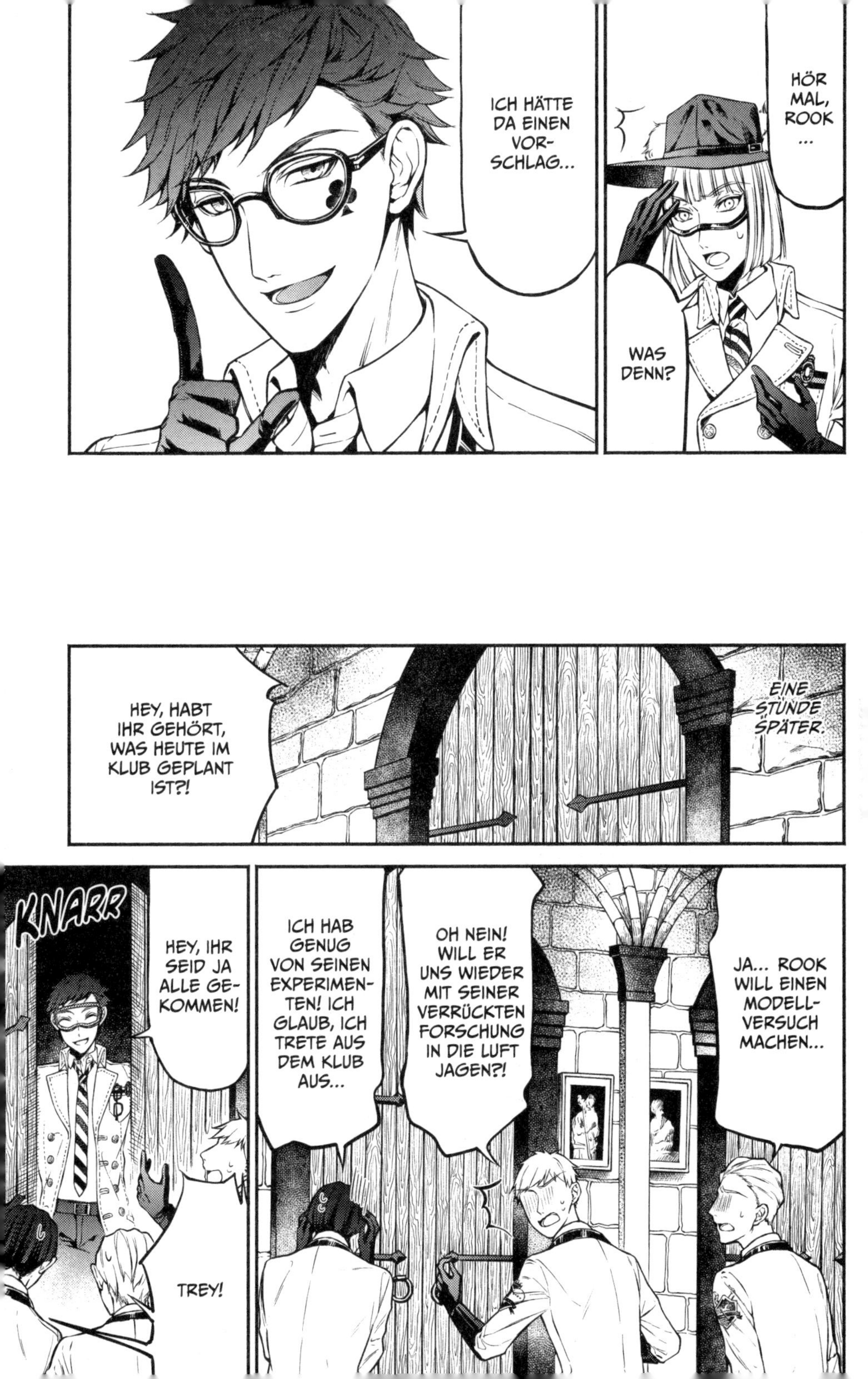
HÖR MAL, ROOK ...
WAS DENN?
ICH HÄTTE DA EINEN VOR-SCHLAG...
EINE STUNDE SPÄTER.
HEY, HABT IHR GEHÖRT, WAS HEUTE IM KLUB GEPLANT IST?!
JA... ROOK WILL EINEN MODELL-VERSUCH MACHEN...
OH NEIN! WILL ER UNS WIEDER MIT SEINER VERRÜCKTEN FORSCHUNG IN DIE LUFT JAGEN?!
ICH HAB GENUG VON SEINEN EXPERIMENTEN! ICH GLAUB, ICH TRETE AUS DEM KLUB AUS...
KNARR
HEY, IHR SEID JA ALLE GE-KOMMEN!
TREY!

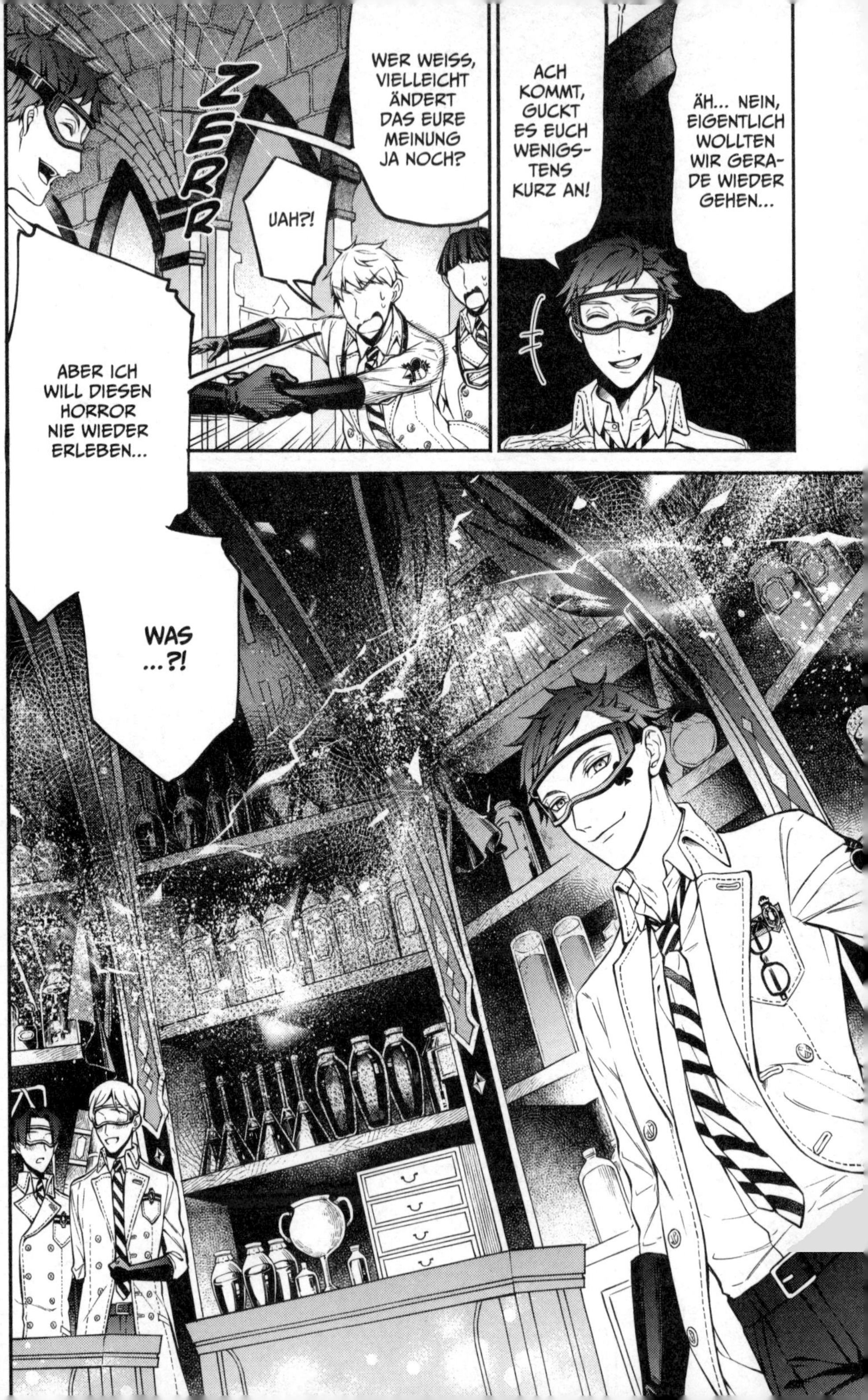
ÄH... NEIN, EIGENTLICH WOLLTEN WIR GERADE WIEDER GEHEN...
ACH KOMMT, GUCKT ES EUCH WENIGSTENS KURZ AN!
WER WEISS, VIELLEICHT ÄNDERT DAS EURE MEINUNG JA NOCH?
ZERR
UAH?!
ABER ICH WILL DIESEN HORROR NIE WIEDER ERLEBEN...
WAS ...?!

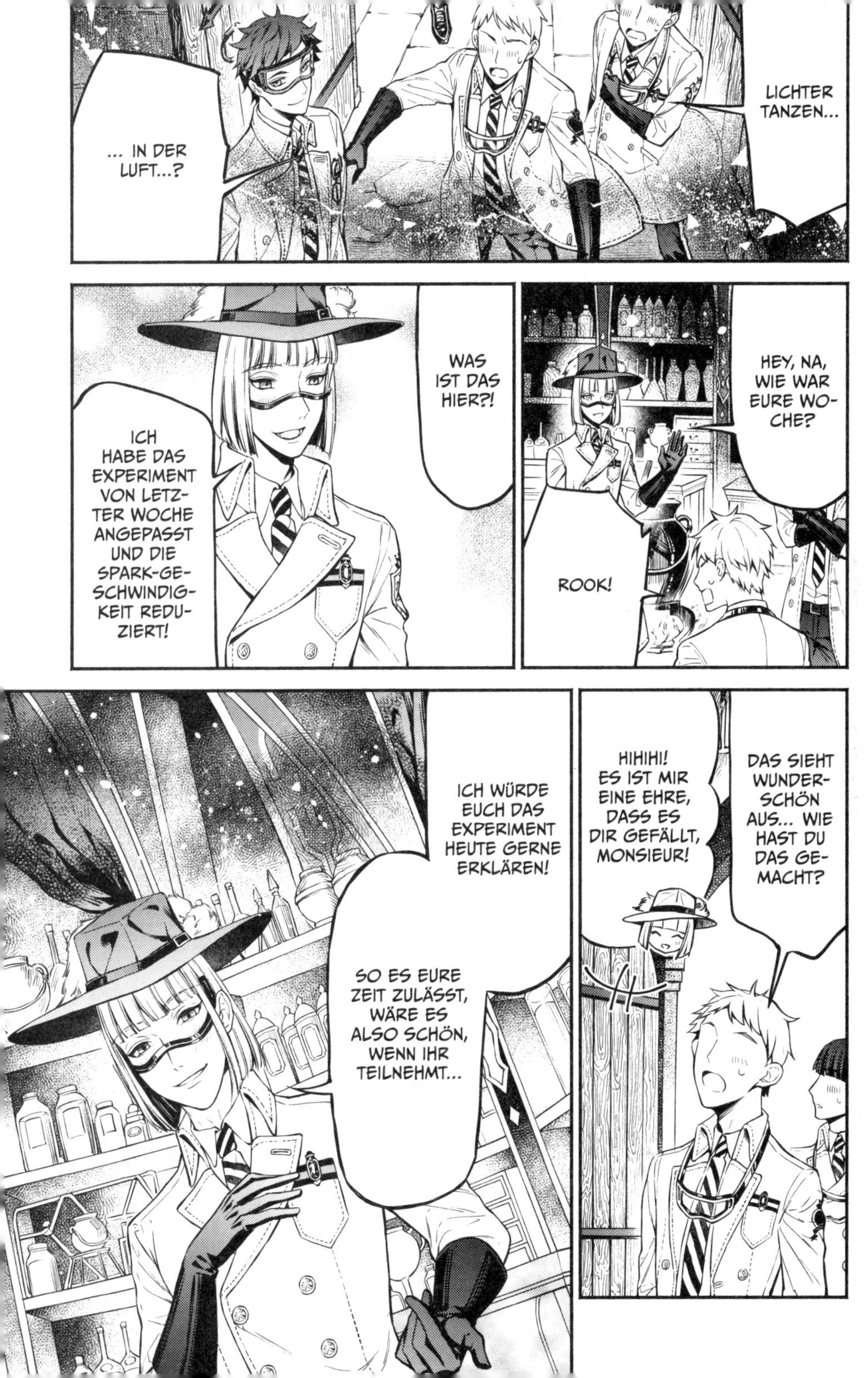
LICHTER TANZEN...
... IN DER LUFT...?
HEY, NA, WIE WAR EURE WOCHE?
ROOK!
WAS IST DAS HIER?!
ICH HABE DAS EXPERIMENT VON LETZTER WOCHE ANGEPASST UND DIE SPARK-GESCHWINDIGKEIT REDUZIERT!
DAS SIEHT WUNDERSCHÖN AUS... WIE HAST DU DAS GEMACHT?
HIHIHI! ES IST MIR EINE EHRE, DASS ES DIR GEFÄLLT, MONSIEUR!
ICH WÜRDE EUCH DAS EXPERIMENT HEUTE GERNE ERKLÄREN!
SO ES EURE ZEIT ZULÄSST, WÄRE ES ALSO SCHÖN, WENN IHR TEILNEHMT...

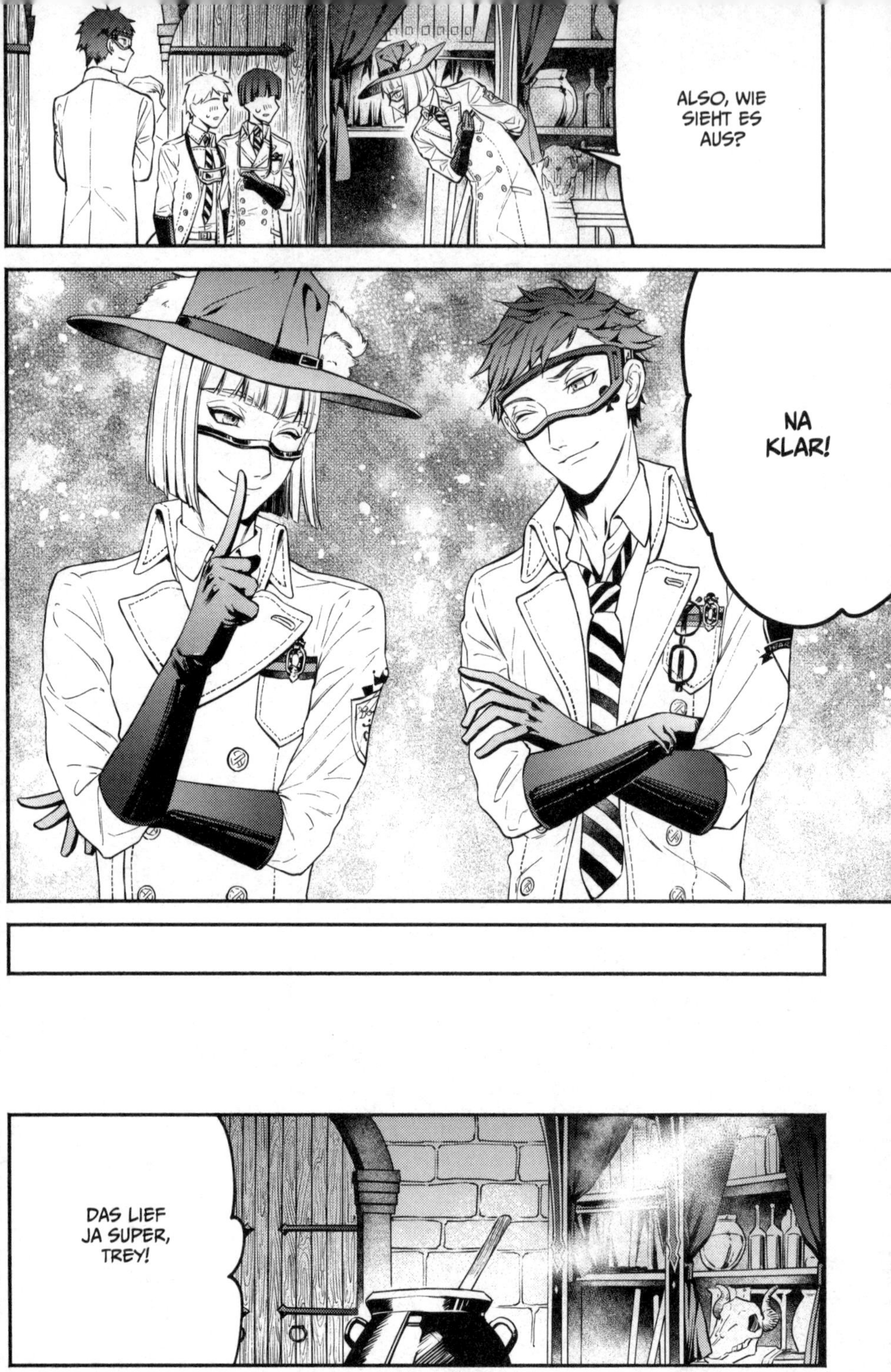
ALSO, WIE SIEHT ES AUS?
NA KLAR!
DAS LIEF JA SUPER, TREY!

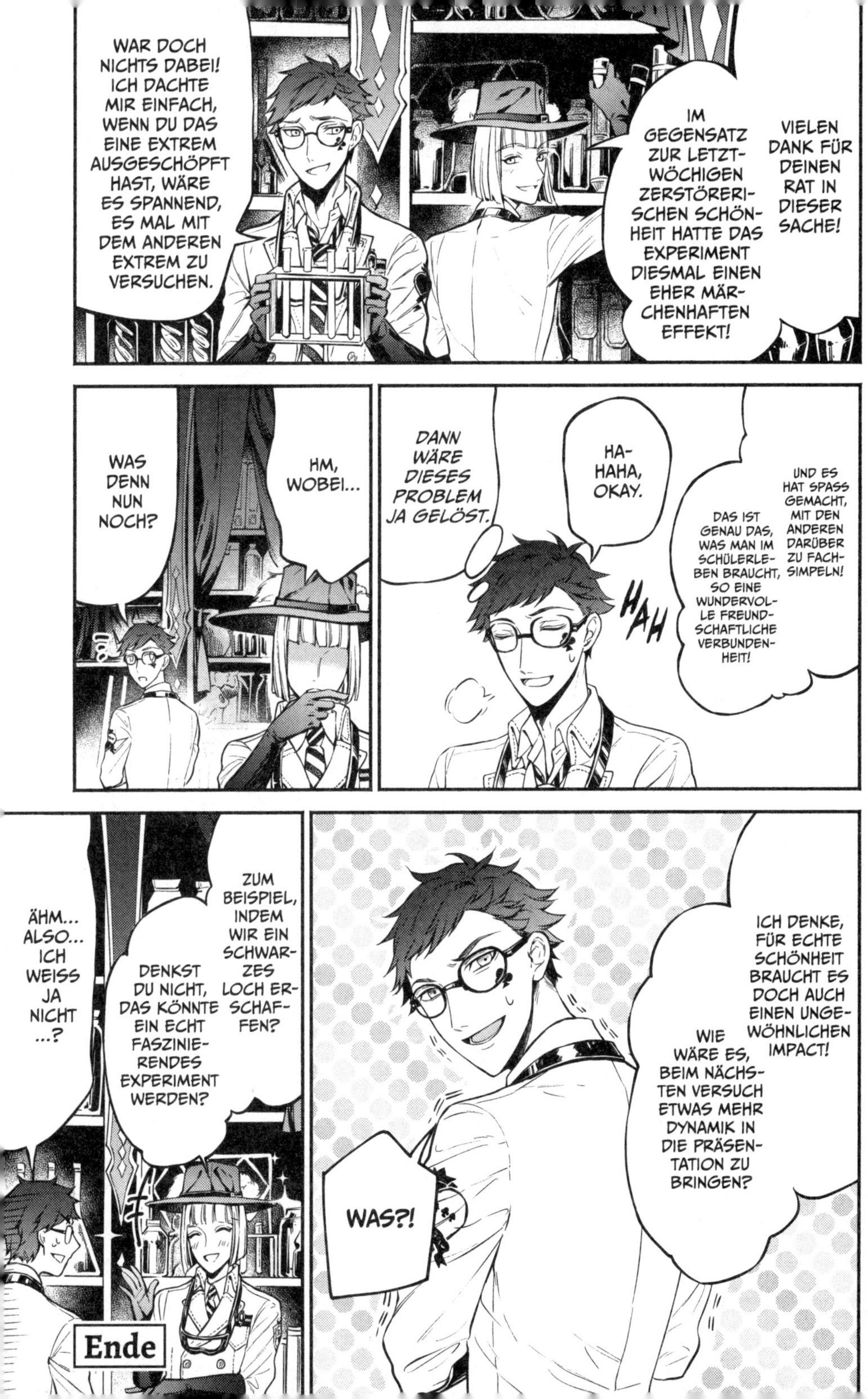
VIELEN DANK FÜR DEINEN RAT IN DIESER SACHE!
IM GEGENSATZ ZUR LETZT-WÖCHIGEN ZERSTÖRERI-SCHEN SCHÖN-HEIT HATTE DAS EXPERIMENT DIESMAL EINEN EHER MÄR-CHENHAFTEN EFFEKT!
WAR DOCH NICHTS DABEI! ICH DACHTE MIR EINFACH, WENN DU DAS EINE EXTREM AUSGESCHÖPFT HAST, WÄRE ES SPANNEND, ES MAL MIT DEM ANDEREN EXTREM ZU VERSUCHEN.
UND ES HAT SPASS GEMACHT, MIT DEN ANDEREN DARÜBER ZU FACH-SIMPELN!
DAS IST GENAU DAS, WAS MAN IM SCHÜLERLE-BEN BRAUCHT, SO EINE WUNDERVOL-LE FREUND-SCHAFTLICHE VERBUNDEN-HEIT!
HA-HAHAHA, OKAY.
HAH
DANN WÄRE DIESES PROBLEM JA GELÖST.
HM, WOBEI...
WAS DENN NUN NOCH?
ICH DENKE, FÜR ECHTE SCHÖNHEIT BRAUCHT ES DOCH AUCH EINEN UNGE-WÖHNLICHEN IMPACT!
WIE WÄRE ES, BEIM NÄCHS-TEN VERSUCH ETWAS MEHR DYNAMIK IN DIE PRÄSEN-TATION ZU BRINGEN?
WAS?!
ZUM BEISPIEL, INDEM WIR EIN SCHWAR-ZES LOCH ER-SCHAF-FEN?
DENKST DU NICHT, DAS KÖNNTE EIN ECHT FASZINIE-RENDES EXPERIMENT WERDEN?
ÄHM... ALSO... ICH WEISS JA NICHT ...?
Ende

Disney
Twisted Wonderland
Die Anthologie

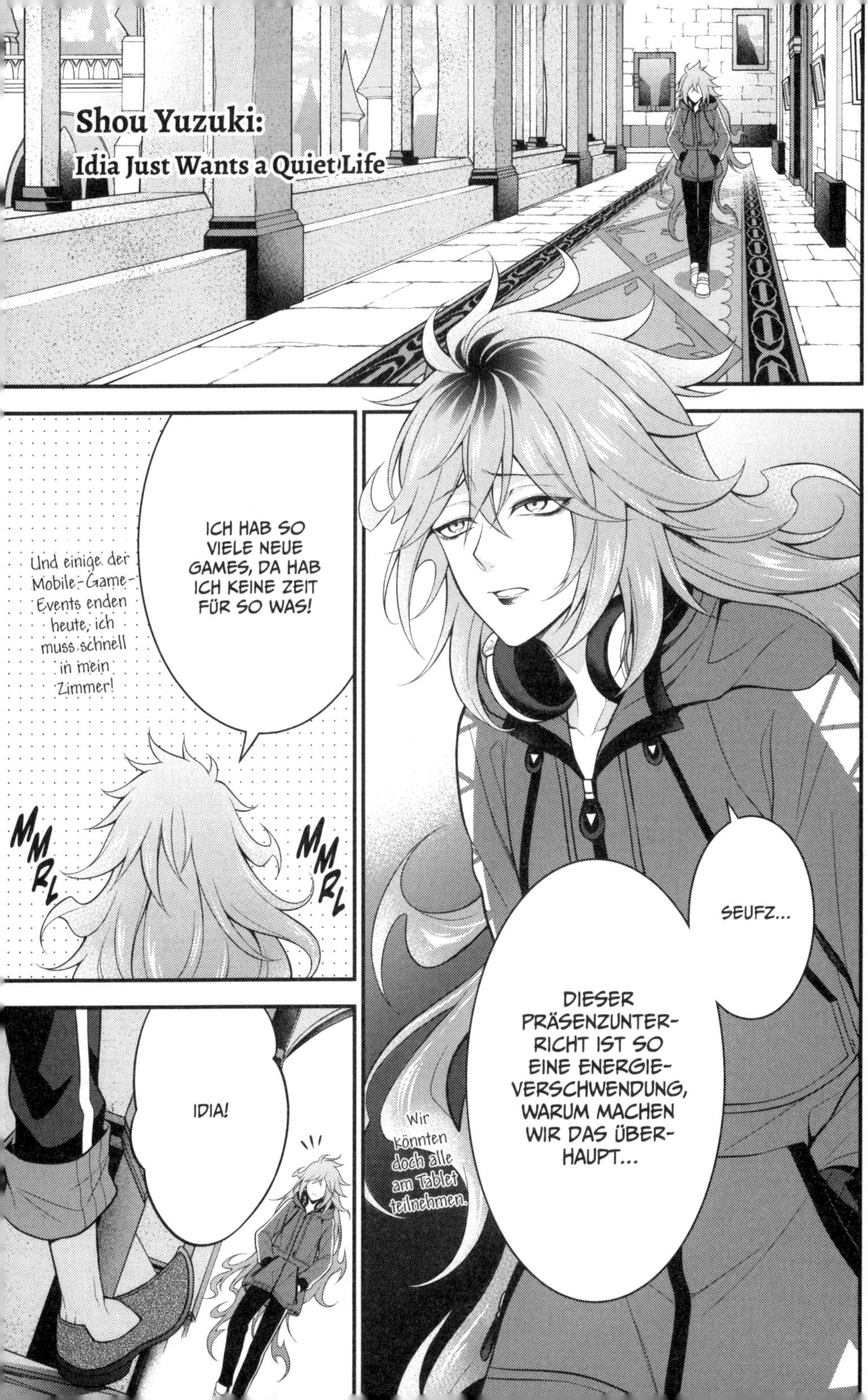
Shou Yuzuki:
Idia Just Wants a Quiet Life
SEUFZ…
DIESER PRÄSENZUNTER-RICHT IST SO EINE ENERGIE-VERSCHWENDUNG, WARUM MACHEN WIR DAS ÜBER-HAUPT…
Wir könnten doch alle am Tablet teilnehmen.
ICH HAB SO VIELE NEUE GAMES, DA HAB ICH KEINE ZEIT FÜR SO WAS!
Und einige der Mobile-Game-Events enden heute, ich muss schnell in mein Zimmer!
MMRL
MMRL
IDIA!

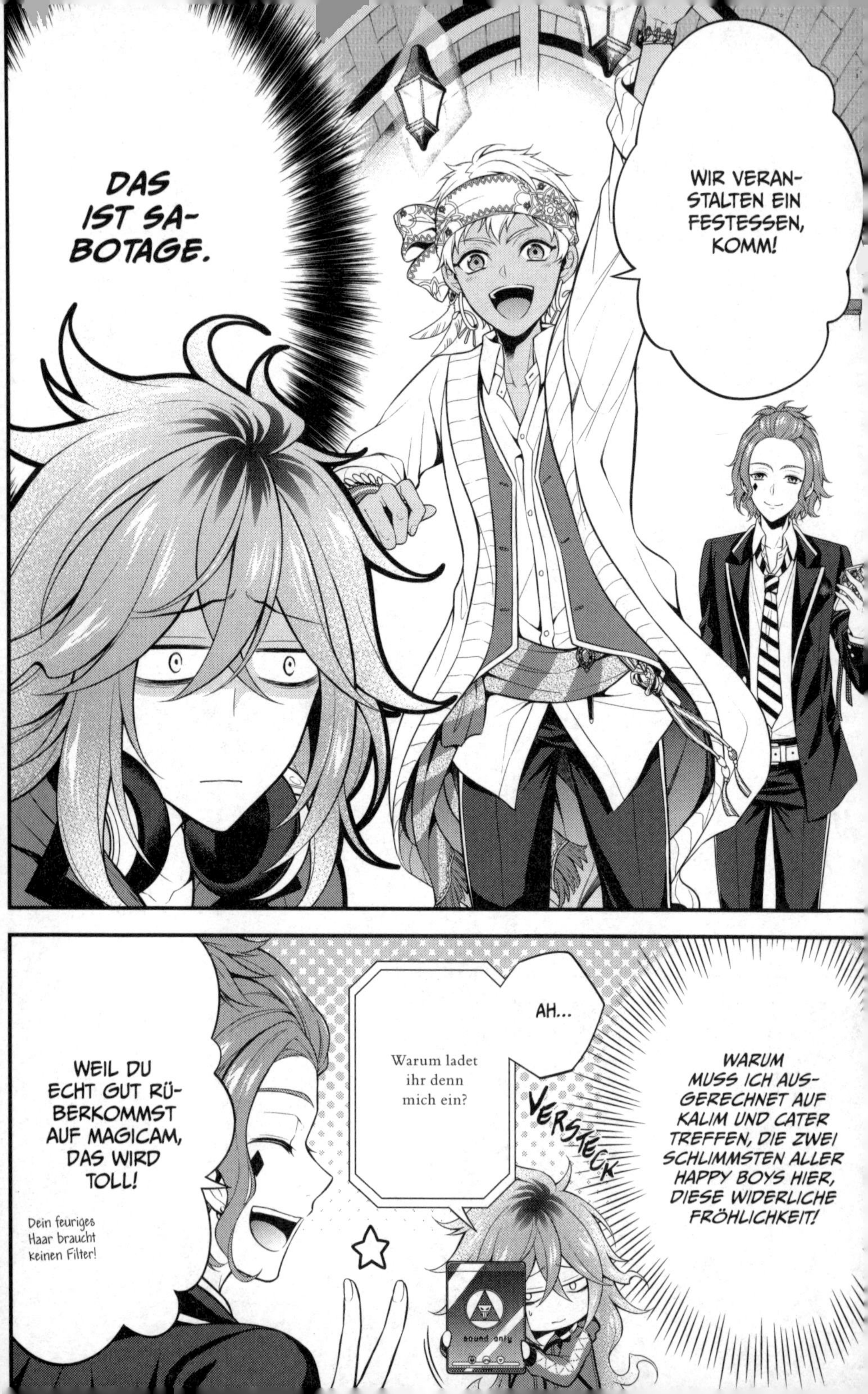
WIR VERANSTALTEN EIN FESTESSEN, KOMM!
DAS IST SABOTAGE.
WARUM MUSS ICH AUSGERECHNET AUF KALIM UND CATER TREFFEN, DIE ZWEI SCHLIMMSTEN ALLER HAPPY BOYS HIER, DIESE WIDERLICHE FRÖHLICHKEIT!
VERSTECK
AH...
Warum ladet ihr denn mich ein?
WEIL DU ECHT GUT RÜBERKOMMST AUF MAGICAM, DAS WIRD TOLL!
Dein feuriges Haar braucht keinen Filter!
sound only

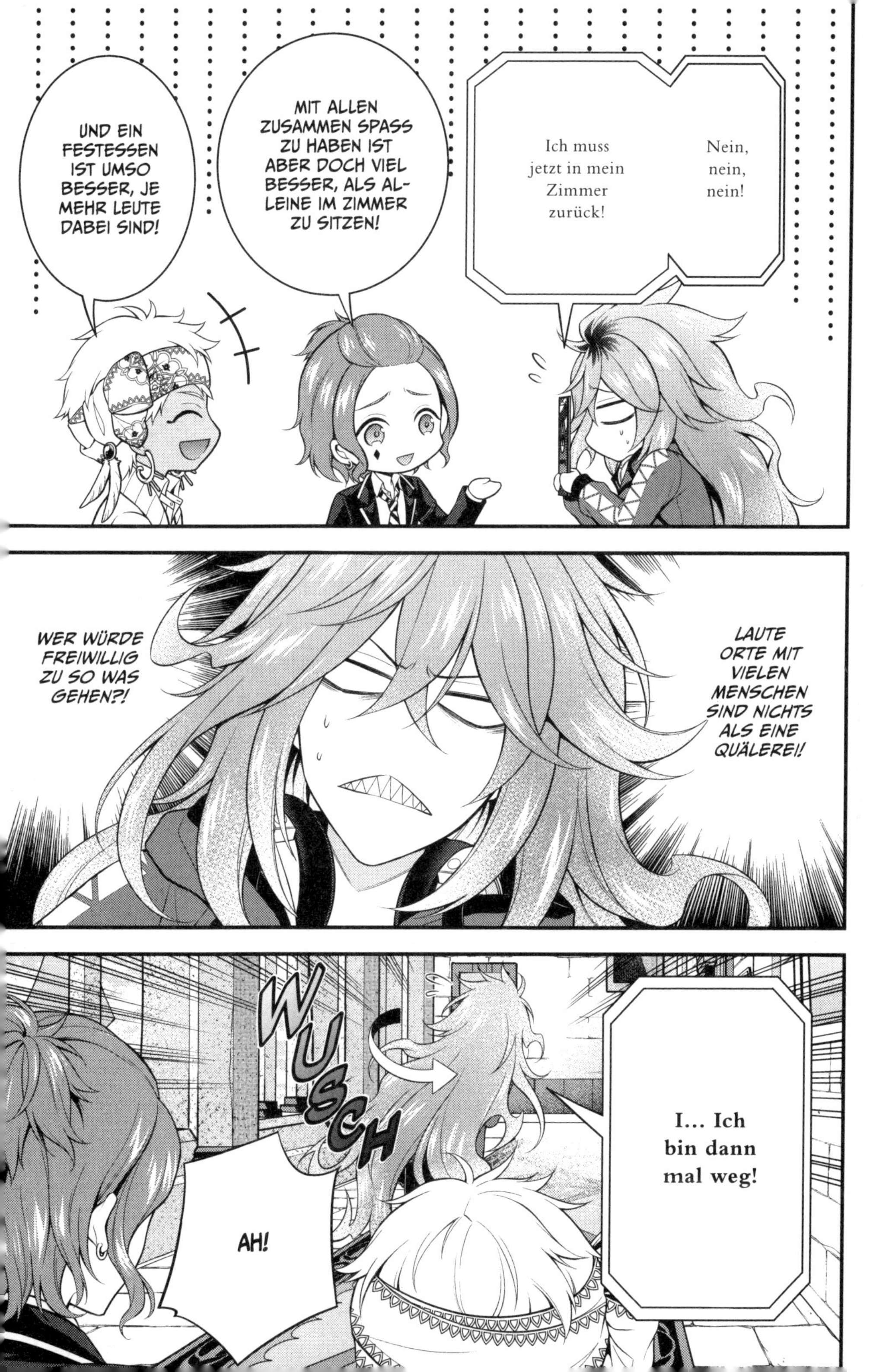
Nein, nein, nein!
Ich muss jetzt in mein Zimmer zurück!
MIT ALLEN ZUSAMMEN SPASS ZU HABEN IST ABER DOCH VIEL BESSER, ALS AL-LEINE IM ZIMMER ZU SITZEN!
UND EIN FESTESSEN IST UMSO BESSER, JE MEHR LEUTE DABEI SIND!
LAUTE ORTE MIT VIELEN MENSCHEN SIND NICHTS ALS EINE QUÄLEREI!
WER WÜRDE FREIWILLIG ZU SO WAS GEHEN?!
I… Ich bin dann mal weg!
WUSCH
AH!

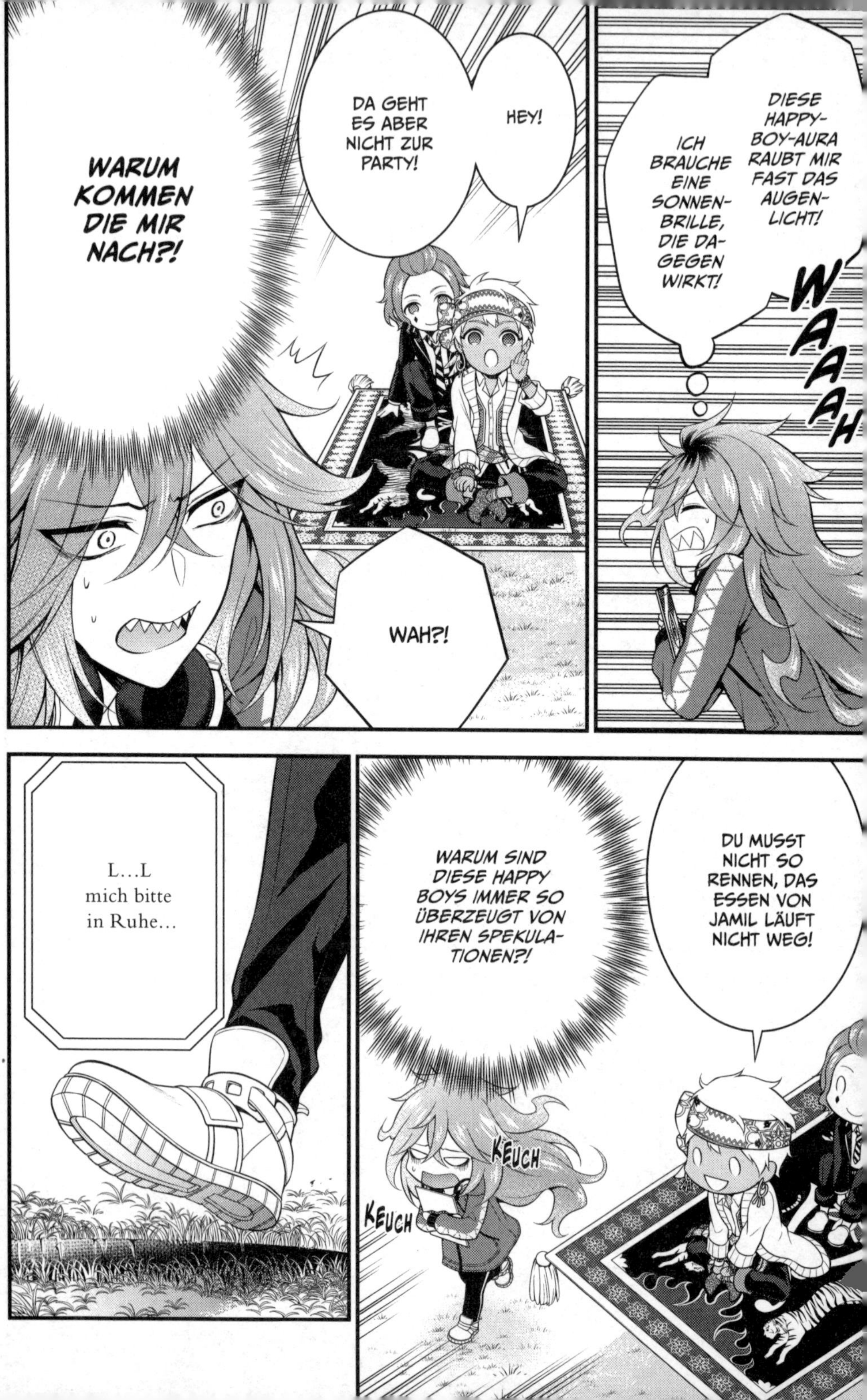
DIESE HAPPY-BOY-AURA RAUBT MIR FAST DAS AUGEN-LICHT!
ICH BRAUCHE EINE SONNEN-BRILLE, DIE DA-GEGEN WIRKT!
WAAAAH
HEY!
DA GEHT ES ABER NICHT ZUR PARTY!
WARUM KOMMEN DIE MIR NACH?!
WAH?!
DU MUSST NICHT SO RENNEN, DAS ESSEN VON JAMIL LÄUFT NICHT WEG!
WARUM SIND DIESE HAPPY BOYS IMMER SO ÜBERZEUGT VON IHREN SPEKULA-TIONEN?!
KEUCH
KEUCH
L…L mich bitte in Ruhe…

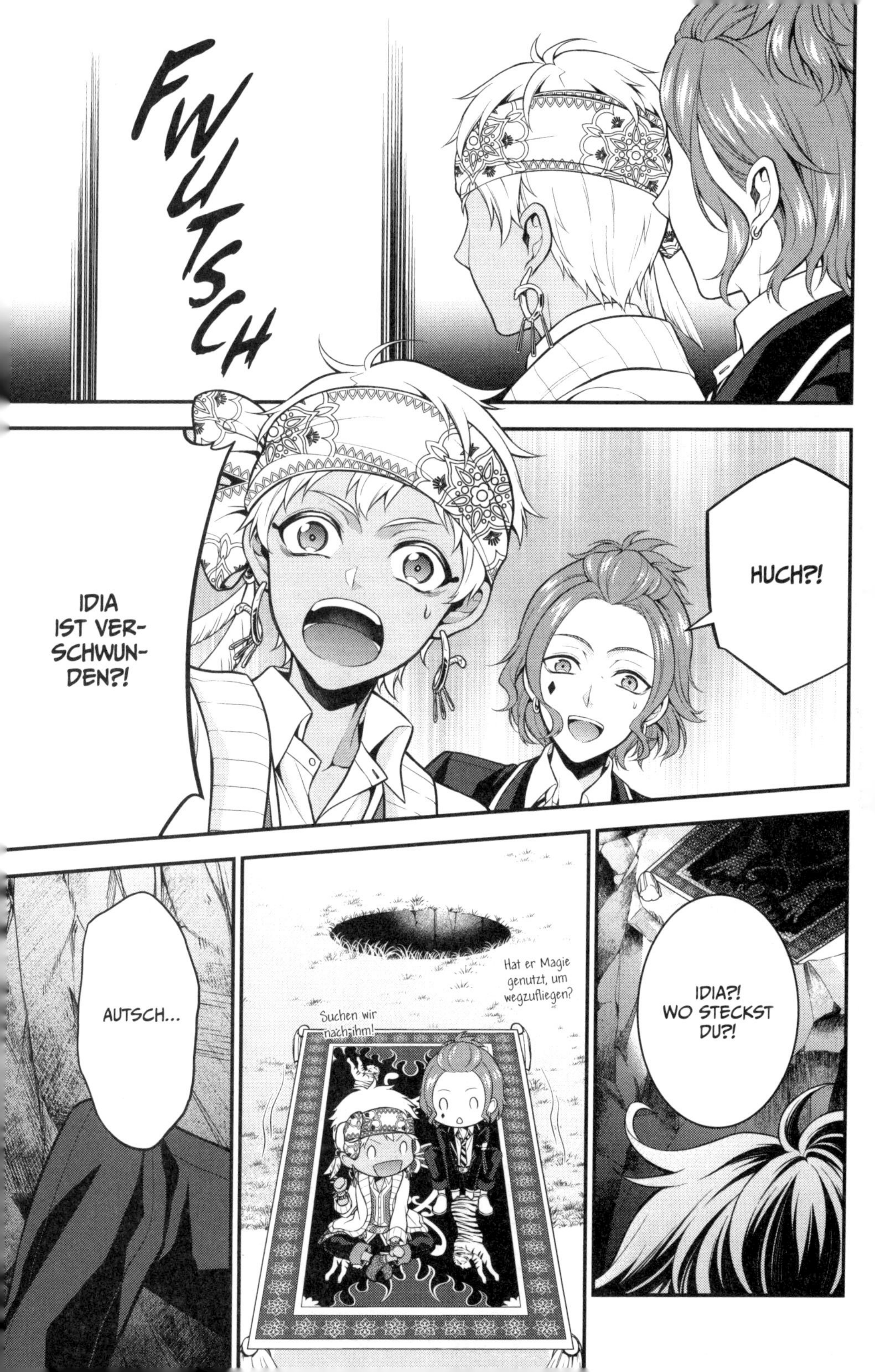
FWUTSCH
HUCH?!
IDIA IST VER-SCHWUN-DEN?!
IDIA?! WO STECKST DU?!
Hat er Magie genutzt, um wegzufliegen?
Suchen wir nach ihm!
AUTSCH...

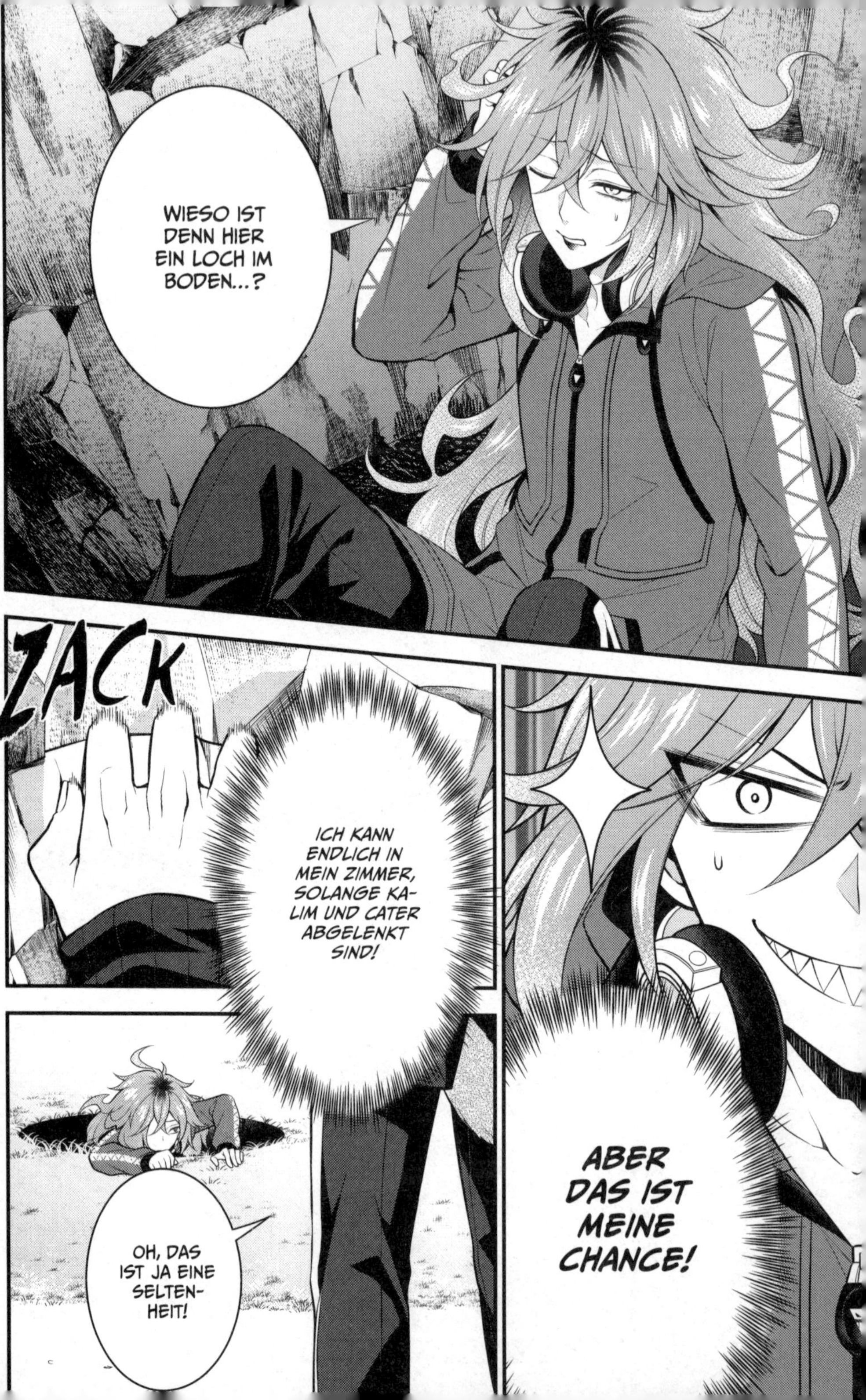
WIESO IST DENN HIER EIN LOCH IM BODEN...?
ZACK
ABER DAS IST MEINE CHANCE!
ICH KANN ENDLICH IN MEIN ZIMMER, SOLANGE KA-LIM UND CATER ABGELENKT SIND!
OH, DAS IST JA EINE SELTEN-HEIT!

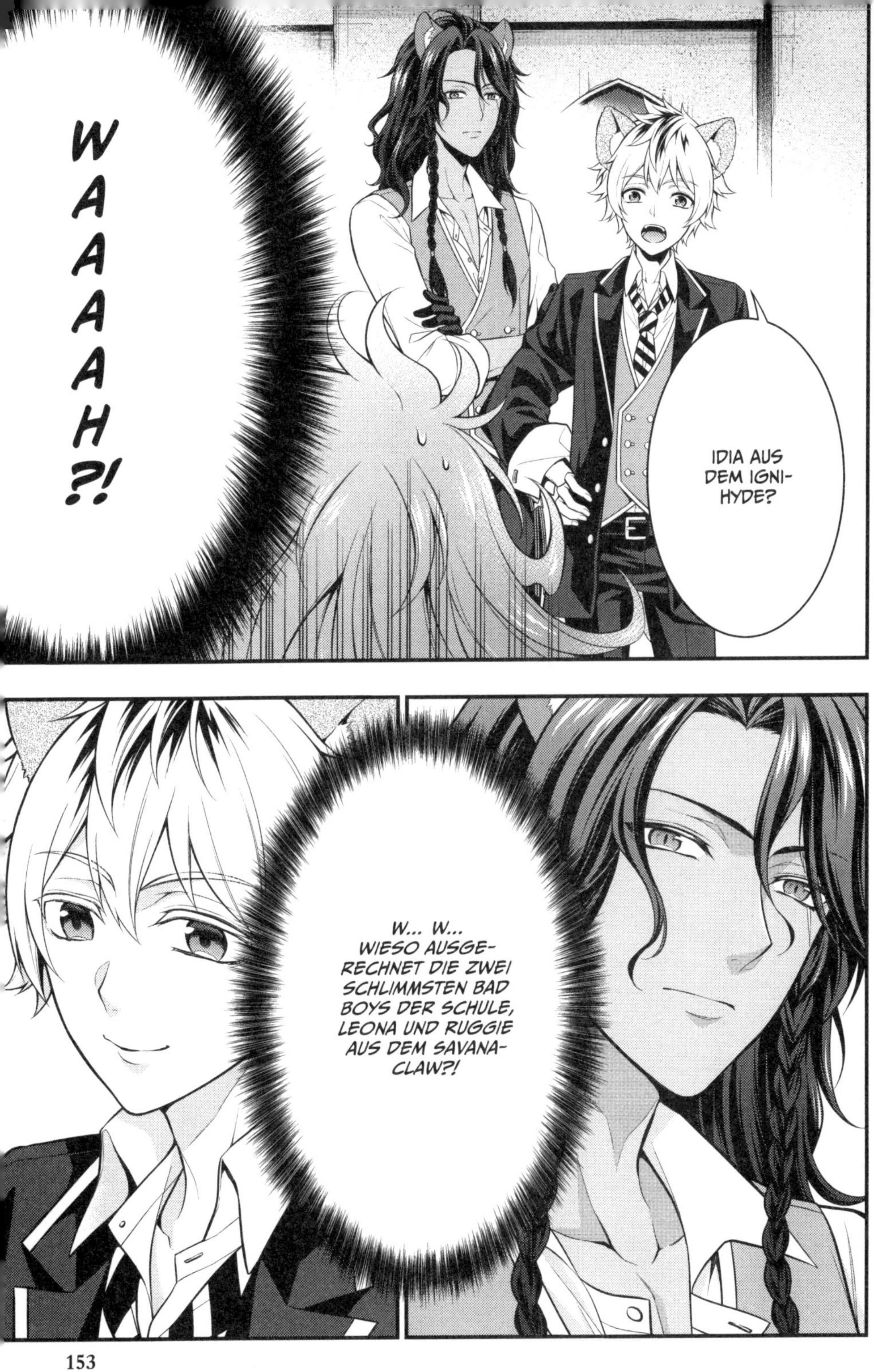
IDIA AUS DEM IGNI-HYDE?
WAAAAAAH?!
W... W... WIESO AUSGE-RECHNET DIE ZWEI SCHLIMMSTEN BAD BOYS DER SCHULE, LEONA UND RUGGIE AUS DEM SAVANA-CLAW?!

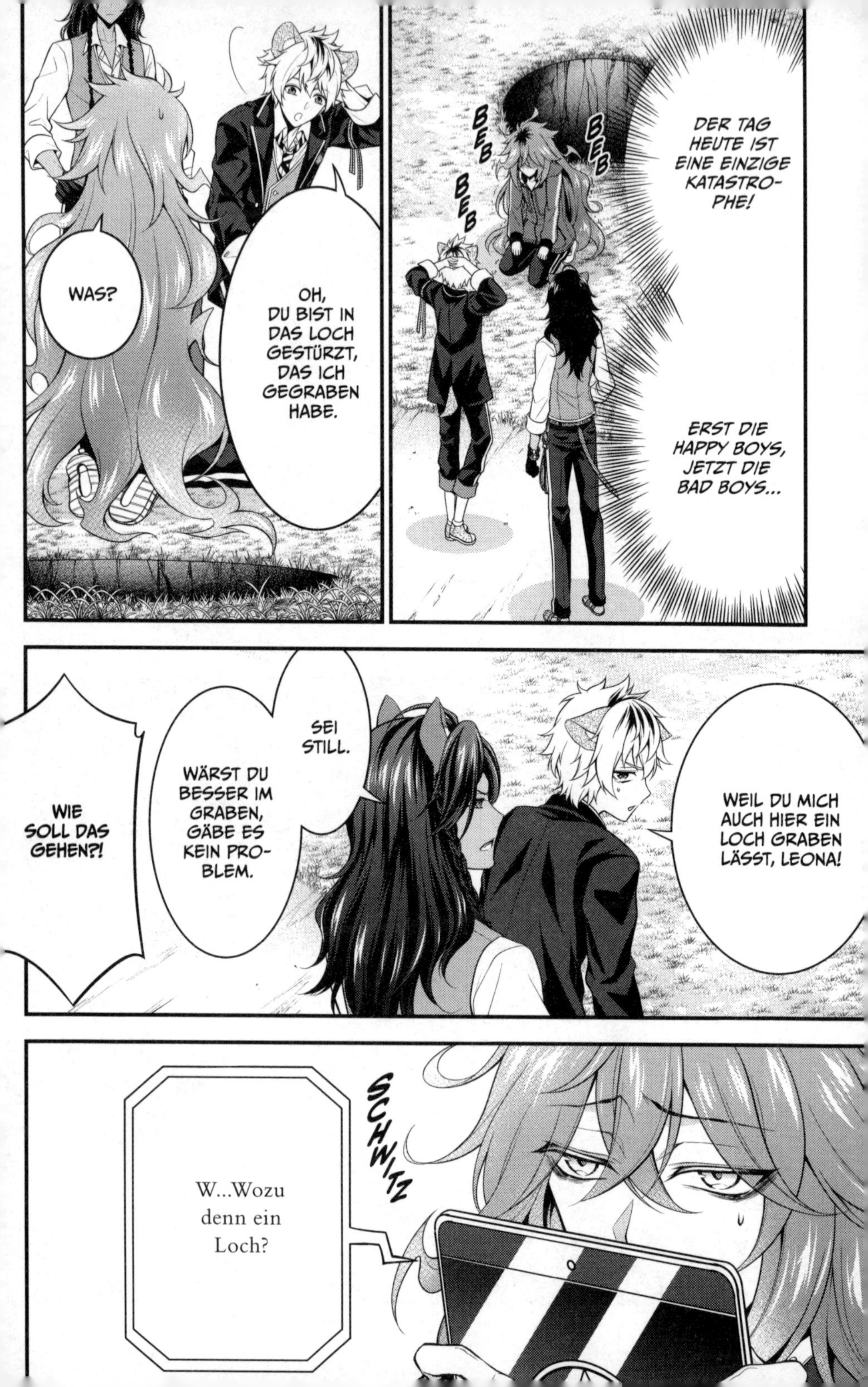
BEB BEB BEB
DER TAG HEUTE IST EINE EINZIGE KATASTRO-PHE!
ERST DIE HAPPY BOYS, JETZT DIE BAD BOYS...
OH, DU BIST IN DAS LOCH GESTÜRZT, DAS ICH GEGRABEN HABE.
WAS?
WEIL DU MICH AUCH HIER EIN LOCH GRABEN LÄSST, LEONA!
SEI STILL.
WÄRST DU BESSER IM GRABEN, GÄBE ES KEIN PRO-BLEM.
WIE SOLL DAS GEHEN?!
SCHWITZ
W...Wozu denn ein Loch?

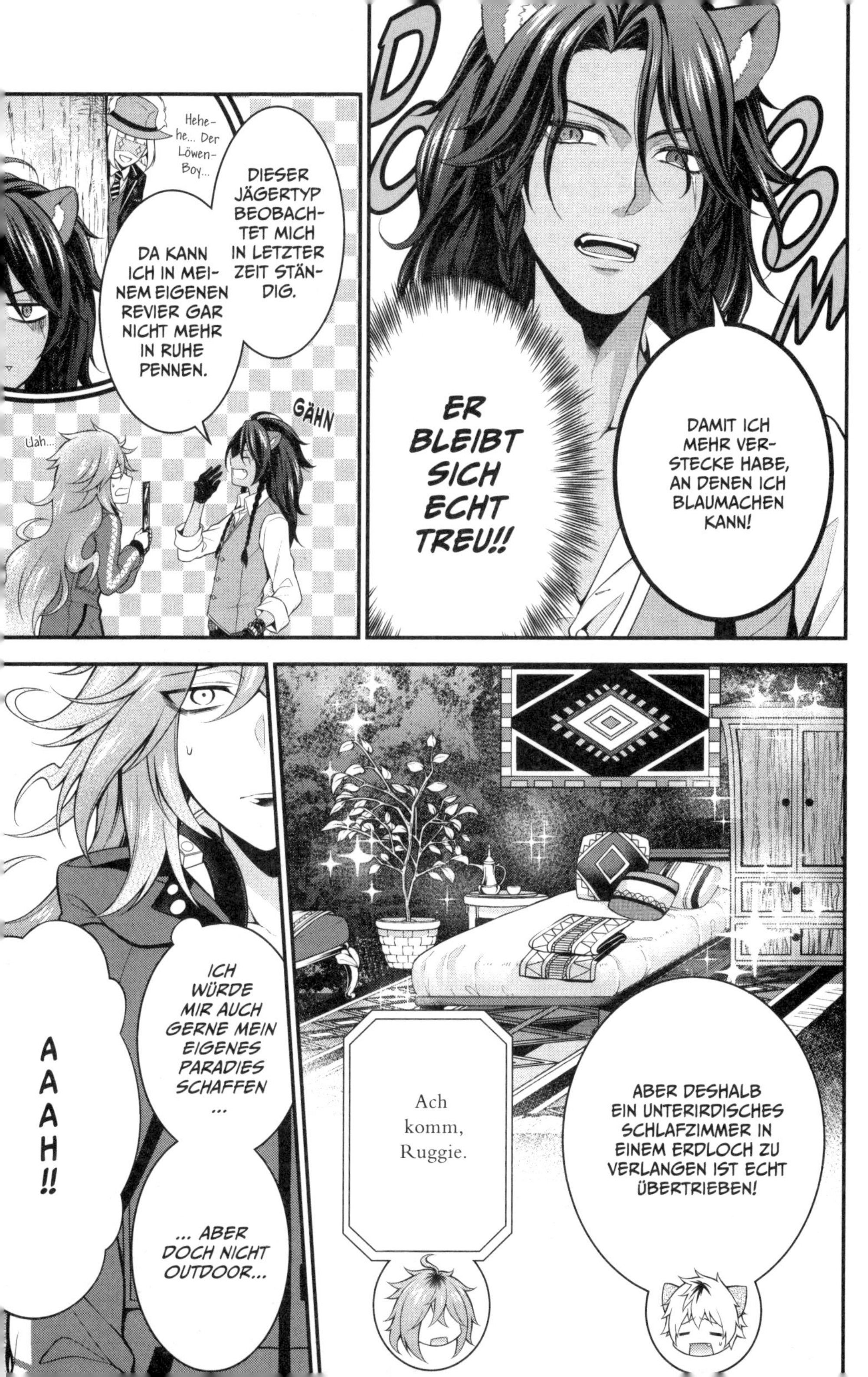
DOOOM
DAMIT ICH MEHR VERSTECKE HABE, AN DENEN ICH BLAUMACHEN KANN!
ER BLEIBT SICH ECHT TREU!!
Hehehe... Der Löwen-Boy...
DIESER JÄGERTYP BEOBACHTET MICH IN LETZTER ZEIT STÄNDIG.
DA KANN ICH IN MEINEM EIGENEN REVIER GAR NICHT MEHR IN RUHE PENNEN.
GÄHN
Uah...
ABER DESHALB EIN UNTERIRDISCHES SCHLAFZIMMER IN EINEM ERDLOCH ZU VERLANGEN IST ECHT ÜBERTRIEBEN!
Ach komm, Ruggie.
ICH WÜRDE MIR AUCH GERNE MEIN EIGENES PARADIES SCHAFFEN ...
... ABER DOCH NICHT OUTDOOR...
AAAAH!!

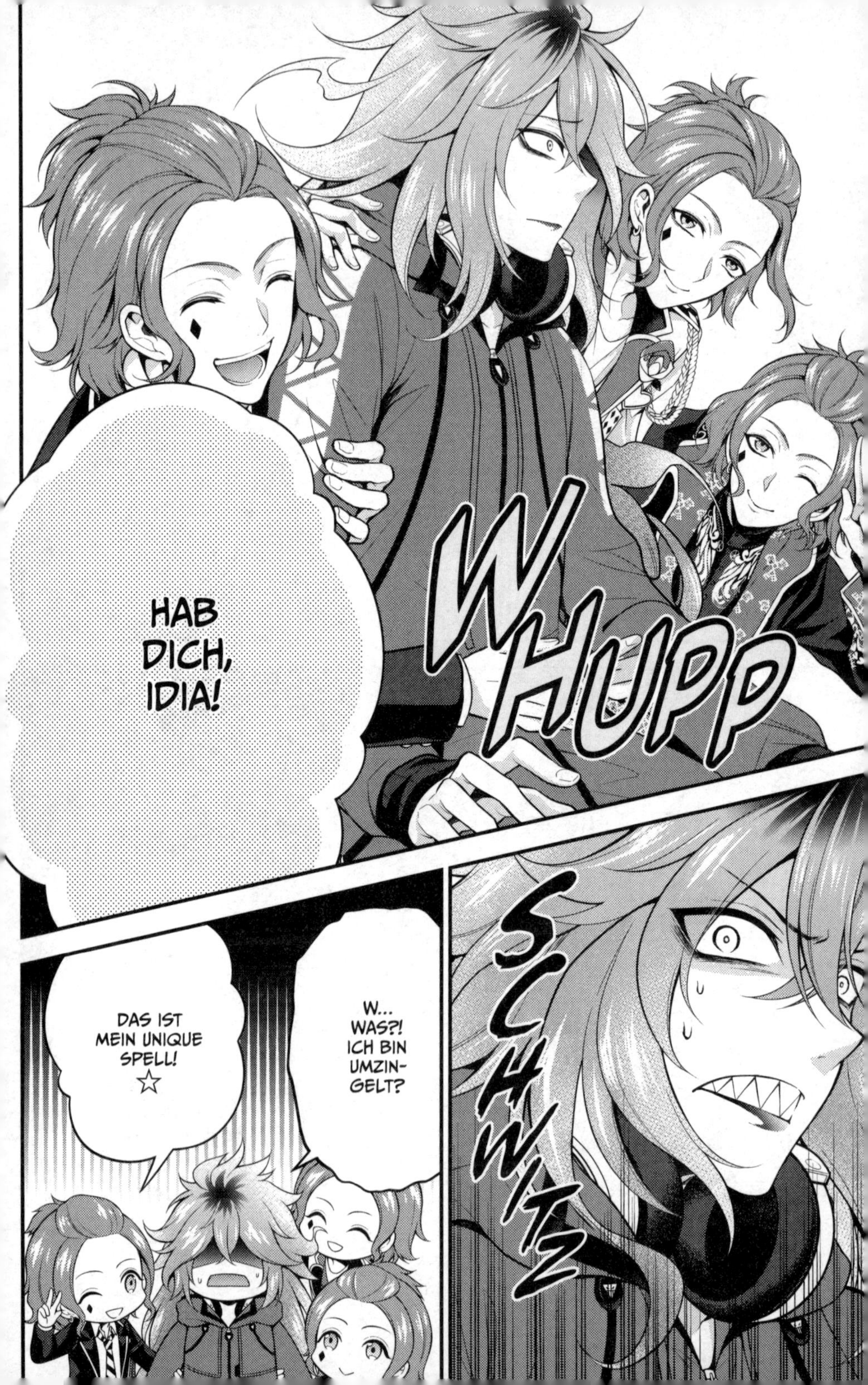
WHUPP
HAB DICH, IDIA!
SCHWITZ
W... WAS?! ICH BIN UMZIN-GELT?
DAS IST MEIN UNIQUE SPELL! ☆

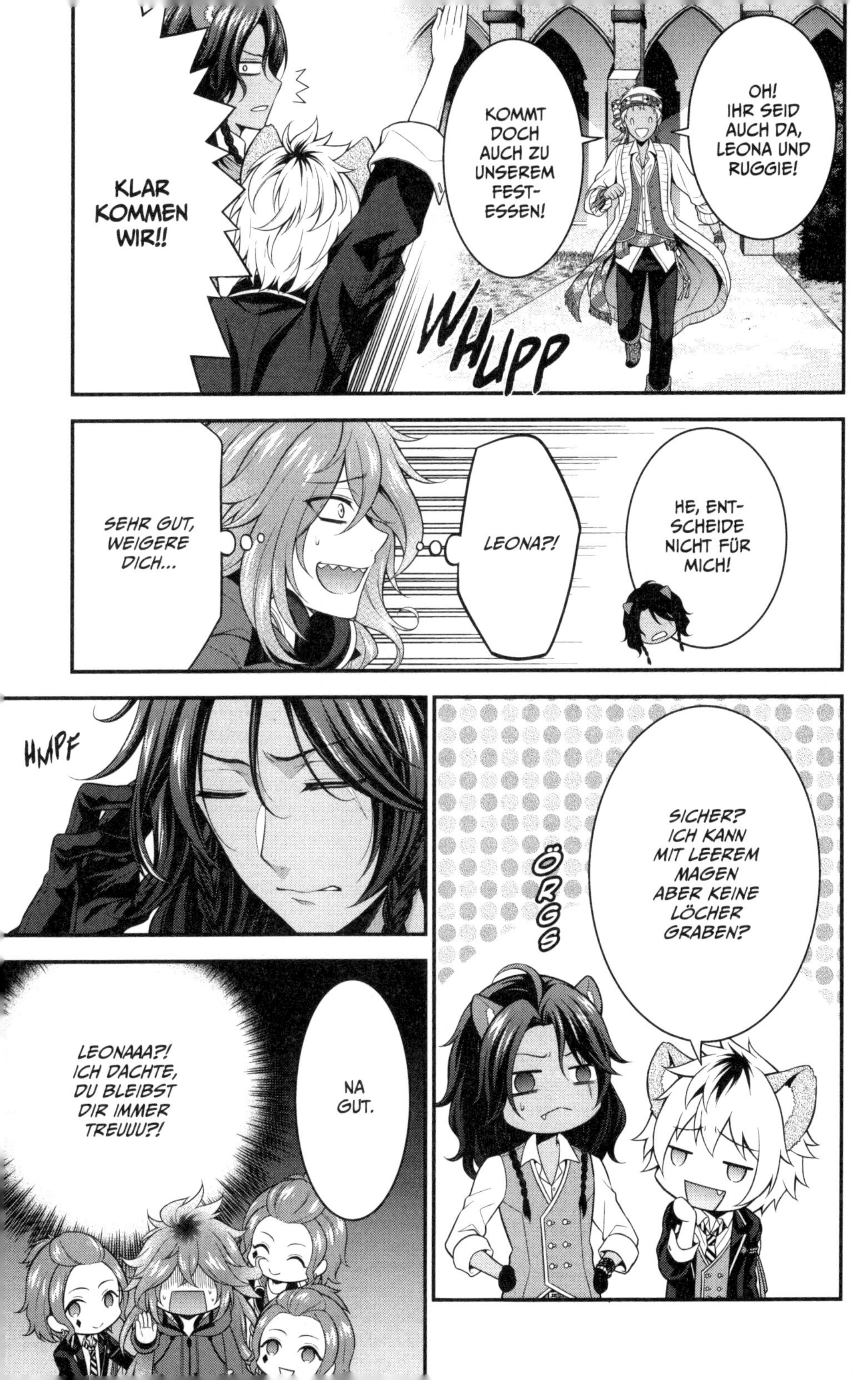
OH!
IHR SEID AUCH DA, LEONA UND RUGGIE!
KOMMT DOCH AUCH ZU UNSEREM FEST-ESSEN!
KLAR KOMMEN WIR!!
WHUPP
HE, ENT-SCHEIDE NICHT FÜR MICH!
LEONA?!
SEHR GUT, WEIGERE DICH...
SICHER? ICH KANN MIT LEEREM MAGEN ABER KEINE LÖCHER GRABEN?
ÖRGS
HMPF
NA GUT.
LEONAAA?! ICH DACHTE, DU BLEIBST DIR IMMER TREUUU?!

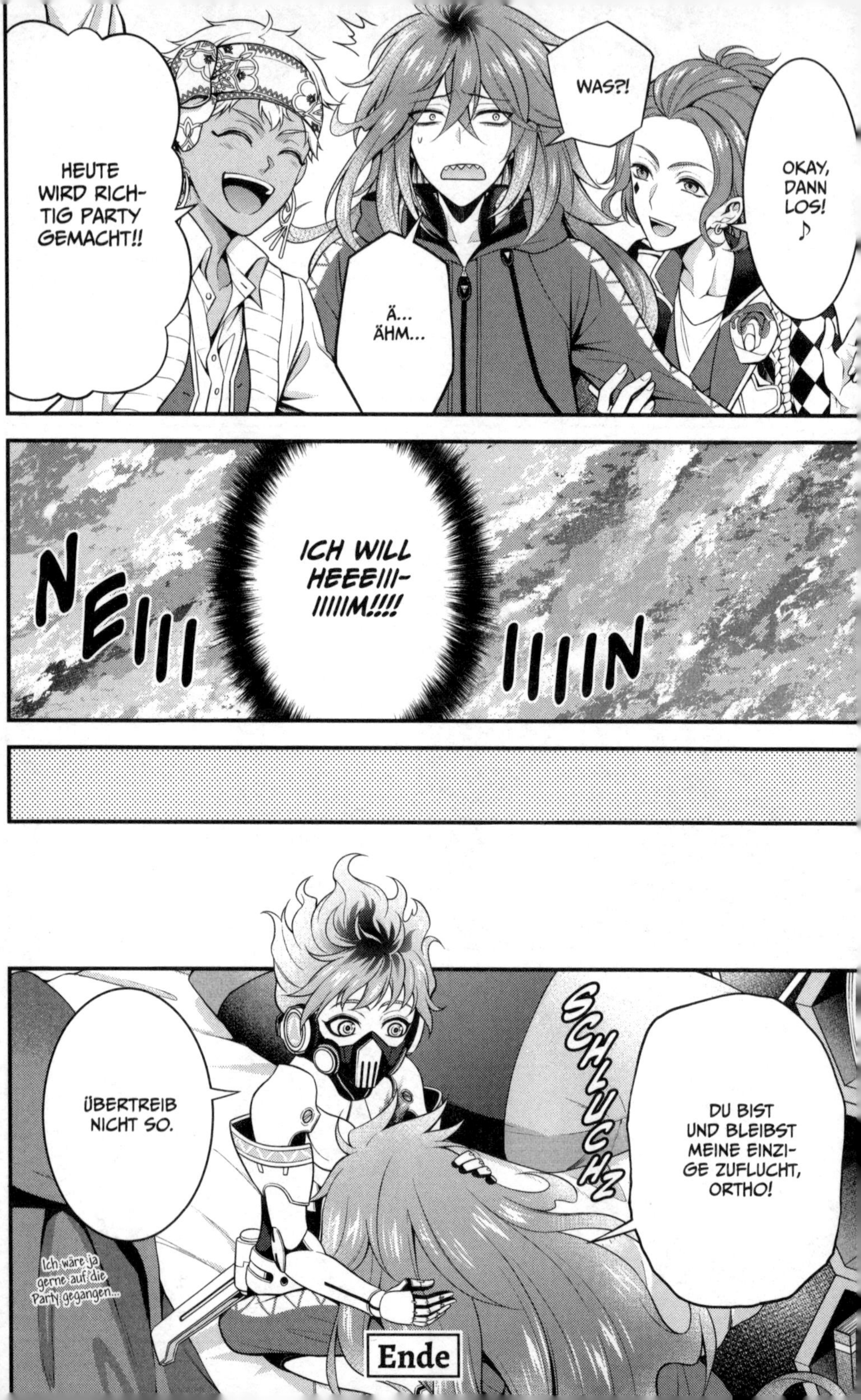
OKAY, DANN LOS! ♪
WAS?!
HEUTE WIRD RICH-TIG PARTY GEMACHT!!
Ä... ÄHM...
NEIII
ICH WILL HEEEIII-IIIIIM!!!!
IIIIN
DU BIST UND BLEIBST MEINE EINZI-GE ZUFLUCHT, ORTHO!
SCHLUCHZ
ÜBERTREIB NICHT SO.
Ich wäre ja gerne auf die Party gegangen...
Ende

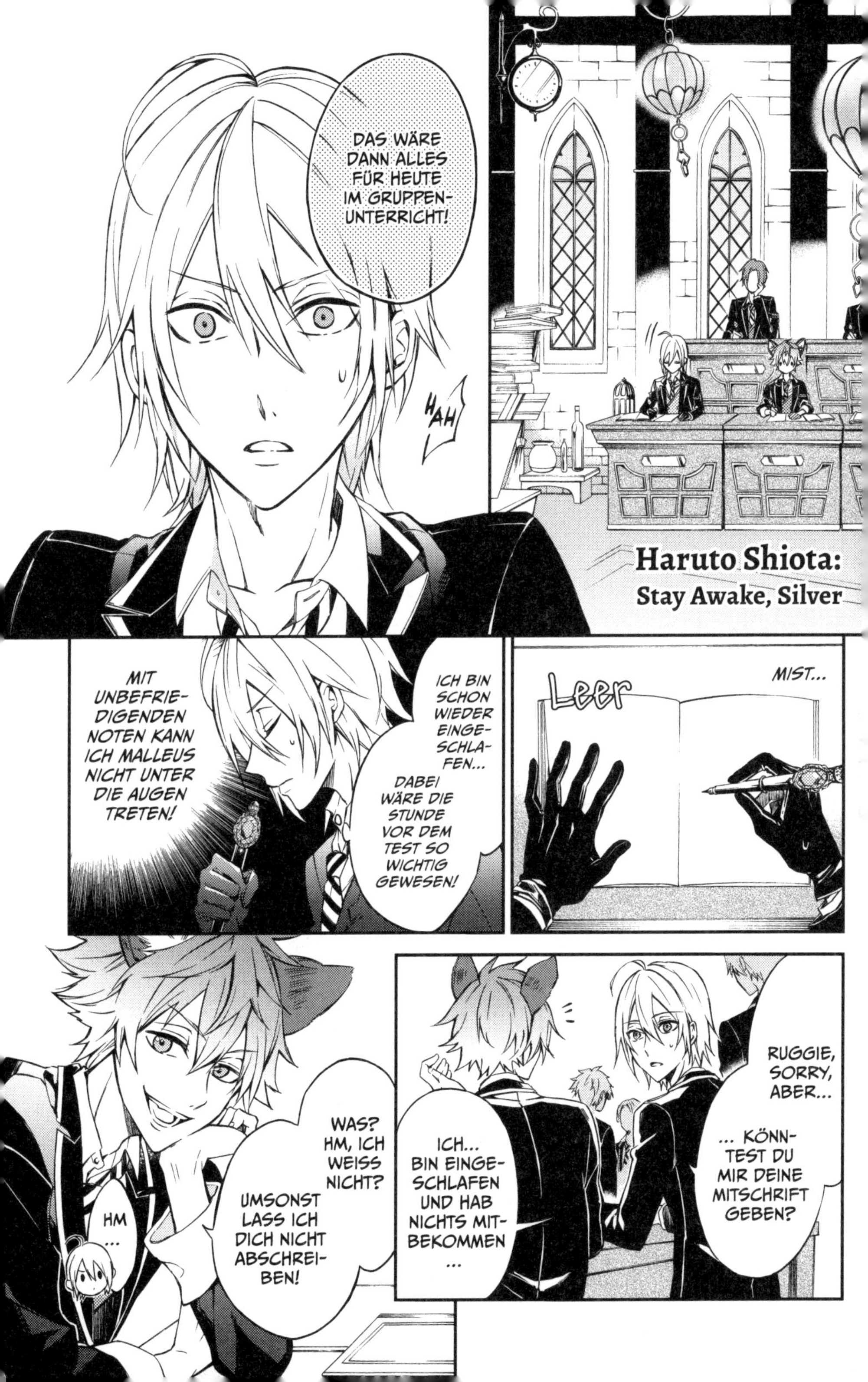
Haruto Shiota:
Stay Awake, Silver
DAS WÄRE DANN ALLES FÜR HEUTE IM GRUPPEN-UNTERRICHT!
HAH
MIST...
Leer
ICH BIN SCHON WIEDER EINGE-SCHLAFEN...
DABEI WÄRE DIE STUNDE VOR DEM TEST SO WICHTIG GEWESEN!
MIT UNBEFRIE-DIGENDEN NOTEN KANN ICH MALLEUS NICHT UNTER DIE AUGEN TRETEN!
RUGGIE, SORRY, ABER...
... KÖNN-TEST DU MIR DEINE MITSCHRIFT GEBEN?
ICH... BIN EINGE-SCHLAFEN UND HAB NICHTS MIT-BEKOMMEN ...
WAS? HM, ICH WEISS NICHT?
UMSONST LASS ICH DICH NICHT ABSCHREI-BEN!
HM ...

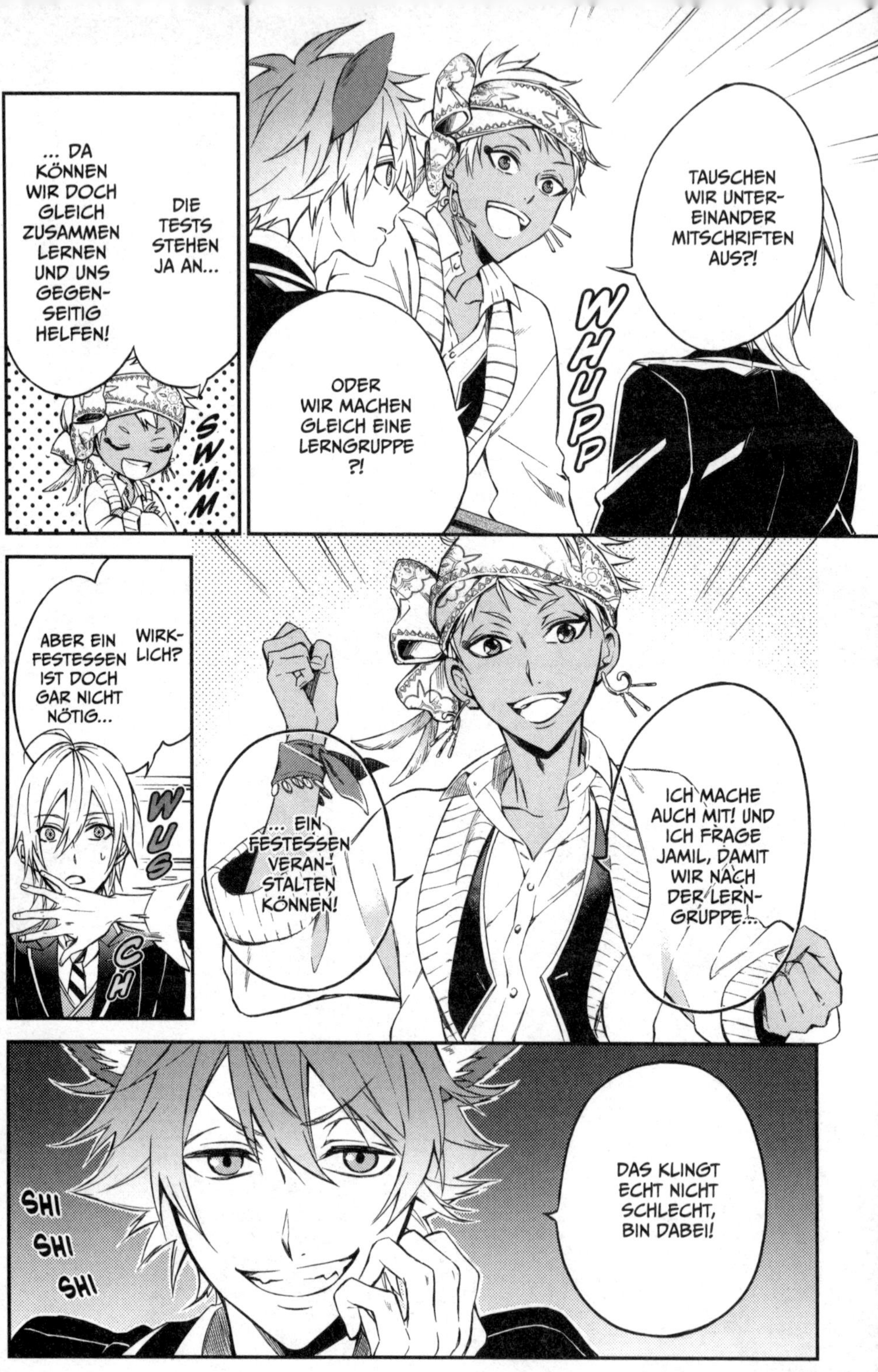

TAUSCHEN WIR UNTEREINANDER MITSCHRIFTEN AUS?!
WHUPP
ODER WIR MACHEN GLEICH EINE LERNGRUPPE ?!
DIE TESTS STEHEN JA AN...
... DA KÖNNEN WIR DOCH GLEICH ZUSAMMEN LERNEN UND UNS GEGENSEITIG HELFEN!
SWMM
ICH MACHE AUCH MIT! UND ICH FRAGE JAMIL, DAMIT WIR NACH DER LERNGRUPPE...
... EIN FESTESSEN VERANSTALTEN KÖNNEN!
WIRKLICH?
ABER EIN FESTESSEN IST DOCH GAR NICHT NÖTIG...
WUSCH
DAS KLINGT ECHT NICHT SCHLECHT, BIN DABEI!
SHI SHI SHI

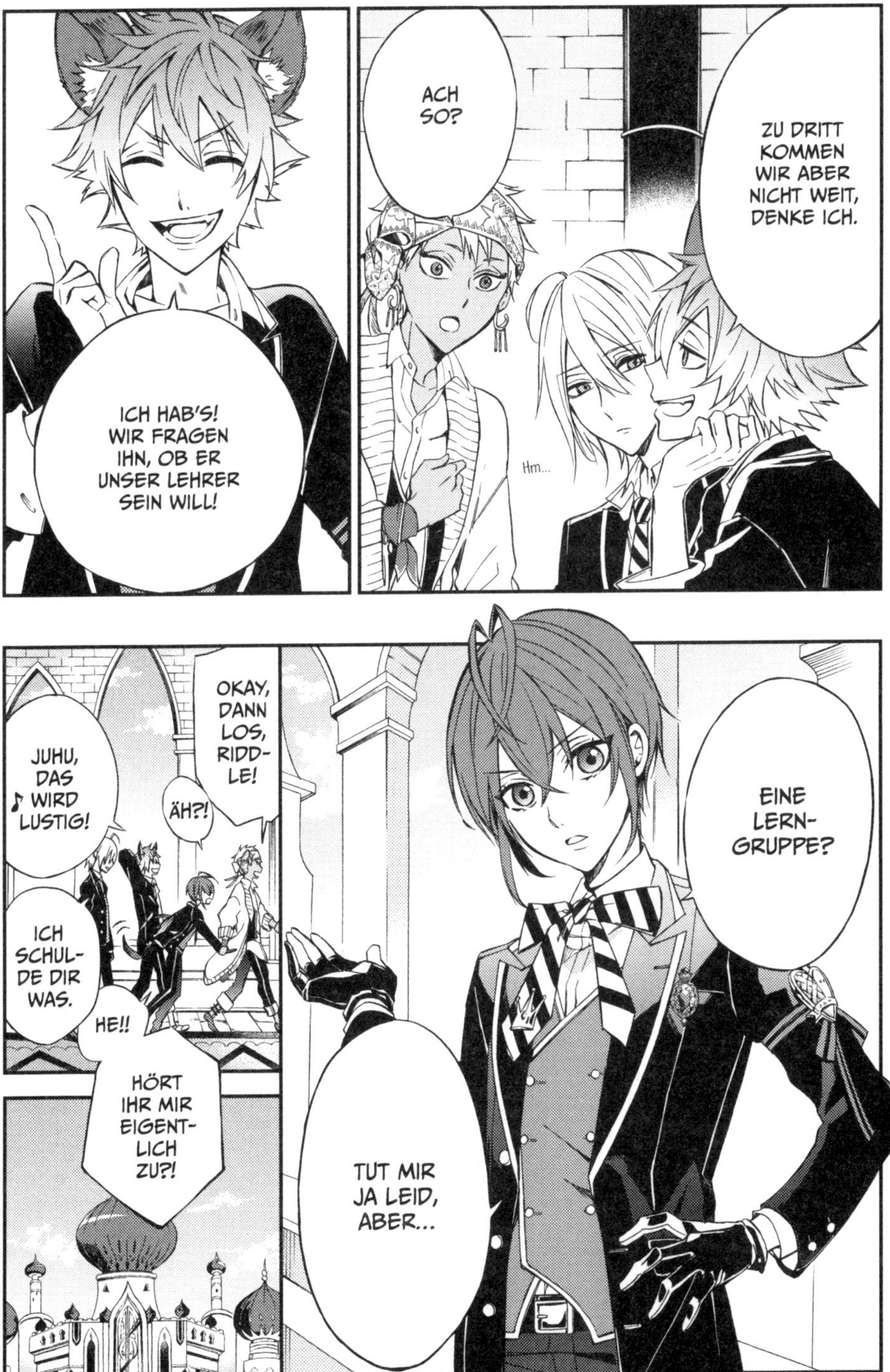
ZU DRITT KOMMEN WIR ABER NICHT WEIT, DENKE ICH.
ACH SO?
Hm...
ICH HAB'S! WIR FRAGEN IHN, OB ER UNSER LEHRER SEIN WILL!
EINE LERN-GRUPPE?
TUT MIR JA LEID, ABER...
OKAY, DANN LOS, RIDD-LE!
ÄH?!
JUHU, DAS ♪ WIRD LUSTIG!
ICH SCHUL-DE DIR WAS.
HE!!
HÖRT IHR MIR EIGENT-LICH ZU?!

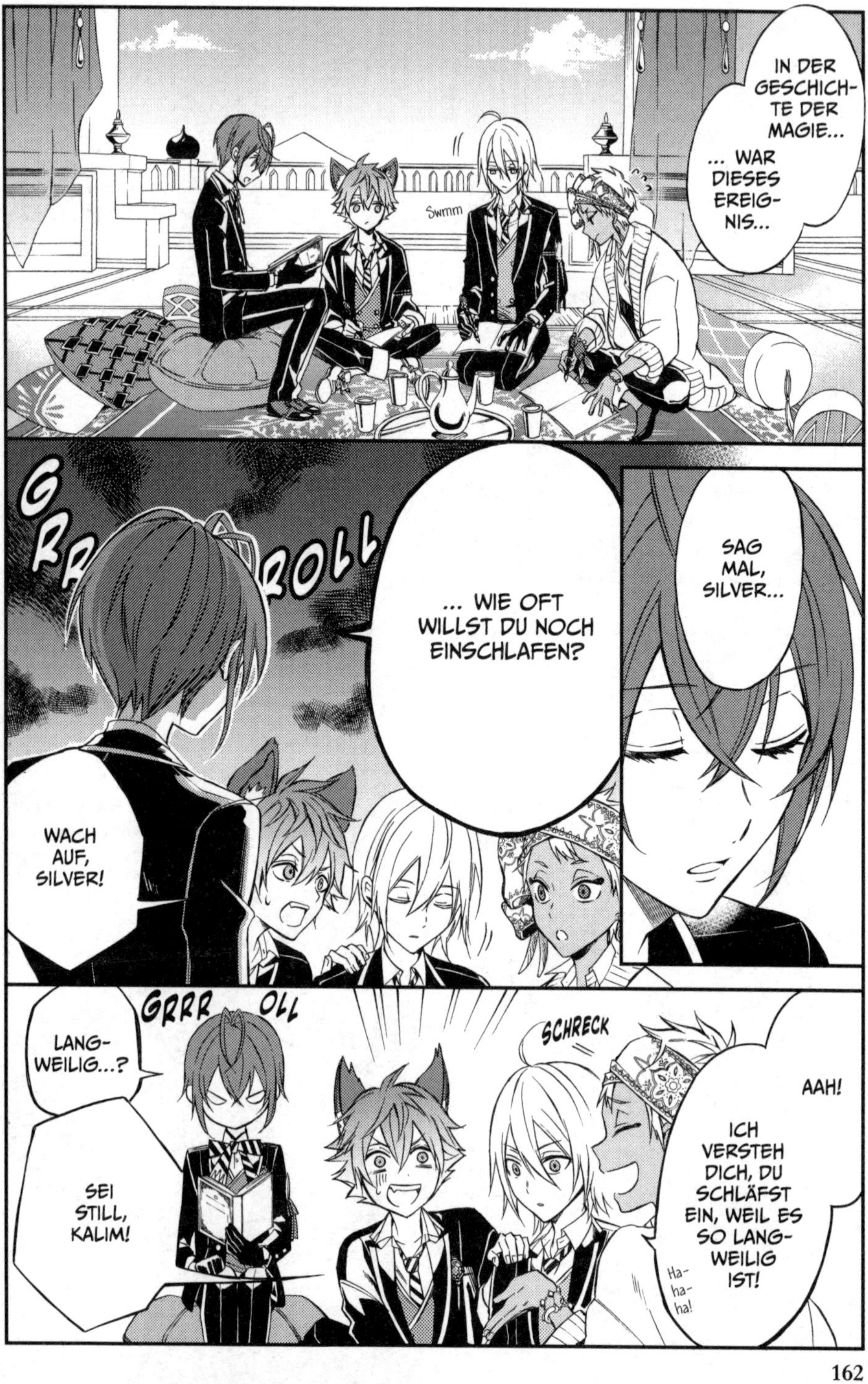
IN DER GESCHICHTE DER MAGIE...
... WAR DIESES EREIGNIS...
Swmm
SAG MAL, SILVER...
GRRROLL
... WIE OFT WILLST DU NOCH EINSCHLAFEN?
WACH AUF, SILVER!
AAH!
ICH VERSTEH DICH, DU SCHLÄFST EIN, WEIL ES SO LANGWEILIG IST!
Ha-ha-ha!
SCHRECK
GRRR OLL
LANG-WEILIG...?
SEI STILL, KALIM!

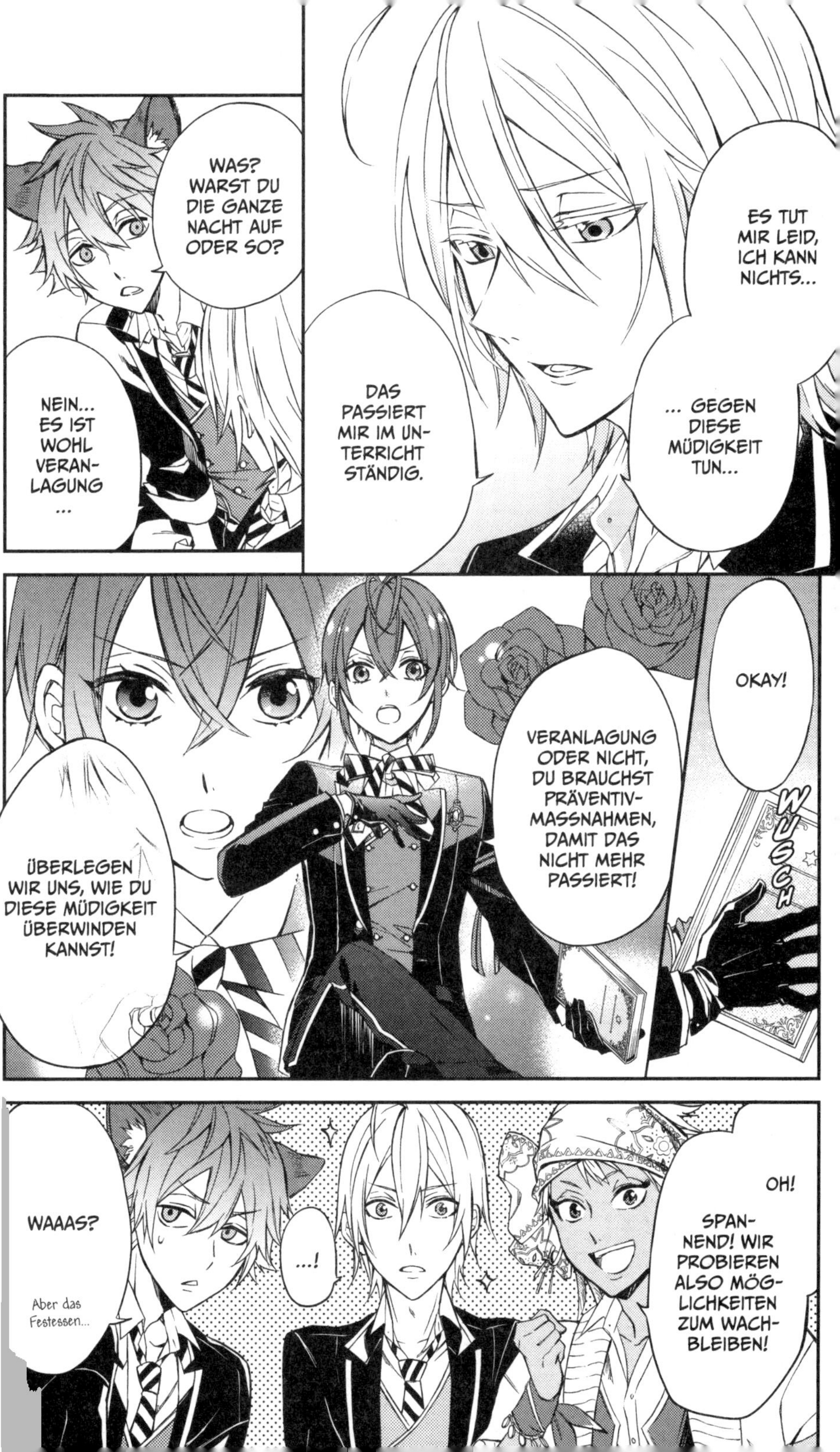

ES TUT MIR LEID, ICH KANN NICHTS...
... GEGEN DIESE MÜDIGKEIT TUN...
DAS PASSIERT MIR IM UNTERRICHT STÄNDIG.
WAS? WARST DU DIE GANZE NACHT AUF ODER SO?
NEIN... ES IST WOHL VERANLAGUNG ...
OKAY!
WUSCH
VERANLAGUNG ODER NICHT, DU BRAUCHST PRÄVENTIVMASSNAHMEN, DAMIT DAS NICHT MEHR PASSIERT!
ÜBERLEGEN WIR UNS, WIE DU DIESE MÜDIGKEIT ÜBERWINDEN KANNST!
OH!
SPANNEND! WIR PROBIEREN ALSO MÖGLICHKEITEN ZUM WACHBLEIBEN!
...!
WAAAS?
Aber das Festessen...

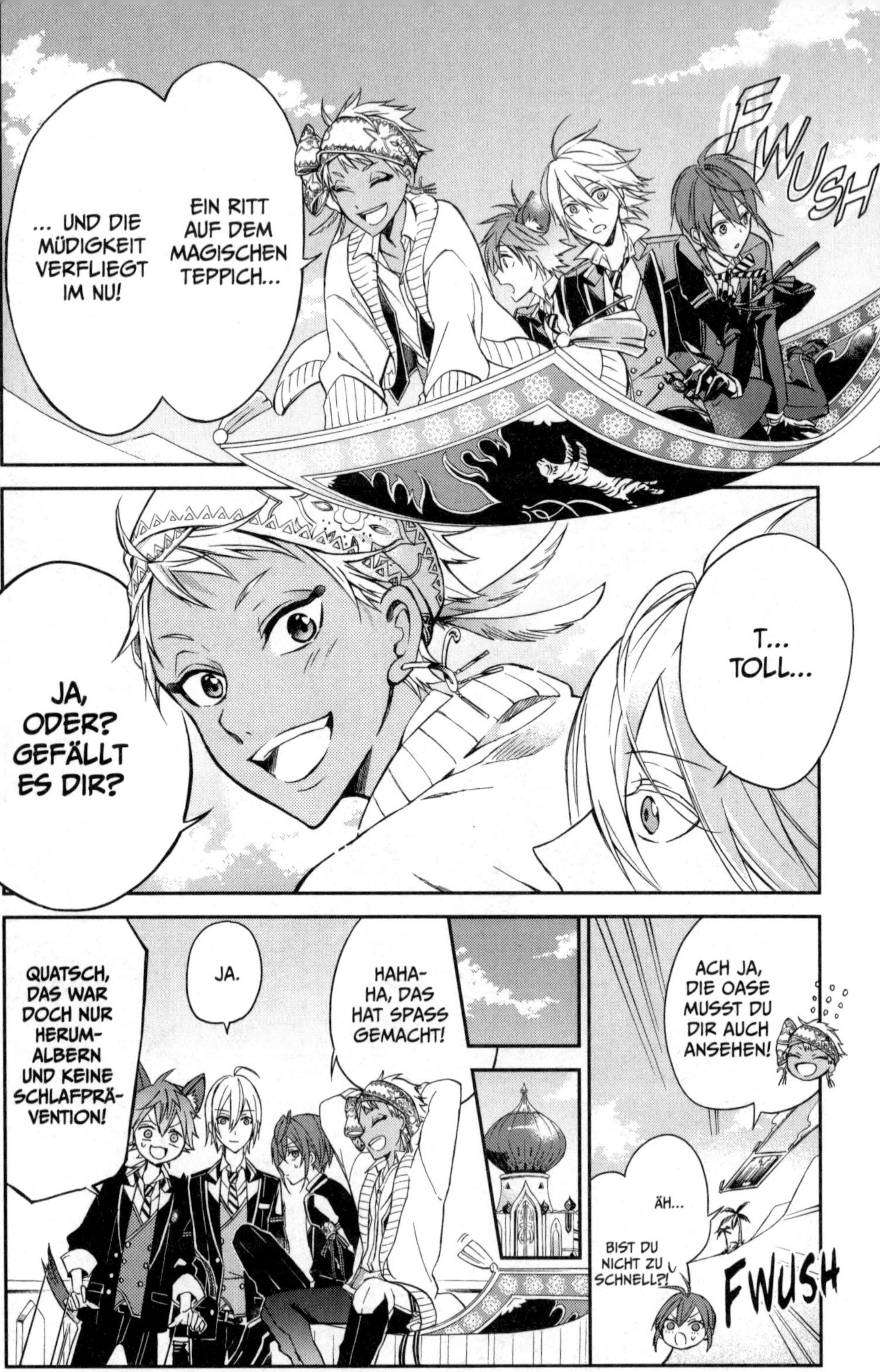

FWUSH
EIN RITT AUF DEM MAGISCHEN TEPPICH...
... UND DIE MÜDIGKEIT VERFLIEGT IM NU!
T... TOLL...
JA, ODER? GEFÄLLT ES DIR?
ACH JA, DIE OASE MUSST DU DIR AUCH ANSEHEN!
ÄH...
BIST DU NICHT ZU SCHNELL?!
FWUSH
HAHA-HA, DAS HAT SPASS GEMACHT!
JA.
QUATSCH, DAS WAR DOCH NUR HERUM-ALBERN UND KEINE SCHLAFPRÄ-VENTION!

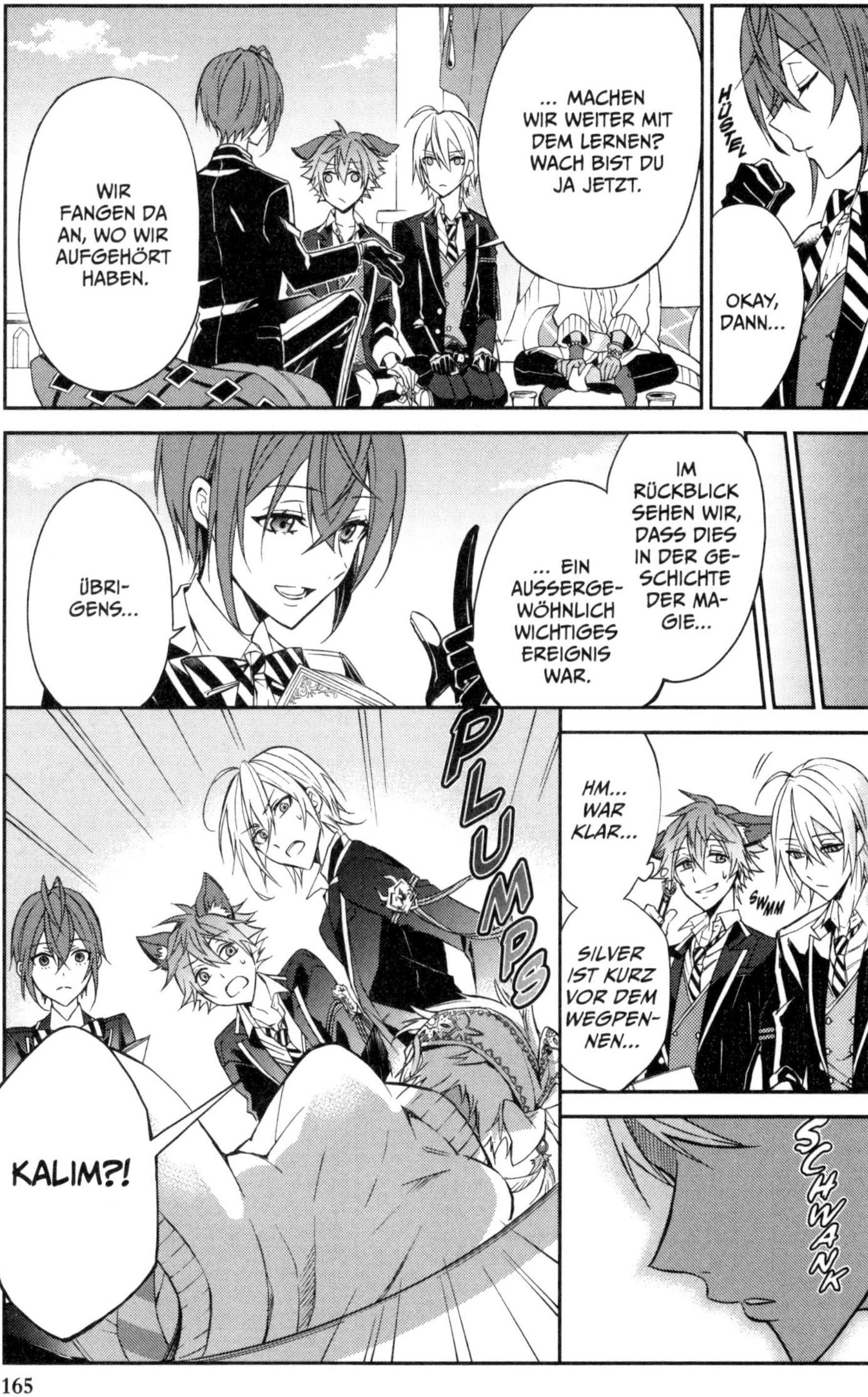

HÜSTEL
OKAY, DANN...
... MACHEN WIR WEITER MIT DEM LERNEN? WACH BIST DU JA JETZT.
WIR FANGEN DA AN, WO WIR AUFGEHÖRT HABEN.
IM RÜCKBLICK SEHEN WIR, DASS DIES IN DER GESCHICHTE DER MAGIE...
... EIN AUSSERGEWÖHNLICH WICHTIGES EREIGNIS WAR.
ÜBRIGENS...
HM... WAR KLAR...
SILVER IST KURZ VOR DEM WEGPENNEN...
SWMM
SCHWANK
PLUMPS
KALIM?!

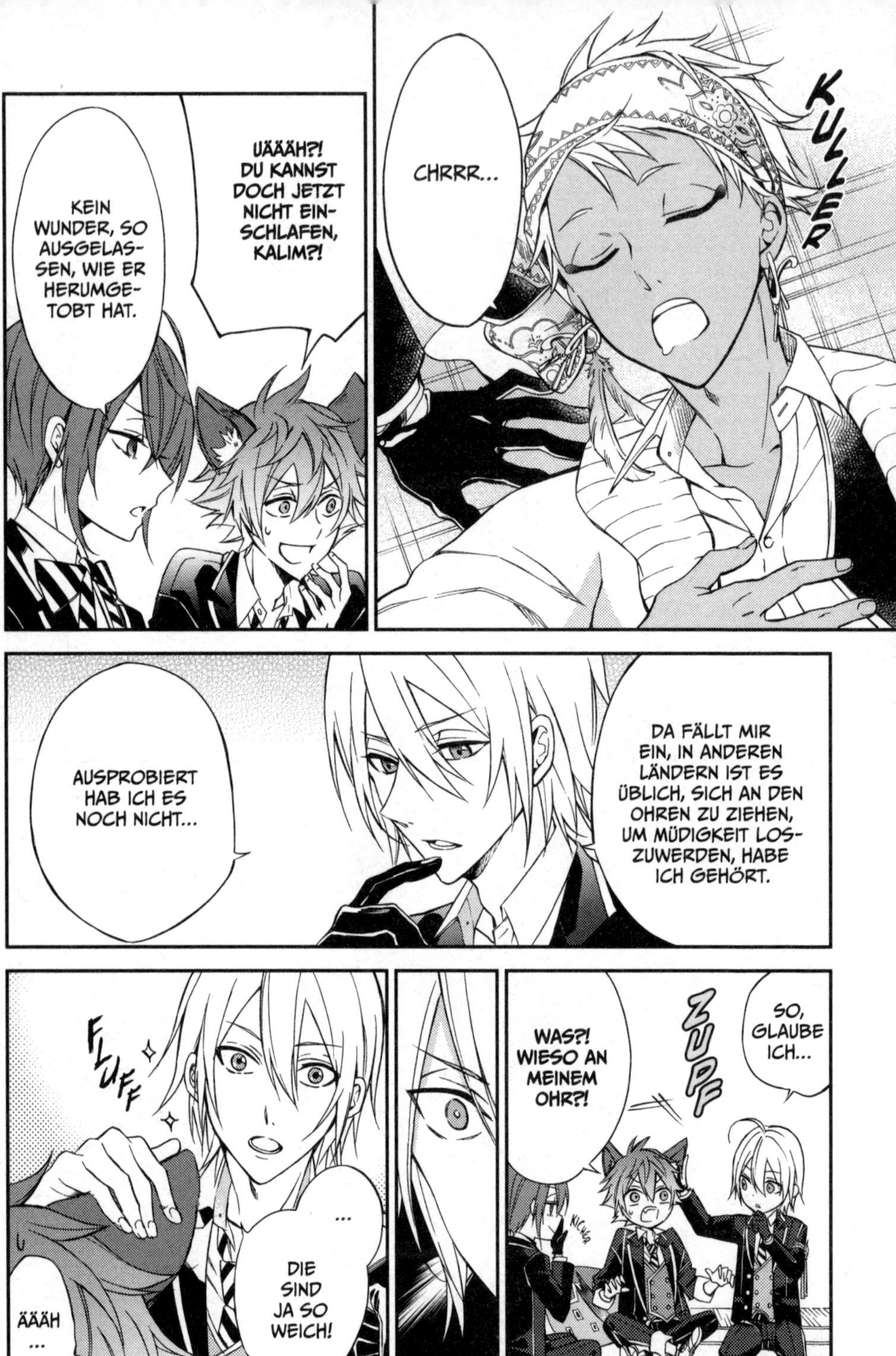
KULLER
CHRRR...
UÄÄÄH?! DU KANNST DOCH JETZT NICHT EIN-SCHLAFEN, KALIM?!
KEIN WUNDER, SO AUSGELAS-SEN, WIE ER HERUMGE-TOBT HAT.
DA FÄLLT MIR EIN, IN ANDEREN LÄNDERN IST ES ÜBLICH, SICH AN DEN OHREN ZU ZIEHEN, UM MÜDIGKEIT LOS-ZUWERDEN, HABE ICH GEHÖRT.
AUSPROBIERT HAB ICH ES NOCH NICHT...
SO, GLAUBE ICH...
ZUPF
WAS?! WIESO AN MEINEM OHR?!
KICHER
...
DIE SIND JA SO WEICH!
FLUFF
ÄÄÄH ...

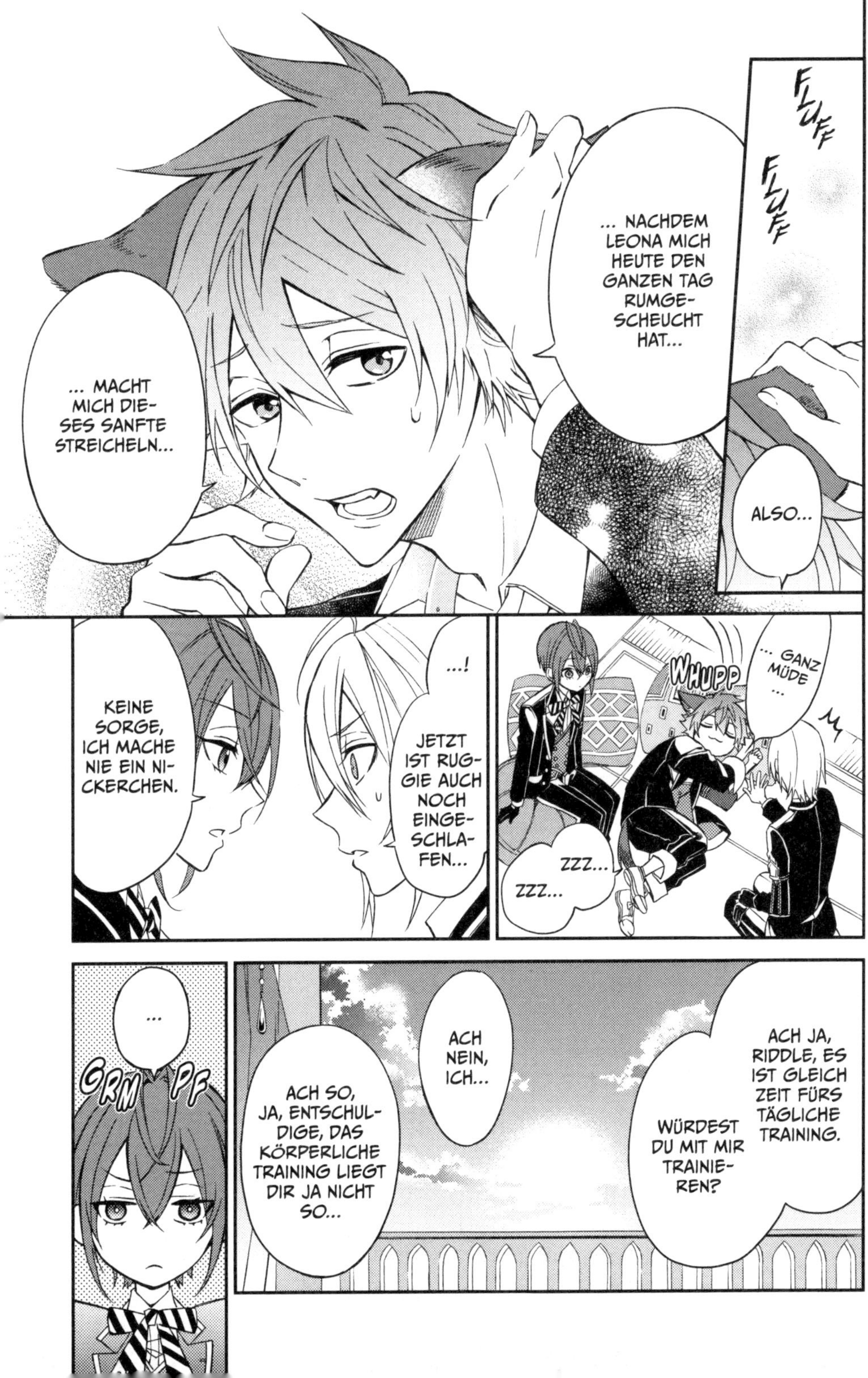
FLUFF
FLUFF
ALSO...
... NACHDEM LEONA MICH HEUTE DEN GANZEN TAG RUMGE-SCHEUCHT HAT...
... MACHT MICH DIE-SES SANFTE STREICHELN...
... GANZ MÜDE ...
WHUPP
ZZZ... ZZZ...
...!
JETZT IST RUG-GIE AUCH NOCH EINGE-SCHLA-FEN...
KEINE SORGE, ICH MACHE NIE EIN NI-CKERCHEN.
ACH JA, RIDDLE, ES IST GLEICH ZEIT FÜRS TÄGLICHE TRAINING.
WÜRDEST DU MIT MIR TRAINIE-REN?
ACH NEIN, ICH...
ACH SO, JA, ENTSCHUL-DIGE, DAS KÖRPERLICHE TRAINING LIEGT DIR JA NICHT SO...
...
GRMPF

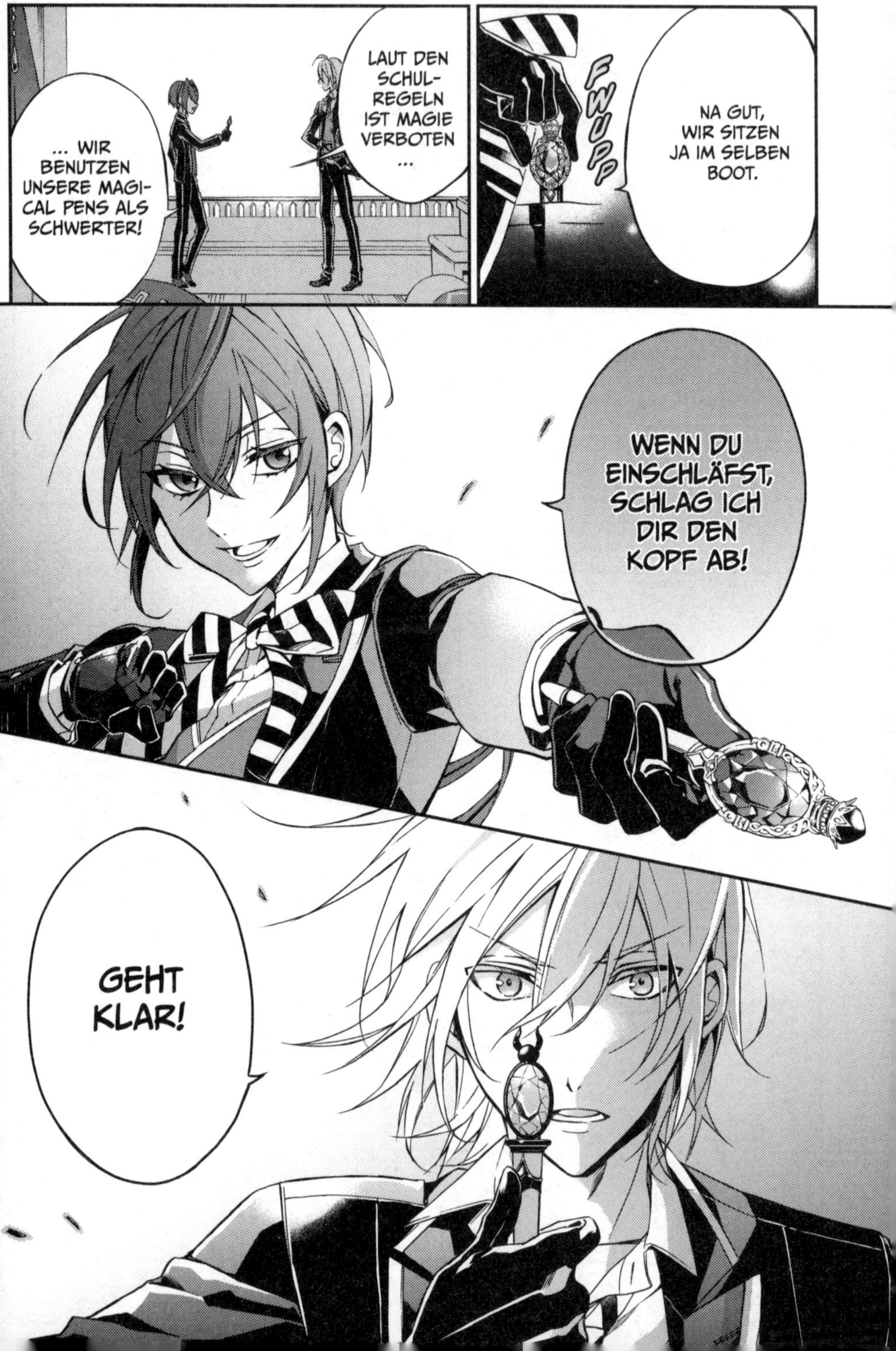
NA GUT, WIR SITZEN JA IM SELBEN BOOT.
FWUPP
LAUT DEN SCHUL-REGELN IST MAGIE VERBOTEN ...
... WIR BENUTZEN UNSERE MAGICAL PENS ALS SCHWERTER!
WENN DU EINSCHLÄFST, SCHLAG ICH DIR DEN KOPF AB!
GEHT KLAR!

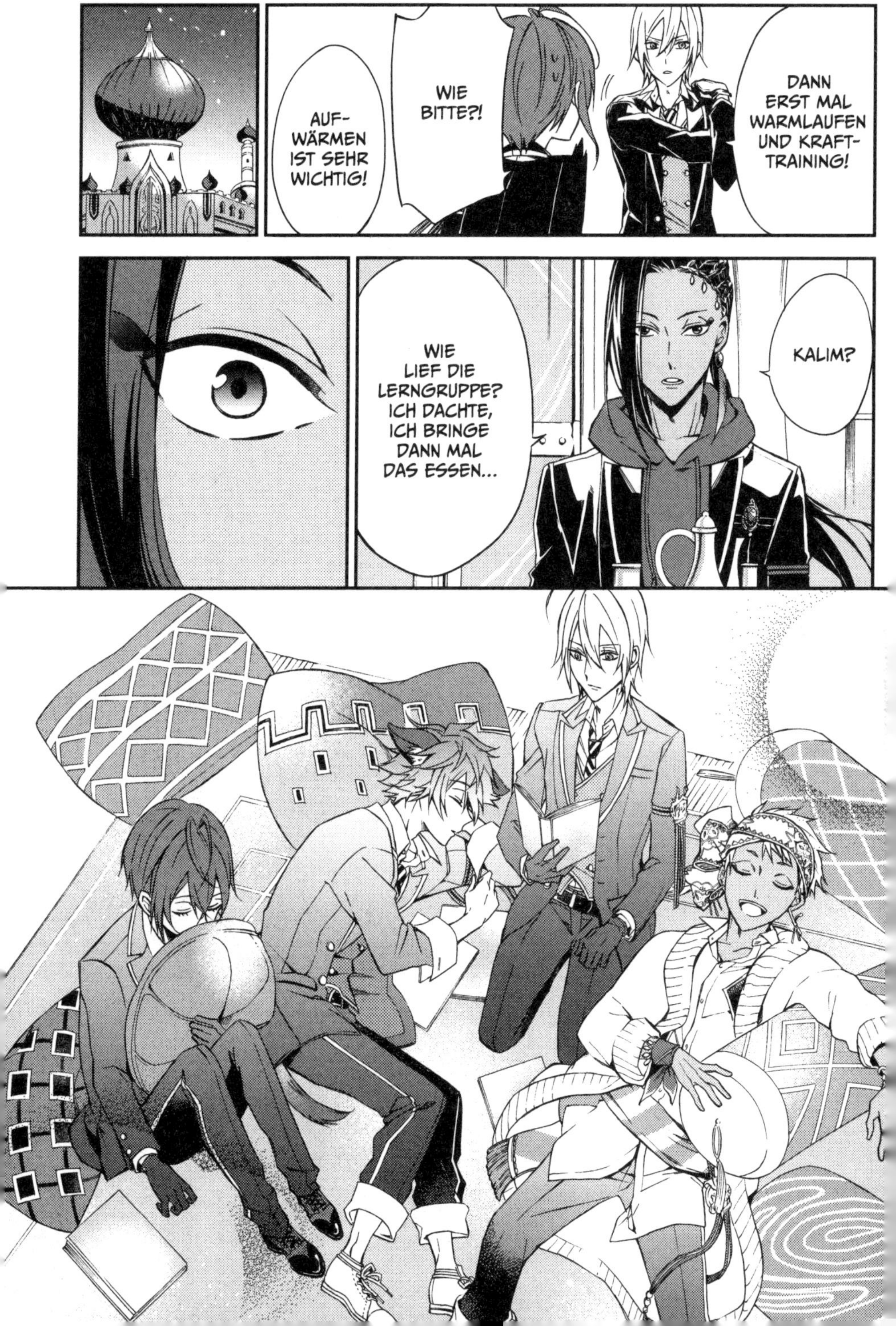
DANN ERST MAL WARMLAUFEN UND KRAFT-TRAINING!
WIE BITTE?!
AUF-WÄRMEN IST SEHR WICHTIG!
KALIM?
WIE LIEF DIE LERNGRUPPE? ICH DACHTE, ICH BRINGE DANN MAL DAS ESSEN...

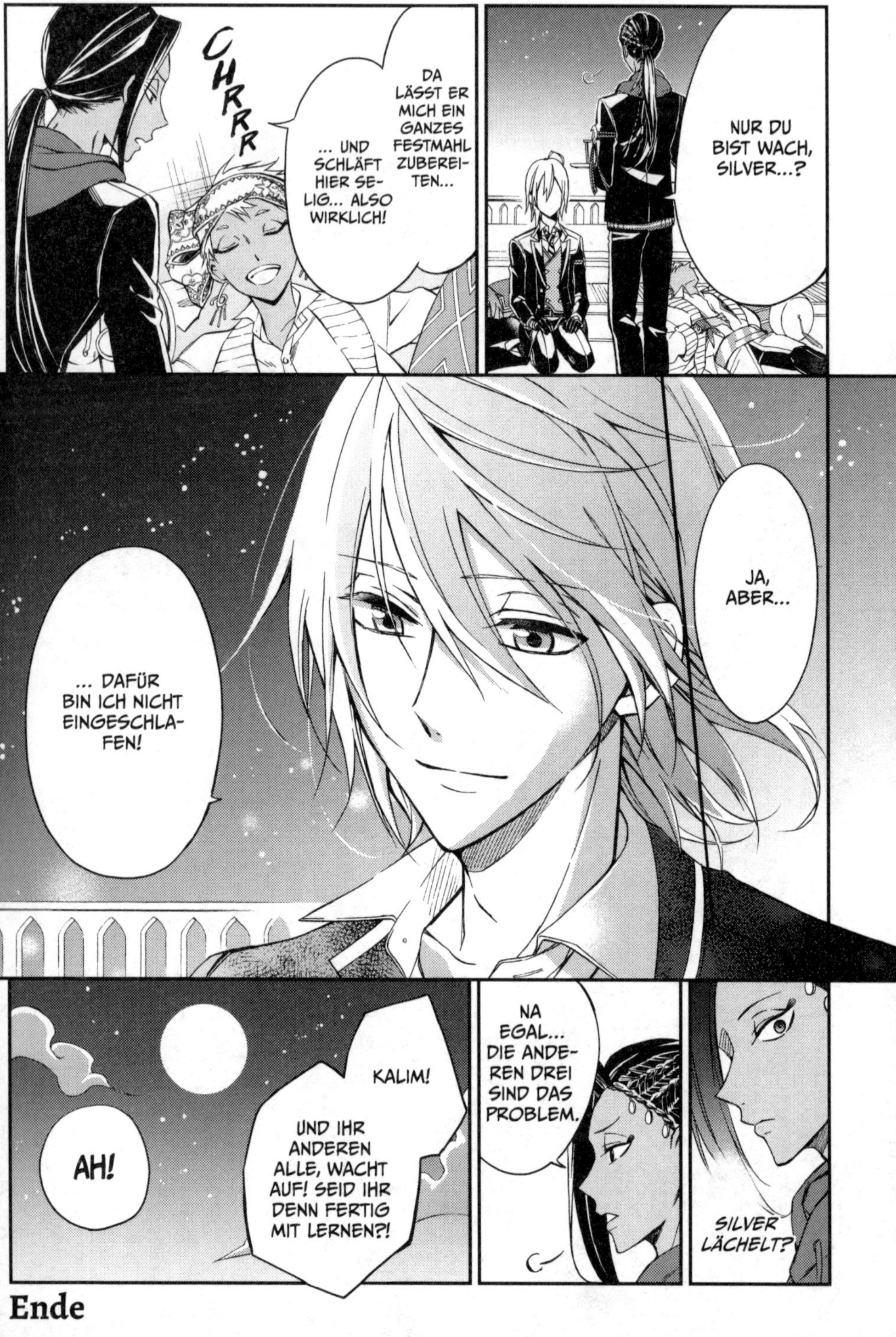
NUR DU BIST WACH, SILVER...?
DA LÄSST ER MICH EIN GANZES FESTMAHL ZUBEREITEN...
... UND SCHLÄFT HIER SE-LIG... ALSO WIRKLICH!
CHRRR
JA, ABER...
... DAFÜR BIN ICH NICHT EINGESCHLA-FEN!
SILVER LÄCHELT?
NA EGAL... DIE ANDE-REN DREI SIND DAS PROBLEM.
KALIM!
UND IHR ANDEREN ALLE, WACHT AUF! SEID IHR DENN FERTIG MIT LERNEN?!
AH!

Ende

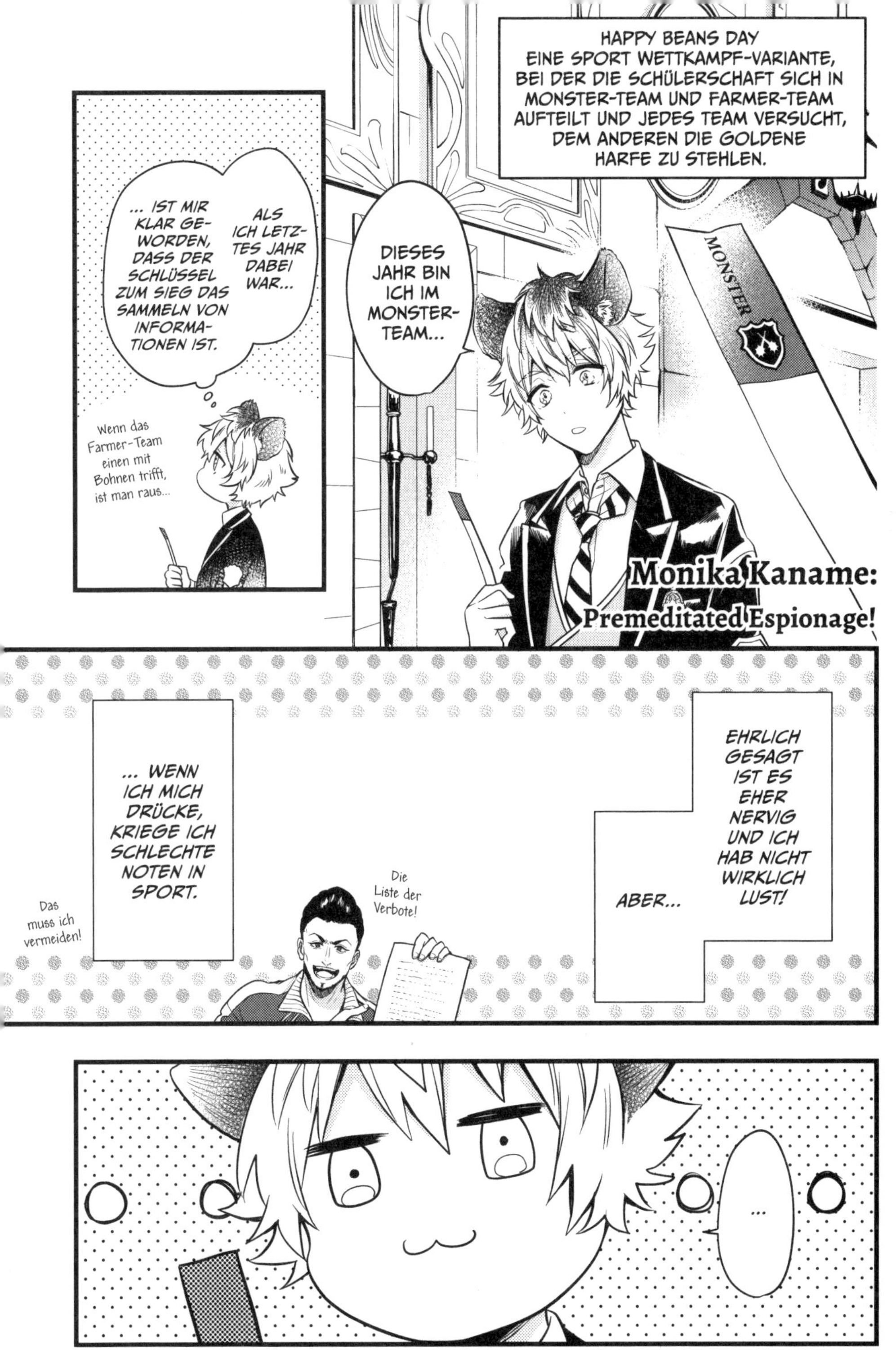
HAPPY BEANS DAY
EINE SPORT WETTKAMPF-VARIANTE, BEI DER DIE SCHÜLERSCHAFT SICH IN MONSTER-TEAM UND FARMER-TEAM AUFTEILT UND JEDES TEAM VERSUCHT, DEM ANDEREN DIE GOLDENE HARFE ZU STEHLEN.
MONSTER
DIESES JAHR BIN ICH IM MONSTER-TEAM...
Monika Kaname:
Premeditated Espionage!
ALS ICH LETZTES JAHR DABEI WAR...
... IST MIR KLAR GEWORDEN, DASS DER SCHLÜSSEL ZUM SIEG DAS SAMMELN VON INFORMATIONEN IST.
Wenn das Farmer-Team einen mit Bohnen trifft, ist man raus...
EHRLICH GESAGT IST ES EHER NERVIG UND ICH HAB NICHT WIRKLICH LUST!
ABER...
Die Liste der Verbote!
... WENN ICH MICH DRÜCKE, KRIEGE ICH SCHLECHTE NOTEN IN SPORT.
Das muss ich vermeiden!
...

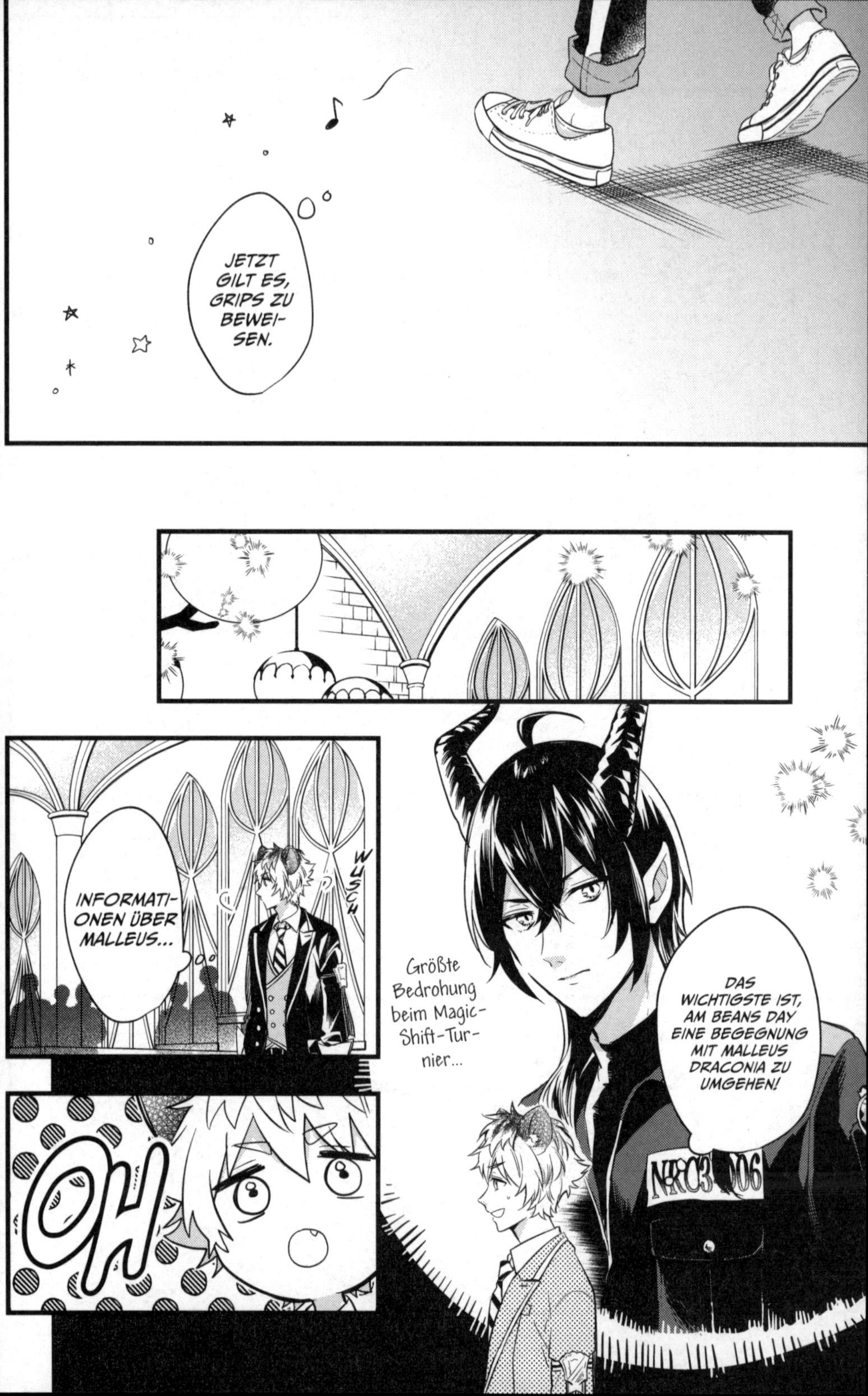
JETZT GILT ES, GRIPS ZU BEWEI-SEN.
INFORMATI-ONEN ÜBER MALLEUS...
WUSCH
DAS WICHTIGSTE IST, AM BEANS DAY EINE BEGEGNUNG MIT MALLEUS DRACONIA ZU UMGEHEN!
Größte Bedrohung beim Magic-Shift-Tur-nier...
OH
NRC3 006

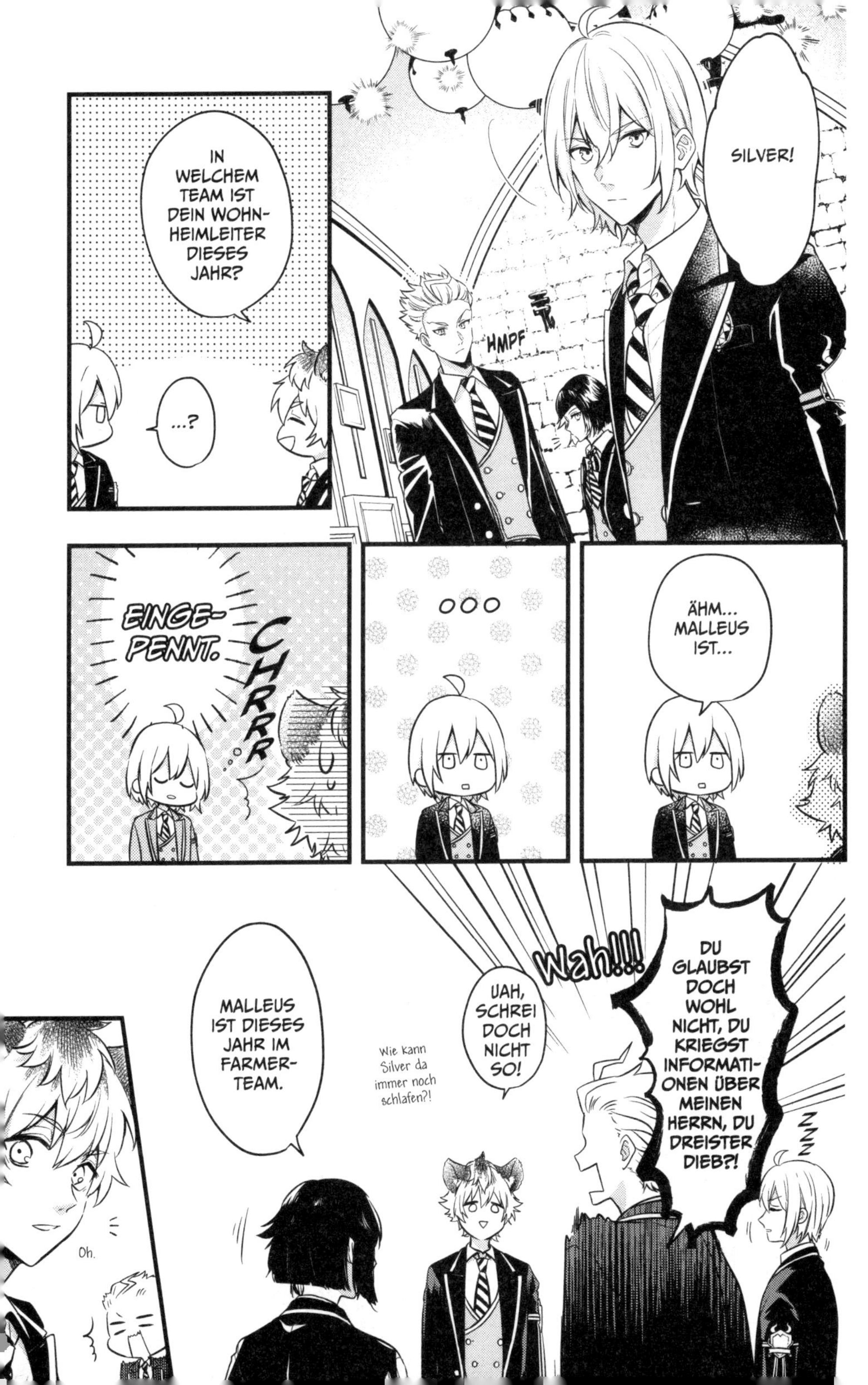
SILVER!
HMPF
IN WELCHEM TEAM IST DEIN WOHN-HEIMLEITER DIESES JAHR?
...?
ÄHM... MALLEUS IST...
OOO
EINGE-PENNT.
CHRRR
DU GLAUBST DOCH WOHL NICHT, DU KRIEGST INFORMATI-ONEN ÜBER MEINEN HERRN, DU DREISTER DIEB?!
Wah!!!
UAH, SCHREI DOCH NICHT SO!
Wie kann Silver da immer noch schlafen?!
MALLEUS IST DIESES JAHR IM FARMER-TEAM.
Oh.
ZZZ

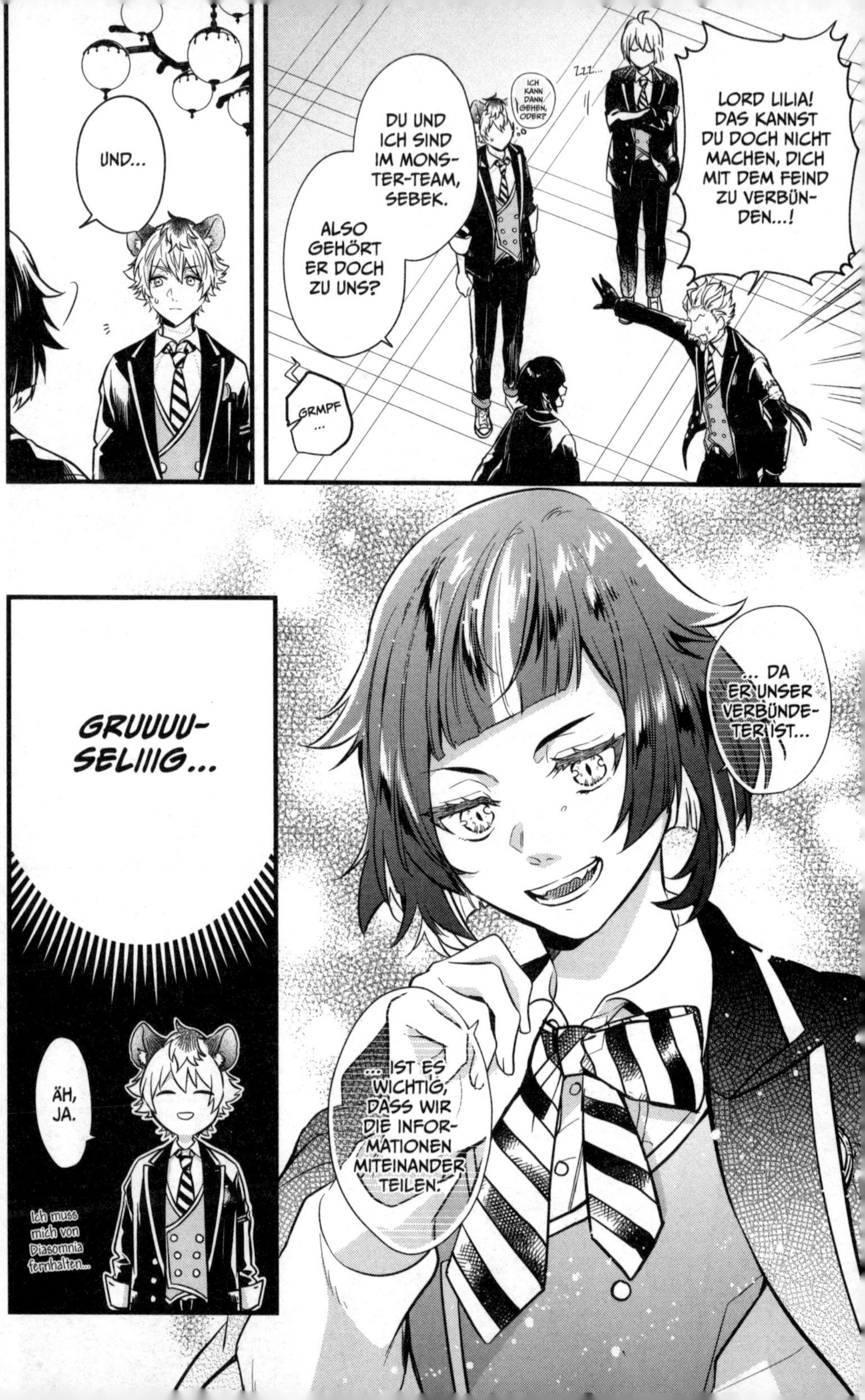
LORD LILIA! DAS KANNST DU DOCH NICHT MACHEN, DICH MIT DEM FEIND ZU VERBÜNDEN...!
ZZZ...
ICH KANN DANN GEHEN, ODER?
DU UND ICH SIND IM MONSTER-TEAM, SEBEK.
ALSO GEHÖRT ER DOCH ZU UNS?
GRMPF ...
UND...
... DA ER UNSER VERBÜNDETER IST...
... IST ES WICHTIG, DASS WIR DIE INFORMATIONEN MITEINANDER TEILEN.
GRUUUU-SELIIIG...
ÄH, JA.
Ich muss mich von Diasomnia fernhalten...

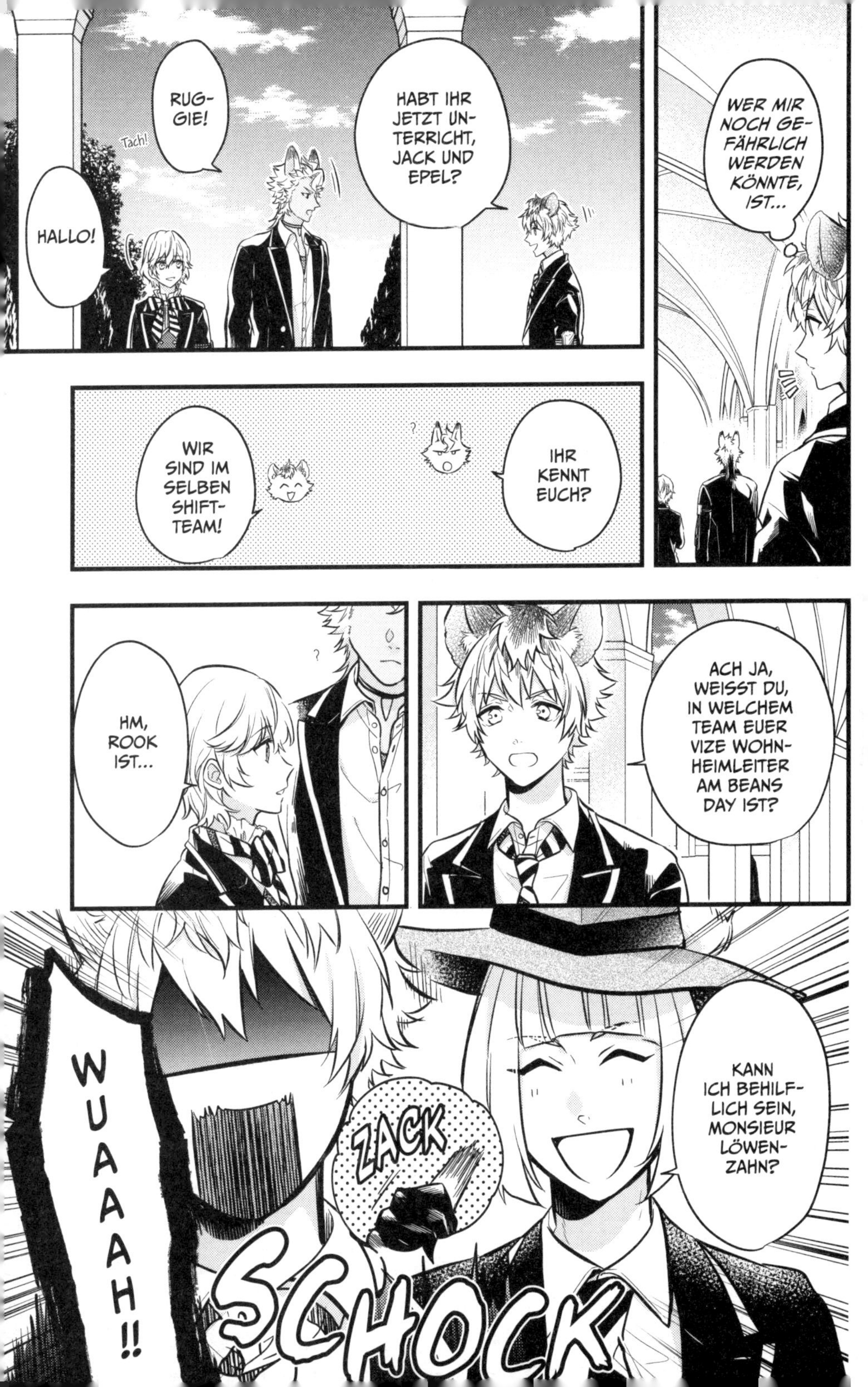
WER MIR NOCH GEFÄHRLICH WERDEN KÖNNTE, IST...
HABT IHR JETZT UNTERRICHT, JACK UND EPEL?
RUGGIE!
Tach!
HALLO!
IHR KENNT EUCH?
WIR SIND IM SELBEN SHIFT-TEAM!
ACH JA, WEISST DU, IN WELCHEM TEAM EUER VIZE WOHNHEIMLEITER AM BEANS DAY IST?
HM, ROOK IST...
KANN ICH BEHILFLICH SEIN, MONSIEUR LÖWENZAHN?
ZACK
WUAAAAH!!
SCHOCK

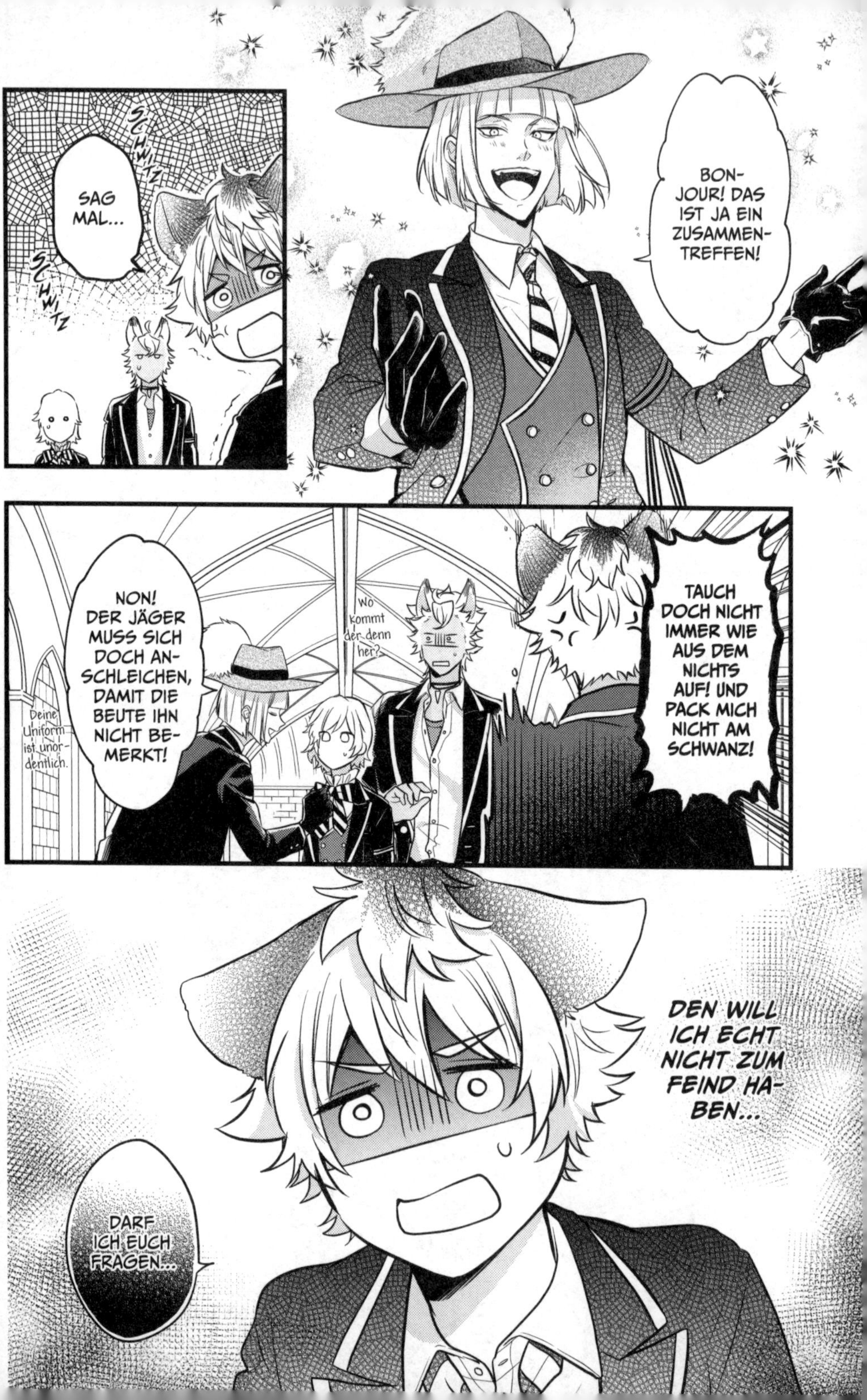
BON-
JOUR! DAS
IST JA EIN
ZUSAMMEN-
TREFFEN!
SCHWITZ
SAG
MAL...
SCHWITZ
TAUCH
DOCH NICHT
IMMER WIE
AUS DEM
NICHTS
AUF! UND
PACK MICH
NICHT AM
SCHWANZ!
Wo
kommt
der denn
her?
NON!
DER JÄGER
MUSS SICH
DOCH AN-
SCHLEICHEN,
DAMIT DIE
BEUTE IHN
NICHT BE-
MERKT!
Deine
Uniform
ist unor-
dentlich.
DEN WILL
ICH ECHT
NICHT ZUM
FEIND HA-
BEN...
DARF
ICH EUCH
FRAGEN...

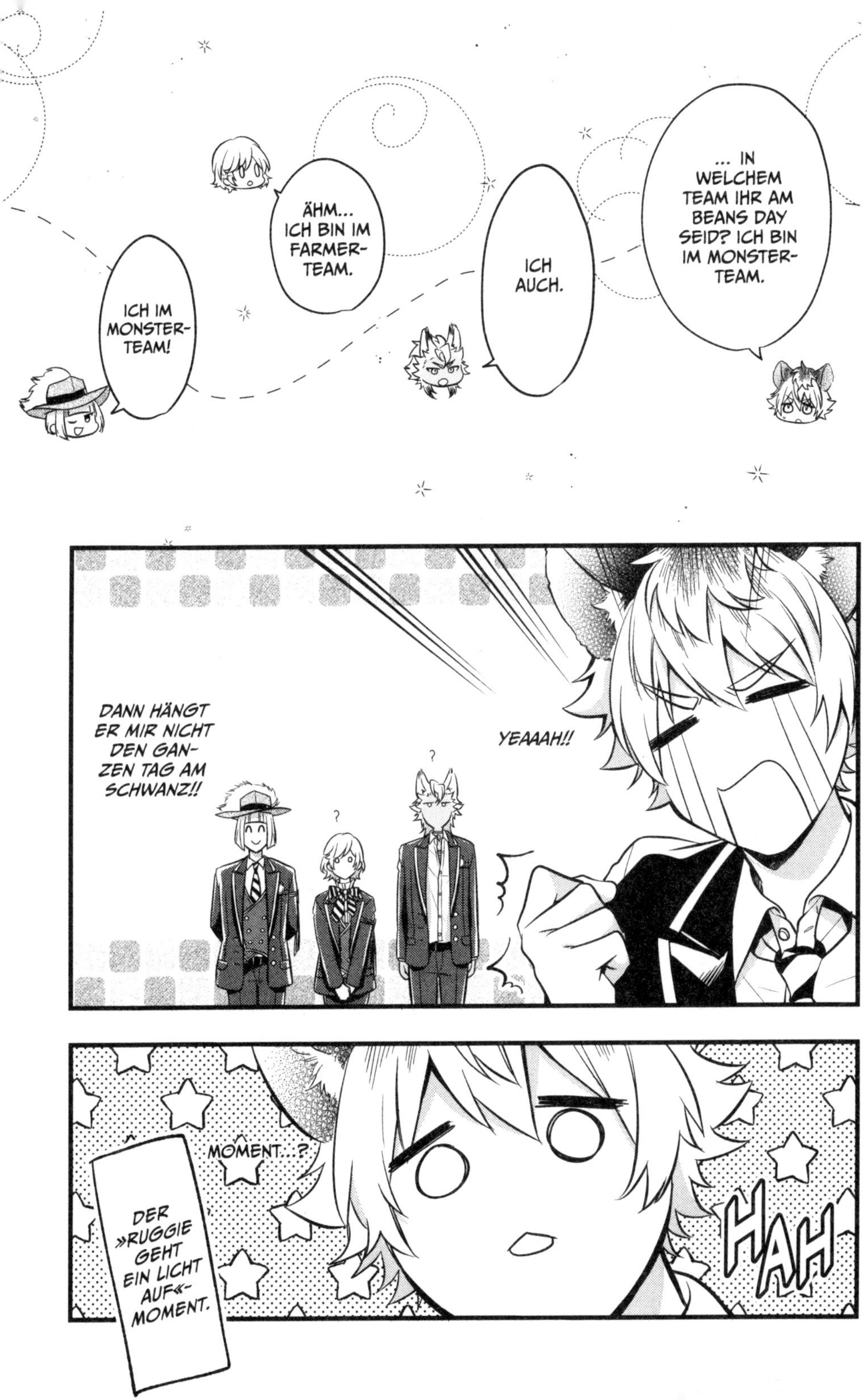

... IN WELCHEM TEAM IHR AM BEANS DAY SEID? ICH BIN IM MONSTER-TEAM.
ICH AUCH.
ÄHM... ICH BIN IM FARMER-TEAM.
ICH IM MONSTER-TEAM!
YEAAAH!!
DANN HÄNGT ER MIR NICHT DEN GANZEN TAG AM SCHWANZ!!
HAH
MOMENT...?
DER »RUGGIE GEHT EIN LICHT AUF«-MOMENT.

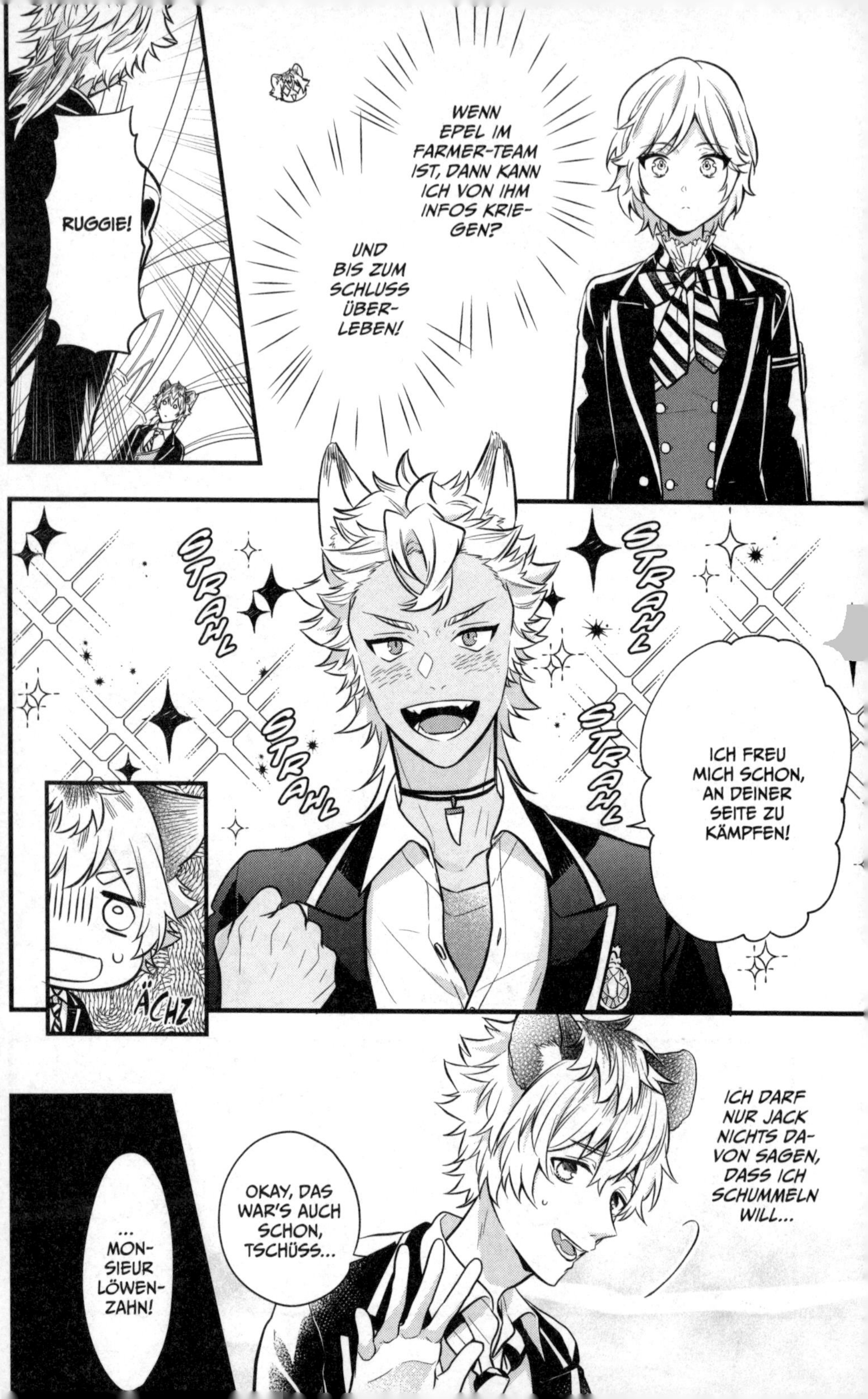
WENN EPEL IM FARMER-TEAM IST, DANN KANN ICH VON IHM INFOS KRIE-GEN?
UND BIS ZUM SCHLUSS ÜBER-LEBEN!
RUGGIE!
STRAHL
STRAHL
ICH FREU MICH SCHON, AN DEINER SEITE ZU KÄMPFEN!
STRAHL
STRAHL
ÄCHZ
ICH DARF NUR JACK NICHTS DA-VON SAGEN, DASS ICH SCHUMMELN WILL...
OKAY, DAS WAR'S AUCH SCHON, TSCHÜSS...
... MON-SIEUR LÖWEN-ZAHN!

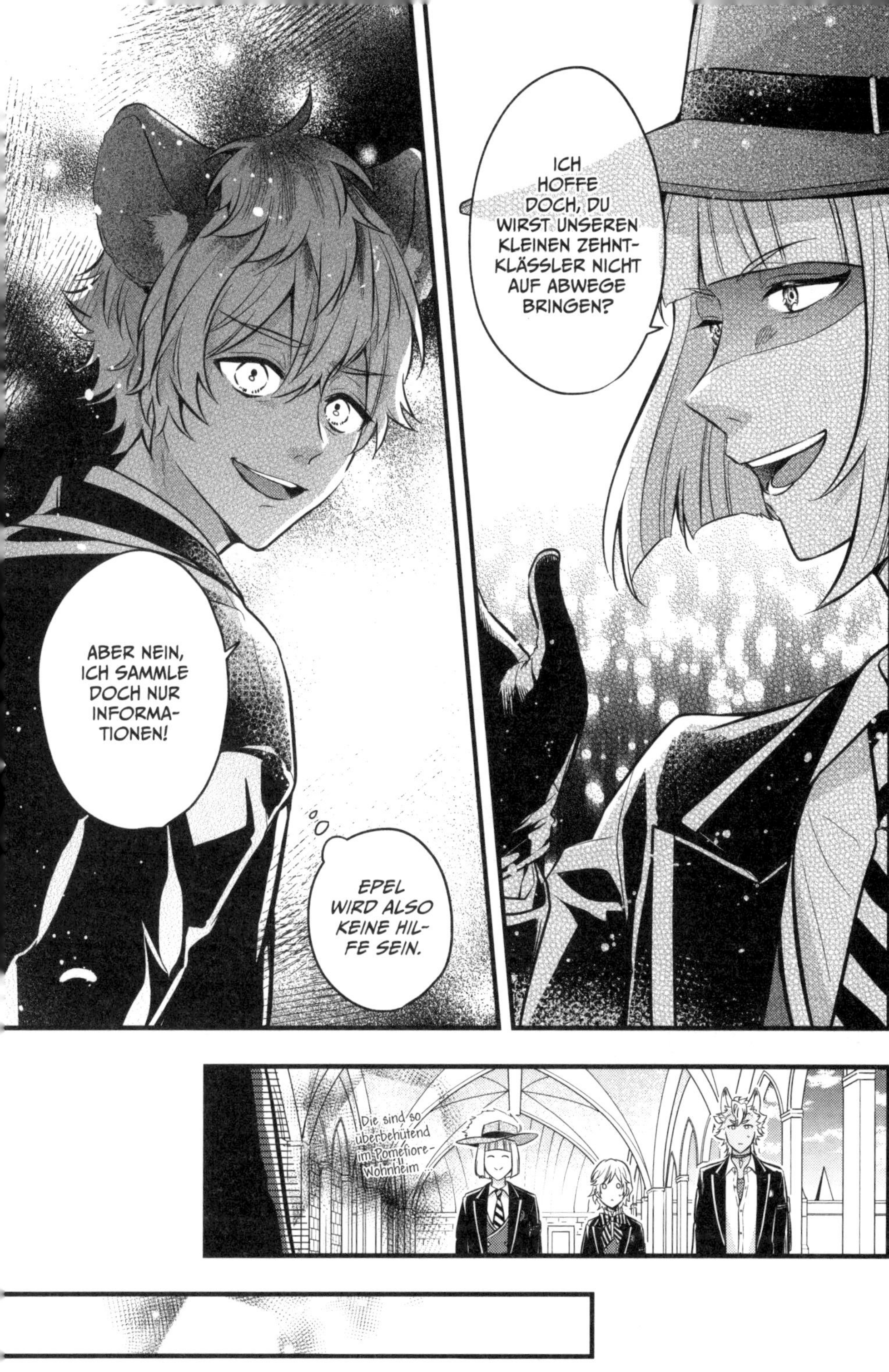

ICH HOFFE DOCH, DU WIRST UNSEREN KLEINEN ZEHNT-KLÄSSLER NICHT AUF ABWEGE BRINGEN?
ABER NEIN, ICH SAMMLE DOCH NUR INFORMA-TIONEN!
EPEL WIRD ALSO KEINE HIL-FE SEIN.
Die sind so überbehütend im Pomefiore-Wohnheim ...

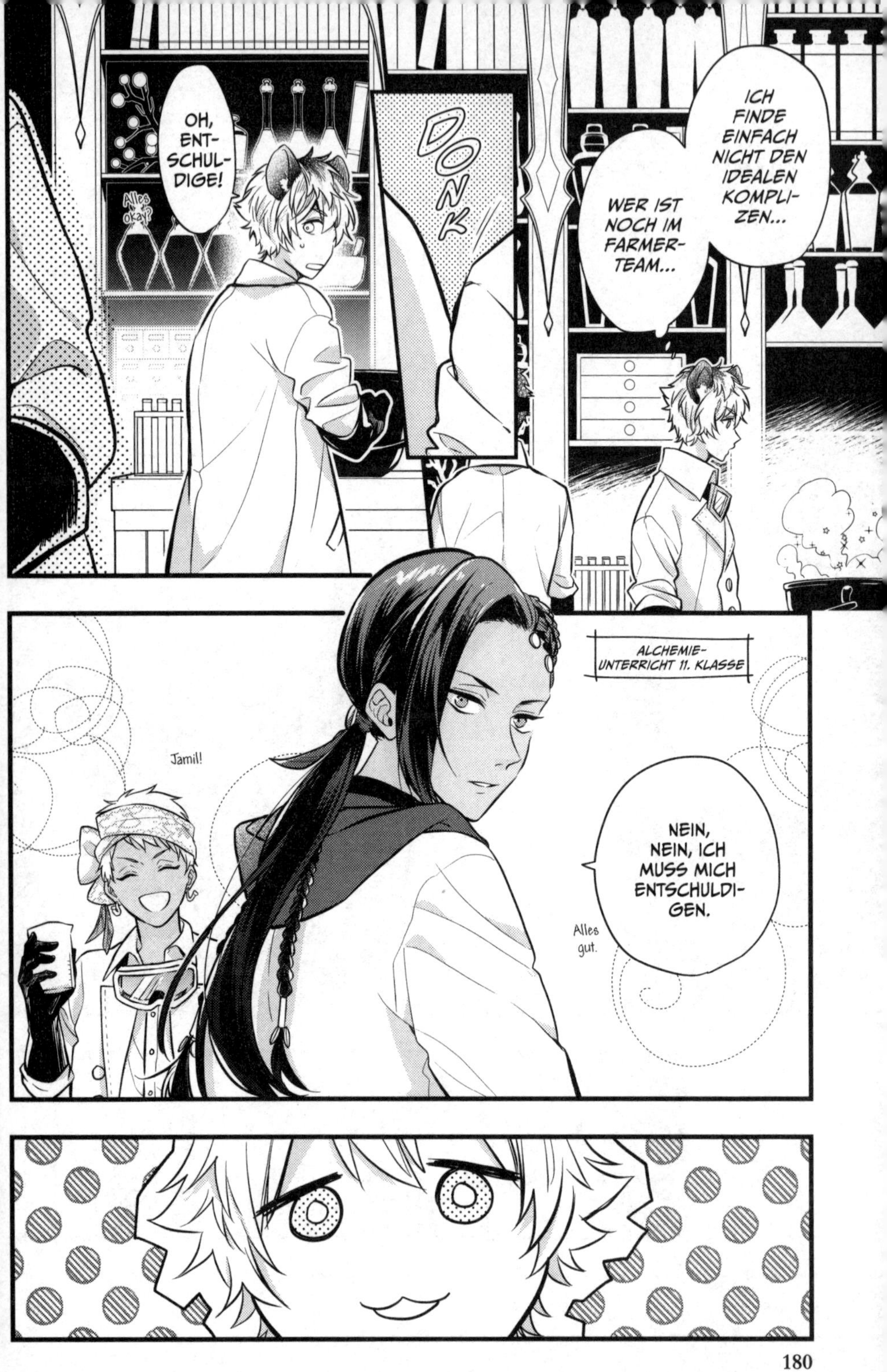
ICH FINDE EINFACH NICHT DEN IDEALEN KOMPLIZEN...
WER IST NOCH IM FARMER-TEAM...
DONK
OH, ENT-SCHUL-DIGE!
Alles okay?
ALCHEMIE-UNTERRICHT 11. KLASSE
NEIN, NEIN, ICH MUSS MICH ENTSCHULDI-GEN.
Alles gut.
Jamil!

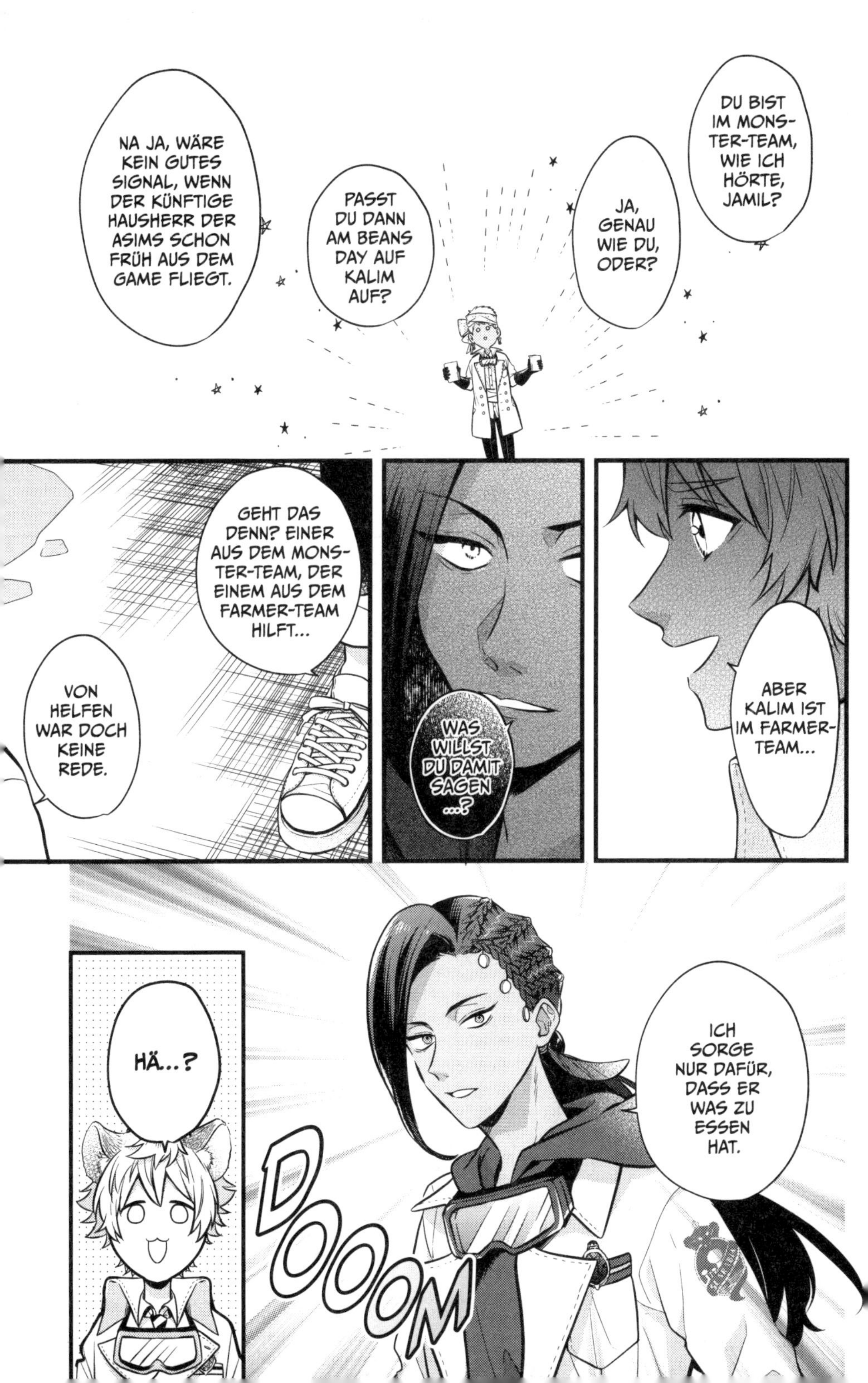
DU BIST IM MONSTER-TEAM, WIE ICH HÖRTE, JAMIL?
JA, GENAU WIE DU, ODER?
PASST DU DANN AM BEANS DAY AUF KALIM AUF?
NA JA, WÄRE KEIN GUTES SIGNAL, WENN DER KÜNFTIGE HAUSHERR DER ASIMS SCHON FRÜH AUS DEM GAME FLIEGT.
ABER KALIM IST IM FARMER-TEAM...
WAS WILLST DU DAMIT SAGEN ...?
GEHT DAS DENN? EINER AUS DEM MONSTER-TEAM, DER EINEM AUS DEM FARMER-TEAM HILFT...
VON HELFEN WAR DOCH KEINE REDE.
ICH SORGE NUR DAFÜR, DASS ER WAS ZU ESSEN HAT.
DOOOM
HÄ...?

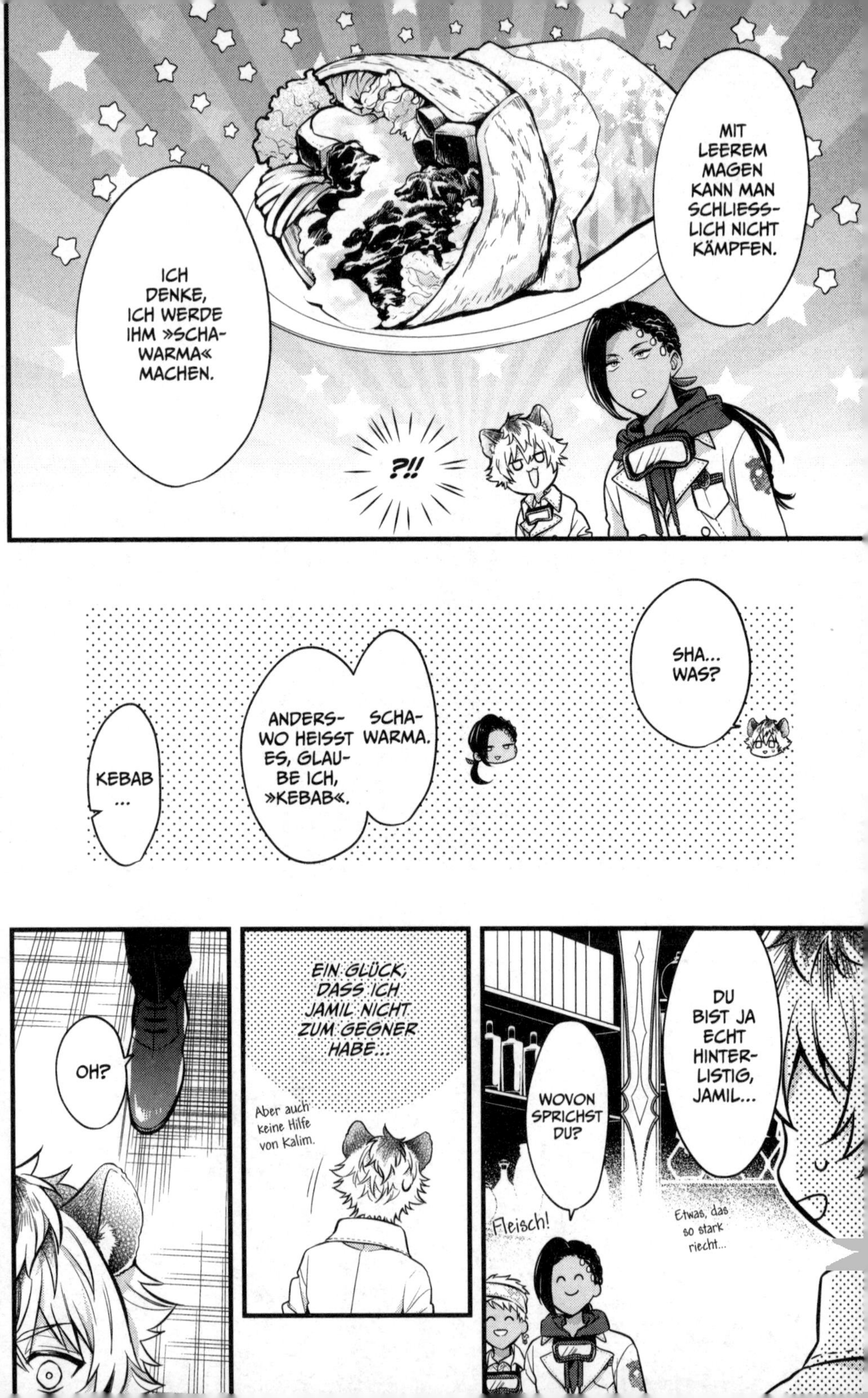
MIT LEEREM MAGEN KANN MAN SCHLIESSLICH NICHT KÄMPFEN.
ICH DENKE, ICH WERDE IHM »SCHAWARMA« MACHEN.
?!!
SHA... WAS?
SCHAWARMA.
ANDERSWO HEISST ES, GLAUBE ICH, »KEBAB«.
KEBAB ...
DU BIST JA ECHT HINTERLISTIG, JAMIL...
WOVON SPRICHST DU?
Etwas, das so stark riecht...
Fleisch!
EIN GLÜCK, DASS ICH JAMIL NICHT ZUM GEGNER HABE...
Aber auch keine Hilfe von Kalim.
OH?

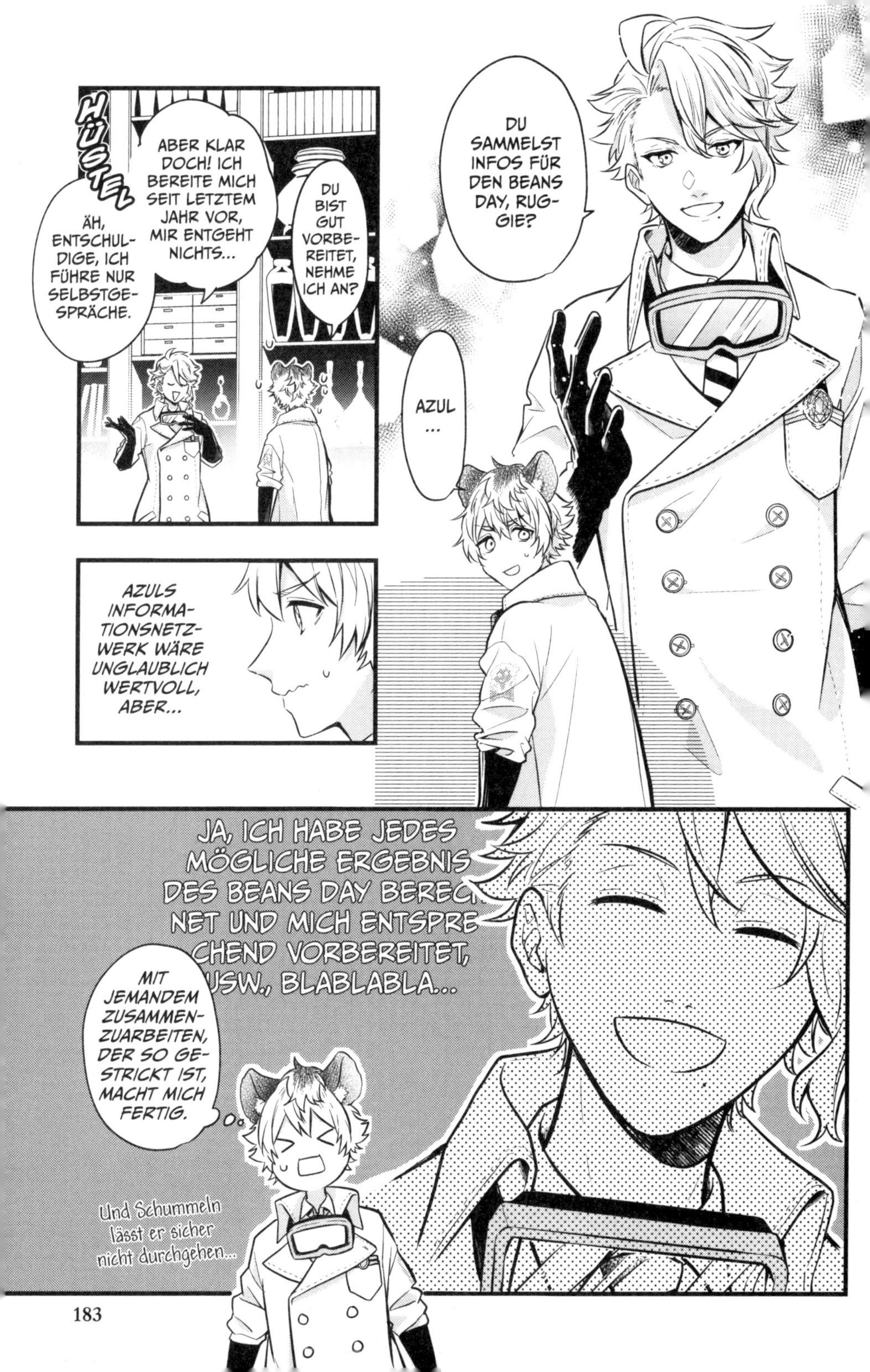
DU SAMMELST INFOS FÜR DEN BEANS DAY, RUGGIE?
AZUL ...
DU BIST GUT VORBEREITET, NEHME ICH AN?
ABER KLAR DOCH! ICH BEREITE MICH SEIT LETZTEM JAHR VOR, MIR ENTGEHT NICHTS...
HÜSTEL
ÄH, ENTSCHULDIGE, ICH FÜHRE NUR SELBSTGESPRÄCHE.
AZULS INFORMATIONSNETZWERK WÄRE UNGLAUBLICH WERTVOLL, ABER...
JA, ICH HABE JEDES MÖGLICHE ERGEBNIS DES BEANS DAY BERECHNET UND MICH ENTSPRECHEND VORBEREITET, USW., BLABLABLA...
MIT JEMANDEM ZUSAMMENZUARBEITEN, DER SO GESTRICKT IST, MACHT MICH FERTIG.
Und Schummeln lässt er sicher nicht durchgehen...

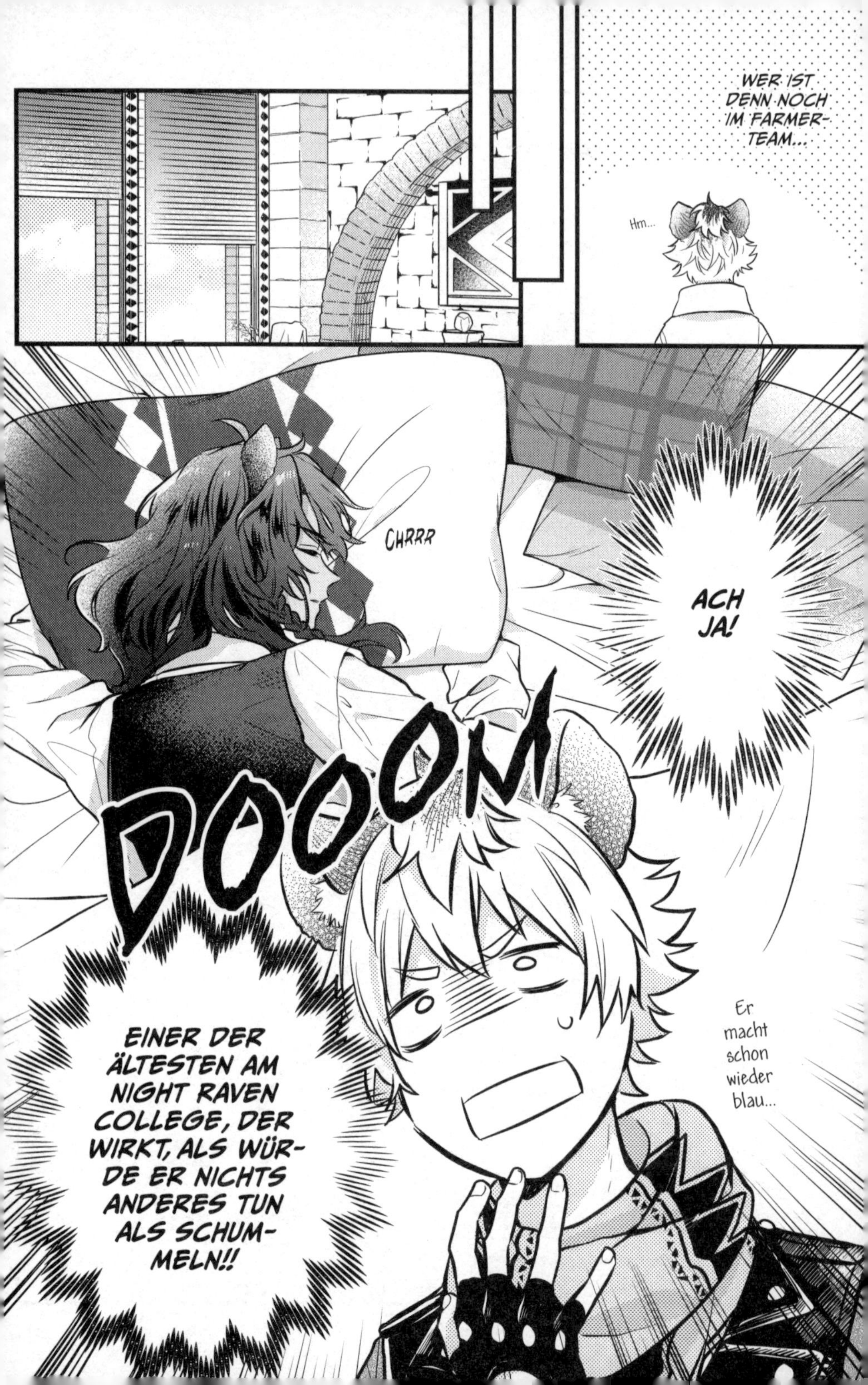
WER IST DENN NOCH IM FARMER-TEAM...
Hm...
ACH JA!
CHRRR
DOOOM
Er macht schon wieder blau...
EINER DER ÄLTESTEN AM NIGHT RAVEN COLLEGE, DER WIRKT, ALS WÜR-DE ER NICHTS ANDERES TUN ALS SCHUM-MELN!!

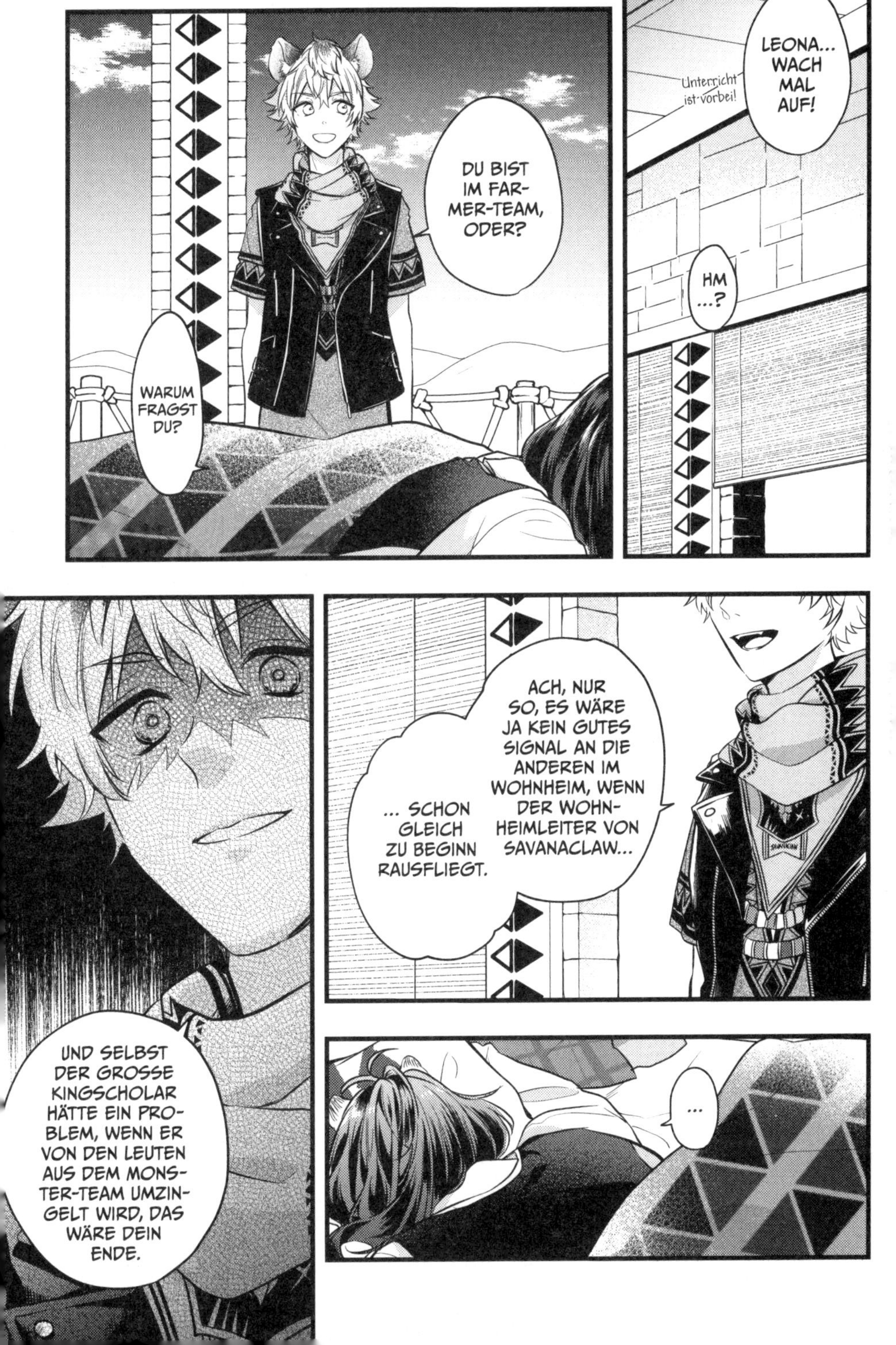
Unterricht ist vorbei!
LEONA... WACH MAL AUF!
HM ...?
DU BIST IM FARMER-TEAM, ODER?
WARUM FRAGST DU?
ACH, NUR SO, ES WÄRE JA KEIN GUTES SIGNAL AN DIE ANDEREN IM WOHNHEIM, WENN DER WOHNHEIMLEITER VON SAVANACLAW...
... SCHON GLEICH ZU BEGINN RAUSFLIEGT.
...
UND SELBST DER GROSSE KINGSCHOLAR HÄTTE EIN PROBLEM, WENN ER VON DEN LEUTEN AUS DEM MONSTER-TEAM UMZINGELT WIRD, DAS WÄRE DEIN ENDE.

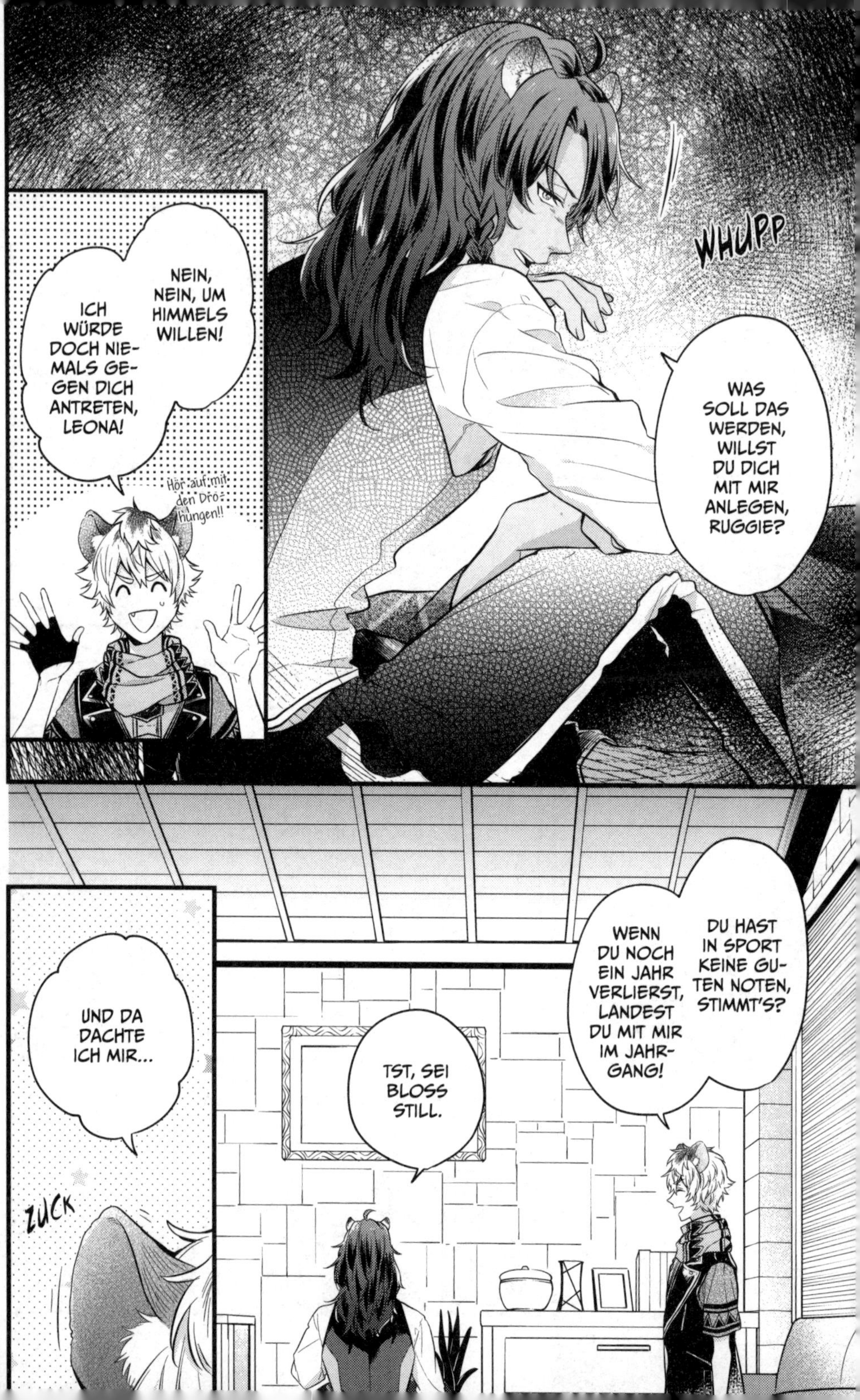
WHUPP
WAS SOLL DAS WERDEN, WILLST DU DICH MIT MIR ANLEGEN, RUGGIE?
NEIN, NEIN, UM HIMMELS WILLEN!
ICH WÜRDE DOCH NIE-MALS GE-GEN DICH ANTRETEN, LEONA!
Hör auf mit den Dro-hungen!!
DU HAST IN SPORT KEINE GU-TEN NOTEN, STIMMT'S?
WENN DU NOCH EIN JAHR VERLIERST, LANDEST DU MIT MIR IM JAHR-GANG!
TST, SEI BLOSS STILL.
UND DA DACHTE ICH MIR...
ZUCK

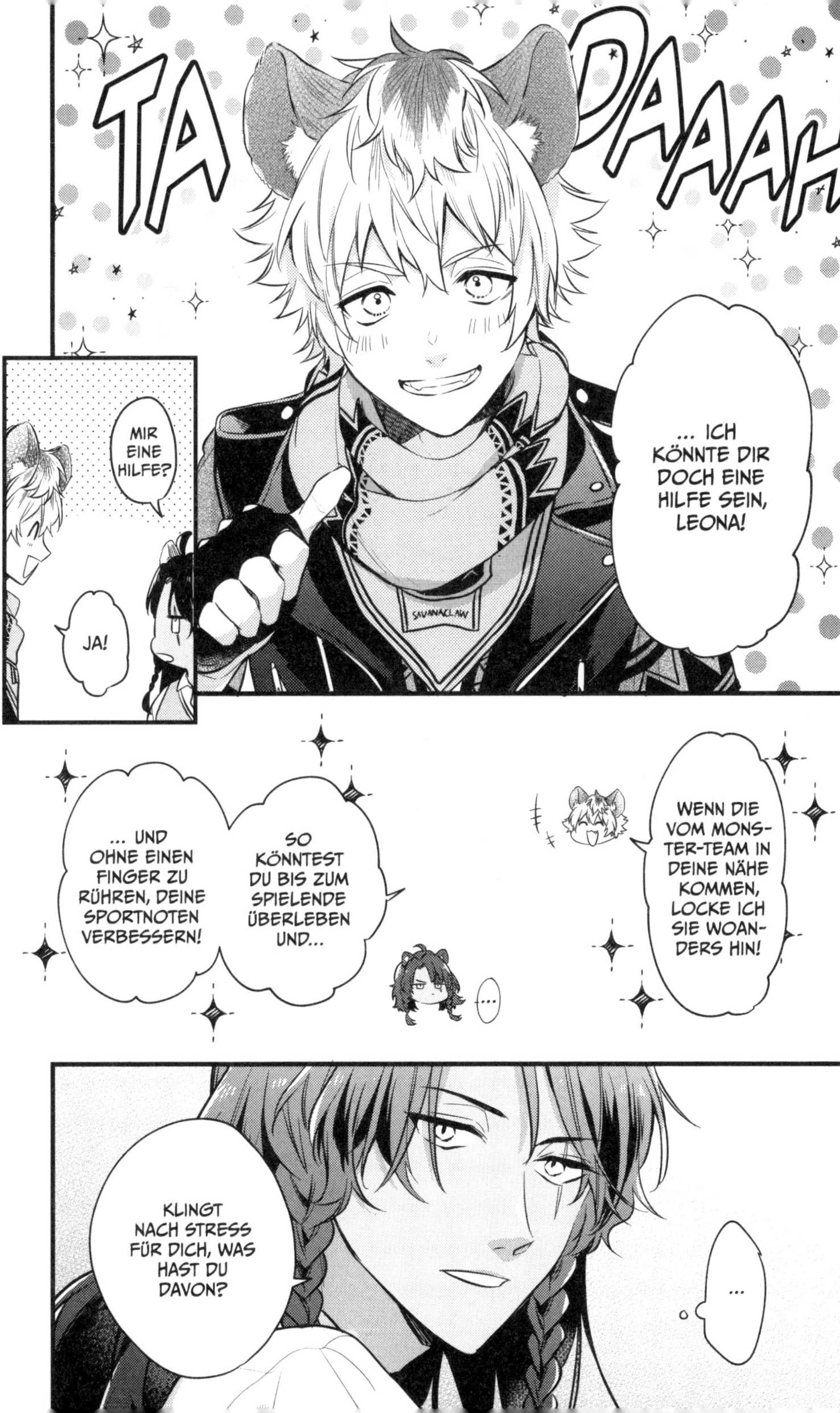
TA DAAAH
... ICH KÖNNTE DIR DOCH EINE HILFE SEIN, LEONA!
SAVANACLAW
MIR EINE HILFE?
JA!
WENN DIE VOM MONSTER-TEAM IN DEINE NÄHE KOMMEN, LOCKE ICH SIE WOANDERS HIN!
SO KÖNNTEST DU BIS ZUM SPIELENDE ÜBERLEBEN UND...
... UND OHNE EINEN FINGER ZU RÜHREN, DEINE SPORTNOTEN VERBESSERN!
...
...
KLINGT NACH STRESS FÜR DICH, WAS HAST DU DAVON?

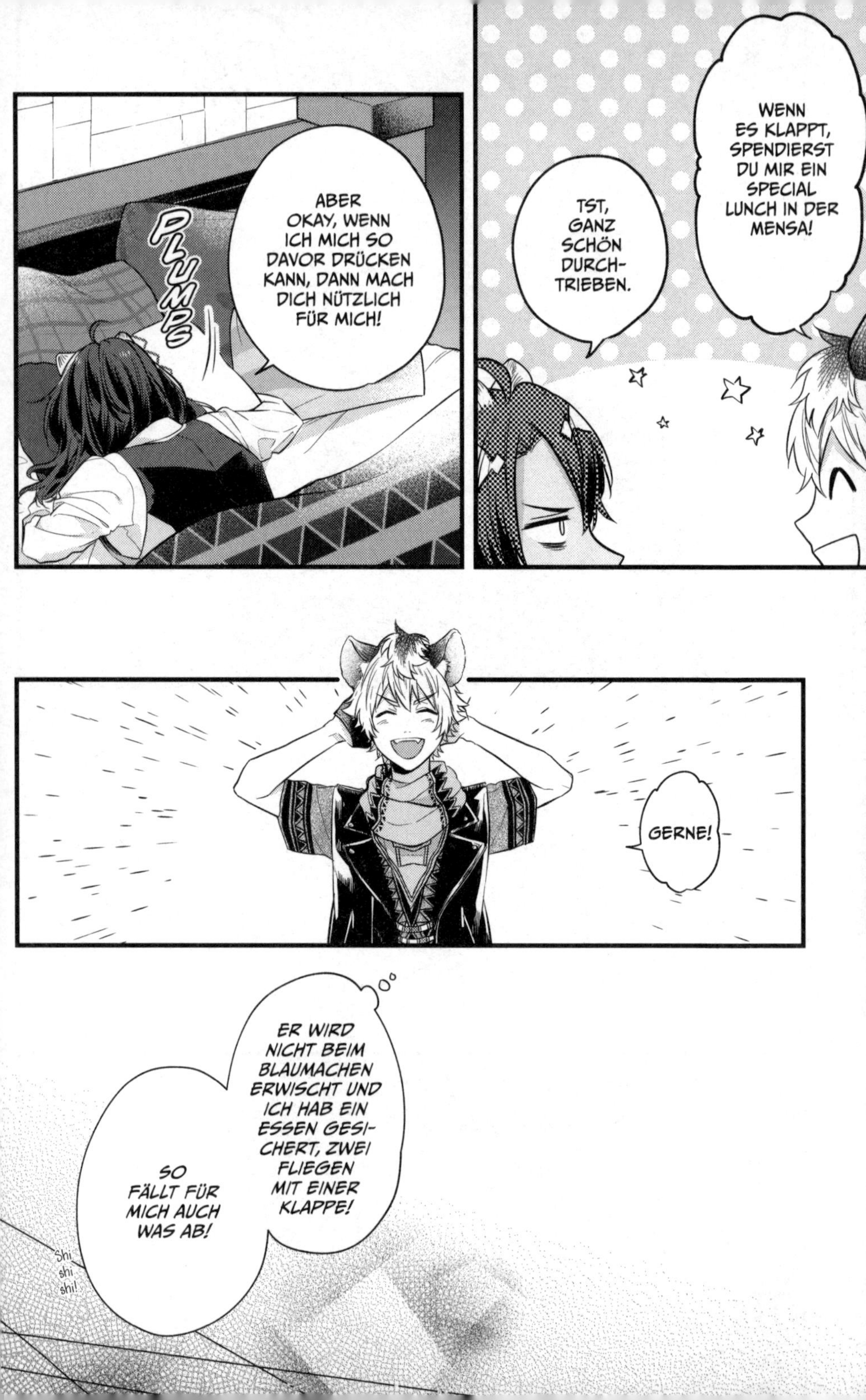
WENN ES KLAPPT, SPENDIERST DU MIR EIN SPECIAL LUNCH IN DER MENSA!
TST, GANZ SCHÖN DURCH-TRIEBEN.
PLUMPS
ABER OKAY, WENN ICH MICH SO DAVOR DRÜCKEN KANN, DANN MACH DICH NÜTZLICH FÜR MICH!
GERNE!
ER WIRD NICHT BEIM BLAUMACHEN ERWISCHT UND ICH HAB EIN ESSEN GESI-CHERT, ZWEI FLIEGEN MIT EINER KLAPPE!
SO FÄLLT FÜR MICH AUCH WAS AB!
Shi shi shi!

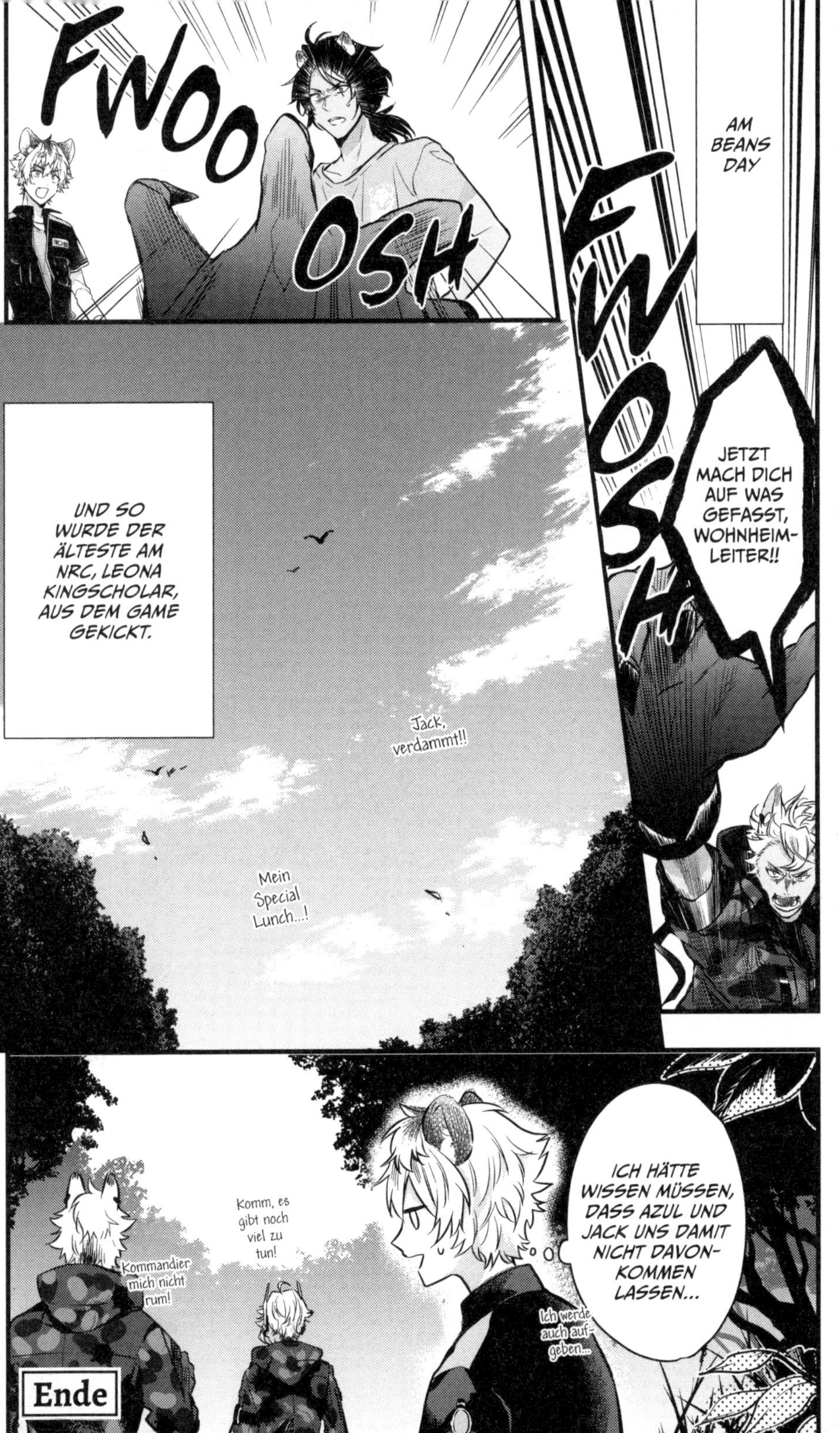

AM BEANS DAY
FWOOSH
JETZT MACH DICH AUF WAS GEFASST, WOHNHEIM-LEITER!!
FWOOOSH
Jack, verdammt!!
Mein Special Lunch...!
UND SO WURDE DER ÄLTESTE AM NRC, LEONA KINGSCHOLAR, AUS DEM GAME GEKICKT.
ICH HÄTTE WISSEN MÜSSEN, DASS AZUL UND JACK UNS DAMIT NICHT DAVON-KOMMEN LASSEN...
Ich werde auch auf-geben...
Komm, es gibt noch viel zu tun!
Kommandier mich nicht rum!
Ende

Disney

Twisted Wonderland

Die Anthologie

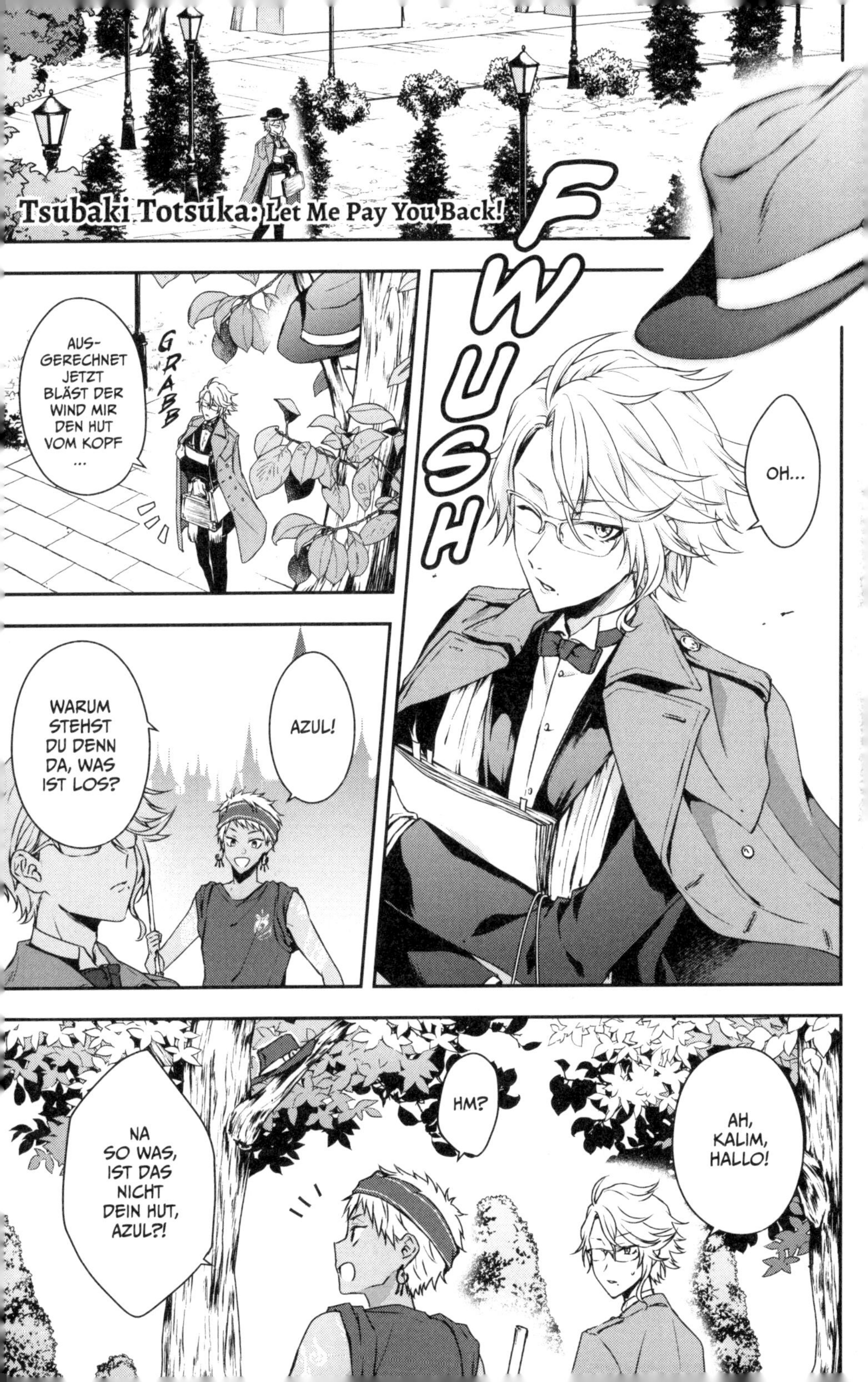
Tsubaki Totsuka: Let Me Pay You Back!
FWUSH
OH...
AUS-GERECHNET JETZT BLÄST DER WIND MIR DEN HUT VOM KOPF ...
GRABB
AZUL!
WARUM STEHST DU DENN DA, WAS IST LOS?
AH, KALIM, HALLO!
HM?
NA SO WAS, IST DAS NICHT DEIN HUT, AZUL?!

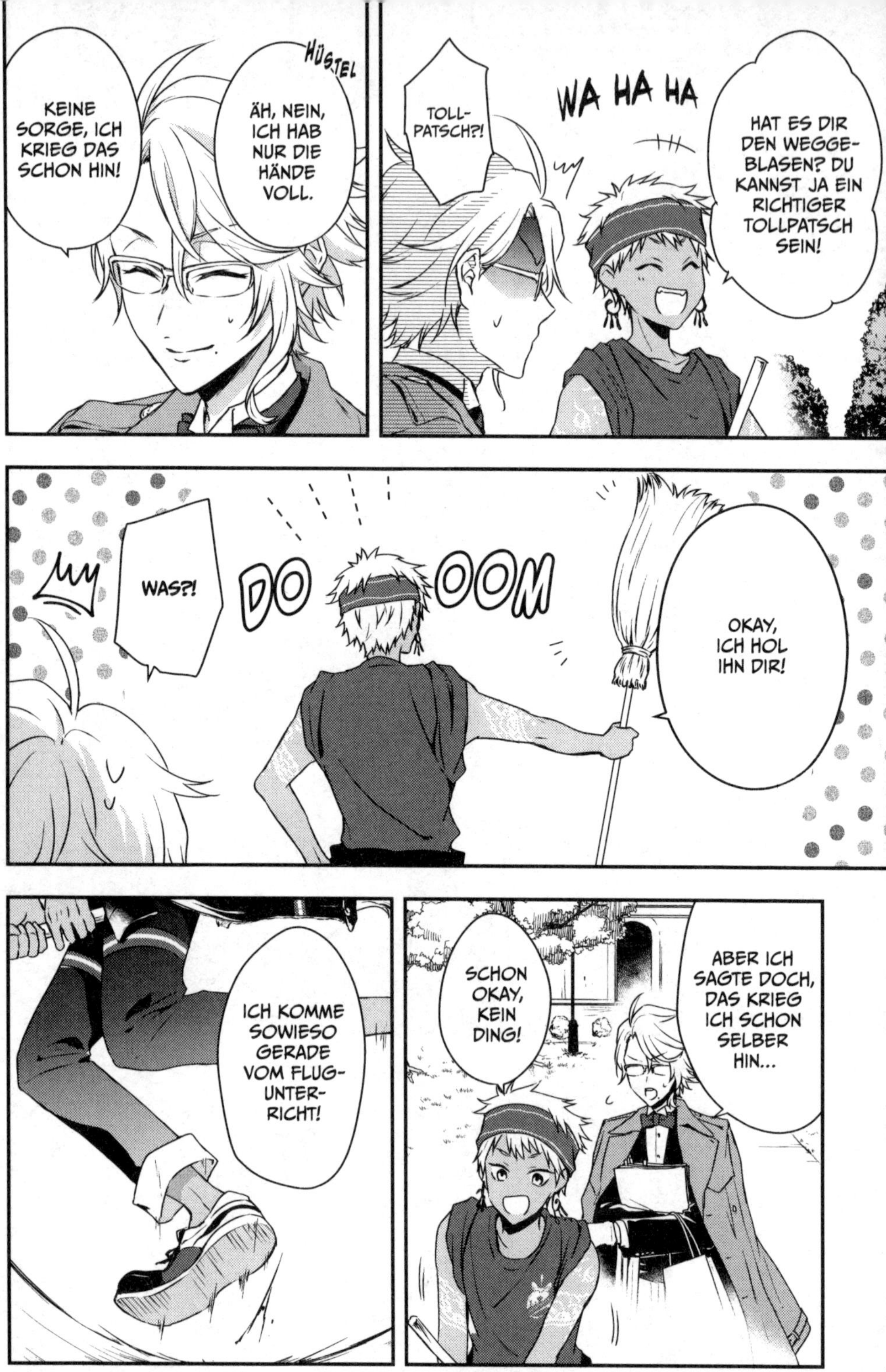
WA HA HA
HAT ES DIR DEN WEGGE-BLASEN? DU KANNST JA EIN RICHTIGER TOLLPATSCH SEIN!
TOLL-PATSCH?!
HÜSTEL
ÄH, NEIN, ICH HAB NUR DIE HÄNDE VOLL.
KEINE SORGE, ICH KRIEG DAS SCHON HIN!
OKAY, ICH HOL IHN DIR!
DO OOM
WAS?!
ABER ICH SAGTE DOCH, DAS KRIEG ICH SCHON SELBER HIN...
SCHON OKAY, KEIN DING!
ICH KOMME SOWIESO GERADE VOM FLUG-UNTER-RICHT!

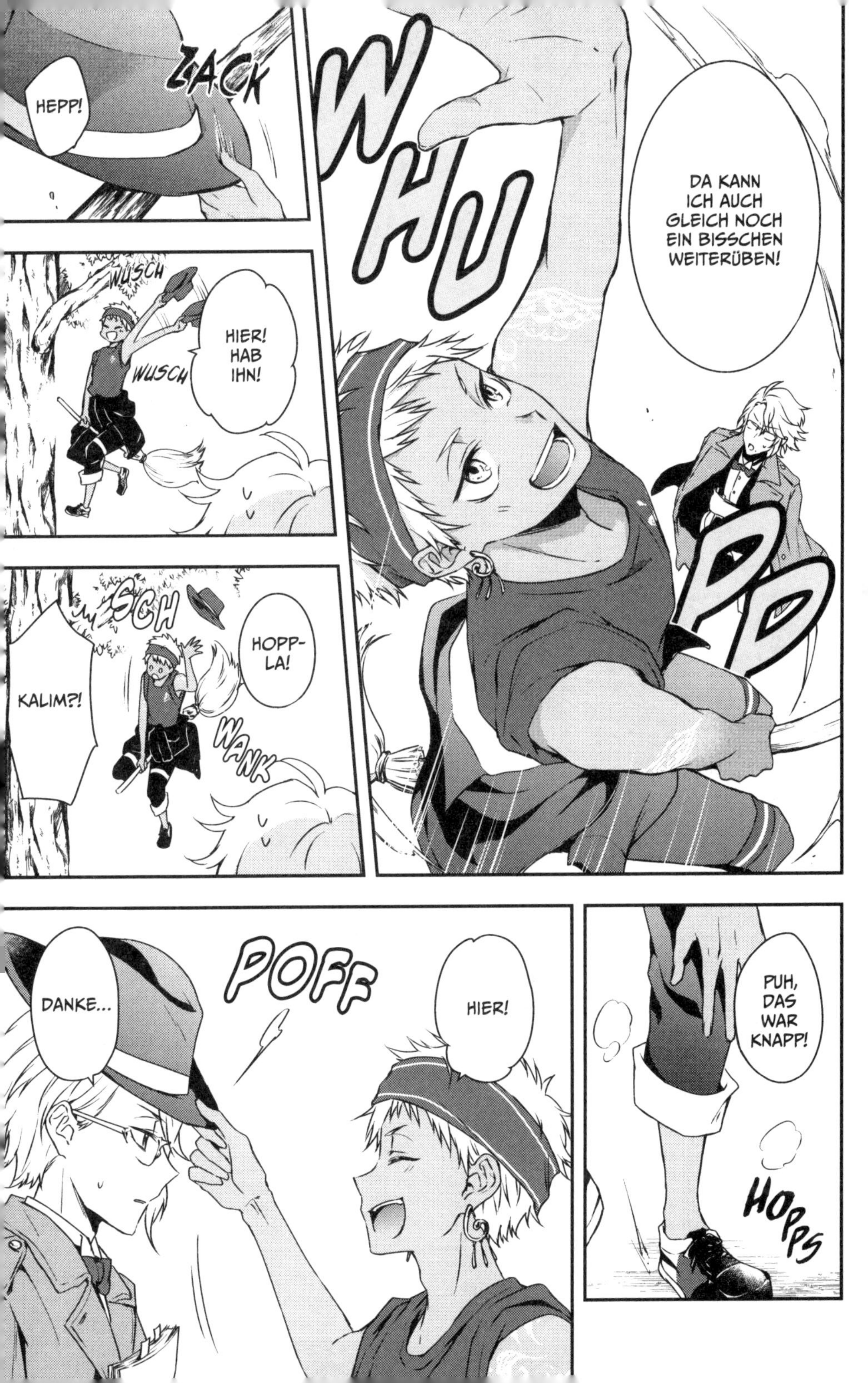

DA KANN ICH AUCH GLEICH NOCH EIN BISSCHEN WEITERÜBEN!
WHU
PP
ZACK
HEPP!
HIER! HAB IHN!
WUSCH
WUSCH
HOPP-LA!
SCH
KALIM?!
WANK
PUH, DAS WAR KNAPP!
HOPPS
HIER!
POFF
DANKE...

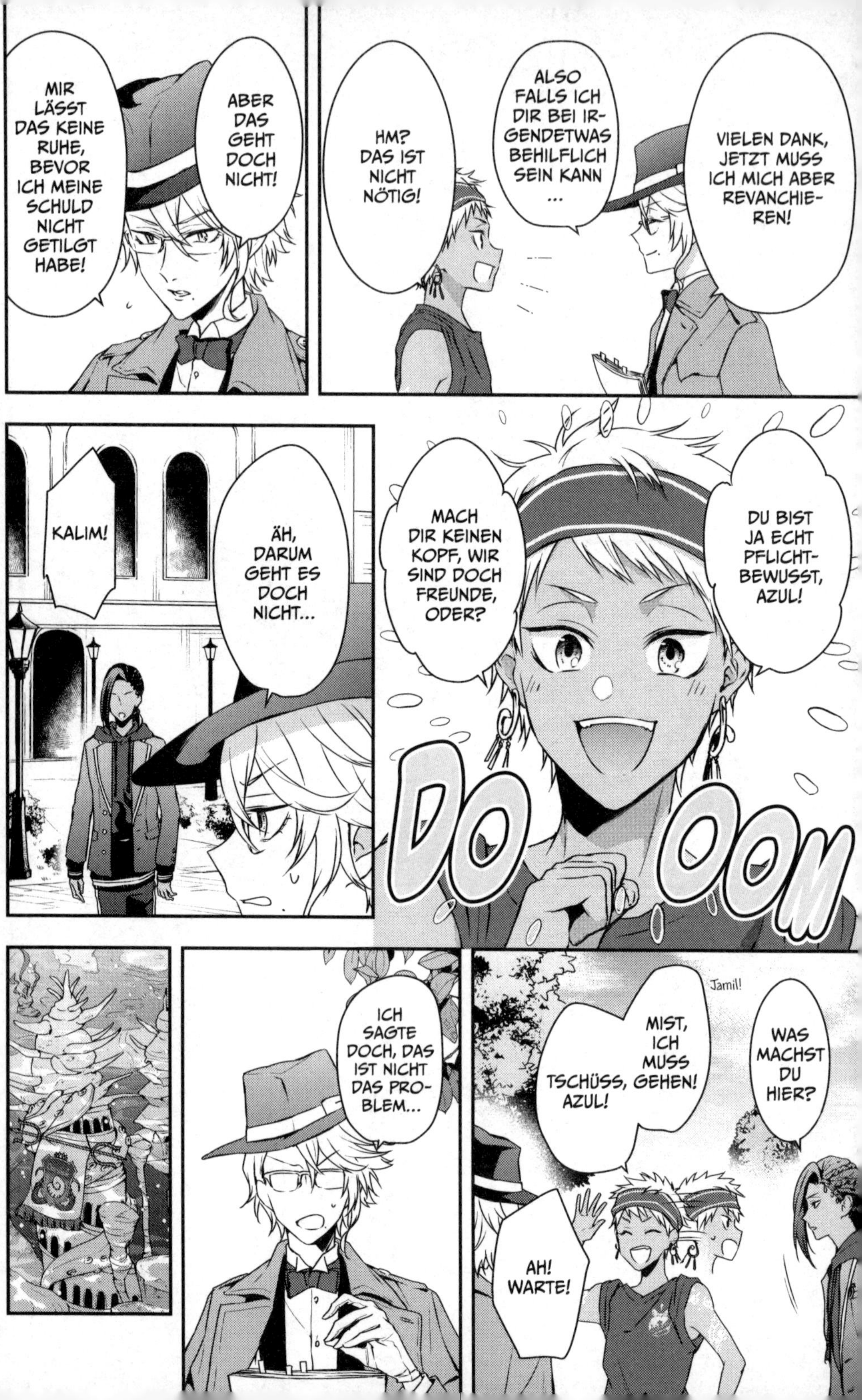
VIELEN DANK, JETZT MUSS ICH MICH ABER REVANCHIEREN!
ALSO FALLS ICH DIR BEI IRGENDETWAS BEHILFLICH SEIN KANN ...
HM? DAS IST NICHT NÖTIG!
ABER DAS GEHT DOCH NICHT!
MIR LÄSST DAS KEINE RUHE, BEVOR ICH MEINE SCHULD NICHT GETILGT HABE!
DU BIST JA ECHT PFLICHTBEWUSST, AZUL!
MACH DIR KEINEN KOPF, WIR SIND DOCH FREUNDE, ODER?
DOOOOM
ÄH, DARUM GEHT ES DOCH NICHT...
KALIM!
Jamil!
WAS MACHST DU HIER?
MIST, ICH MUSS GEHEN!
TSCHÜSS, AZUL!
AH! WARTE!
ICH SAGTE DOCH, DAS IST NICHT DAS PROBLEM...

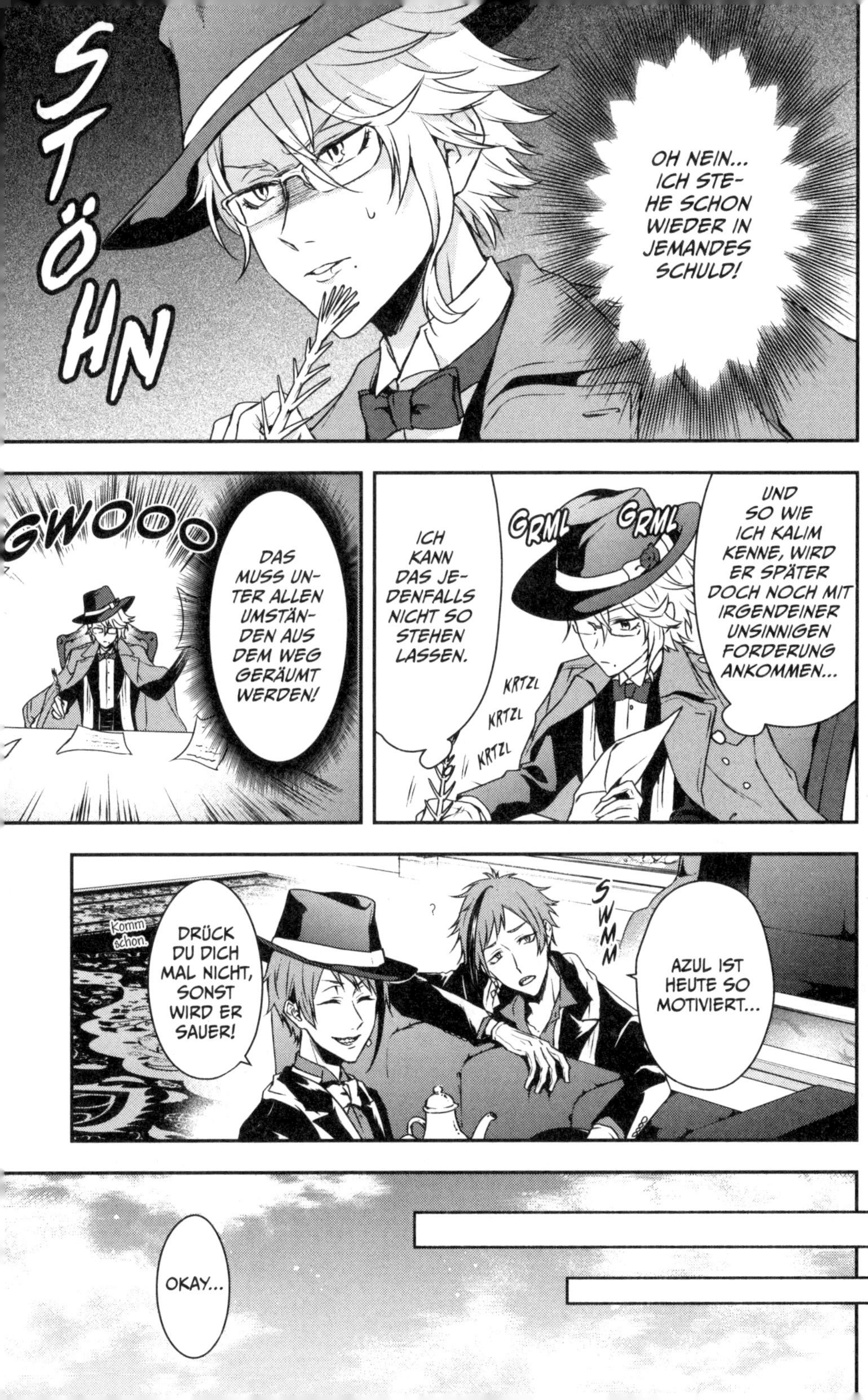

OH NEIN... ICH STEHE SCHON WIEDER IN JEMANDES SCHULD!
STÖHN
UND SO WIE ICH KALIM KENNE, WIRD ER SPÄTER DOCH NOCH MIT IRGENDEINER UNSINNIGEN FORDERUNG ANKOMMEN...
GRML GRML
ICH KANN DAS JEDENFALLS NICHT SO STEHEN LASSEN.
KRTZL KRTZL KRTZL
DAS MUSS UNTER ALLEN UMSTÄNDEN AUS DEM WEG GERÄUMT WERDEN!
GWOOOO
AZUL IST HEUTE SO MOTIVIERT...
SWMM
DRÜCK DU DICH MAL NICHT, SONST WIRD ER SAUER!
Komm schon.
OKAY...

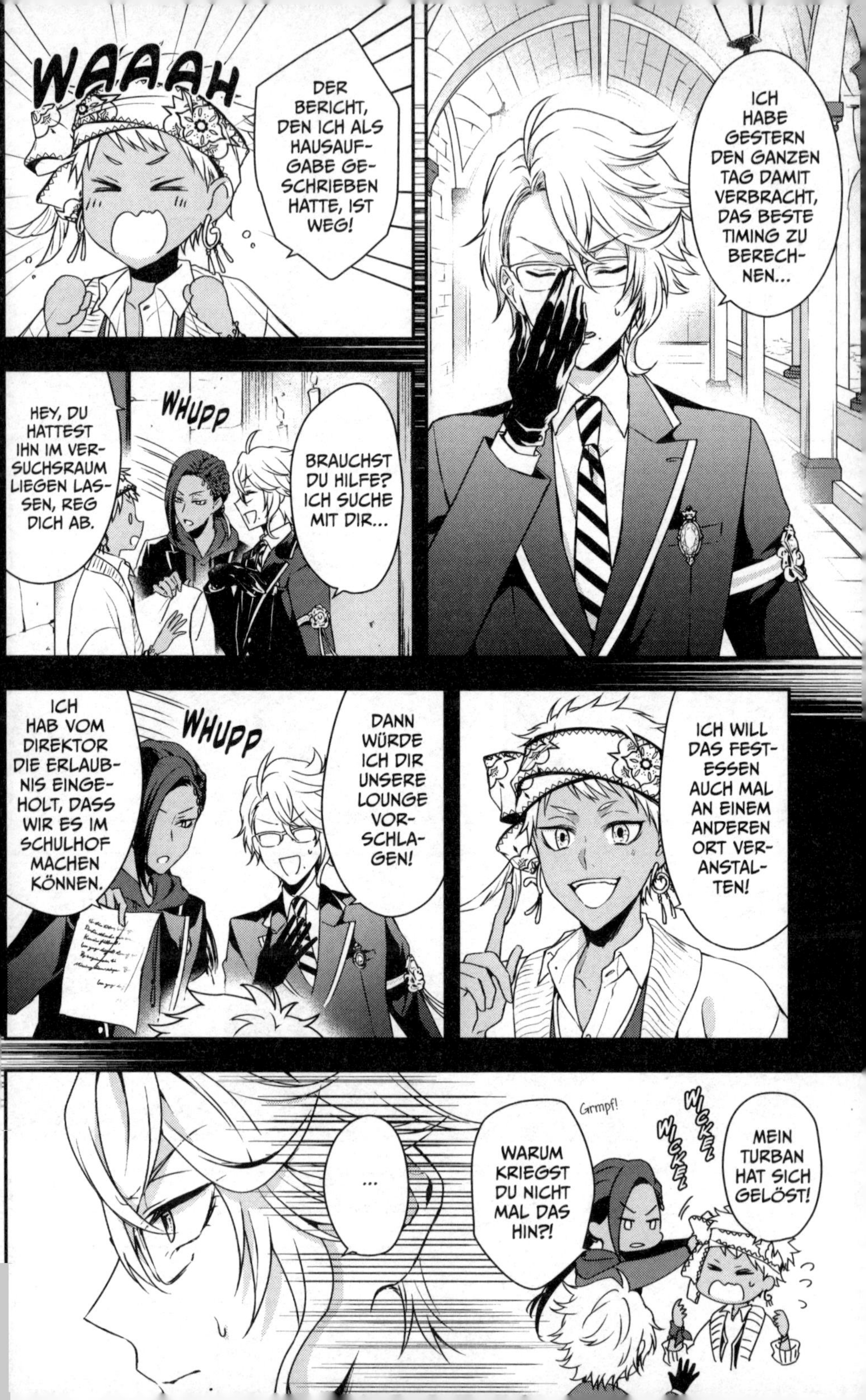

ICH HABE GESTERN DEN GANZEN TAG DAMIT VERBRACHT, DAS BESTE TIMING ZU BERECH-NEN...
WAAAH
DER BERICHT, DEN ICH ALS HAUSAUF-GABE GE-SCHRIEBEN HATTE, IST WEG!
WHUPP
BRAUCHST DU HILFE? ICH SUCHE MIT DIR...
HEY, DU HATTEST IHN IM VER-SUCHSRAUM LIEGEN LAS-SEN, REG DICH AB.
ICH WILL DAS FEST-ESSEN AUCH MAL AN EINEM ANDEREN ORT VER-ANSTAL-TEN!
WHUPP
DANN WÜRDE ICH DIR UNSERE LOUNGE VOR-SCHLA-GEN!
ICH HAB VOM DIREKTOR DIE ERLAUB-NIS EINGE-HOLT, DASS WIR ES IM SCHULHOF MACHEN KÖNNEN.
MEIN TURBAN HAT SICH GELÖST!
WICKEL
WICKEL
Grmpf!
WARUM KRIEGST DU NICHT MAL DAS HIN?!
...

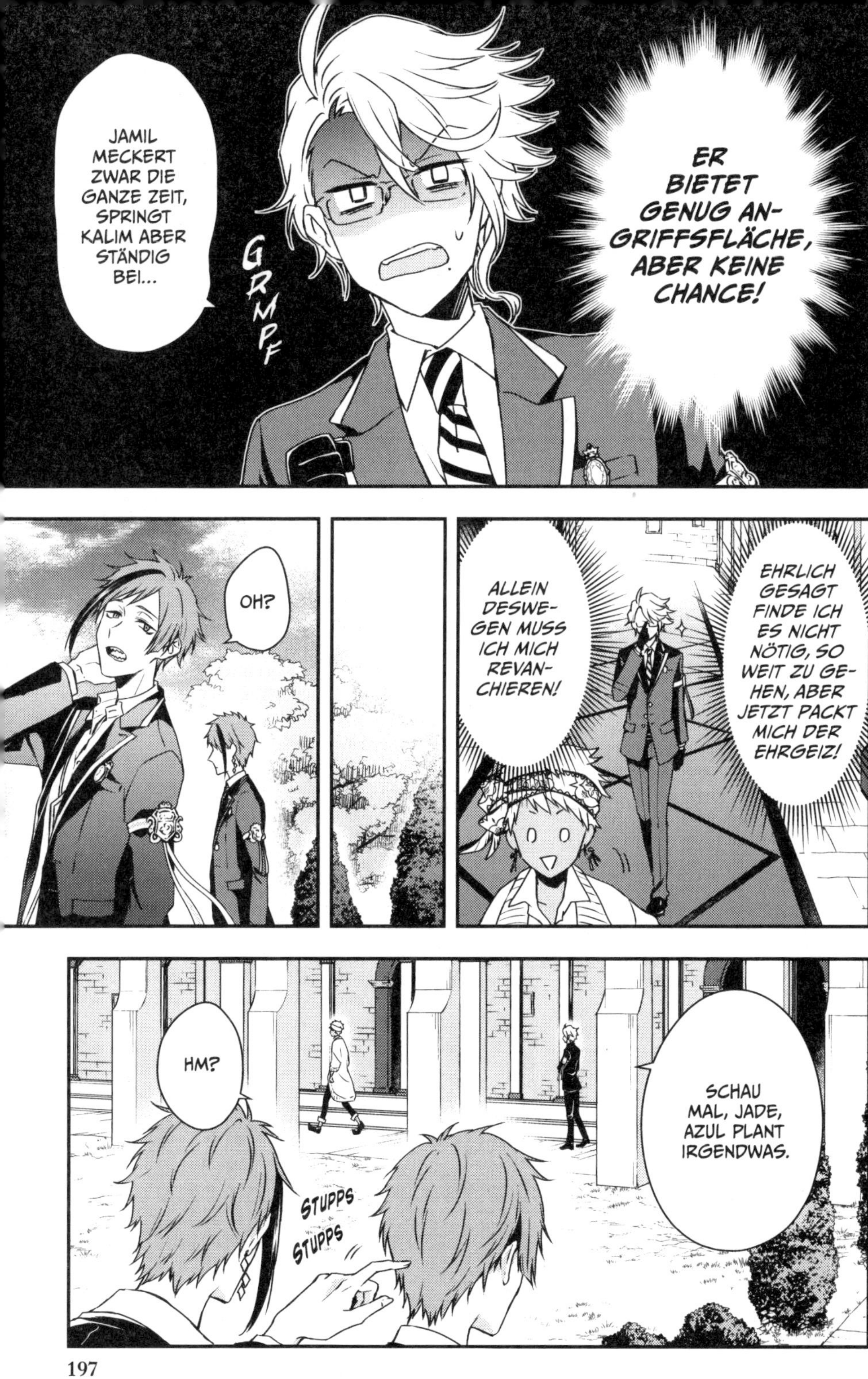
ER BIETET GENUG ANGRIFFSFLÄCHE, ABER KEINE CHANCE!
JAMIL MECKERT ZWAR DIE GANZE ZEIT, SPRINGT KALIM ABER STÄNDIG BEI…
GRMPF
EHRLICH GESAGT FINDE ICH ES NICHT NÖTIG, SO WEIT ZU GEHEN, ABER JETZT PACKT MICH DER EHRGEIZ!
ALLEIN DESWEGEN MUSS ICH MICH REVANCHIEREN!
OH?
SCHAU MAL, JADE, AZUL PLANT IRGENDWAS.
HM?
STUPPS
STUPPS

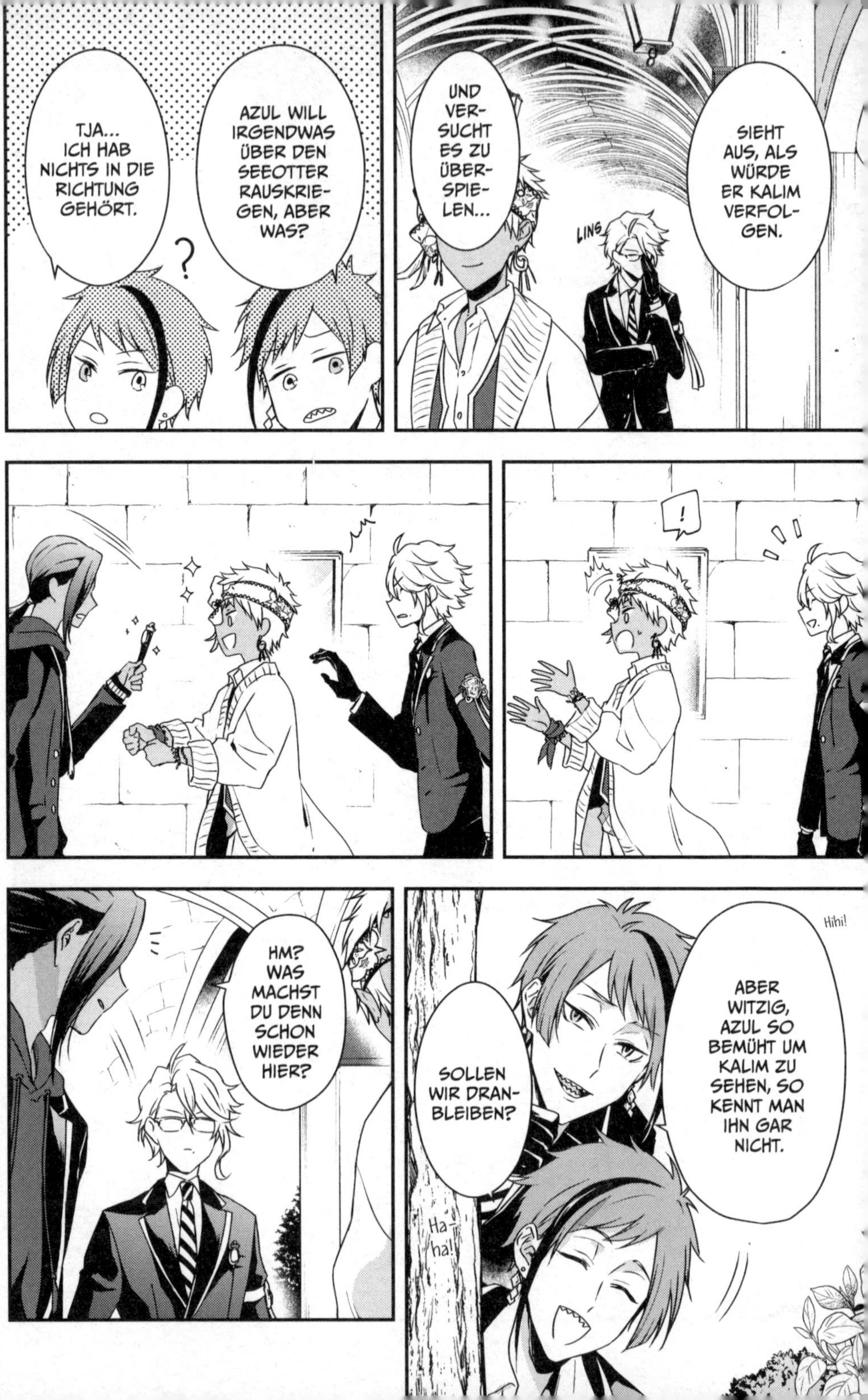
SIEHT AUS, ALS WÜRDE ER KALIM VERFOLGEN.
LINS
UND VERSUCHT ES ZU ÜBERSPIELEN...
AZUL WILL IRGENDWAS ÜBER DEN SEEOTTER RAUSKRIEGEN, ABER WAS?
TJA... ICH HAB NICHTS IN DIE RICHTUNG GEHÖRT.
?
!
Hihi!
ABER WITZIG, AZUL SO BEMÜHT UM KALIM ZU SEHEN, SO KENNT MAN IHN GAR NICHT.
SOLLEN WIR DRANBLEIBEN?
Ha-ha!
HM? WAS MACHST DU DENN SCHON WIEDER HIER?

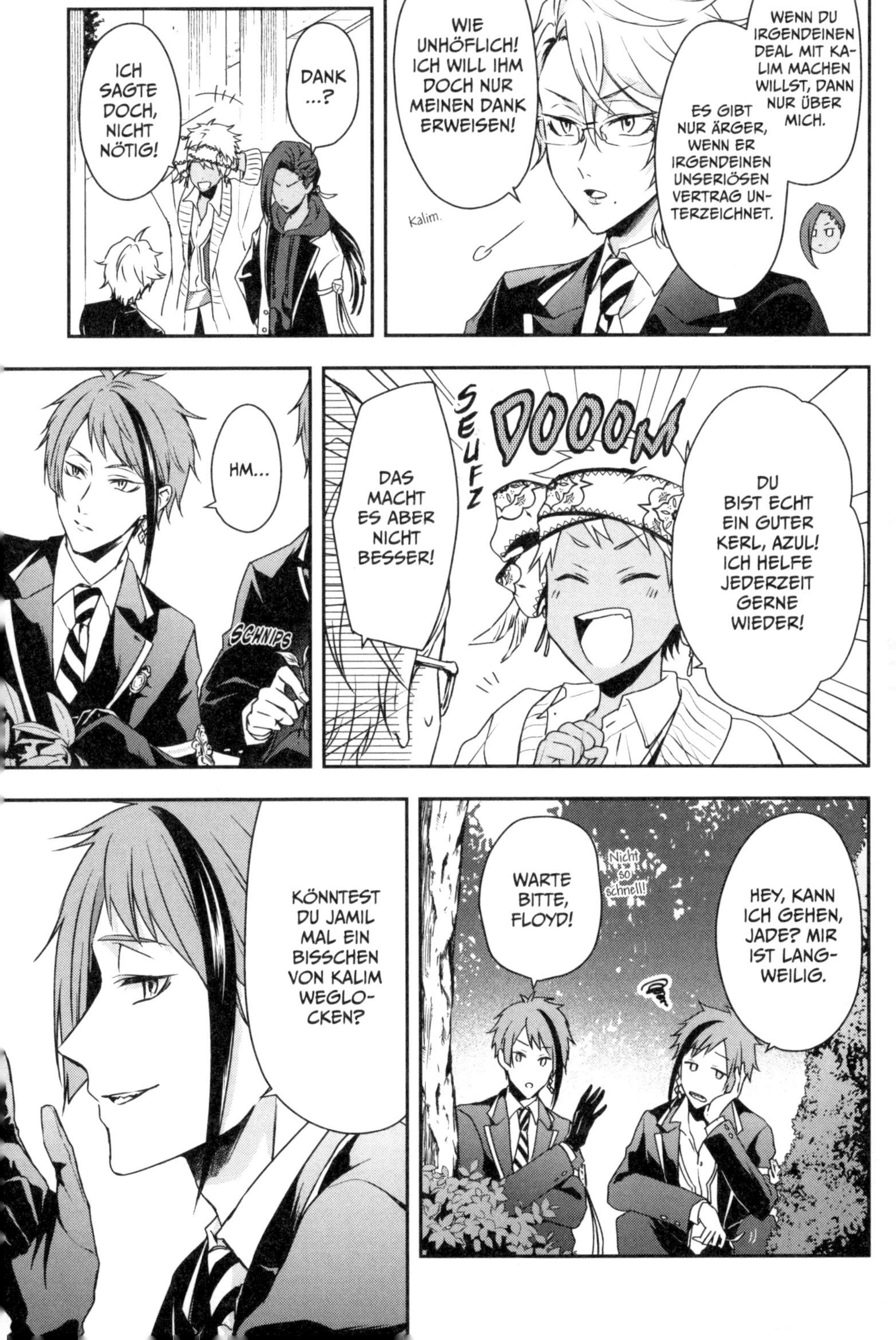
WENN DU IRGENDEINEN DEAL MIT KALIM MACHEN WILLST, DANN NUR ÜBER MICH.
ES GIBT NUR ÄRGER, WENN ER IRGENDEINEN UNSERIÖSEN VERTRAG UNTERZEICHNET.
WIE UNHÖFLICH! ICH WILL IHM DOCH NUR MEINEN DANK ERWEISEN!
Kalim.
DANK ...?
ICH SAGTE DOCH, NICHT NÖTIG!
DU BIST ECHT EIN GUTER KERL, AZUL! ICH HELFE JEDERZEIT GERNE WIEDER!
DOOOM
SEUFZ
DAS MACHT ES ABER NICHT BESSER!
HM...
SCHNIPS
HEY, KANN ICH GEHEN, JADE? MIR IST LANGWEILIG.
Nicht so schnell!!
WARTE BITTE, FLOYD!
KÖNNTEST DU JAMIL MAL EIN BISSCHEN VON KALIM WEGLOCKEN?

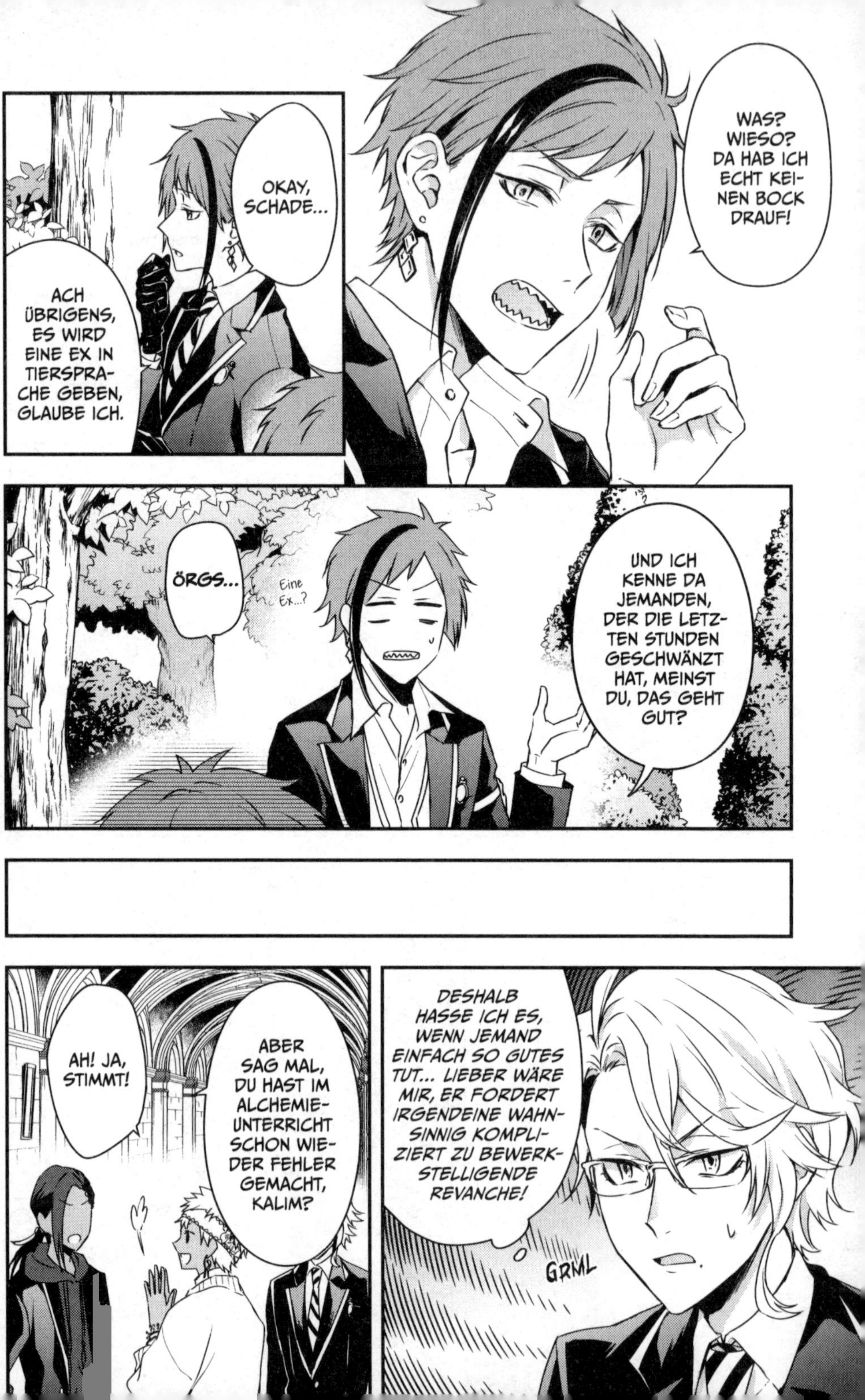
WAS? WIESO? DA HAB ICH ECHT KEI-NEN BOCK DRAUF!
OKAY, SCHADE...
ACH ÜBRIGENS, ES WIRD EINE EX IN TIERSPRA-CHE GEBEN, GLAUBE ICH.
UND ICH KENNE DA JEMANDEN, DER DIE LETZ-TEN STUNDEN GESCHWÄNZT HAT, MEINST DU, DAS GEHT GUT?
Eine Ex...?
ÖRGS...
DESHALB HASSE ICH ES, WENN JEMAND EINFACH SO GUTES TUT... LIEBER WÄRE MIR, ER FORDERT IRGENDEINE WAHN-SINNIG KOMPLI-ZIERT ZU BEWERK-STELLIGENDE REVANCHE!
GRML
ABER SAG MAL, DU HAST IM ALCHEMIE-UNTERRICHT SCHON WIE-DER FEHLER GEMACHT, KALIM?
AH! JA, STIMMT!

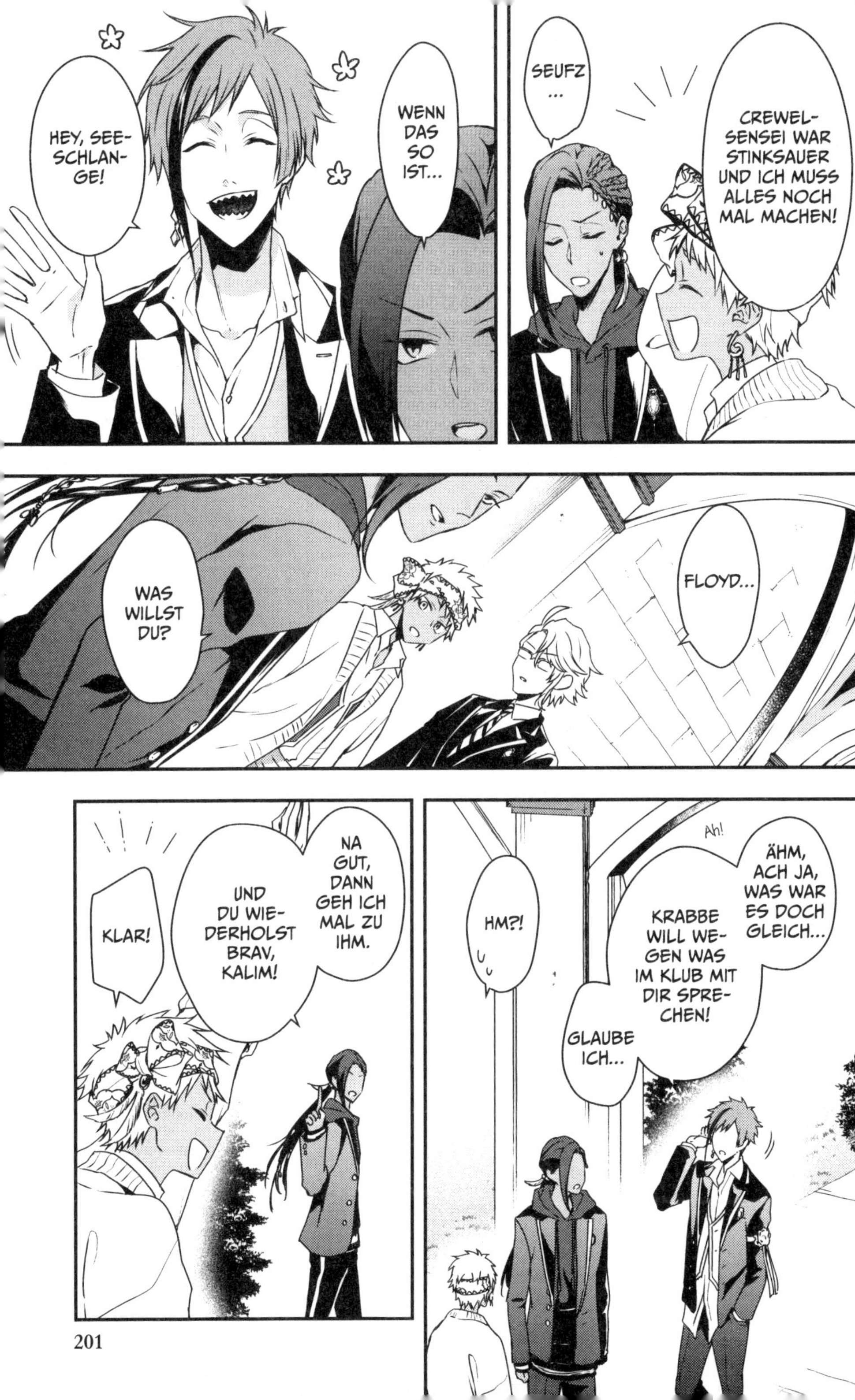
CREWEL-SENSEI WAR STINKSAUER UND ICH MUSS ALLES NOCH MAL MACHEN!
SEUFZ ...
WENN DAS SO IST...
HEY, SEE-SCHLANGE!
FLOYD...
WAS WILLST DU?
Ah!
ÄHM, ACH JA, WAS WAR ES DOCH GLEICH...
KRABBE WILL WEGEN WAS IM KLUB MIT DIR SPRECHEN!
GLAUBE ICH...
HM?!
NA GUT, DANN GEH ICH MAL ZU IHM.
UND DU WIEDERHOLST BRAV, KALIM!
KLAR!

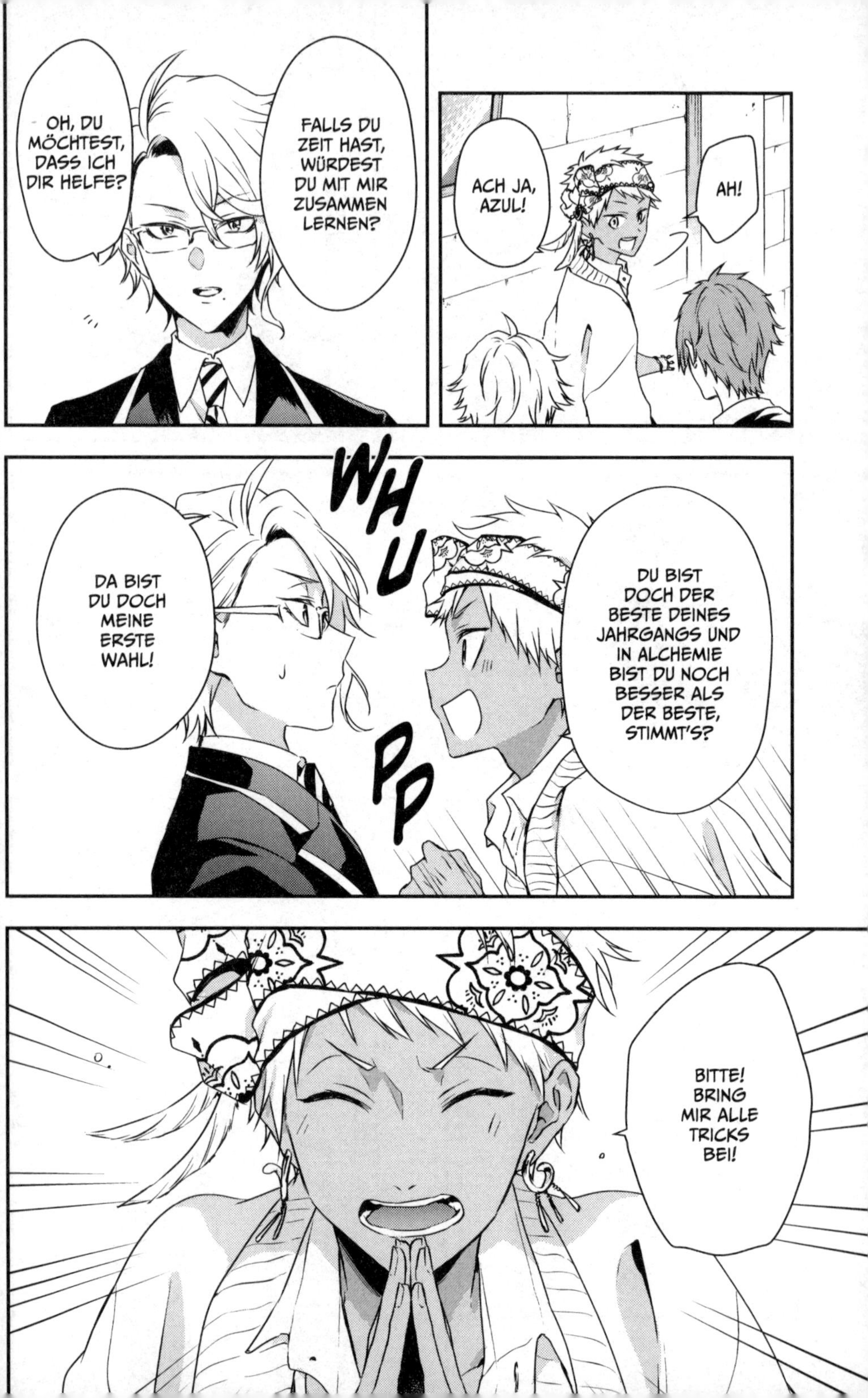
AH!
ACH JA, AZUL!
FALLS DU ZEIT HAST, WÜRDEST DU MIT MIR ZUSAMMEN LERNEN?
OH, DU MÖCHTEST, DASS ICH DIR HELFE?
DU BIST DOCH DER BESTE DEINES JAHRGANGS UND IN ALCHEMIE BIST DU NOCH BESSER ALS DER BESTE, STIMMT'S?
WHUPP
DA BIST DU DOCH MEINE ERSTE WAHL!
BITTE! BRING MIR ALLE TRICKS BEI!

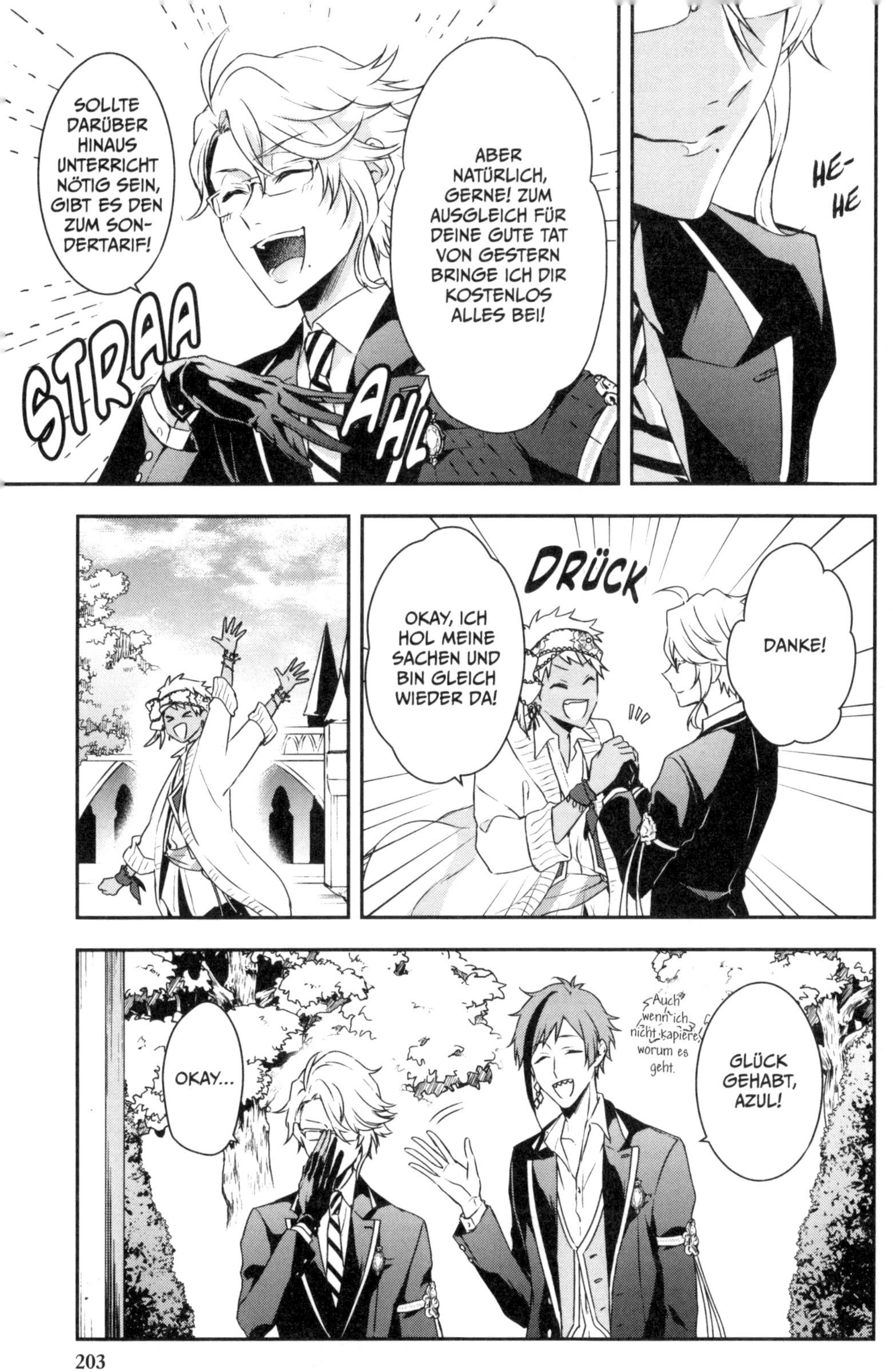
HE-HE
ABER NATÜRLICH, GERNE! ZUM AUSGLEICH FÜR DEINE GUTE TAT VON GESTERN BRINGE ICH DIR KOSTENLOS ALLES BEI!
SOLLTE DARÜBER HINAUS UNTERRICHT NÖTIG SEIN, GIBT ES DEN ZUM SONDERTARIF!
STRAAAHL
DANKE!
OKAY, ICH HOL MEINE SACHEN UND BIN GLEICH WIEDER DA!
DRÜCK
GLÜCK GEHABT, AZUL!
Auch wenn ich nicht kapiere, worum es geht.
OKAY...

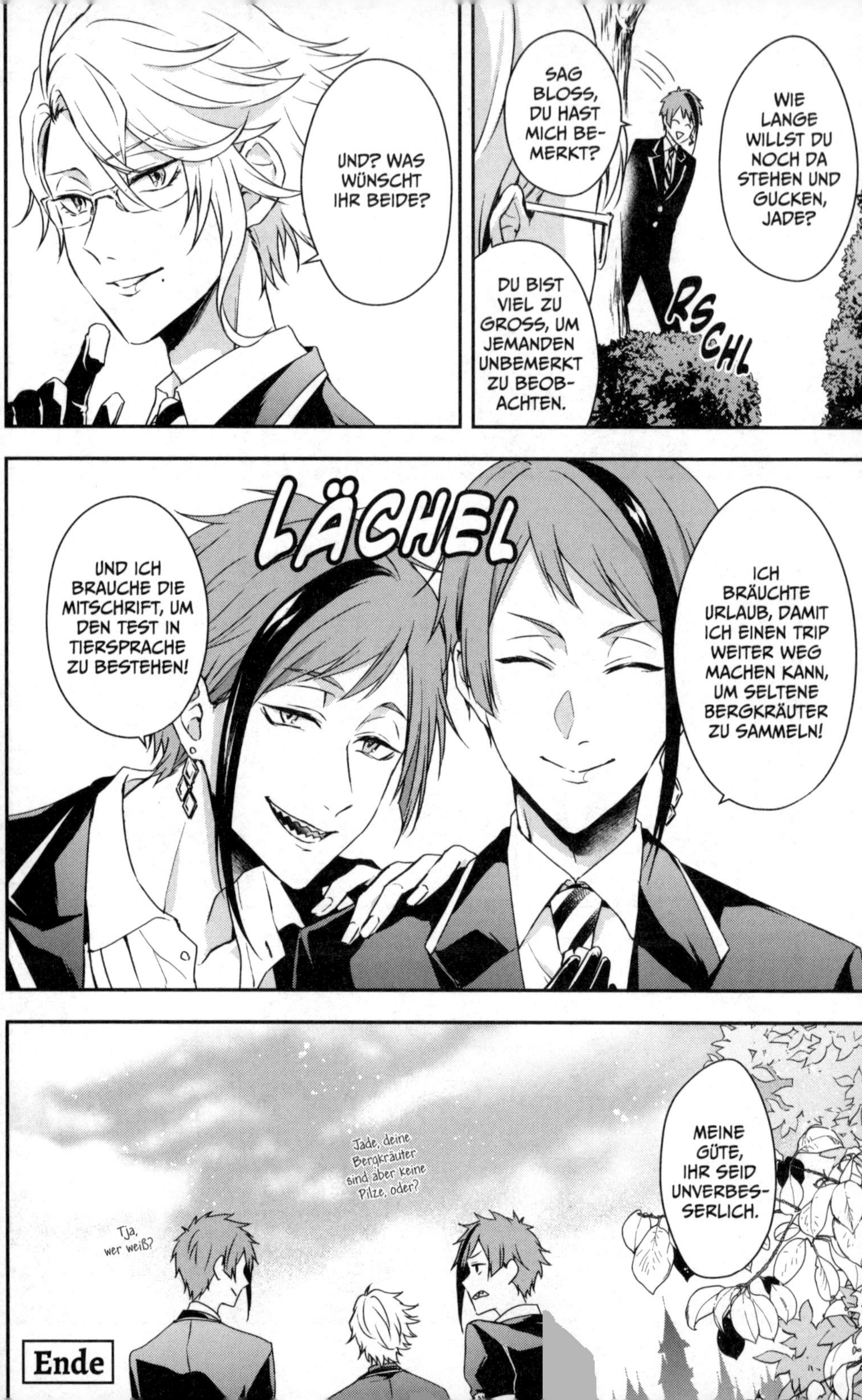
WIE LANGE WILLST DU NOCH DA STEHEN UND GUCKEN, JADE?
SAG BLOSS, DU HAST MICH BEMERKT?
DU BIST VIEL ZU GROSS, UM JEMANDEN UNBEMERKT ZU BEOBACHTEN.
RSCHL
UND? WAS WÜNSCHT IHR BEIDE?
ICH BRÄUCHTE URLAUB, DAMIT ICH EINEN TRIP WEITER WEG MACHEN KANN, UM SELTENE BERGKRÄUTER ZU SAMMELN!
LÄCHEL
UND ICH BRAUCHE DIE MITSCHRIFT, UM DEN TEST IN TIERSPRACHE ZU BESTEHEN!
MEINE GÜTE, IHR SEID UNVERBESSERLICH.
Jade, deine Bergkräuter sind aber keine Pilze, oder?
Tja, wer weiß?
Ende

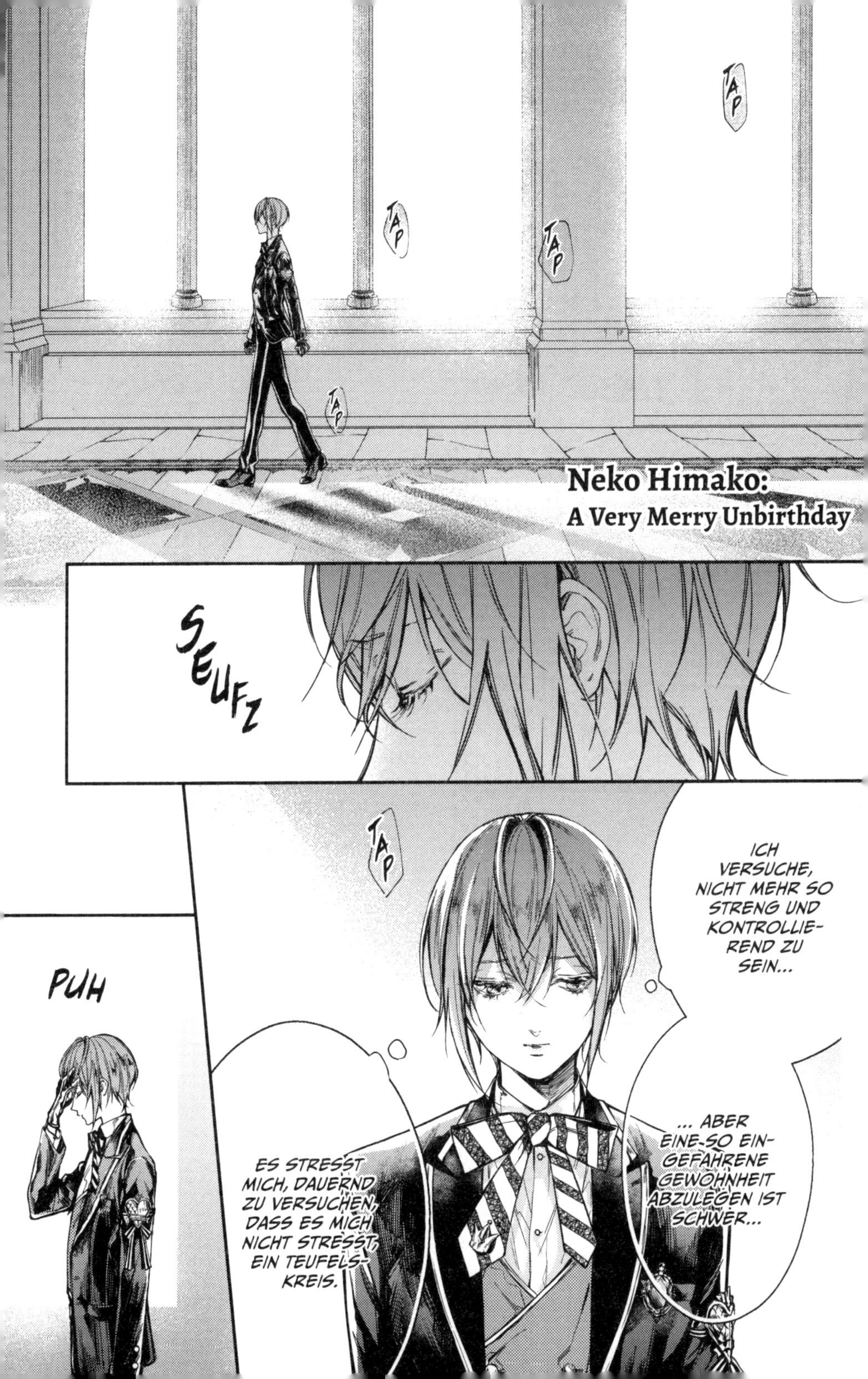
TAP
TAP
TAP
TAP
Neko Himako:
A Very Merry Unbirthday
SEUFZ
TAP
ICH VERSUCHE, NICHT MEHR SO STRENG UND KONTROLLIE-REND ZU SEIN...
... ABER EINE SO EIN-GEFAHRENE GEWOHNHEIT ABZULEGEN IST SCHWER...
ES STRESST MICH, DAUERND ZU VERSUCHEN, DASS ES MICH NICHT STRESST. EIN TEUFELS-KREIS.
PUH

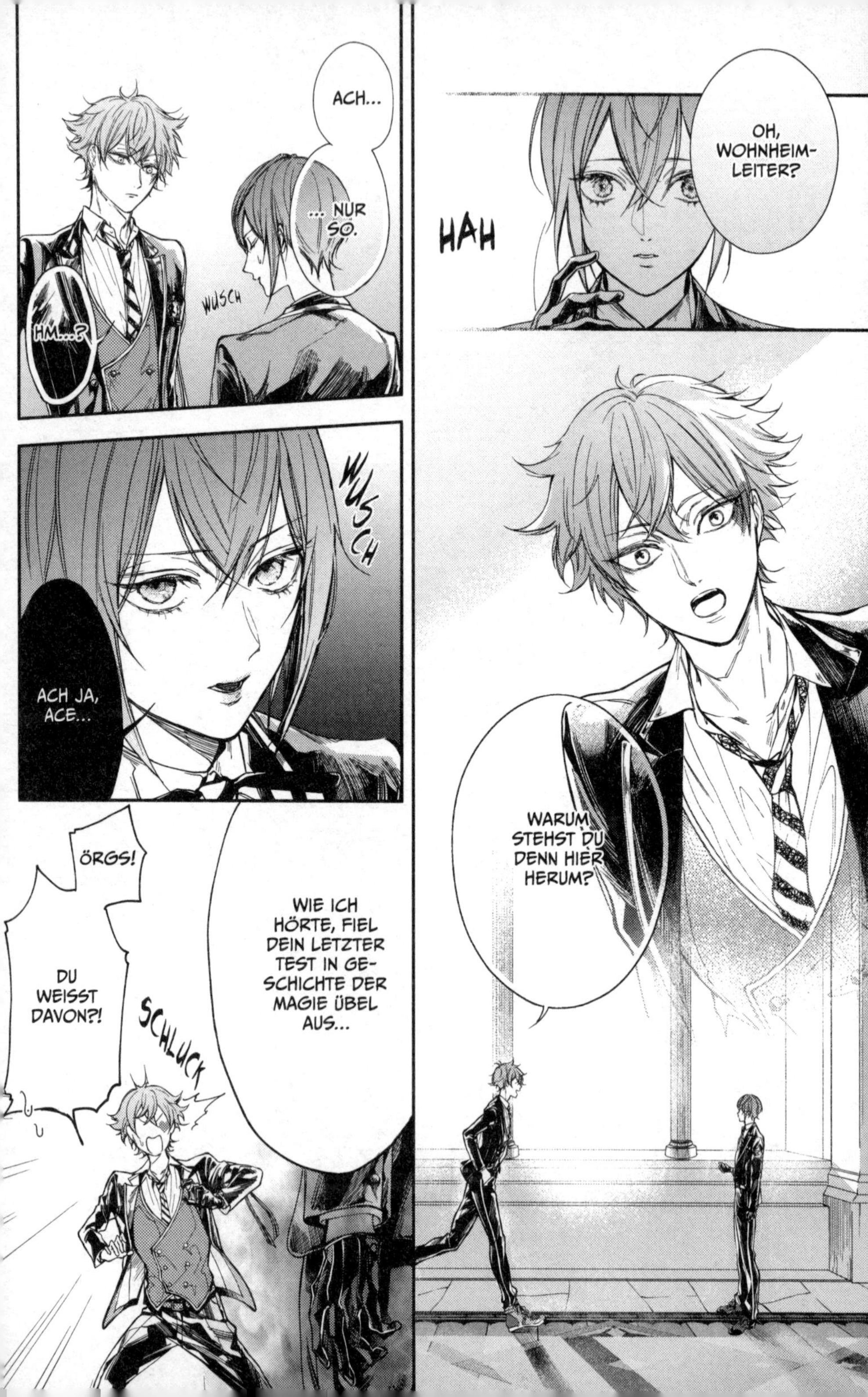

HAH
OH, WOHNHEIM-LEITER?
WARUM STEHST DU DENN HIER HERUM?
ACH...
... NUR SO.
WUSCH
HM...?
WUSCH
ACH JA, ACE...
WIE ICH HÖRTE, FIEL DEIN LETZTER TEST IN GE-SCHICHTE DER MAGIE ÜBEL AUS...
SCHLUCK
ÖRGS!
DU WEISST DAVON?!

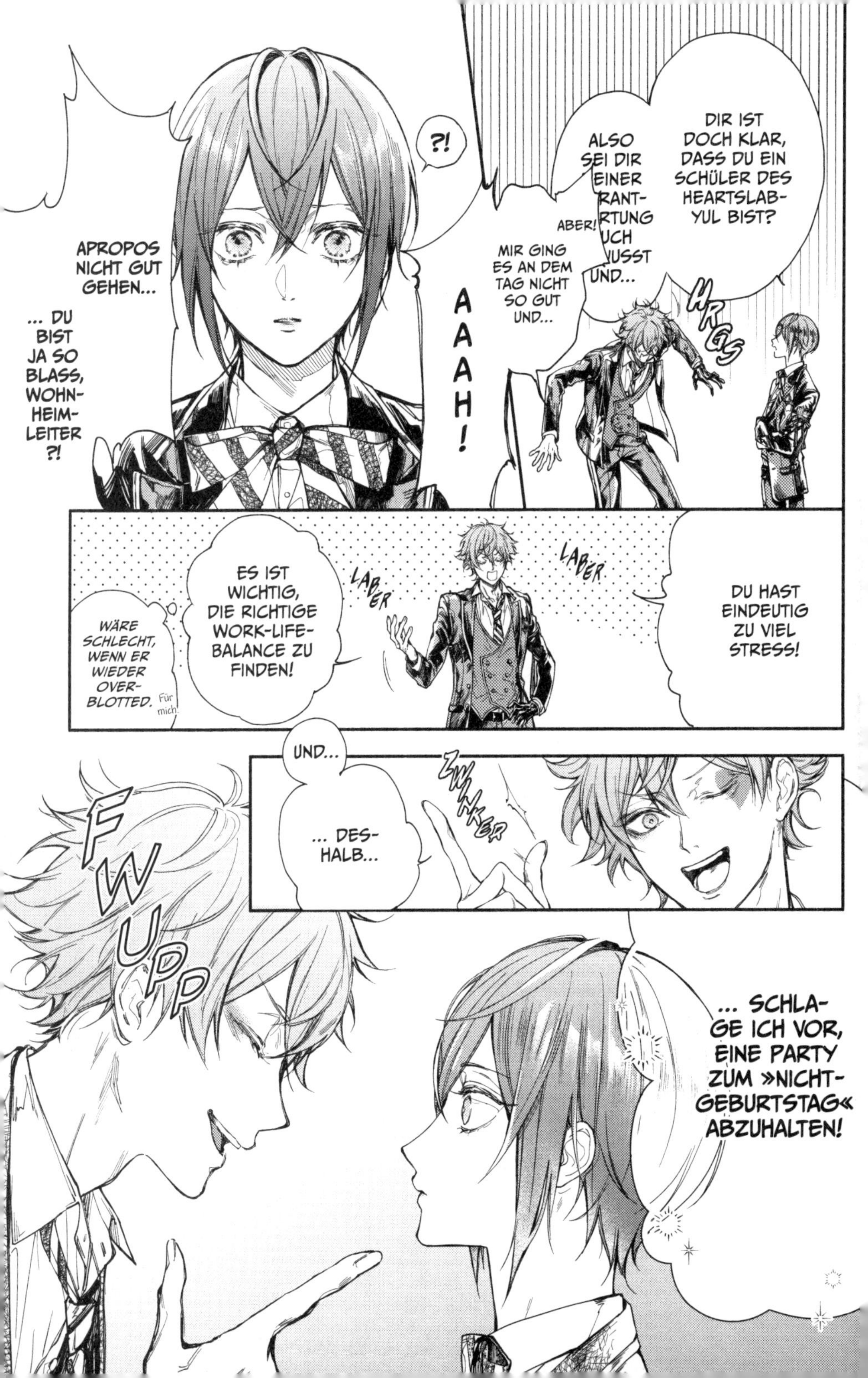
DIR IST DOCH KLAR, DASS DU EIN SCHÜLER DES HEARTSLABYUL BIST?
ALSO SEI DIR EINER RANT- RTUNG UCH USST UND...
ABER!
MIR GING ES AN DEM TAG NICHT SO GUT UND...
HRGS
AAAAH!
?!
APROPOS NICHT GUT GEHEN...
... DU BIST JA SO BLASS, WOHNHEIMLEITER?!
DU HAST EINDEUTIG ZU VIEL STRESS!
LABER
ES IST WICHTIG, DIE RICHTIGE WORK-LIFE-BALANCE ZU FINDEN!
LABER
WÄRE SCHLECHT, WENN ER WIEDER OVERBLOTTED.
Für mich.
UND...
ZWINKER
... DESHALB...
... SCHLAGE ICH VOR, EINE PARTY ZUM »NICHT-GEBURTSTAG« ABZUHALTEN!
FWUPP

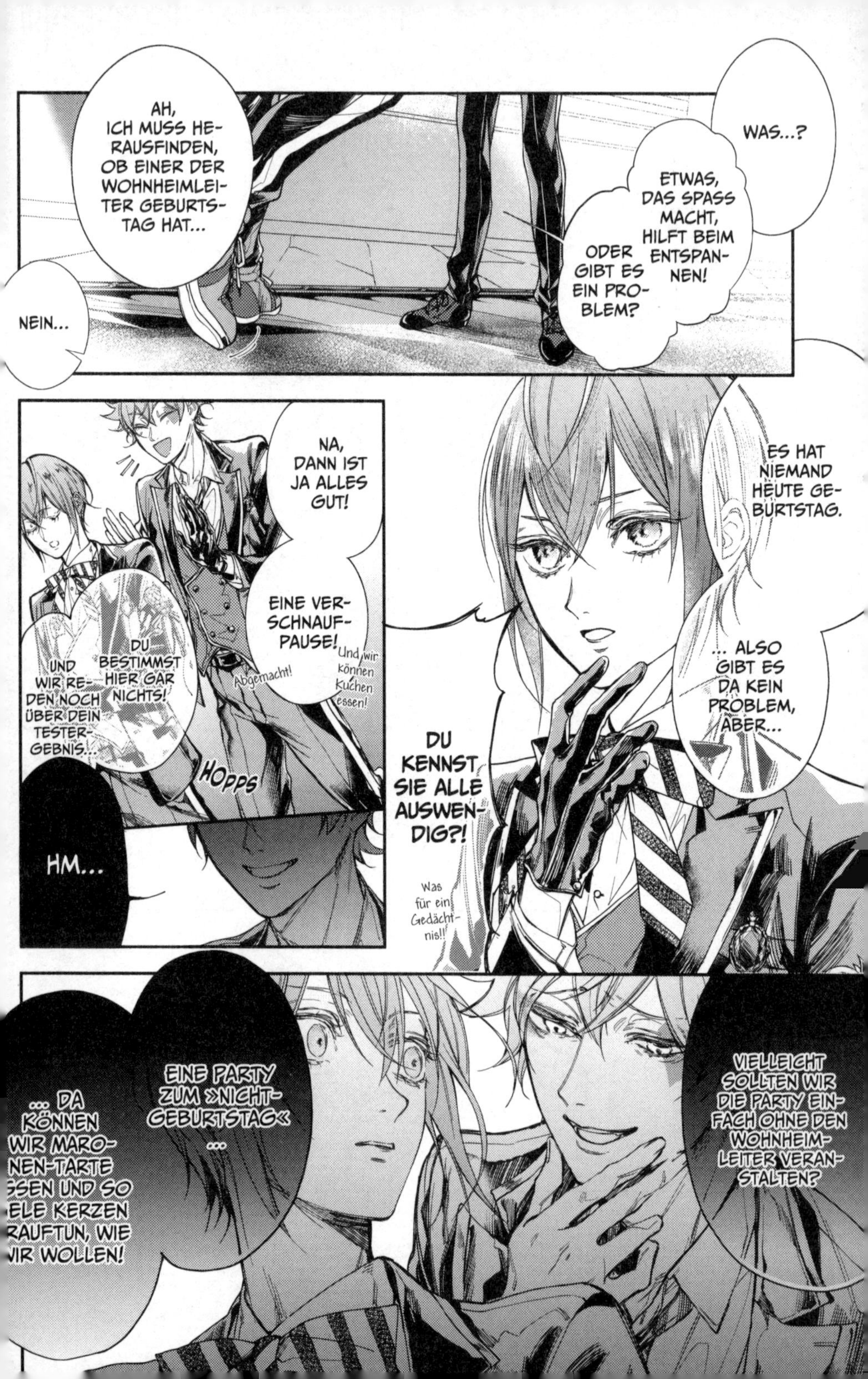
WAS...?
ETWAS, DAS SPASS MACHT, HILFT BEIM ENTSPANNEN!
ODER GIBT ES EIN PROBLEM?
AH, ICH MUSS HERAUSFINDEN, OB EINER DER WOHNHEIMLEITER GEBURTSTAG HAT...
NEIN...
ES HAT NIEMAND HEUTE GEBURTSTAG.
... ALSO GIBT ES DA KEIN PROBLEM, ABER...
DU KENNST SIE ALLE AUSWENDIG?!
Was für ein Gedächtnis!!
NA, DANN IST JA ALLES GUT!
EINE VERSCHNAUFPAUSE!
Und wir können Kuchen essen!
Abgemacht!
DU BESTIMMST HIER GAR NICHTS!
UND WIR REDEN NOCH ÜBER DEIN TESTERGEBNIS...
HOPPS
HM...
VIELLEICHT SOLLTEN WIR DIE PARTY EINFACH OHNE DEN WOHNHEIMLEITER VERANSTALTEN?
EINE PARTY ZUM »NICHT-GEBURTSTAG« ...
... DA KÖNNEN WIR MARONEN-TARTE SSEN UND SO ELE KERZEN RAUFTUN, WIE IR WOLLEN!

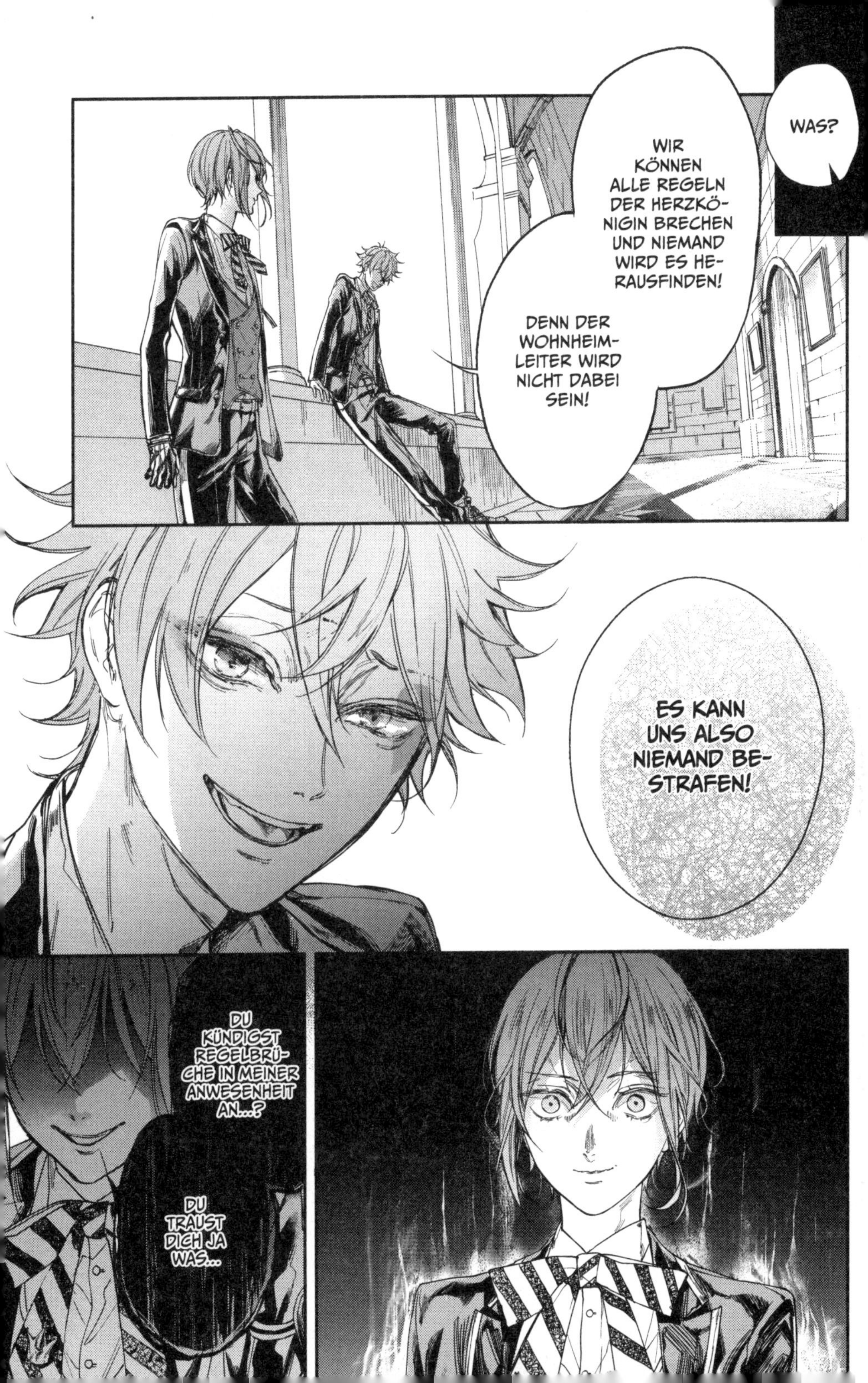
WAS?
WIR KÖNNEN ALLE REGELN DER HERZKÖNIGIN BRECHEN UND NIEMAND WIRD ES HERAUSFINDEN!
DENN DER WOHNHEIMLEITER WIRD NICHT DABEI SEIN!
ES KANN UNS ALSO NIEMAND BESTRAFEN!
DU KÜNDIGST REGELBRÜCHE IN MEINER ANWESENHEIT AN…?
DU TRAUST DICH JA WAS…

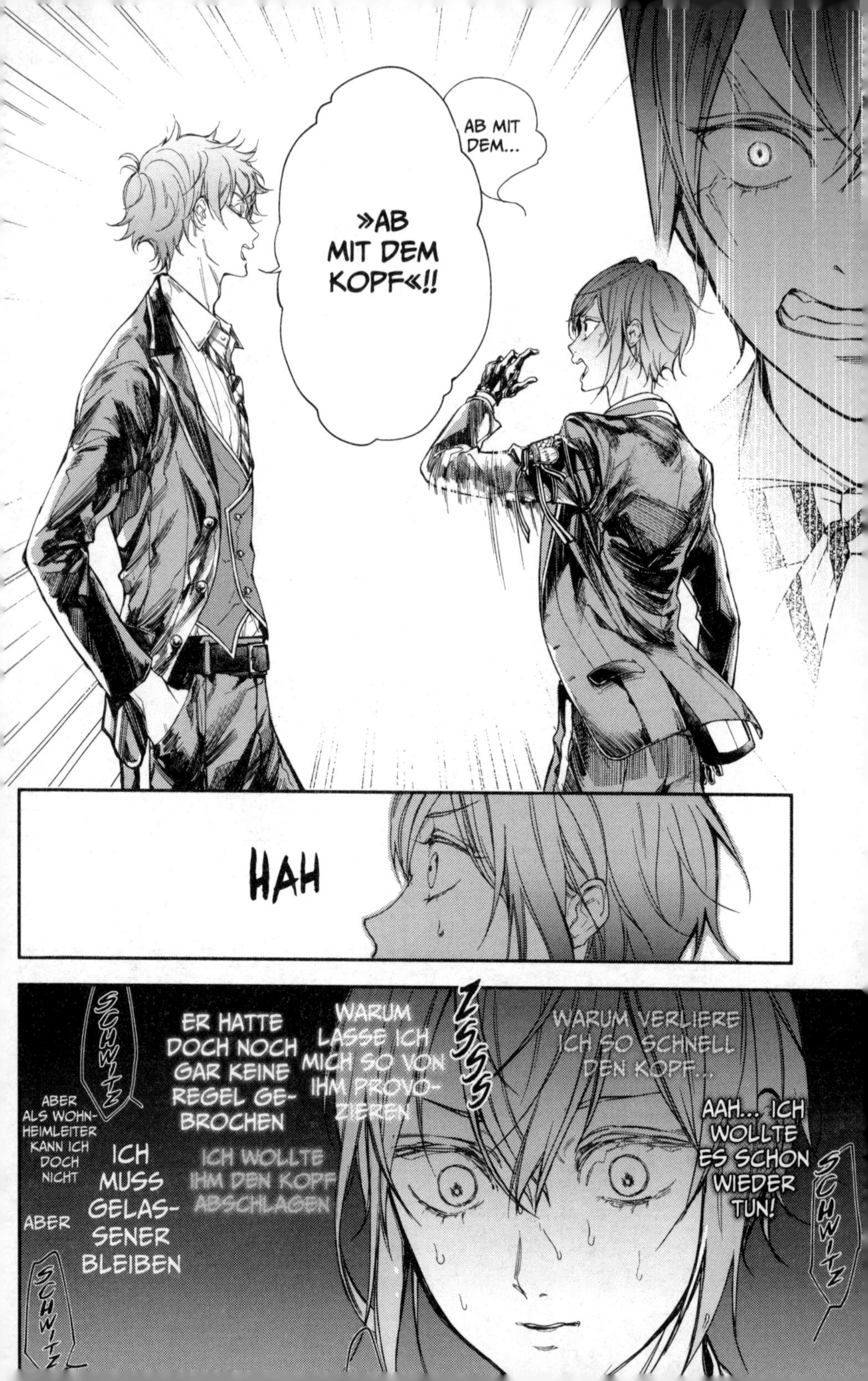
AB MIT DEM…
»AB MIT DEM KOPF«!!
HAH
WARUM VERLIERE ICH SO SCHNELL DEN KOPF…
AAH… ICH WOLLTE ES SCHON WIEDER TUN!
SCHWITZ
ZSSS
WARUM LASSE ICH MICH SO VON IHM PROVOZIEREN
ER HATTE DOCH NOCH GAR KEINE REGEL GEBROCHEN
ICH WOLLTE IHM DEN KOPF ABSCHLAGEN
SCHWITZ
ABER ALS WOHNHEIMLEITER KANN ICH DOCH NICHT
ICH MUSS GELASSENER BLEIBEN
ABER
SCHWITZ

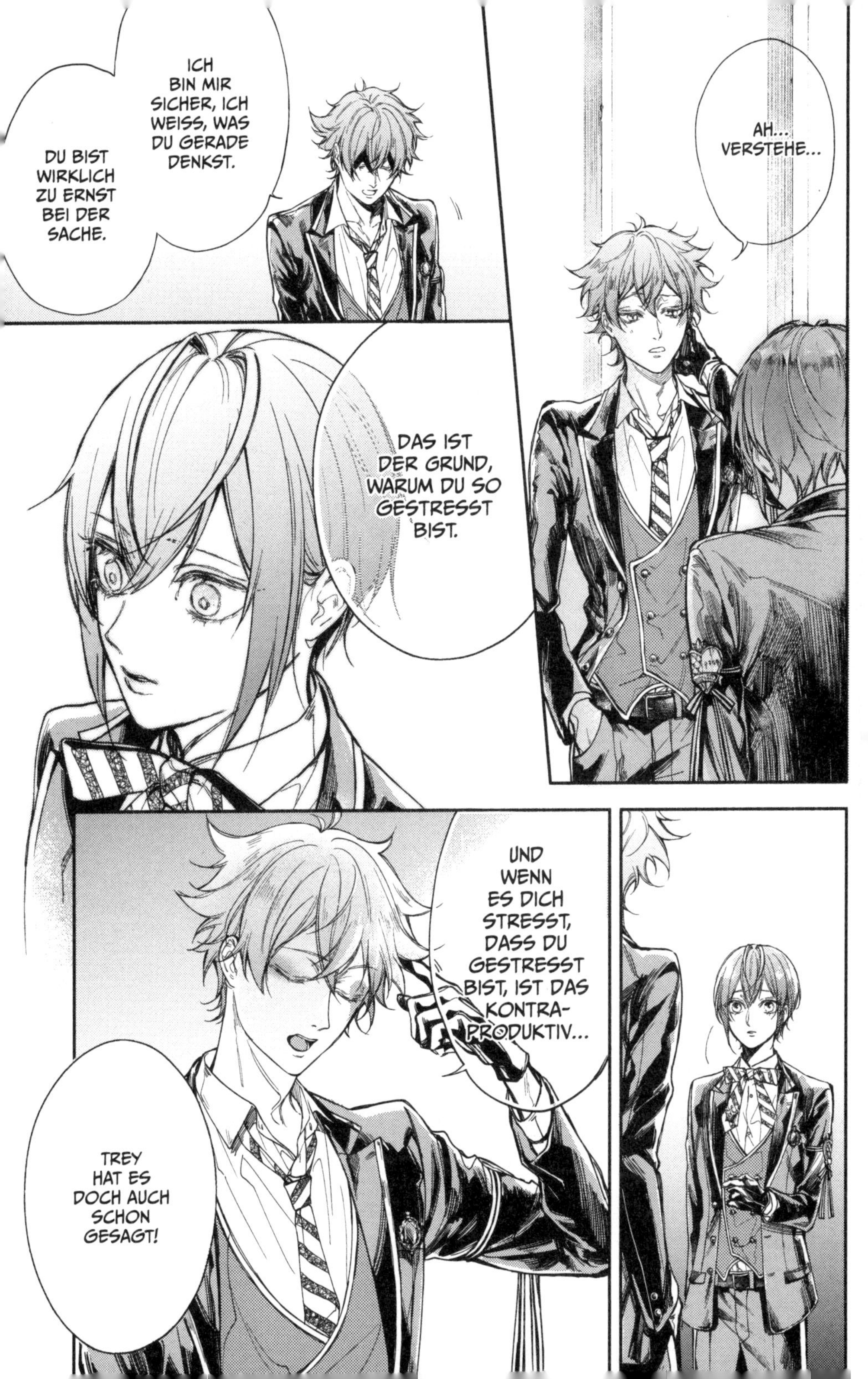
AH... VERSTEHE...
ICH BIN MIR SICHER, ICH WEISS, WAS DU GERADE DENKST.
DU BIST WIRKLICH ZU ERNST BEI DER SACHE.
DAS IST DER GRUND, WARUM DU SO GESTRESST BIST.
UND WENN ES DICH STRESST, DASS DU GESTRESST BIST, IST DAS KONTRA-PRODUKTIV...
TREY HAT ES DOCH AUCH SCHON GESAGT!

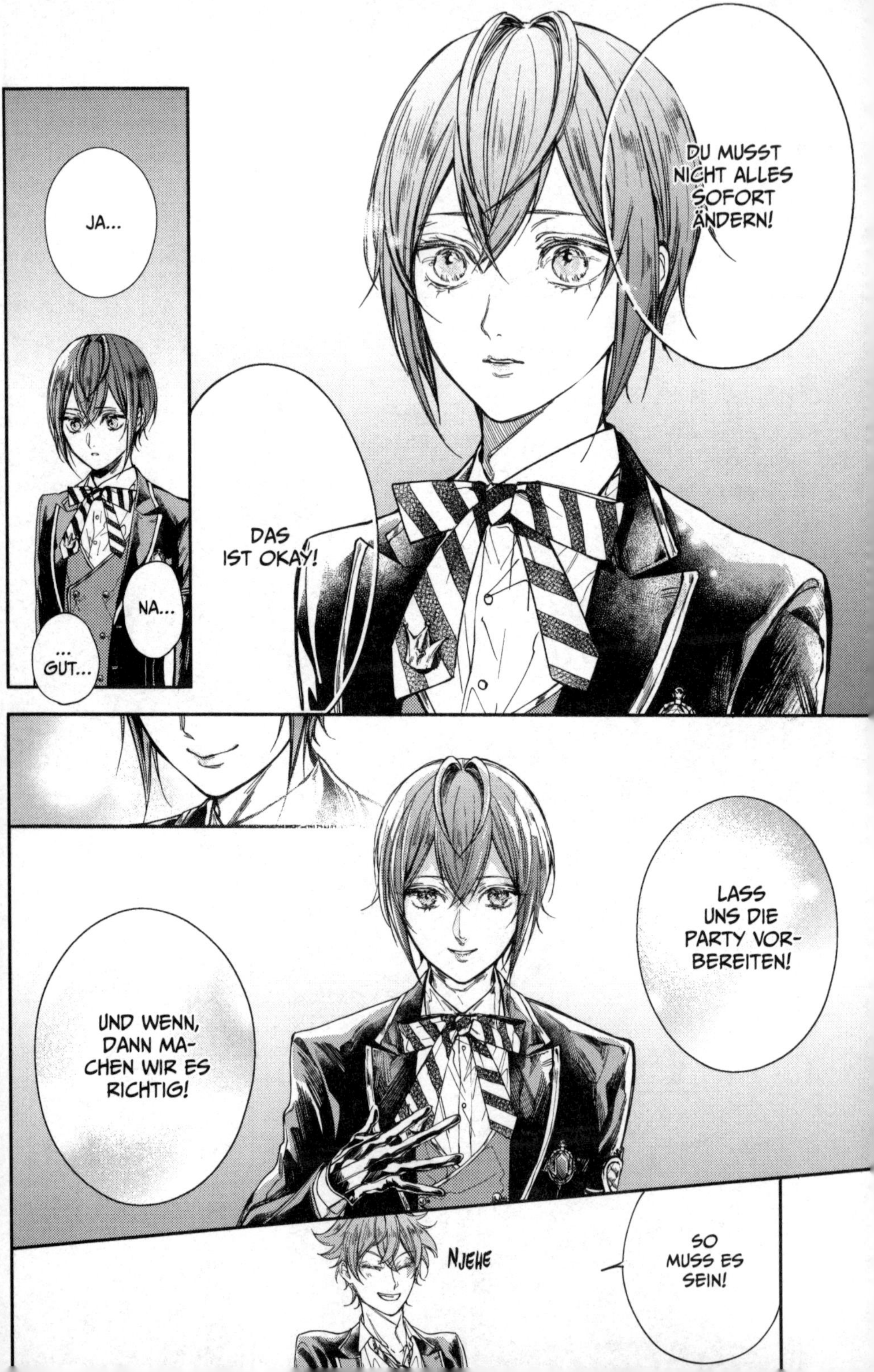
DU MUSST NICHT ALLES SOFORT ÄNDERN!
DAS IST OKAY!
JA...
NA...
... GUT...
LASS UNS DIE PARTY VOR-BEREITEN!
UND WENN, DANN MA-CHEN WIR ES RICHTIG!
SO MUSS ES SEIN!
NJEHE

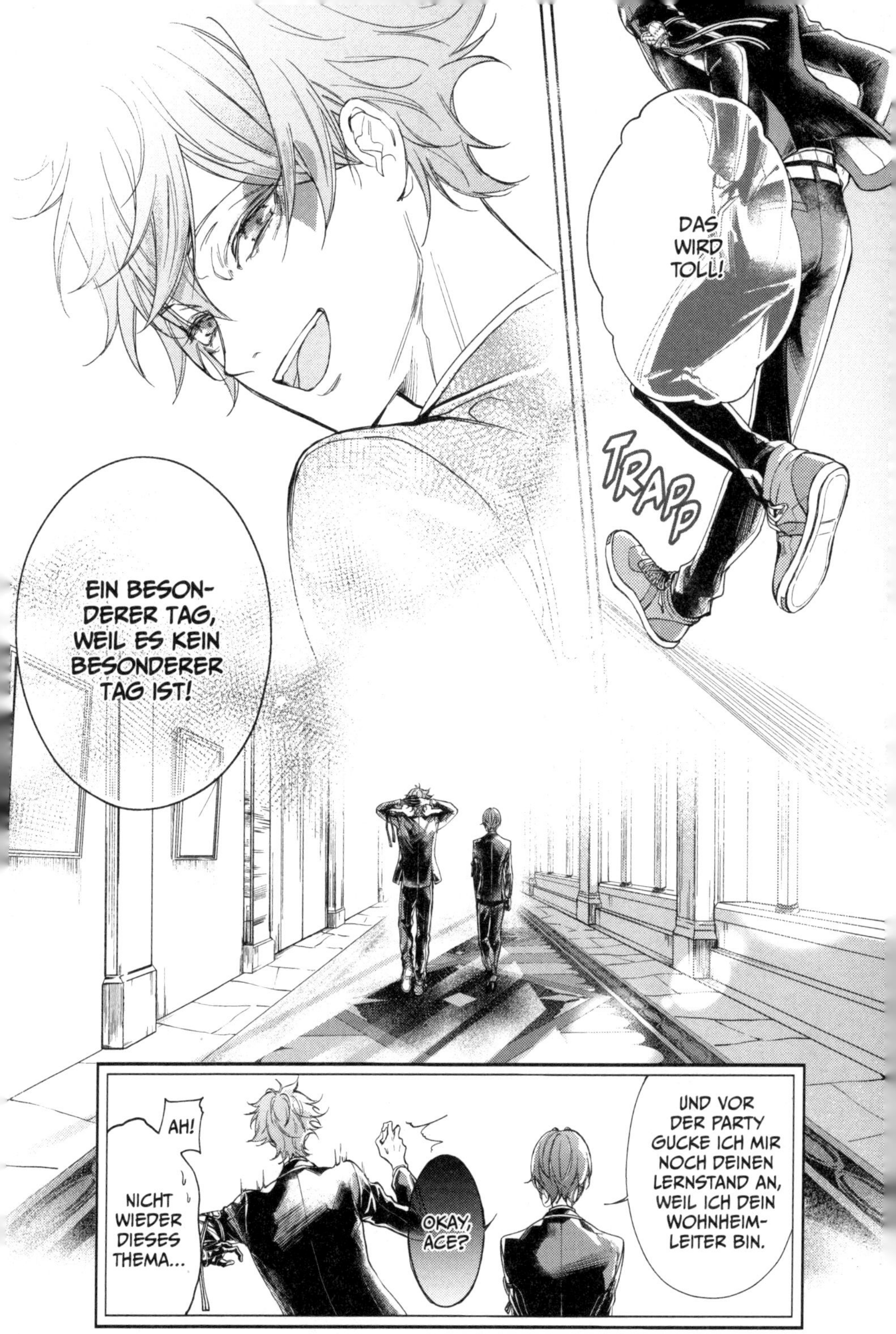
DAS WIRD TOLL!
TRAPP
EIN BESON-DERER TAG, WEIL ES KEIN BESONDERER TAG IST!
UND VOR DER PARTY GUCKE ICH MIR NOCH DEINEN LERNSTAND AN, WEIL ICH DEIN WOHNHEIM-LEITER BIN.
OKAY, ACE?
AH!
NICHT WIEDER DIESES THEMA…

Ende

Disney

Twisted Wonderland

Die Anthologie

Fortsetzung folgt

Disney

Twisted Wonderland

Die Anthologie

Aus dem Englischen von Dorothea Überall

ILLUSTRATION: YANA TOBOSO

Redaktion: Britta Hellwig
Produktionsmanagement: Wiebke Düsedau

ISBN: 978-3-551-80123-4

MIX
Papier | Fördert gute Waldnutzung
FSC
www.fsc.org
FSC® C014496

Wir produzieren nachhaltig
• Klimaneutrales Produkt
• Papiere aus nachhaltigen und kontrollierten Quellen
• Hergestellt in Deutschland